应用型法律人才培养系列教材

MINSHI SUSONG MONI
MFATING XUNLIAN

民事诉讼模拟法庭训练

高 健 黄福玲 编著

中国政法大学出版社

2015·北京

序

党的十八大以来，以习近平同志为总书记的党中央从坚持和发展中国特色社会主义全局出发，提出了全面建成小康社会、全面深化改革、全面依法治国、全面从严治党的"四个全面"战略布局。全面依法治国是实现战略目标的基本方式、可靠保障。法治体系和法治国家建设，同样必须要有法治人才作保障。毫无疑问，这一目标的实现对于法治人才的培养提出了更高的要求。长期以来，中国高等法学教育存在着"培养模式相对单一"、"学生实践能力不强"、"应用型、复合型法律职业人才培养不足"等诸问题，法学教育与法律职业化的衔接存在裂隙。如何培养符合社会需求的法学专业毕业生，如何实现法治人才培养与现实需求的充分对接，已经成为高等院校法律专业面临的重要课题。

法学教育是法律职业化的基础教育平台，只有树立起应用型法学教育理念才能培养出应用型卓越法律人才。应用型法学教育应是"厚基础、宽口径的通识教育"和"与社会需求对接的高层次的法律职业教育"的统一，也是未来法学教育发展的主要方向。具体而言，要坚持育人为本、德育为先、能力为重、全面发展的人才培养理念，形成培养目标、培养模式和培养过程三位一体的应用型法律人才培养思路。应用型法律人才培养的基本目标应当是具备扎实的法学理论功底、丰厚的人文知识底蕴、独特的法律专业思维和法治精神、严密的逻辑分析能力和语言表达能力、崇高的法律职业伦理精神品质。

实现应用型法律人才培养，必须针对法律人才培养的理念、模式、过程、课程、教材、教法等方面进行全方位的改革。其中教材改革是诸多改革要素中的一个重要方面。高水平的适应应用型法律人才培养需求的法学教材，特别是"理论与实际紧密结合，科学性、权威性强的案例教材"，是法学教师与法科学生的知识纽带，是法学专业知识和法律技能的载体，是培养合格的应用型法律人才的重要支撑。

本系列应用型法律人才培养教材以法治人才培养机制创新为愿景，以合格应用型法律人才培养为基本目标，以传授和掌握法律职业伦理、法律专业知识、法律实务技能和运用法律解决实际问题能力为基本要求。在教材选题上，以应用型法律人才培养课程体系为依托，关注了法律职业的社会需求；在教材主（参）编人员结构上，体现了高等法律院校与法律实务部门的合作；在教材内容编排上，设置了章节重难点介绍、基本案例、基本法律文件、基础法律知识、分析评论性思考题、拓展案例、拓展性阅读文献等。

希冀本系列应用型法律人才培养教材的出版，能对培养、造就熟悉和坚持中国特色社会主义法治体系的法治人才及后备力量起到绵薄推动作用。

是为序。

李玉福

2015年9月3日

前 言

法学是一门实践性学科，学习法律的目的在于服务于社会实践。法学家霍姆斯有句名言：法律的生命在于实践，而不在于逻辑。先哲亦有言：世界上最远的距离就是从心到手。法学院讲授法律不能只注重理论，实践能力应当同样受到重视。英美法系的"老师带徒弟"的律师制度对其法律体系和法治社会的形成影响巨大。因此，通过实践教学，"手把手"地教学生无疑是法学教育的上佳选择。

大学法学院通过模拟法庭进行实践教学的历史由来已久。法学院的人才培养目标，其中一点就是希望学生将来成为法律共同体的一员，为国家的法治进步做出贡献。有志于实现此目标的法学院毕业生，无论在公、检、法等国家机关工作，还是从事律师、企业法务等工作，都得从办事员、书记员、律师助理等务实职务做起，都得具有一定的实践能力才能把工作做好。模拟法庭对于学生了解法律实践、贴近法律实践是很好的教学方式。

中国在20世纪90年代开始法学大发展，"模拟法庭训练"作为一门课程出现在了大学课程体系之中。山东政法学院是率先开设模拟法庭训练课程的院校之一，从最初建设一个诉讼业务实训室、十几本案卷材料开始，到拥有三个模拟法庭、两个模拟仲裁庭、两个诉讼流程实训室、一个法律信息检索实验室、一个模拟律师事务所、上百套案卷的全信息化法学教学实训中心，模拟法庭训练课程得到了重视和发展。

《民事诉讼模拟法庭训练》自编教材的出版，是模拟法庭训练课程发展过程中的一次提升，是山东政法学院的民商法学院先后几代教师长期坚持不懈的结果。50后教师张正平为这门课程的建设打下了良好的基础；60后教师张立凯秉承传统，继往开来；70后教师黄福玲、高健总结成果，开拓创新，并将教材付梓。

本教材内容以法学本科学生进行民事诉讼实践的需要为导向，分为法律思维训练和实践操作训练两部分。法律思维训练包括三段论法律推理训练和证据证明案件事实训练，贯穿从证据到事实、依据事实适用法律这一完整诉讼思维过程；实践操作训练包括制作阅卷笔录训练、制作诉讼法律文书训练、法庭调查训练、法庭辩论训练和开庭审理完整过程训练，既训练学生的动手能力，又训练学生的语言表达能力。两部分训练内容对于学生在民事诉讼模拟法庭中做到"三到"——心到、手到和口到将起到积极作用。

　　本书作者具体分工如下（以撰写章节先后为序）：

　　高健：第一、二、三、四、五章，附录；

　　黄福玲：第六、七章。

　　全书由高健负责统稿。

　　《民事诉讼模拟法庭训练》虽然汇集了几代教师的心血，但由于作者编写水平有限，错误之处在所难免，敬请同仁及读者批评指正。

编　者

2015 年 7 月 21 日

目录 CONTENTS

第一部分 法律思维训练

第一章 三段论法律推理训练 ▶ 3
　　第一节　三段论法律推理 / 3
　　第二节　实践技能训练 / 10

第二章 证据证明案件事实训练 ▶ 14
　　第一节　（证据或证明）材料 / 14
　　第二节　证明方法 / 29
　　第三节　实践技能训练 / 44

第二部分 实践操作训练

第三章 制作阅卷笔录训练 ▶ 53
　　第一节　阅卷笔录及其制作方法 / 53
　　第二节　实践技能训练 / 67

第四章 制作诉讼法律文书训练 ▶ 79
　　第一节　起诉状及其制作方法 / 79
　　第二节　答辩状及其制作方法 / 86
　　第三节　代理词及其制作方法 / 93
　　第四节　民事判决书及其制作方法 / 97
　　第五节　实践技能训练 / 103

第五章 法庭调查训练 ▶ 119
　　第一节　法官如何主持法庭调查 / 121
　　第二节　当事人如何进行举证与质证 / 125
　　第三节　当事人如何进行询问 / 135
　　第四节　实践技能训练 / 141

第六章　法庭辩论训练 ▶ 150
　　第一节　法官如何主持法庭辩论　／152
　　第二节　律师如何赢得法庭辩论　／159
　　第三节　实践技能训练　／183

第七章　开庭审理完整过程训练 ▶ 195
　　第一节　民事诉讼第一审普通程序庭审操作规范　／206
　　第二节　法官驾驭庭审的实务技能训练　／225
　　第三节　实践技能训练　／234

附录一　机械设备租赁合同纠纷案例 ▶ 259
附录二　金融借款合同纠纷案例 ▶ 299
附录三　常用法律法规 ▶ 320
参考书目 ▶ 363

第一部分
法律思维训练

第一章 三段论法律推理训练

项目训练目的

通过对三段论法律推理的讲解和训练,加深学生对三段论在法律实践应用中的地位和作用的理解,促进学生养成遇到案件时运用法律思维解决问题的习惯和准确使用法言法语把大脑中的逻辑推理表达出来的习惯,为模拟法庭训练中进行法庭辩论打好基础。

第一节 三段论法律推理

三段论法律推理是法律思维的基本模式,是法律运用的基础。《民事诉讼法》第7条规定"人民法院审理民事案件,必须以事实为根据,以法律为准绳"的基本原则是对三段论法律推理的准确诠释。

一、三段论法律推理概述

三段论法律推理作为一种演绎推理的方法,是从"一般到特殊"的推理,是根据案件事实,适用法律条文的最基本方法。

三段论的表述

- 大前提: B ——————→ A
- 小前提: C ——————→ B
- 结 论: C ——————→ A

三段论中,大前提是"法律条文":其中B代表法律规范的逻辑结构中的"条件"(即对一些事实的抽象),A代表处理和后果(在实践中可表现为诉讼请求或判决结果)。小前提是适用法律进行推理的过程,小前提中C代表事实。

作为大前提的法律条文应当是具有规范性的法律条文。法律规范中的B是经过抽象过的条件,A是经过抽象过的结论。

那么,只要证明案件的具体事实C是抽象条件B的表现形式之一(或表达为"C符合B")即可适用结论A——即具体的案件的处理结果。

综上,在运用三段论时,其基本法律思维方式是:在已有案件事实C的前提下,只要案件事实能够符合某法律条文中的条件B的要求,就可以适用该法律条文,得到案件的处理结果A。

为了更好地说明如何适用三段论,在此先对能够适用于三段论的法律条文作如下举例。

举例1（简单实体法条文）：

《中华人民共和国合同法》

第二百二十二条 承租人应当妥善保管租赁物，因保管不善造成租赁物毁损、灭失的，应当承担损害赔偿责任。

在这个法律条文中，条件B是"承租人应当妥善保管租赁物，因保管不善造成租赁物毁损、灭失的"，处理结果A是"应当承担损害赔偿责任"。

举例2（稍复杂实体法条文）：

《中华人民共和国侵权责任法》

第十六条 侵害他人造成人身损害的，应当赔偿医疗费、护理费、交通费等为治疗和康复支出的合理费用，以及因误工减少的收入。造成残疾的，还应当赔偿残疾生活辅助具费和残疾赔偿金。造成死亡的，还应当赔偿丧葬费和死亡赔偿金。

在该法律条文中，可进行三层解释适用：①条件B是"侵害他人造成人身损害的"，处理结果A是"应当赔偿医疗费、护理费、交通费等为治疗和康复支出的合理费用，以及因误工减少的收入"。②条件B是"侵害他人造成人身损害且造成残疾的"，处理结果A是"应当赔偿医疗费、护理费、交通费等为治疗和康复支出的合理费用，以及因误工减少的收入。还应当赔偿残疾生活辅助具费和残疾赔偿金"。③条件B是"侵害他人造成人身损害且造成死亡的"，处理结果A是"应当赔偿医疗费、护理费、交通费等为治疗和康复支出的合理费用，以及因误工减少的收入。还应当赔偿丧葬费和死亡赔偿金"。

举例3（程序法条文）：

《中华人民共和国民事诉讼法》

第三十三条 下列案件，由本条规定的人民法院专属管辖：

（一）因不动产纠纷提起的诉讼，由不动产所在地人民法院管辖；

……

在这个法律条文中，条件B是"因不动产纠纷提起的诉讼"，处理结果A是"由不动产所在地人民法院管辖"。

从以上法律条文的举例，结合法理学中关于规范性法律条文的理论可知，规范性法律条文一般都具有条件B和处理结果A的结构。在实践中，当处理一个具体的案件或案例时，会有一个具体事实C出现，那么，要正确处理案件，一般只需要把事实C与我们所掌握的规范性法律条文准确地进行结合适用即可。

二、三段论法律推理的适用规则

法律思维往往是从三段论开始的。在运用三段论解决案件时，要对三段论演绎推理的三个步骤进行分析。

1. 要认真（仔细并反复）分析已有的事实C。

2. 要查找作为大前提的法律条文（包含B推出A的规范性规定）。

3. 在法律的规定下，按照法律规定的程序，对发生的案件事实 C 与规范性法律条文相结合适用的角度思考，进而通过在事实 C 和规范的条件 B 之间来回穿梭，作出最终的正确适用。

实践中，处理一个民事案件，首先要了解案件事实。案件事实一般由当事人提供，律师或法官是无法选择的。那么，在清楚地了解案件事实后，首先要做的是什么？

在案件的事实 C 已经确定的情况下，在三段论的法律适用中，首要的问题是如何查找法律条文和正确适用法律。

（一）如何查找到作为大前提的法律条文

在处理民事案件时，查找作为大前提的法律条文的方法有法律关系分析法和案由分析法两种。

1. 法律关系分析法。法律关系分析法是指从法学理论或所学过的法律知识上大概判断一下案件的性质——案件的法律关系。这个思维过程可以表达为以下顺序：①从最上位法开始考虑，该案件事实所涉及的法律部门是什么——是刑事案件、民事案件还是行政诉讼案件；②确定是民事案件后，进入更细分的下位法律部门——物权法、合同法、侵权责任法、继承法、婚姻法、知识产权法或商法等；③在具体法律中进行进一步的仔细查找，最终找到合适的法律条文进行适用。

下面通过一个小案例来展示运用理论判断法查找所适用的法律条文的过程。

H 公司欠 F 银行贷款 200 万元。H 公司未告知银行，将该公司将一部分资产分离出去，另成立 J 公司；并且 H 与 J 约定，各承担 50% 还款义务。现 H 无力清偿，F 银行诉至法院。法院应如何处理本案？

A. 应当由 H 公司承担清偿责任

B. 应当由 J 公司承担清偿责任

C. 应当由 H 公司和 J 公司承担连带清偿责任

D. 应当由 H 公司和 J 公司按约定比例承担清偿责任

这是一个常见的简单案例。运用法律关系分析法进行分析，该案例的事实涉及法人分立，从《民法通则》或《公司法》中检索法人分立部分的法律条文，找到能够适用于解决此案例的作为大前提的法律条文还是比较容易的；同时，案例中还隐含着签订借款合同后当事人分立的事实，从《合同法》中也可以找到所适用的法律条文。

本题答案是 C。

▼ 法条链接

《中华人民共和国民法通则》

第四十四条　企业法人分立、合并或有其他重要事项变更，应当向登记机关办理登记并公告。

企业法人分立、合并，它的权利和义务由变更后的法人享有和承担。

《中华人民共和国公司法》

第一百七十六条 公司分立前的债务由分立后的公司承担连带责任。但是，公司在分立前与债权人就债务清偿达成的书面协议另有约定的除外。

《中华人民共和国合同法》

第九十条 ……当事人订立合同后分立的，除债权人和债务人另有约定的以外，由分立的法人或者其他组织对合同的权利和义务享有连带债权，承担连带债务。

法律关系分析法有其优点，亦有不足。在处理简单的常见民事案件时，运用法律关系分析法可以比较快速、准确地找到要适用的法律条文。不足之处在于：处理性质日趋多样化的并非常见的民事案件时——特别是处理一个案件的法律条文涉及多部法律时，不一定能够迅速、准确地找到所适用的法律条文。

2. 案由分析法。为了在实践中准确、快速地适用法律，最高人民法院根据《民法通则》、《物权法》、《合同法》、《侵权责任法》和《民事诉讼法》等法律规定，结合人民法院民事审判工作实际情况，出台了《民事案件案由规定》（2011年2月18日起施行第一次修正版），对民事案件的案由作了比较详细的规定。民事案件的案由以民事法律关系的性质为确定标准的同时，对少部分案由也依据请求权、形成权或者确认之诉、形成之诉的标准进行确定，把案由分为四级。一级案由分为10大部分，二级案由43类，三级案由424种，部分第三级案由项下列出了部分第四级案由。其中一级案由与民事法律部门的分类基本一致，包括人格权纠纷，婚姻家庭继承纠纷，物权纠纷，合同、无因管理、不当得利纠纷，知识产权与竞争纠纷，劳动争议与人事争议，海事海商纠纷，与公司、证券、保险、票据等有关的民事纠纷，侵权责任纠纷，适用特殊程序案件案由等。

案由分析法的优点在于：因为案由规定已经对法律条文进行了归类和组合，实践中，只要具备一定的法律知识和法律关系分析能力，就可以较快地找到案件的案由。案由确定后，案由对应的法律条文在最高人民法院的案由适用系列出版物里均有对应，可比较迅速地找到解决民事案件的法律条文。

回到上面举出的案例，运用案由判断法寻找所使用的法律条文——案件法律关系可判断为"公司分立"，查找《最高人民法院关于民事案件案由规定》，就会找到一级案由"第八部分与公司、证券、保险、票据等有关的民事纠纷"，然后往下找到二级案由的"二十一、与公司有关的纠纷"，再往下找到三级案由"260. 公司分立纠纷"，该三级案由对应的法律条文为《公司法》第176条和第177条，这样，就比较迅速准确地查找到了应当适用的法律条文。

（二）如何正确适用法律——论证小前提："目光交互流转"在规范的条件与案件事实间

查找到了作为大前提的法律条文后，接下来，要正确适用法律条文，就必须准确论证小前提。

论证小前提的过程是在案件事实和法律规范之间不断沟通的过程。对小前提的论证包括三个阶段：①运用法律概念、法学方法等法律知识，对法律条文在适用中进行解释，即解释三段论中的条件 B 在本案中的涵盖范围；②对案件事实 C 精心归纳确定，验证案件事实 C 与大前提的条件 B 是否相符（或者说案件事实是否在所适用的法律条文的调整范围内）；③解释法律与归纳案件事实使二者能够达到相符合的程度，正确适用法律。

在三段论小前提的适用中，有两个重点：

第一，对法律条文的解释适用。作为大前提的法律条文中的 B 是抽象的概括性规定，要适用该条文，则一般需要解释 B。多个法条的适用可能还需要作整体的解释。

对法律条文的解释适用必须依据法律条文的立法原意，无须由法律适用者解释，但是，由于立法资料的缺乏，有些法律条文的立法原意并不清楚，而且作为大前提的法律条文组成的法律体系，是随着社会实践的发展逐渐变化的，很难做到完备或没有矛盾冲突。因此，适用法律条文就需要解释——解释方法不仅包括对法律条文中某些字、词、句含义进行的文义解释，还包括目的解释、体系解释等。正确处理案件，只有从法律条文着手，即通过解释法律条文的含义，才能把握住案件事实 C 与所适用的法律条文的条件 B 相吻合的程度。

第二，要对具体的案件事实做准确归纳，使其符合法律条文的适用条件 B 的要求——术语称之为"涵摄"。

小前提中归纳的案件事实，是借助作为大前提的法律条文精确过的具有法律意义的事实。换句话说，首先，以案件事实为依据，查找出大致的法律条文范围，然后查找出可能适合处理该案件的一个或若干个法律条文；其次，以法律条文规定为核心，深入思考法律条文的适用条件 B 在该案件中需要什么事实要件，分析具体的案件事实构成 C 是否具备该要件，经过反复的契合，直至找到具有法律意义的案件事实并能够涵摄于该法律规范之下，完成小前提的论证，并最终正确适用三段论推理。

要对案件事实做准确归纳，需要重点注意的是：首先，应尽量避免在适用法律时可能受到个人的喜好、偏见等因素的影响；其次，应尽量避免先入为主，为了得到某种法律处理结果，歪曲案件事实将其纳入某一特定的法律关系领域内。

在三段论推理过程中，具体案件事实 C 与法律条文的条件 B 相符合对推理的正确进行是至关重要的。因此，在进行小前提论证时，就必须思考事实 C 与法律条文的条件 B 二者之间的联系程度，在案件事实 C 与具体法律条文所规定的条件 B 之间来回分析确认以检验推理的正确性（或准确性）。

案件事实有时比较复杂，要想确定恰好与法律规范的条件 B 相吻合的事实 C，并不容易——因为规则是抽象的，案件事实是具体的。这时，要时刻牢记一句德国法学家 K. 恩吉施关于三段论适用的经典名言："目光交互流转"在规范的条件与案件事实间。

下面举出一个案例来展示一下小前提的论证过程。

2010年8月22日，甲骑一辆两轮摩托车过无信号灯的路口时，与乙驾驶左拐的小货车相撞，造成下肢肌肉损伤，后鉴定为伤残十级。

交警部门出具的《交通事故责任认定书》中事实及成因认定：甲无证驾驶无牌机动车，过路口时未能保持安全车速；乙拐弯时未能避让直行机动车。

责任认定：甲、乙双方过错各占50%，承担同等责任。

经查明：该小货车属于个体户丙；乙自2009年7月起作为司机受雇于个体户丙为其开车送货，每月领取2200元工资；丙未给乙交任何劳动保险，乙、丙也未签订劳动合同；该小货车未买交强险。

甲诉至人民法院，要求乙、丙支付医疗费、误工费、交通费、残疾赔偿金等费用共计9万元。

另：庭审中，甲、乙、丙三方对《道路交通事故责任认定书》均无异议；对伤残的评定、各项费用总额也无异议；但对由谁来承担甲的人身损害赔偿存在不同意见。

问：该案如何处理？

这个案例的处理，在法律关系上既要考虑交通事故的侵权责任的承担，又要考虑雇主与雇员在发生侵权后的法律责任的分别承担。对于已经学过民法的同学来说，会比较容易想到在《最高人民法院关于审理人身损害赔偿案件适用法律若干问题的解释》和《侵权责任法》中查找所需要的法律规范。

法条链接

《最高人民法院关于审理人身损害赔偿案件适用法律若干问题的解释》

第九条　雇员在从事雇佣活动中致人损害的，雇主应当承担赔偿责任；雇员因故意或者重大过失致人损害的，应当与雇主承担连带赔偿责任。雇主承担连带赔偿责任的，可以向雇员追偿。

前款所称"从事雇佣活动"，是指从事雇主授权或者指示范围内的生产经营活动或者其他劳务活动。雇员的行为超出授权范围，但其表现形式是履行职务或者履行职务有内在联系的，应当认定为"从事雇佣活动"。

《中华人民共和国侵权责任法》

第四十八条　机动车发生交通事故造成损害的，依照道路交通安全法的有关规定承担赔偿责任。

第三十五条　个人之间形成劳务关系，提供劳务一方因劳务造成他人损害的，由接受劳务一方承担侵权责任。提供劳务一方因劳务自己受到损害的，根据双方各自的过错承担相应的责任。

第二十六条　被侵权人对损害的发生也有过错的，可以减轻侵权人的责任。

找到法律条文之后，在上述案件中，原、被告之间的责任无疑可以准确地得到处理结果：受害人甲自行承担50%的责任，被告承担50%的责任。

但是，被告乙、丙之间的责任如何分担呢？是雇主丙承担全部赔偿金的50%，还是乙、丙分担这50%责任呢？

再回溯到前述案件小前提的分析适用，根据2004年《最高人民法院关于审理人身损害赔偿案件适用法律若干问题的解释》第9条的规定，乙是雇员，在从事雇佣活动中致甲损害的，雇主丙应当承担赔偿责任；如果法院认为雇员乙有重大过失，则会判决雇员乙和丙雇主承担连带赔偿责任。但是，2010年颁行的《侵权责任法》却没有雇员和雇主的侵权责任规定，而是在第35条中规定了"个人之间形成的劳务关系"应当如何承担责任。那么，乙与丙之间的雇佣关系是否就是《侵权责任法》第35条所规定的"个人之间形成的劳务关系"呢？这就需要对什么是"个人之间形成的劳务关系"进行解释。

根据法律解释的方法，查找全国人大常委会法制工作委员会民法室编的《中华人民共和国侵权责任法——条文说明、立法理由及相关规定》，在第138页对这一条有这样的解释说明：本条"接受劳务关系一方"仅指自然人，个体工商户、合伙的雇员因工作发生的纠纷，按照本法第34条用人单位的规定处理。根据这一立法文献的解释，处理本案时，本案应该适用的法律条文是《侵权责任法》第34条。

法条链接

《中华人民共和国侵权责任法》

第三十四条 用人单位的工作人员因执行工作任务造成他人损害的，由用人单位承担侵权责任。

上面列举的法律条文并未列举出《侵权责任法》第34条，其范围并不准确，而通过"目光交互流转"在法律条文的适用条件与案件事实之间，则查找到了应当适用的法律条文，案件事实也将重新进行准确归纳，丙用人单位的工作人员乙因执行工作任务造成他人甲损害的，由用人单位丙承担侵权责任。[1]

通过上述"目光交互流转"在规范的条件与案件事实之间，本案的小前提得到正确的论证和表达。

三、三段论法律推理适用举例

下面举出一个案例，适用三段论进行一次按部就班的法律推理。

张三因经营急需资金，向李四借款6000元，将自己的摩托车质押在李四处。李四骑该摩托车外出采购材料，路上发生交通事故，将该摩托车撞坏，送到王五处修理，需要修理费3000元。修理期间李四一直未向王五支付修理费。张三因经营不善，无力偿还李四的借款，李四欲行使质权，但作为质物的摩托车却被留在王五处。

---

[1] 此处需要注意：对被告丙和乙的身份事实的表述，不再使用雇主和雇员的称谓，而使用用人单位和工作人员的称谓。

此时王五欲行使留置权,将摩托车变卖,以该价款偿还其修理费。

问:摩托车被变卖后的价款谁享有优先受偿权?为什么?

第一,简单归纳该案事实,案件涉及同一物上既存在质权又存在留置权,哪一个权利优先行使的问题。

第二,查找大前提,即有关质权和留置权的法律规定。采用案由分析法,找到《民事案件案由规定》中第一级案由"第三部分物权纠纷"之下第二级案由"八、担保物权纠纷"之下第三级案由为"60. 质权纠纷"和"61. 留置权纠纷",该部分案由涉及《民法通则》、《物权法》、《担保法》和《最高人民法院关于适用〈中华人民共和国担保法〉若干问题的解释》的部分条文。

法条链接

《最高人民法院关于适用〈中华人民共和国担保法〉若干问题的解释》

第七十九条 同一财产法定登记的抵押权与质权并存时,抵押权人优先于质权人受偿。

同一财产抵押权与留置权并存时,留置权人优先于抵押权人受偿。

《中华人民共和国物权法》

第二百三十九条 同一动产上已设立抵押权或者质权,该动产又被留置的,留置权人优先受偿。

第一百七十八条 担保法与本法的规定不一致的,适用本法。

第三,进行小前提推理。本案中,事实C"同一动产摩托车上已设立李四享有的质权、该动产又被王五留置",符合《物权法》第239条的适用条件B"同一动产上已设立抵押权或者质权,该动产又被留置的"。

第四,得到本案的处理结果A——"留置权人王五优先受偿"。

第二节 实践技能训练

案例1

2000年2月16日,A厂因急需生产资金,遂向B银行申请30万元贷款。A厂向B银行提交了借款申请书、C会计师事务所核准的1999年度财会报告、本厂及保证人D厂基本情况介绍等资料。B银行经过认真审查后同意贷款,双方签订了借款合同。合同约定:贷款金额为30万元,借款期1年,借款利率为5.6%,银行于2000年2月17日将贷款划转到A厂账户上。2000年2月17日,B银行只划转了28.32万元到A账户上。A厂派人询问,B银行称为了保证收回贷款利息,本银行规定对30万元及以上贷款预扣利息。A厂认为自己借款数额为30万元,利息也是按30万元计算的,而B银行只支付自己28.32万元借款,显然与合同约定不符,要求银行按合同约定支付30万元借款。B银行称A厂到本银行借款便应该遵守本行规则，否则解除借款合同，不予借款。A厂遂诉至法院，要求法院依法解决。

问：本案应当如何处理？请运用三段论法律推理进行分析。

案例2

2013年的一天，甲、乙、丙三人到山上打猎，其打猎工具都是弩。甲、乙二人使用的是红色弩箭，丙使用的是黑色的弩箭。三人来到一处林木茂盛处，听见远处有窸窸窣窣的声音，以为是野猪，遂纷纷射出弩箭，却只听到"啊"的一声大叫。原来，其中一只弩箭射中了正在树后面的丁。事后丁的人身损害情况经过鉴定，构成八级伤残。丁向甲、乙、丙三人交涉要求赔偿，均遭拒绝。无奈之下，丁向法院提起民事诉讼，要求甲、乙、丙三人赔偿医疗费、残疾赔偿金等共计20余万元，并附有其受害的证据红色弩箭一只。

问：本案应当如何处理？请运用三段论法律推理进行分析。

案例3

A小区有4幢居民楼，编号分别为1号楼、2号楼、3号楼和4号楼。A小区没有聘请物业管理公司进行管理，只是雇用了一位临时工甲负责每天清扫小区卫生，且A小区为甲提供了一间门房，甲的妻子乙也住在该门房内。2013年的一天早上，甲因为身体不适，其妻乙代为打扫卫生。乙在清扫完卫生后于3号楼和4号楼之间的楼下休息时，被空中坠下的砖头击中，不治身亡。后经民警调查，砖头仍不知是谁所扔，只是怀疑3号楼和4号楼之间的位置早上有人摆摊卖豆浆扰民，引起某业主不满而扔的砖头。

问：甲如果要求赔偿，应当向谁主张？请运用三段论法律推理进行分析。

案例4

甲水果批发有限公司与乙农场于2011年10月15日签订了一份购买60吨富士苹果的合同。合同约定：每吨6000元，价款共计36万元，交货日期为2011年12月1日以前。由乙送到甲处，经验收合格后，甲即支付全部价款。合同签订后，甲按合同约定向乙支付了5万元定金。乙在此合同签订之前曾与另一客户丙订立了一份购销10吨富士苹果的合同，交货日期是12月10日以前。结果乙农场当年遭虫害，只收获了40吨富士苹果。乙向甲提出只能交付30吨，所差的苹果可以用价格相同的黄梨蕉苹果替代（因为还要向丙交付10吨富士苹果，所以只剩30吨）。甲提出，不能接受乙替代的30吨苹果，要求乙将拟交给丙的10吨苹果也交付给甲，交货日期限在12月1日以前，乙不同意。由于双方意见不一致，乙在12月1日以前没有如期交付，甲就此向法院提起诉讼。

问：本案应当如何处理？请运用三段论法律推理进行分析。

案例5

甲与同事丙路过一居民楼时，三楼乙家阳台上的花盆坠落，砸在甲的头上，致其脑震荡，共花费医疗费1万元。甲以乙为被告诉至法院要求赔偿，而乙否认甲受伤系自家花盆坠落所致。

问：对花盆是谁的这一争议事实，是由原告甲承担举证责任，证明花盆是被告乙的，还是由被告乙承担举证责任，证明花盆不是自己的？请运用三段论法律推理进行分析。

案例6

原告：赵甲之子赵乙，9岁

被告：赵甲

原告诉称：被告与妻子钱某（原告的母亲）离婚后，原告判归被告直接抚养。后被告又与孙某结婚，而将原告赶出家门。现原告由母亲钱某直接抚养，但被告却不支付抚养费。现起诉要求被告支付抚养费。

被告辩称：曾经做过"亲子鉴定"，原告并非自己亲生，系前妻钱某与他人之子，拒付费。

问：如果被告赵甲确非原告赵乙的生父，被告是否要向原告支付抚养费？请运用三段论法律推理进行分析。

案例7

2012年6月，A市（县级市）公路管理局所属B市政公司的工作人员在该市工人医院东100米处的某公路（该处路段系东西方向公路，柏油路面）进行施工。至同月15日止，已在超车道上挖好一东西走向长5.1米、宽2.6米、深0.4米的沟槽。施工过程中，施工人员上班时在施工现场设慢行牌，下班后即收走，夜间从未设置任何警示标志。6月16日凌晨1时许，吴某骑二轮摩托车带邵某路过此地时，骑行进入沟槽翻倒，摩托车前轮撞坏，吴某受轻伤，邵某受重伤。吴某受伤醒后即报案，A市公安交通警察大队调查了现场，并于2012年6月30日作出了道路交通事故责任认定书，认定吴某违反《中华人民共和国道路交通管理法》相关规定，应负本事故的主要责任；公路管理局所属B市政公司负本事故的次要责任；邵某无责任。吴某不服，申请事故责任重新认定，A市公安交通警察支队予以维持。事故发生后，邵某被送往医院。经医院诊断，邵某重度颅脑损伤后多发脑软化、脑积水，伤后痴呆，生活不能自理。经法医学鉴定为三级伤残。各项经济损失共计20余万元。为此，邵某诉至A市人民法院要B市政公司、吴某予以赔偿。

问：本案应当如何处理？请运用三段论法律推理进行分析。

案例8

董甲和王乙共育3名子女，即长子董丙、长女董丁、次女董戊。董甲夫妇于1986年在家乡购买了土瓦结构房屋两间，建筑面积40平方米。董丙于1996年1月结婚，并于同年7月搬出分家另过。同年9月，董甲因病去世，其遗产未作分割。董甲去世后，王乙与女儿董丁、董戊共同生活。1997年、1998年，董丁、董戊相继结婚，并分别搬出去另过，王乙独自生活。2001年6月，王乙病故。其病故前，经公证机关公证立下遗嘱："我将房屋（未曾分割）自己应有的部分都留给我的大女儿董丁。"

并将房产证交给了董丁。王乙去世后，其次女董戊声明将自己应有份额房屋产权赠给董丁。董丙因向董丁索要自己应有的部分房屋产权未果，遂向法院起诉。董丙诉称：父母去世后，留下房屋两间，妹妹董丁将房屋产权证拿走，不给我应有的部分，要求分割房屋产权。董丁辩称：母亲临死前立下遗嘱，将房屋留给我，自应全部归我所有。

问：本案应当如何处理？请运用三段论法律推理进行分析。

案例9

赵某孤身一人，因外出打工，将一祖传古董交由邻居钱某保管。钱某因结婚用钱，情急之下谎称该古董为自己所有，卖给了古董收藏商孙某，得款10 000元。孙某因资金周转需要，向李某借款20 000元，双方约定将该古董押给李某，如孙某到期不回赎，古董归李某所有。在赵某外出打工期间，其住房有倒塌危险，因此房与钱某的房屋相邻，如该房屋倒塌，有危及钱某房屋之虞。钱某遂请施工队修缮赵某的房屋，并约定，施工费用待赵某回来后由赵某付款。房屋修缮以后，因遭百年不遇的台风而倒塌。年末，赵某回村，因古董和房屋修缮款与钱某发生纠纷。

问：赵某如起诉至法院，应当如何提出诉讼请求？当事人如何列明？请运用三段论法律推理进行分析。

案例10

大兴公司与全宇公司签订委托合同，由大兴公司委托全宇公司采购500台彩电，并预先支付购买彩电的费用50万元。全宇公司经考察发现甲市W区的天鹅公司有一批质优价廉的名牌彩电，遂以自己的名义与天鹅公司签订了一份彩电购买合同，双方约定：全宇公司从天鹅公司购进500台彩电，总价款130万元，全宇公司先行支付30万元定金；天鹅公司采取送货方式，将全部彩电运至乙市S区，货到验收后一周内全宇公司付清全部款项。天鹅公司在发货时，工作人员误发成505台。在运输途中，由于被一车追尾，20台彩电遭到不同程度的损坏。全宇公司在S区合同约定地点接收了505台彩电，当即对发生损坏的20台彩电提出了质量异议，并将全部彩电交付大兴公司。由于彩电滞销，大兴公司一直拒付货款，致全宇公司一直无法向天鹅公司支付货款。交货两个星期后，全宇公司向天鹅公司披露了是受大兴公司委托代为购买彩电的情况。

问：天鹅公司应当向谁主张权利？天鹅公司应当提出什么诉讼请求？请运用三段论法律推理进行分析。

第二章　证据证明案件事实训练

> **项目训练目的**
> 通过对证据如何证明案件事实这一法律推理过程进行讲解与训练，加深学生对"民事诉讼中案件的事实只能是证据所能够证明的事实"的理解，促进学生养成在了解案件事实的同时分析证据材料及其证明力的习惯，培养学生在处理民事案件中搜集、组织证据证明案件事实的入门能力，为民事诉讼法庭调查打下初步基础。

在进行三段论法律推理时，案件事实 C 已经进行了准确的归纳，只需按部就班适用法律即可。但是，在民事诉讼实践中，案件的事实 C 究竟为何是不确定的。如何得到案件事实 C 呢？事实需要用"证据"来证明。

民事诉讼中的"证据"包括两个方面的内容：（证据或证明）材料和证明方法。

第一节　（证据或证明）材料

（证据或证明）材料即证据的表现形式，也就是证据的法定种类。[1]我国《民事诉讼法》第 63 条对证据的种类作了规定。

法条链接

《中华人民共和国民事诉讼法》

第六十三条　证据包括：
（一）当事人的陈述；
（二）书证；
（三）物证；
（四）视听资料；
（五）电子数据；
（六）证人证言；
（七）鉴定意见；

---

[1] 以下统一按照《最高人民法院关于民事诉讼证据的若干规定》的规定和司法实践的惯常用法，把"（证据或证明）材料"称为"证据"。

（八）勘验笔录。

证据必须查证属实，才能作为认定事实的根据。

一、当事人陈述

当事人陈述，是指当事人在诉讼中就与本案有关的事实，主要是作为诉讼请求根据或反驳诉讼请求根据的事实，向法院所作的陈述。

（一）当事人陈述概述

在诉讼中，当事人向法院所作的陈述往往包含多方面的内容，如关于诉讼请求的陈述、关于诉讼请求或反驳诉讼请求所依据的事实的陈述、关于证据来源的陈述、关于案件的性质和法律问题的陈述、关于与案件有关的其他事实的陈述。作为诉讼证据的当事人陈述，一般仅指当事人关于案件事实的陈述。

当事人陈述的显著特征是：①真伪并存。当事人通常是发生争议的权利或法律关系的承担者，由于其亲身经历了引起法律关系发生、变更或消灭的事实，故对案件事实了解得最清楚。但另一方面，当事人与诉讼结果有直接利害关系，受利害关系的驱使，当事人很有可能作出不真实的对自己有利的陈述，甚至陈述根本不存在的事实。②虚实并存。为了获得胜诉，当事人往往故意突出甚至夸大对自己有利的事实，对自己不利的事实予以隐瞒、遮遮掩掩、含糊其辞。

（二）当事人陈述的证明力[1]

1. 自认（当事人陈述中对案件事实无争议的）。诉讼过程中，一方当事人对另一方当事人陈述的案件事实明确表示承认的，法院一般可以直接认定对方当事人陈述的事实存在，免除对方当事人的举证责任。

法条链接

《最高人民法院关于民事诉讼证据的若干规定》

第八条 诉讼过程中，一方当事人对另一方当事人陈述的案件事实明确表示承认的，另一方当事人无需举证。但涉及身份关系的案件除外。

对一方当事人陈述的事实，另一方当事人既未表示承认也未否认，经审判人员充分说明并询问后，其仍不明确表示肯定或者否定的，视为对该项事实的承认。

当事人委托代理人参加诉讼的，代理人的承认视为当事人的承认。但未经特别授权的代理人对事实的承认直接导致承认对方诉讼请求的除外；当事人在场但对其代理人的承认不作否认表示的，视为当事人的承认。

---

[1] 近几年的民事诉讼法学界，在证明力之外，提出了"证据能力"的概念，认为"证据能力"是指证据有无证明力的资格。这一概念被很多学者使用，且有扩大化的趋势。本书编者认为，依据基本的汉语规范，能力是指人所具有的某种素质，证据与之搭配使用组成"证据能力"这样一个概念显然是不合适的。传统民事诉讼法中有证据效力的概念，其含义与所谓的"证据能力"的含义基本相同，是指证据材料的证明力的有无。本书采用传统的证据效力这一法学概念。同时，本书对证明力的概念使用，与《最高人民法院关于民事诉讼证据的若干规定》相一致，包含了证明力的有无（即证据效力）和证明力大小两项内涵。

当事人在法庭辩论终结前撤回承认并经对方当事人同意，或者有充分证据证明其承认行为是在受胁迫或者重大误解情况下作出且与事实不符的，不能免除对方当事人的举证责任。

第六十七条 在诉讼中，当事人为达成调解协议或者和解的目的作出妥协所涉及的对案件事实的认可，不得在其后的诉讼中作为对其不利的证据。

第七十二条 一方当事人提出的证据，另一方当事人认可或者提出的相反证据不足以反驳的，人民法院可以确认其证明力。

一方当事人提出的证据，另一方当事人有异议并提出反驳证据，对方当事人对反驳证据认可的，可以确认反驳证据的证明力。

第七十四条 诉讼过程中，当事人在起诉状、答辩状、陈述及其委托代理人的代理词中承认的对己方不利的事实和认可的证据，人民法院应当予以确认，但当事人反悔并有相反证据足以推翻的除外。

《最高人民法院关于适用〈中华人民共和国民事诉讼法〉的解释》

第九十二条 一方当事人在法庭审理中，或者在起诉状、答辩状、代理词等书面材料中，对于己不利的事实明确表示承认的，另一方当事人无需举证证明。

对于涉及身份关系、国家利益、社会公共利益等应当由人民法院依职权调查的事实，不适用前款自认的规定。

自认的事实与查明的事实不符的，人民法院不予确认。

第一百零七条 在诉讼中，当事人为达成调解协议或者和解协议作出妥协而认可的事实，不得在后续的诉讼中作为对其不利的根据，但法律另有规定或者当事人均同意的除外。

2. 当事人陈述的事实有异议的。当事人所作的有关于己的陈述，如果对方当事人有异议，且未得到其他证据证实，法院不得将该陈述作为认定案件事实的根据，该陈述也就无任何证据效力。

法条链接

《最高人民法院关于民事诉讼证据的若干规定》

第七十六条 当事人对自己的主张，只有本人陈述而不能提出其他相关证据的，其主张不予支持。但对方当事人认可的除外。

（三）当事人陈述的证据运用方法

一个案件要想查清案件事实，首先要听取当事人的陈述，当事人的陈述相互一致无异议的，法院一般可直接认定该事实存在，不再要求当事人举证证明，当事人陈述不一致的地方，成为争议焦点或者有争议的事实，需要其他证据来证明。

二、书证

书证是指以文字、表格、符号、图形等所记载的内容或表达的思想来证明案件事实的证据。

（一）书证概述

书证的主要形式是各种书面文件，如合同、发票、票据、身份证、毕业证、户口簿、信函、电报、电传、图表等。书证通常表现在一些纸质物品上，有时也可能书写、刻制在一些其他物品上，如刻有文字或图案的石碑、竹木等。

书证的特点：①书证以其记载表达的内容证明案件事实；②书证作为一种传统证据，往往能够直接证明案件的主要事实；③书证的真实性强，即使伪造，也易于发现。

（二）书证的证明力及其判断

具有证明力的书证，须满足两个条件：①书证本身是真实的；②书证所表达的内容对待证事实能够起到证明作用。

法条链接

《最高人民法院关于民事诉讼证据的若干规定》

第七十条 一方当事人提出的下列证据，对方当事人提出异议但没有足以反驳的相反证据的，人民法院应当确认其证明力：

（一）书证原件或者与书证原件核对无误的复印件、照片、副本、节录本；

……

书证的证明力，可以通过以下分类方式来加以判断：

1. 公文书和私文书。公文书一般是指国家机关、事业单位、社会团体在其职权范围内制作的文书；私文书主要是指公民个人制作的文书。

对书证的真伪进行判断时，公文书主要是看该文书是否为有关单位及其公职人员在其职权范围内制作，私文书则主要看文书是否由制作者本人签名或盖章。对公文书的真伪发生疑问时，可采用向制作文书的单位调查询问的方式解决，而对私文书的真伪发生疑问时，则通过核对笔迹印章或进行文书鉴定的方式解决。

2. 处分性书证与报道性书证。处分性书证是记载一定的民事法律行为的内容，以设立、变更或终止一定的民事法律关系为目的的书证，如合同书、变更合同的协议书、遗嘱、授权委托书等。报道性书证是指记载一定的事实，不以产生一定的民事权利义务关系为目的的书证。如记载案件事实的日记、信件等。处分性书证一般能够直接证明有争议的民事权利义务关系，因而多数情况下具有较强的证明力，报道性书证对事实一般不具有直接的证明作用。

3. 普通书证与特别书证。前者只要求其内容记载一定的案件事实即可，在制作方式和程序上无特别要求，如书信、日记、借条、收据都属普通书证。后者是指法律规定必须采用某种特定形式或履行某种特定手续制作的书证，如土地使用权证、房产证、经公证证明的合同书等。特别书证的制定经过严格的程序，其内容比较完善、真实性也较强，所以在诉讼中具有较强的证明力，例如，经过公证、登记的书证，其证明力一般高于其他书证。

4. 原本、正本、副本影印本和节录本。原本是文书制作人最初制作的原始文本，书证的其他文本都来源于原本。正本是指依原本全文制作，对外具有与原本同样效力的书证。副本也是按原本全文制作，对外具有与正本同样的效力的书证。影印本是指采用复印，摄影等方式复制而成的书证。节录本则是摘抄文书原本、正本等部分内容的书证。

法条链接

《最高人民法院关于民事诉讼证据的若干规定》

第七十七条　人民法院就数个证据对同一事实的证明力，可以依照下列原则认定：

（一）国家机关、社会团体依职权制作的公文书证的证明力一般大于其他书证；

（二）物证、档案、鉴定意见、勘验笔录或者经过公证、登记的书证，其证明力一般大于其他书证、视听资料和证人证言；

……

《最高人民法院关于适用〈中华人民共和国民事诉讼法〉的解释》

第一百一十一条　民事诉讼法第70条规定的提交书证原件确有困难，包括下列情形：

（一）书证原件遗失、灭失或者毁损的；

（二）原件在对方当事人控制之下，经合法通知提交而拒不提交的；

（三）原件在他人控制之下，而其有权不提交的；

（四）原件因篇幅或者体积过大而不便提交的；

（五）承担举证证明责任的当事人通过申请人民法院调查收集或者其他方式无法获得书证原件的。

前款规定情形，人民法院应当结合其他证据和案件具体情况，审查判断书证复制品等能否作为认定案件事实的根据。

第一百一十二条　书证在对方当事人控制之下的，承担举证证明责任的当事人可以在举证期限届满前书面申请人民法院责令对方当事人提交。

申请理由成立的，人民法院应当责令对方当事人提交，因提交书证所产生的费用，由申请人负担。对方当事人无正当理由拒不提交的，人民法院可以认定申请人所主张的书证内容为真实。

第一百一十三条　持有书证的当事人以妨碍对方当事人使用为目的，毁灭有关书证或者实施其他致使书证不能使用行为的，人民法院可以依照民事诉讼法第111条规定，对其处以罚款、拘留。

第一百一十四条　国家机关或者其他依法具有社会管理职能的组织，在其职权范围内制作的文书所记载的事项推定为真实，但有相反证据足以推翻的除外。必要时，人民法院可以要求制作文书的机关或者组织对文书的真实性予以说明。

第一百一十五条　单位向人民法院提出的证明材料，应当由单位负责人及制作证明材料的人员签名或者盖章，并加盖单位印章。人民法院就单位出具的证明材料，可以向单位及制作证明材料的人员进行调查核实。必要时，可以要求制作证明材料的人员出庭作证。

单位及制作证明材料的人员拒绝人民法院调查核实，或者制作证明材料的人员无正当理由拒绝出庭作证的，该证明材料不得作为认定案件事实的根据。

三、物证

物证是指以其存在的形状、质量、规格、特征等来证明案件事实的证据。

（一）物证概述

物证是通过其外部特征和自身所体现的属性来证明案件的真实情况，它不受人们主观因素的影响和制约。因此，物证是民事诉讼中重要的证据之一。民事诉讼中常见的物证有：争议的标的物（房屋，产品质量纠纷中的物品、食品等）；侵权所损害的物体（交通事故中的车辆等）；遗留的痕迹（印记、指纹、灰尘、粉末）；等等。

（二）物证的证明力及其判断

1. 物证具有较强的客观性、真实性。争议的案件事实都是已经发生了的客观存在，如果能够判定物证是真实的，不是虚假的，通过物证与案件事实的联系，就能够来证明案件事实，因而物证具有较强的证明力。

2. 物证具有独立的证明性。物证是一种客观存在，并不反映人的主观意志，比较容易审查核实。与证人证言和当事人陈述容易受主观因素的影响不同，在大多数情况下，物证能独立证明案件事实是否存在，而不需要其他证据加以印证，即可成为认定事实的依据。例如，在因产品质量纠纷引发的诉讼中，产品可以直接作为案件的物证，只要查明该产品质量是否符合要求，就可以认定案件事实，解决当事人之间的纠纷。所以物证也称"哑巴证人"。

3. 物证具有不可代替的特定性。物证作为一种客观存在的具体物体和痕迹，具有自己的特有的特征，且被特定化于特定的物体之上。因此，物证一般不能用其他物品或者同类物品来代替，否则就不能保持原物的特征。一般而言，原始物证比经复制的物证更为可靠，并可以作为勘验、鉴定的材料，所以民事诉讼中要求物证必须提交原物，只有在提交原物确有困难的情况下，才允许提交复制品或照片。

法条链接

《最高人民法院关于民事诉讼证据的若干规定》

第二十一条　调查人员调查收集的物证应当是原物。被调查人提供原物确有困难的，可以提供复制品或者照片。提供复制品或者照片的，应当在调查笔录中说明取证情况。

第四十九条　对书证、物证、视听资料进行质证时，当事人有权要求出示证据的原件或者原物。但有下列情况之一的除外：

（一）出示原件或者原物确有困难并经人民法院准许出示复制件或者复制品的；

（二）原件或者原物已不存在，但有证据证明复制件、复制品与原件或原物一致的。

第六十五条　审判人员对单一证据可以从下列方面进行审核认定：

（一）证据是否原件、原物，复印件、复制品与原件、原物是否相符；

……

第七十条　一方当事人提出的下列证据，对方当事人提出异议但没有足以反驳的相反证据的，人民法院应当确认其证明力：

（一）书证原件或者与书证原件核对无误的复印件、照片、副本、节录本；

（二）物证原物或者与物证原物核对无误的复制件、照片、录像资料等；

……

物证的证明力判断方法与书证基本相同，但二者适用时在展示方法和要求有所不同。

1. 物证以其存在、外形等外部特征和物质属性证明案件真实情况，在法庭质证时重点在于外部特征和物理、化学属性；书证则重点展示以载体所记载的内容。

2. 法律对物证无特殊的形式上的特定要求，只要能以其存在、外形、特征证明案件事实，就可以作为物证；对书证则不同，法律有时规定书证必须具备特定形式或履行了特定的程序后，才具有证据效力。

3. 物证是一种客观实在，不反映人的主观意志；而书证是一定主体制作的，反映了人的主观意志。

四、视听资料

视听资料是运用录音、录像、监控等技术手段制作的，能够真实地记载案件事实的材料。

（一）视听资料概述

视听资料包括非电子介质的录像带、录音带、唱片、电影胶卷、微型胶卷、电话录音等。英美法系的民事诉讼法一般不认为视听资料是一种独立的证据类型，仅将其归入书证和物证的种类中。我国民事诉讼法鉴于视听资料具有独立的特点，而将其归为一类独立的证据加以使用。

视听资料通过图像、音响等来再现案件事实，具有生动逼真、便于使用的特点，能够直接展现、反映某个事实。而且，视听资料是采用录音录像等技术手段记录下的有关案件的原始材料，并且通过对该资料的回放再现当事人的声音、图像等，它同物证一样，一般不受主观因素的影响，能够比较客观地反映案件的事实。随着科学技术的发展，录音录像设备等日渐普及，在人们的日常生活中，视听资料的来源具有了更多的广泛性，在民事诉讼、仲裁以及非诉讼法律实务中得到了越来越多的应用。

> **法条链接**

《最高人民法院关于适用〈中华人民共和国民事诉讼法〉的解释》

第一百一十六条　视听资料包括录音资料和影像资料。

……

（二）视听资料的证明力及其判断

视听资料与书证这一传统证据相比较，证据效力和证明力稍弱。原因在于通过剪接手段伪造、篡改视听资料相对于变造书证在技术上较为容易。

> **法条链接**

《中华人民共和国民事诉讼法》

第七十一条　人民法院对视听资料，应当辨别真伪，并结合本案的其他证据，审查确定能否作为认定事实的根据。

《最高人民法院关于民事诉讼证据的若干规定》

第二十二条　调查人员调查收集计算机数据或者录音、录像等视听资料的，应当要求被调查人提供有关资料的原始载体。提供原始载体确有困难的，可以提供复制件。提供复制件的，调查人员应当在调查笔录中说明其来源和制作经过。

第六十九条　下列证据不能单独作为认定案件事实的依据：

……

（三）存有疑点的视听资料；

……

第七十条　一方当事人提出的下列证据，对方当事人提出异议但没有足以反驳的相反证据的，人民法院应当确认其证明力：

……

（三）有其他证据佐证并以合法手段取得的、无疑点的视听资料或者与视听资料核对无误的复制件；

……

一般来说，人民法院在审查视听资料时，应查明该视听资料的来源、录制的时间及地点、录制的内容和目的、参与录制的人、录制的形象和声音是否真实以及该项视听资料的保管、储存情况等。凡窃听、偷录、剪接、篡改、内容失真的视听资料，都不能作为诉讼证据。

视听资料证明力的判断方法与书证有相同之处，它们都以一定的思想内容来证明案件事实。二者不同之处在于载体的存在形式和展示方式：①书证是以书面文字形式记载的思想或者行为内容来表现案件事实，视听资料主要是以音响、图像来反映案件的事实，而不是单纯地用文字和符号证明案件事实；②书证是以静态的方式来展示案件事实的，而视听资料则是以动态的方式来展示案件事实，其具有生动逼真等书证无可比拟的特点。

五、证人证言

证人是指知晓案件事实并应当事人的要求和法院的传唤到法庭作证的人,证人就案件事实向法院所作的陈述称为证人证言。

（一）证人证言概述

哪些人可以作为民事诉讼中的证人,是证人证言具有证明力要解决的首要问题。

> **法条链接**

《中华人民共和国民事诉讼法》

第七十二条 凡是知道案件情况的单位和个人,都有义务出庭作证。有关单位的负责人应当支持证人作证。

不能正确表达意思的人,不能作证。

《最高人民法院关于民事诉讼证据的若干规定》

第五十三条 不能正确表达意志的人,不能作为证人。

待证事实与其年龄、智力状况或者精神健康状况相适应的无民事行为能力人和限制民事行为能力人,可以作为证人。

以上规定说明,我国民事诉讼法规定的证人,包括单位和个人。这里要注意的是,虽然只有自然人才能出庭接受交叉询问。但是,把单位规定为证人出庭,对我国现阶段的民事诉讼实践有积极的意义。我国现阶段的证人出庭率还是比较低的,有些民事诉讼中,单位基于业务关系而了解、掌握案件事实信息,规定单位作为证人出庭作证,单位会派工作人员作为完成单位工作任务来出庭,有助于提高证人出庭率,有助于案件查明事实,公正审判。

（二）证人证言的证明力

证人证言的证明力具有五个特点:

1. 证人证言是了解案件事实的人提供的证明。也就是说,证人必须是知道案件情况的,只有知道案情的人才能作证,一般应当是亲眼看见、亲耳听见等亲自感知到事实的人才能作证。

2. 证人证言仅是正确表达意思的人就案件事实所作的陈述。精神病人或年幼不能正确表达意思的人,所作的证言是无效的。

3. 证人证言应当是证人对所知道的与案件有关的事实的如实陈述,不应有推测、臆断和评价的内容。证人提供的证言只要能将事实陈述清楚即可。证人陈述与案件无关的事实,不应作为证言的内容；证人的分析认识或者法律评价也不能作为证据;证人证言如果是别人看到或听到转告的传闻,也不具有直接证据效力。

4. 证人证言的真实性、可靠性受到多种因素的影响。证人作为自然人,对于案件事实的感知要受到主观和客观各种因素的制约和限制。证人的主观因素方面,应考虑证人的文化水平、对事物的理解程度以及认识能力和表达能力等。证人的客观因素方面，应考虑证人当时所处的客观环境，如光线明暗、距离远近、室内或室外、嘈杂还是安静等。

5. 人民法院在分析证人证言时，必须查明证人的身份以及他和当事人之间的关系。对证人证言分析判断时，应考虑证人证言可能有真有假，诉讼中应尽可能地综合案件的全部情况及其他证据，加以全面的分析和认真研究，印证后无误的，才能确定证言的证据效力和证明力。

证人证言应当采用口头形式。证人应出庭作证，就所知道的与案件有关的事实接受当事人及其诉讼代理人的交叉询问。证人如果不出庭，仅出具书面证言，除非经法庭允许，否则，书面证言一律不具有证据效力。

法条链接

《最高人民法院关于民事诉讼证据的若干规定》

第五十四条 当事人申请证人出庭作证，应当在举证期限届满10日前提出，并经人民法院许可。

人民法院对当事人的申请予以准许的，应当在开庭审理前通知证人出庭作证，并告知其应当如实作证及作伪证的法律后果。

证人因出庭作证而支出的合理费用，由提供证人的一方当事人先行支付，由败诉一方当事人承担。

第五十五条 证人应当出庭作证，接受当事人的质询。

证人在人民法院组织双方当事人交换证据时出席陈述证言的，可视为出庭作证。

第五十六条 《民事诉讼法》第70条规定的"证人确有困难不能出庭"，是指有下列情形：

（一）年迈体弱或者行动不便无法出庭的；

（二）特殊岗位确实无法离开的；

（三）路途特别遥远，交通不便难以出庭的；

（四）因自然灾害等不可抗力的原因无法出庭的；

（五）其他无法出庭的特殊情况。

前款情形，经人民法院许可，证人可以提交书面证言或者视听资料或者通过双向视听传输技术手段作证。

第五十七条 出庭作证的证人应当客观陈述其亲身感知的事实。证人为聋哑人的，可以其他表达方式作证。

证人作证时，不得使用猜测、推断或者评论性的语言。

第五十八条 审判人员和当事人可以对证人进行询问。证人不得旁听法庭审理；询问证人时，其他证人不得在场。人民法院认为有必要的，可以让证人进行对质。

第六十五条 审判人员对单一证据可以从下列方面进行审核认定：

......

（五）证人或者提供证据的人，与当事人有无利害关系。

第六十九条　下列证据不能单独作为认定案件事实的依据：

（一）未成年人所作的与其年龄和智力状况不相当的证言；

……

（五）无正当理由未出庭作证的证人证言。

第七十七条　人民法院就数个证据对同一事实的证明力，可以依照下列原则认定：

……

（五）证人提供的对与其有亲属或者其他密切关系的当事人有利的证言，其证明力一般小于其他证人证言。

第七十八条　人民法院认定证人证言，可以通过对证人的智力状况、品德、知识、经验、法律意识和专业技能等的综合分析作出判断。

六、鉴定意见

鉴定意见，是鉴定机构运用专业知识、专门技术对案件中的专门性问题进行分析、鉴别、判断后出具的书面意见或报告。

（一）鉴定意见概述

鉴定机构一般有任职或聘任的具有相应的鉴定职业资格证书的鉴定人，鉴定意见由鉴定人做出。

鉴定机构常见的有医疗事故鉴定委员会、公安局的交警队或刑警队、质量监督检验中心、会计事务所以及根据《全国人民代表大会常务委员会关于司法鉴定管理问题的决定》设立的司法鉴定机构等。

民事诉讼中，上述鉴定机构出具的鉴定意见，通常有医学鉴定意见、文书鉴定意见、痕迹鉴定意见、事故鉴定意见、产品质量或技术鉴定意见、建筑工程鉴定意见、会计鉴定意见、行为能力鉴定意见，等等。

（二）鉴定意见的证明力

鉴定意见的证明力具有三个基本特点：

1. 独立性。鉴定意见是鉴定人根据案件的事实材料，按科学技术标准，以自己的专门知识，独立对鉴定对象分析、研究、推论做出的判断。一个民事诉讼案件可以做多次鉴定，鉴定意见可以不一致，不同的鉴定机构出具的鉴定意见也不存在效力高低的问题。

2. 结论性。鉴定人根据案件材料对某些特定事实做出鉴别、判断后一般要出具带有结论性的意见。

3. 局限性。鉴定人对专门性问题所做出的鉴别和判断，一般限于对案件部分事实的专业性判断，而不直接涉及对案件的事实认定。对案件事实的认定，应由法官做出。

民事诉讼中，鉴定意见要具有证明力，须遵循以下两点：

第一,依法定程序申请鉴定。当事人申请鉴定时,一般由当事人协商在人民法院的司法鉴定机构名册中选定鉴定机构。当事人经过协商不能取得一致意见时,由法院指定鉴定机构。当事人对鉴定意见有异议、数个鉴定人的鉴定意见互相抵触、鉴定人未能提出肯定的意见或者人民法院对鉴定意见有怀疑时,除可要求鉴定人进行补充说明或补充鉴定外,人民法院可以决定另行指定鉴定人再鉴定。

第二,鉴定人应当出庭接受当事人质询。当事人对鉴定意见有异议或者人民法院认为鉴定人有必要出庭的,鉴定人应当出庭作证。在法庭上,鉴定人对出具的鉴定意见应针对当事人及其诉讼代理人的询问进行补充说明或解释。经人民法院通知,鉴定人拒不出庭作证的,鉴定意见不得作为认定事实的根据;支付鉴定费用的当事人可以要求返还鉴定费用。

法条链接

《中华人民共和国民事诉讼法》

第七十六条 当事人可以就查明事实的专门性问题向人民法院申请鉴定。当事人申请鉴定的,由双方当事人协商确定具备资格的鉴定人;协商不成的,由人民法院指定。

当事人未申请鉴定,人民法院对专门性问题认为需要鉴定的,应当委托具备资格的鉴定人进行鉴定。

第七十七条 鉴定人有权了解进行鉴定所需要的案件材料,必要时可以询问当事人、证人。

鉴定人应当提出书面鉴定意见,在鉴定书上签名或者盖章。

第七十八条 当事人对鉴定意见有异议或者人民法院认为鉴定人有必要出庭的,鉴定人应当出庭作证。经人民法院通知,鉴定人拒不出庭作证的,鉴定意见不得作为认定事实的根据;支付鉴定费用的当事人可以要求返还鉴定费用。

《最高人民法院关于民事诉讼证据的若干规定》

第二十六条 当事人申请鉴定经人民法院同意后,由双方当事人协商确定有鉴定资格的鉴定机构、鉴定人员,协商不成的,由人民法院指定。

第二十七条 当事人对人民法院委托的鉴定部门作出的鉴定结论有异议申请重新鉴定,提出证据证明存在下列情形之一的,人民法院应予准许:

(一)鉴定机构或者鉴定人员不具备相关的鉴定资格的;

(二)鉴定程序严重违法的;

(三)鉴定结论明显依据不足的;

(四)经过质证认定不能作为证据使用的其他情形。

对有缺陷的鉴定结论,可以通过补充鉴定、重新质证或者补充质证等方法解决的,不予重新鉴定。

第二十八条 一方当事人自行委托有关部门作出的鉴定结论,另一方当事人有证据足以反驳并申请重新鉴定的，人民法院应予准许。

第二十九条 审判人员对鉴定人出具的鉴定书，应当审查是否具有下列内容：

（一）委托人姓名或者名称、委托鉴定的内容；

（二）委托鉴定的材料；

（三）鉴定的依据及使用的科学技术手段；

（四）对鉴定过程的说明；

（五）明确的鉴定结论；

（六）对鉴定人鉴定资格的说明；

（七）鉴定人员及鉴定机构签名盖章。

第七十一条 人民法院委托鉴定部门作出的鉴定结论，当事人没有足以反驳的相反证据和理由的，可以认定其证明力。

《最高人民法院关于适用〈中华人民共和国民事诉讼法〉的解释》

第一百二十一条 当事人申请鉴定，可以在举证期限届满前提出。申请鉴定的事项与待证事实无关联，或者对证明待证事实无意义的，人民法院不予准许。

人民法院准许当事人鉴定申请的，应当组织双方当事人协商确定具备相应资格的鉴定人。当事人协商不成的，由人民法院指定。

符合依职权调查收集证据条件的，人民法院应当依职权委托鉴定，在询问当事人的意见后，指定具备相应资格的鉴定人。

第一百二十二条 当事人可以依照民事诉讼法第79条的规定，在举证期限届满前申请1~2名具有专门知识的人出庭，代表当事人对鉴定意见进行质证，或者对案件事实所涉的专业问题提出意见。

具有专门知识的人在法庭上就专业问题提出的意见，视为当事人的陈述。

人民法院准许当事人申请的，相关费用由提出申请的当事人负担。

鉴定人出庭作证与证人出庭作证有所不同。因鉴定人是在案件发生后通过阅读案卷材料或查看证据等途径了解案件情况后出具鉴定意见，鉴定人具有可替代性，适用回避的规定；证人是在案件发生的过程中亲自感知到案件事实而对事实进行回忆性陈述，证人不可更换，也无需回避。

七、勘验笔录

勘验笔录，是指人民法院工作人员或人民法院认可的专业机构工作人员，在诉讼过程中，为了查明案件事实，对与案件争议有关的现场、物品或物体进行查验、拍照、测量后制作的有关查验情况和结果的笔录。

（一）勘验笔录概述

勘验笔录是一种独立的证据，也是一种固定和保全证据的方法。

勘验人员在勘验物证或者现场时，当事人一般应当到场。勘验人员应当出示相关证件，必要时邀请当地基层组织、当事人所在单位或者当事人的成年家属到场，然后进行勘验。上述人员拒不到场的，不影响勘验的进行。人民法院进行勘验时，可以通知有关单位和个人保护现场、协助勘验工作的进行。

人民法院勘验物证或者现场，应当制作笔录，记录勘验的时间、地点、勘验人、在场人、勘验的经过、结果，由勘验人、在场人签名或者盖章；对于绘制的现场图应当注明绘制的时间、方位、测绘人姓名、身份等内容。勘验笔录应把物证或者现场一切与案件有关的客观情况，详细、如实地记录。

在开庭审理时，审判人员应当庭宣读或出示勘验笔录和照片、绘制的图表，使当事人都能了解勘验的事实情况，并听取他们的意见。当事人要求重新勘验的，可以重新勘验。

法条链接

《中华人民共和国民事诉讼法》

第八十条　勘验物证或者现场，勘验人必须出示人民法院的证件，并邀请当地基层组织或者当事人所在单位派人参加。当事人或者当事人的成年家属应当到场，拒不到场的，不影响勘验的进行。

有关单位和个人根据人民法院的通知，有义务保护现场，协助勘验工作。

勘验人应当将勘验情况和结果制作笔录，由勘验人、当事人和被邀参加人签名或者盖章。

《最高人民法院关于民事诉讼证据的若干规定》

第三十条　人民法院勘验物证或者现场，应当制作笔录，记录勘验的时间、地点、勘验人、在场人、勘验的经过、结果，由勘验人、在场人签名或者盖章。对于绘制的现场图应当注明绘制的时间、方位、测绘人姓名、身份等内容。

第七十条　一方当事人提出的下列证据，对方当事人提出异议但没有足以反驳的相反证据的，人民法院应当确认其证明力：

……

（四）一方当事人申请人民法院依照法定程序制作的对物证或者现场的勘验笔录。

《最高人民法院关于适用〈中华人民共和国民事诉讼法〉的解释》

第一百二十四条　人民法院认为有必要的，可以根据当事人的申请或者依职权对物证或者现场进行勘验。勘验时应当保护他人的隐私和尊严。

人民法院可以要求鉴定人参与勘验。必要时，可以要求鉴定人在勘验中进行鉴定。

（二）勘验笔录的证明力

勘验笔录是由人民法院或者人民法院认可的机构的工作人员在执行公务中制作的，证据效力一般不容置疑，证明力较强。

勘验笔录是以其文字、图表等记载的内容来说明一定案件事实，与书证有相似之处，但二者又有区别，在对勘验笔录的证明力进行判断时应加以注意：

第一，产生的时间不同。书证一般是在案件发生前或在案件发生过程中制作的；而勘验笔录则是在案件发生后，在诉讼过程中，为了查明案件事实，对物证或者现场进行检验后制作的。

第二，反映的内容不同。书证一般是用文字、符号来表达其内容，本身能直接证明案件的事实情况，是制作人主观意志的外部表现；而勘验笔录的文字、图片记载的内容，是对物证或者现场的重新再现，其内容不能有制作人的主观意思表示，完全是一种对客观情况的如实记载。

第三，能否重新制作不同。书证不能涂改，也不能重新制作，要保持其原意；而勘验笔录则不同，若记载有误或不明确，可以重新勘验，并作出新的勘验笔录。

八、电子数据

电子数据，是指以电子、光学等存储方法存储于电脑、手机、服务器、U盘等存储设备且能够证明案件事实的数据。例如，电子邮件、网上聊天记录、电子签名、网络访问记录、短信、电脑及服务器信息数据等，都可视为电子数据。

电子数据的证明力判断规则一般等同于书证，我国《合同法》、《民事诉讼法》和《电子签名法》对此有明确的规定，但法律上对文书形式有特定书面要求的除外。

法条链接

《最高人民法院关于适用〈中华人民共和国民事诉讼法〉的解释》

第一百一十六条

……

电子数据是指通过电子邮件、电子数据交换、网上聊天记录、博客、微博客、手机短信、电子签名、域名等形成或者存储在电子介质中的信息。

存储在电子介质中的录音资料和影像资料，适用电子数据的规定。

《中华人民共和国合同法》

第十条　当事人订立合同，有书面形式、口头形式和其他形式。

法律、行政法规规定采用书面形式的，应当采用书面形式。当事人约定采用书面形式的，应当采用书面形式。

第十一条　书面形式是指合同书、信件和数据电文（包括电报、电传、传真、电子数据交换和电子邮件）等可以有形地表现所载内容的形式。

《中华人民共和国电子签名法》

第二条　本法所称电子签名，是指数据电文中以电子形式所含、所附用于识别签名人身份并表明签名人认可其中内容的数据。

本法所称数据电文，是指以电子、光学、磁或者类似手段生成、发送、接收或者储存的信息。

第三条　民事活动中的合同或者其他文件、单证等文书，当事人可以约定使用或者不使用电子签名、数据电文。

当事人约定使用电子签名、数据电文的文书，不得仅因为其采用电子签名、数据电文的形式而否定其法律效力。

前款规定不适用下列文书：

（一）涉及婚姻、收养、继承等人身关系的；

（二）涉及土地、房屋等不动产权益转让的；

（三）涉及停止供水、供热、供气、供电等公用事业服务的；

（四）法律、行政法规规定的不适用电子文书的其他情形。

第四条　能够有形地表现所载内容，并可以随时调取查用的数据电文，视为符合法律、法规要求的书面形式。

第二节　证明方法

一、证据的提交、搜集与交出

（一）证据的提交

在民事诉讼中，当事人起诉或答辩时，一般应当向法庭提交一个（作为起诉状或答辩状附件的）证据目录，在证据目录中对所持有的证据进行编号，写明证据名称、要证明的案件事实，然后将证据目录和证据材料一并提交到法院。

法条链接

《最高人民法院关于民事诉讼证据的若干规定》

第十四条　当事人应当对其提交的证据材料逐一分类编号，对证据材料的来源、证明对象和内容作简要说明，签名盖章，注明提交日期，并依照对方当事人人数提出副本。

《中华人民共和国民事诉讼法》

第六十六条　人民法院收到当事人提交的证据材料，应当出具收据，写明证据名称、页数、份数、原件或者复印件以及收到时间等，并由经办人员签名或者盖章。

（二）证据的搜集与交出

当证据为对方当事人或第三人持有时，如何才能使举证人得到证据？

第一，向法院提交书面申请，申请法院调查搜集证据。

法条链接

《中华人民共和国民事诉讼法》

第一百二十九条　审判人员必须认真审核诉讼材料，调查收集必要的证据。

《最高人民法院关于民事诉讼证据的若干规定》

第十七条 符合下列条件之一的，当事人及其诉讼代理人可以申请人民法院调查收集证据：

（一）申请调查收集的证据属于国家有关部门保存并须人民法院依职权调取的档案材料；

（二）涉及国家秘密、商业秘密、个人隐私的材料；

（三）当事人及其诉讼代理人确因客观原因不能自行收集的其他材料。

第十八条 当事人及其诉讼代理人申请人民法院调查收集证据，应当提交书面申请。申请书应当载明被调查人的姓名或者单位名称、住所地等基本情况、所要调查收集的证据的内容、需要由人民法院调查收集证据的原因及其要证明的事实。

第十九条 当事人及其诉讼代理人申请人民法院调查收集证据，不得迟于举证期限届满前7日。

人民法院对当事人及其诉讼代理人的申请不予准许的，应当向当事人或其诉讼代理人送达通知书。当事人及其诉讼代理人可以在收到通知书的次日起3日内向受理申请的人民法院书面申请复议一次。人民法院应当在收到复议申请之日起5日内作出答复。

第二，请求法院责令对方当事人交出所持有的证据。这是民事诉讼法中诚实信用原则的要求，也是法官查明案件事实、公正裁判案件的需要。

法条链接

《最高人民法院关于民事诉讼证据的若干规定》

第七十五条 有证据证明一方当事人持有证据无正当理由拒不提供，如果对方当事人主张该证据的内容不利于证据持有人，可以推定该主张成立。

《最高人民法院关于适用〈中华人民共和国民事诉讼法〉的解释》

第一百一十二条 书证在对方当事人控制之下的，承担举证证明责任的当事人可以在举证期限届满前书面申请人民法院责令对方当事人提交。

申请理由成立的，人民法院应当责令对方当事人提交，因提交书证所产生的费用，由申请人负担。对方当事人无正当理由拒不提交的，人民法院可以认定申请人所主张的书证内容为真实。

第一百一十三条 持有书证的当事人以妨碍对方当事人使用为目的，毁灭有关书证或者实施其他致使书证不能使用行为的，人民法院可以依照民事诉讼法第111条规定，对其处以罚款、拘留。

证据的交出与《美国联邦民事诉讼证据规则》的证据开示（Discovery）程序类似，实践中鲜有运用，但其对实现诉讼公平有很大作用。在一些当事人诉大企业的民事诉讼中，基于双方所掌握的信息和持有的证据的不对等的情形，可以考虑适用该规定。如在丰田汽车刹车失灵、大众速腾汽车后轴断裂等纠纷中，消费者如起诉这些公司，主张被告的设计或制造存在缺陷，可以质监等部门专业人员的相关证据作为前提条件，请求法院要求被告交出该汽车设计、制造的相关技术材料证据，如果被告拒绝交出，则请求法院推定作为原告的消费者所主张的事实成立。

二、证据的特征

客观（真实）性、关联性和合法性是证据的特征。证据的特征属于证明方法的范畴，而且是判断证据是否具有证明力（或者说证据材料转变为定案证据）的基本方法。很多同学在学习证据时认为证据的特征属于理论问题，只是简单记忆，这种错误认识亟需改变。

民事诉讼案件在开庭时的法庭调查阶段，就双方当事人存在争议的案件事实，主张事实成立的一方当事人要举证，另一方当事人要质证。质证"质什么"？就是要质疑证据材料的真实性、关联性和合法性。

法条链接

《最高人民法院关于民事诉讼证据的若干规定》

第五十条　质证时，当事人应当围绕证据的真实性、关联性、合法性，针对证据证明力有无以及证明力大小，进行质疑、说明与辩驳。

《最高人民法院关于适用〈中华人民共和国民事诉讼法〉的解释》

第一百零四条　人民法院应当组织当事人围绕证据的真实性、合法性以及与待证事实的关联性进行质证，并针对证据有无证明力和证明力大小进行说明和辩论。

能够反映案件真实情况、与待证事实相关联、来源和形式符合法律规定的证据，应当作为认定案件事实的根据。

（一）客观性

所谓民事证据的客观性，是指证据材料必须是案件事实发生后遗留下来的文书、物品或痕迹等，是不以人的意志为转移的客观存在的，不是主观想象出来的或后来制作出来的。

与证据的客观性有关的证据分类是原始证据与传来证据的划分。根据证据来源的不同，可以将证据分为原始证据与传来证据。而证据来源的含义，指的是证据材料是最初客观形成的，还是其后复制的或转述形成的。

原始证据是指直接来源于案件事实的证据，也称第一手证据。"直接来源于"案件事实，是指在案件事实发生、发展和消灭的过程中直接形成的，比如，证人就亲自感知到的案件事实向法院所做的证言，书证原件，物证原物、视听资料的原件等。传来证据是指案件事实发生后，对原有的案件事实或证据经过复制、复印、传抄、转述等环节形成的证据材料。比如，证人转述道听途说的案件事实，书证的复印件，物证、音像资料的复制品等。

原始证据的证明力一般大于传来证据。这是由于传来证据在产生的过程中经过了转述、复制等环节，很可能被伪造或篡改，因此，与原始证据相比，传来证据的证明力较弱。传来证据的作用在于：其一，通过传来证据当事人或人民法院可以获得原始证据的线索，有利于对原始证据的收集；其二，传来证据可以用来印证原始证据的真实性，在没有原始证据时，经其他证据证明为真实的传来证据也可以用来认定案件事实。

法条链接

《中华人民共和国民事诉讼法》

第七十条　书证应当提交原件。物证应当提交原物。提交原件或者原物确有困难的，可以提交复制品、照片、副本、节录本。

提交外文书证，必须附有中文译本。

第七十一条　人民法院对视听资料，应当辨别真伪，并结合本案的其他证据，审查确定能否作为认定事实的根据。

《最高人民法院关于民事诉讼证据的若干规定》

第二十条　调查人员调查收集的书证，可以是原件，也可以是经核对无误的副本或者复制件。是副本或者复制件的，应当在调查笔录中说明来源和取证情况。

第二十一条　调查人员调查收集的物证应当是原物。被调查人提供原物确有困难的，可以提供复制品或者照片。提供复制品或者照片的，应当在调查笔录中说明取证情况。

第二十二条　调查人员调查收集计算机数据或者录音、录像等视听资料的，应当要求被调查人提供有关资料的原始载体。提供原始载体确有困难的，可以提供复制件。提供复制件的，调查人员应当在调查笔录中说明其来源和制作经过。

第六十九条　下列证据不能单独作为认定案件事实的依据：

……

（四）无法与原件、原物核对的复印件、复制品；

……

第七十条　一方当事人提出的下列证据，对方当事人提出异议但没有足以反驳的相反证据的，人民法院应当确认其证明力：

（一）书证原件或者与书证原件核对无误的复印件、照片、副本、节录本；

（二）物证原物或者与物证原物核对无误的复制件、照片、录像资料等；

……

第七十七条　人民法院就数个证据对同一事实的证明力，可以依照下列原则认定：

……

（三）原始证据的证明力一般大于传来证据；

……

《最高人民法院关于适用〈中华人民共和国民事诉讼法〉的解释》

第一百一十一条　民事诉讼法第70条规定的提交书证原件确有困难,包括下列情形:

(一) 书证原件遗失、灭失或者毁损的;

(二) 原件在对方当事人控制之下,经合法通知提交而拒不提交的;

(三) 原件在他人控制之下,而其有权不提交的;

(四) 原件因篇幅或者体积过大而不便提交的;

(五) 承担举证证明责任的当事人通过申请人民法院调查收集或者其他方式无法获得书证原件的。

前款规定情形,人民法院应当结合其他证据和案件具体情况,审查判断书证复制品等能否作为认定案件事实的根据。

(二) 关联性

所谓关联性,是指证据材料与待证事实之间具有的某种内在的或客观的联系。如果当事人提供的证据材料与本案待证事实无关,则不能被法庭采信作为案件的定案证据。

对于有关联性的证据,以证据与主要案件事实的关系紧密程度为标准,可将证据分为直接证据与间接证据。

直接证据是能够直接、单独证明案件主要事实(要件事实)的证据。"直接"意味着证据证明案件主要事实的逻辑推理过程是直接推理而不是间接推理。"单独"意味着依据一个证据就能认定案件的某项主要事实。例如,原告为了证明2万元借贷关系的存在,向法庭出示了借条,借条上有被告人的亲笔签名。该借条可以直接、单独地证明原告与被告之间存在借贷关系,因此属于直接证据。

直接证据能够单独、直接地证明案件事实,在诉讼中,其证据效力较强,证明力较大。

间接证据是不能单独、直接证明案件主要事实,必须与其他证据结合才能证明案件主要事实的证据材料。间接证据与案件主要事实的联系是间接的。任何一个间接证据,都只能从某一个侧面证明案件事实的一个部分,不能直接证明案件的主要事实;只有若干间接证据组合起来,形成一个完整的证据链条,才能证明案件的主要事实。例如,在一起消费者权益保护案件中,原告为了证明从被告处购买的三星手机存在质量问题,向法庭出示了以下证据:①购买手机的发票;②手机的保修卡(被告在销售单位处盖章);③手机保修卡载明的手机串号与手机显示的串号相一致;④该手机在正常使用中突然死机的法庭现场演示。该案中原告的每一个证据都不能单独、直接地证明原告从被告处购买的三星手机存在质量问题,必须几个证据相结合才能起到证明作用,这四个证据就是间接证据。

在诉讼中,间接证据的证据效力较弱,甚至会在法庭质证时被质疑与案件事实无关联性,证明力也较小。

> **法条链接**

《最高人民法院关于民事诉讼证据的若干规定》

第七十七条 人民法院就数个证据对同一事实的证明力,可以依照下列原则认定:

……

(四) 直接证据的证明力一般大于间接证据;

……

在间接证据的使用方面必须注意遵循以下规则:①单个间接证据不能单独证明案件主要事实;②间接证据本身必须具有证据能力;③各个间接证据之间必须协调一致,相互印证,不存在矛盾;④运用间接证据组成的证据体系进行推理时,所得出的结论应当是肯定的、唯一的。

> **法条链接**

《最高人民法院关于民事诉讼证据的若干规定》

第六十六条 审判人员对案件的全部证据,应当从各证据与案件事实的关联程度、各证据之间的联系等方面进行综合审查判断。

(三) 合法性

所谓合法性,是指证据的来源与证据形式等必须符合法律的要求,不为法律禁止。

合法性包括以下三个方面的内容:

1. 主体的合法性。这是指形成证据的主体必须合法,不得违背有关法律的规定。例如,以不能正确表达意志的人作为证人,以不具有相应鉴定资质的人或与本案有利害关系的人作为鉴定人,证据的主体就不合法。

2. 形式的合法性。这包含两层意思:①证据的形式应当符合法律的要求,必须以法律规定的存在形式表现出来。如单位向法院提交的证明文书,应由单位负责人签名或盖章,并加盖单位印章。②当法律规定某些法律行为须用特定形式来实施时,应当使用特定形式的证据来证明。例如,保证合同、抵押合同等,需要用书面形式的合同来证明。

3. 收集证据方式(或证据来源)的合法性。这主要是指当事人、诉讼代理人和法院在收集证据时应符合法律的要求,不得违反法律的规定。例如,当事人在制作录音、录像资料这类证据时,不得偷偷潜入他人住宅进行录制。

> **法条链接**

《最高人民法院关于民事诉讼证据的若干规定》

第六十八条 以侵害他人合法权益或者违反法律禁止性规定的方法取得的证据,不能作为认定案件事实的依据。

《最高人民法院关于适用〈中华人民共和国民事诉讼法〉的解释》

第一百零六条 对以严重侵害他人合法权益、违反法律禁止性规定或者严重违背公序良俗的方法形成或者获取的证据，不得作为认定案件事实的根据。

例如，在离婚后损害责任纠纷诉讼中（根据2001年《婚姻法》修订后第46条规定"有配偶者与他人同居导致离婚的，无过错方有权请求损害赔偿"提出的诉讼），夫妻中无过错方如何举证及证据的合法性问题，有三个案例可供讨论。

案例1

甲先生与乙女士系夫妻。乙发现甲有时借口加班夜不归宿，却住在同一城市的丙女士家中。乙决定与甲离婚，并提出损害赔偿。为了取得甲、丙有不正当关系的证据，一日乙在得知甲夜宿于丙的住宅时，与亲朋好友一起，闯入丙的住宅，并对二人宿于一起的情形进行了拍照、录像。后在乙诉甲的离婚损害赔偿责任纠纷诉讼中，乙的证据被法院认为系侵犯他人住宅权利所取得，不合法，不予采信。

案例2

甲先生与乙女士系夫妻。乙发现甲有时借口加班夜不归宿，却住在同一城市的丙女士家中。乙决定与甲离婚，并提出损害赔偿。为了取得甲、丙有不正当关系的证据，一日下午乙发现甲又到丙的住处，便带领亲朋好友丁、戊、己来到丙处，由其中一名亲戚丁敲门找丙，并打开房门，乙与丁、戊、己一下冲进丙的家中，发现甲正在穿裤子，乙对甲进行了拍照、摄像。后在乙诉甲的离婚损害赔偿责任纠纷诉讼中，乙的证据被法院认为系侵犯他人住宅权利所取得（丙虽然打开了房门，但未允许乙等人进入），不合法，不予采信。

案例3

甲先生与乙女士系夫妻。乙发现甲有时借口加班夜不归宿，却住在同一城市的丙女士家中。乙决定与甲离婚，并提出损害赔偿。为了取得甲、丙有不正当关系的证据，乙雇佣私家侦探，守候在丙的家门口附近，多次拍摄了甲夜晚到丙处第二天才离开的录像。后在乙诉甲的离婚后损害责任纠纷诉讼中，乙的证据被法院认为合法，且根据《最高人民法院关于民事诉讼证据的若干规定》第9条第1款第3项之"根据法律规定或者已知事实和日常生活经验法则，能推定出的另一事实"的规定，对录像证据予以采信，认为可以推定出甲与丙同居。

上述离婚损害赔偿纠纷中，无过错方遇到的举证难题在于取得证据手段的合法性，因为此类案件的取证方式都遇到宪法规定的"公民的住宅权利不受侵犯"这一无法逾越的法律障碍，案例三采取了住宅外面取证的方式，并以多次证据进行推定，达到了预期的效果。

民事诉讼证据的客观性、关联性与合法性是任何一件民事证据必须同时具备的属性，三者缺一不可。证据材料只有经过客观性、关联性、合法性的审查、过滤，才能成为定案证据。

```
                    (证据)材料
                      │
                      │  经过证明方法的过滤，对材料进
                      │  行客观性、关联性、合法性审查
                      ↓
                  (被法庭采纳的)证据
```

三、证明标准

证明标准是指运用证据对案件事实进行证明应达到的程度和水平，是案件事实得到证明时对证据的质和量所提出的具体要求。

与证明标准相关的问题是民事诉讼中用证据证明的事实是客观事实还是法律事实？由于民事诉讼中所涉及的案件事实在立案前已经发生，而证据只不过是客观事实发生之后遗留下来的一些证据材料，在民事诉讼有限的时间和人力物力投入的情况下，运用这些证据材料使原来的事实再现大多数情况下是不可能的，所以，民事诉讼中要证明的事实是适用证据材料、运用证明方法经过人的主观活动明确或确认的事实，即法律事实——依据法律条文适用条件的涵摄要求对解决案件有意义的事实，而不是客观事实。

既然民事诉讼中需要证明的事实仅仅是法律事实，那么，证明达到什么样的程度和水平才能够认定该事实存在（或成立）呢？

民事诉讼的证明标准，可通过与刑事诉讼进行比较来把握。

民事诉讼中，对于当事人主张的事实，只要其提供的证据占有优势，即认定其存在或成立。而刑事诉讼中，法院必须排除一切被告人不构成犯罪的可能情形，才能认定被告人有罪，有疑点则应判决无罪。

> **法条链接**

《最高人民法院关于民事诉讼证据的若干规定》

第七十三条 双方当事人对同一事实分别举出相反的证据，但都没有足够的依据否定对方证据的，人民法院应当结合案件情况，判断一方提供证据的证明力是否明显大于另一方提供证据的证明力，并对证明力较大的证据予以确认。

《最高人民法院关于适用〈中华人民共和国民事诉讼法〉的解释》

第一百零八条 对负有举证证明责任的当事人提供的证据，人民法院经审查并结合相关事实，确信待证事实的存在具有高度可能性的，应当认定该事实存在。

对一方当事人为反驳负有举证证明责任的当事人所主张事实而提供的证据，人民法院经审查并结合相关事实，认为待证事实真伪不明的，应当认定该事实不存在。

法律对于待证事实所应达到的证明标准另有规定的，从其规定。

第一百零九条 当事人对欺诈、胁迫、恶意串通事实的证明，以及对口头遗嘱或者赠与事实的证明，人民法院确信该待证事实存在的可能性能够排除合理怀疑的，应当认定该事实存在。

《中华人民共和国刑事诉讼法》

第五十三条 ……

证据确实、充分，应当符合以下条件：

（一）定罪量刑的事实都有证据证明；

（二）据以定案的证据均经法定程序查证属实；

（三）综合全案证据，对所认定事实已排除合理怀疑。

民事诉讼法与刑事诉讼法规定的证明标准不同，这一点在民事诉讼的举证与认证时需牢牢把握。为什么会有不同？主要是案件性质不同所致。刑事诉讼案件的处理结果，关涉人的生命和自由，一旦被剥夺，则对一个人的人生造成永久的伤害，无法恢复，所以必须慎之又慎，要确定有罪，证据必须形成完整的证据链条，"排除合理怀疑"；民事诉讼案件涉及的主要是财产责任，即使案件判决出现错误并已经执行，也可以通过执行回转来修正损害。

所以，在具体的民事诉讼案件中，当事人一方的证据能够形成证据链条证明案件事实当然是最好的结果；但是，如果证据不能形成证据链条，则要按照当事人所提供的证据的证明力较大的一方的主张来确认案件事实。案例如下：

孙女士与钱先生于2002年5月份结婚，2012年5月离婚。2012年9月份，孙女士先后收到三份起诉状副本和传票，原告分别为甲医生（60岁）、乙村民（45岁）、丙公务员（30岁）三人，被告为钱先生和孙女士。

甲诉称：2011年8月，钱先生向甲借款10万元，约定2012年8月连本带利一起偿还，现已逾期，钱先生不知所踪。钱先生在借款时正值与孙女士处于夫妻关系存续期间，现诉至法院，请求法院判令二被告偿还借款本金10万元。

乙、丙所诉事实与甲基本相同，不同的是乙所诉借款本金为12万元，丙所诉借款本金为25万元。

开庭审理前的准备阶段，孙女士向法庭提交了答辩状，答辩内容基本相同：钱先生与自己离婚后已经基本不再联系。自己没有见过债权人甲、乙和丙，不知借款的事，也没见过这些所借款项。钱先生曾经与案外人胡某共同发起非法集资，后资不抵债，被债权人追讨借款，胡某遂不知所踪，也不知钱先生现住在什么地方。

法院经多方查询找到钱先生，发现钱先生已经在医院患癌症病入膏肓，经询问，钱先生回忆：自己可能和胡某非法集资时向甲、乙二人借过款，具体借款时的情形记不清楚了；有没有向丙借款记不清楚了。

法院开庭时，原告甲、乙和丙本人均未到庭，原告的诉讼代理人均到庭，被告孙女士到庭，钱先生未到庭。

原告甲的代理人举出的证据为：由钱先生签名的借条一张，数额为10万元。

原告乙的代理人举出的证据为：由钱先生签名的借条一张，数额为12万元；

借款当日第三人辛某向被告钱先生的银行账户转账凭证一份，数额为10.8万元。

原告丙的代理人举出的证据为：由钱先生签名的借条一张，数额为25万元。

法院要求甲、乙、丙的代理人补充说明借款经过。

甲和丙的诉讼代理人均说：根据当事人陈述，当时是现金交付，没有转账凭证。现金来源系个人积累所得，不是从银行提取。

原告乙的代理人说，钱先生向乙借款时，因为乙当时手头紧张，让朋友辛某采用转账方式将借款转给了钱先生，转账金额之所以是10.8万元，是因为钱先生许诺一个季度的利息是10%，所以预先扣除了第一个季度的利息1.2万元。

法官出示调查笔录，内容载明：被告钱先生承认向原告甲和乙借款。

被告孙女士质证认为：①原告甲、乙、丙与自己和钱先生非亲非故，就无缘无故借款给钱先生如此巨大的数额，与常理不符。②原告甲和丙均不能出示借款转账的凭证来证明借款实际交付的事实，单凭借条，不能证明实际发生了借款关系。原告乙的转账凭证与借条不能相互印证，被告乙的代理人说是高利贷，正好验证了该借款是非法集资款，不应由自己偿还。③自己与钱先生感情破裂离婚，不排除钱先生与甲、乙恶意串通的可能，因此，虽然钱先生承认向甲、乙借款，但由于孙女士是因为与钱先生曾是夫妻关系，依法甲、乙仍然应当向法庭继续举证。

法院经审理后，最终认定甲、乙的借款关系存在，其心证理由是：甲、乙的举证具有优势，可以认定。被告钱先生承认该借款关系，有借条。原告甲所诉借款为10万元，根据《最高人民法院全国民事审判工作会议纪要》（法办［2011］432号文件）的精神以及法院内部掌握的10万元以下仅有借条就可判定借款关系成立的标准，甲的10万元借款关系可以认定；乙出示了转账凭条，按凭条上载明的10.8万元认定借款数额。

法院对丙的借款关系不予认定，以证据不足驳回了原告的诉讼请求。其心证理由如下：原告丙所举证据不能形成优势。原告丙所诉借款数额巨大，仅有借条，不能举出证据证明实际交付款项的事实；原告丙系公务员，与被告钱先生非亲非故，把积攒的25万元现金借给被告钱先生不符合常理。

四、举证责任

举证责任，是指民事诉讼中，当事人对于自己向法庭所主张的事实，有义务提供证据加以证明。

法条链接

《中华人民共和国民事诉讼法》

第六十四条　当事人对自己提出的主张，有责任提供证据。

《最高人民法院关于民事诉讼证据的若干规定》

第二条　当事人对自己提出的诉讼请求所依据的事实或者反驳对方诉讼请求所依据的事实有责任提供证据加以证明。

没有证据或者证据不足以证明当事人的事实主张的，由负有举证责任的当事人承担不利后果。

第三条 人民法院应当向当事人说明举证的要求及法律后果，促使当事人在合理期限内积极、全面、正确、诚实地完成举证。

当事人因客观原因不能自行收集的证据，可申请人民法院调查收集。

《最高人民法院关于适用〈中华人民共和国民事诉讼法〉的解释》

第九十条 当事人对自己提出的诉讼请求所依据的事实或者反驳对方诉讼请求所依据的事实，应当提供证据加以证明，但法律另有规定的除外。

在作出判决前，当事人未能提供证据或者证据不足以证明其事实主张的，由负有举证证明责任的当事人承担不利的后果。

在民事诉讼中，即使当事人主张的要件事实在诉讼终结前仍处于真伪不明的状态，为了实现解决纠纷的目的，法院不得拒绝裁判。在要件事实真伪不明时，为了保证程序的公正和法官的中立，法庭一般不主动调查证据去帮助当事人证明案件事实，而是会将事实真伪不明引起的不利诉讼结果判归对该要件事实负举证责任的一方当事人承担。因此，举证责任在民事诉讼中的又一作用是引导法院在事实真伪不明状态下作出裁判。

⚠法条链接

《最高人民法院关于民事诉讼证据的若干规定》

第七十三条 ……

因证据的证明力无法判断导致争议事实难以认定的，人民法院应当依据举证责任分配的规则作出裁判。

举证责任在双方当事人之间如何进行分配影响到当事人双方的切身利益，因此，举证责任分配的规定在实践中需要牢牢把握和合理运用。

⚠法条链接

《最高人民法院关于民事诉讼证据的若干规定》

第四条 下列侵权诉讼，按照以下规定承担举证责任：

（一）因新产品制造方法发明专利引起的专利侵权诉讼，由制造同样产品的单位或者个人对其产品制造方法不同于专利方法承担举证责任；

（二）高度危险作业致人损害的侵权诉讼，由加害人就受害人故意造成损害的事实承担举证责任；

（三）因环境污染引起的损害赔偿诉讼，由加害人就法律规定的免责事由及其行为与损害结果之间不存在因果关系承担举证责任；

（四）建筑物或者其他设施以及建筑物上的搁置物、悬挂物发生倒塌、脱落、坠落致人损害的侵权诉讼，由所有人或者管理人对其无过错承担举证责任；

（五）饲养动物致人损害的侵权诉讼，由动物饲养人或者管理人就受害人有过错或者第三人有过错承担举证责任；

（六）因缺陷产品致人损害的侵权诉讼，由产品的生产者就法律规定的免责事由承担举证责任；

（七）因共同危险行为致人损害的侵权诉讼，由实施危险行为的人就其行为与损害结果之间不存在因果关系承担举证责任；

（八）因医疗行为引起的侵权诉讼，由医疗机构就医疗行为与损害结果之间不存在因果关系及不存在医疗过错承担举证责任。

有关法律对侵权诉讼的举证责任有特殊规定的，从其规定。

第五条 在合同纠纷案件中，主张合同关系成立并生效的一方当事人对合同订立和生效的事实承担举证责任；主张合同关系变更、解除、终止、撤销的一方当事人对引起合同关系变动的事实承担举证责任。

对合同是否履行发生争议的，由负有履行义务的当事人承担举证责任。

对代理权发生争议的，由主张有代理权一方当事人承担举证责任。

第六条 在劳动争议纠纷案件中，因用人单位作出开除、除名、辞退、解除劳动合同、减少劳动报酬、计算劳动者工作年限等决定而发生劳动争议的，由用人单位负举证责任。

第七条 在法律没有具体规定，依本规定及其他司法解释无法确定举证责任承担时，人民法院可以根据公平原则和诚实信用原则，综合当事人举证能力等因素确定举证责任的承担。

《最高人民法院关于适用〈中华人民共和国民事诉讼法〉的解释》

第九十一条 人民法院应当依照下列原则确定举证证明责任的承担，但法律另有规定的除外：

（一）主张法律关系存在的当事人，应当对产生该法律关系的基本事实承担举证证明责任；

（二）主张法律关系变更、消灭或者权利受到妨害的当事人，应当对该法律关系变更、消灭或者权利受到妨害的基本事实承担举证证明责任。

按照证据与举证责任的关系，可以把证据分为本证与反证。

本证是指对待证事实负有举证责任的一方当事人提出的、用于证明待证事实的证据。反证则是指对待证事实不负举证责任的一方当事人，为证明对方当事人的待证事实不存在或不真实而提供的证据。

区分本证与反证的标准是当事人与举证责任的关系，与当事人在诉讼中处于原告还是被告的诉讼地位无关。原告和被告在诉讼中都可能提出本证。例如：

甲起诉乙，要求乙返还5万元借款，按照"谁主张谁举证"的举证责任一般分配规则，原告举出了被告书写的"借据"这一证据，用以证明借款事实的存在，此"借据"是本证；被告举出了一份"鉴定意见"，鉴定意见的结论为："借据"是伪造的。该"鉴定意见"用以证明不存在借款事实,"鉴定意见"是反证。如果乙没有出具上述"鉴定意见"这一证据材料,而是向法院举出了甲书写的"收条",用以证明乙所借甲的借款"已还"的事实,则"收条"是本证。

除法律对举证责任有特殊分配规定的情形——例如,特殊侵权引发的民事纠纷,原告起诉至法院,一般首先会主张某个待证事实存在,这时原告围绕待证事实举出的证据都是本证。原告主张的待证事实要想被法院所确认,本证一般要求形成相对完整的证据链条,达到使法官确信该待证事实很可能存在的程度。

民事诉讼中举出反证的目的在于削弱、阻断本证的证明力,反证只要能动摇审判人员对待证事实的确信,使待证事实陷于真伪不明状态,就可以达到举证目的。因此,在负有举证责任一方当事人提出本证,并使事实的认定发生不利于对方当事人变化时(本证的证明力占有明显优势时),对方当事人提出反证才为必要。下面举一个案例进行说明:

甲起诉乙,诉称:2013年9月2日,在A市B区某小区内,乙驾车将自己撞伤,支出医疗费等各种费用共计1万元。举出证据:①甲身体受伤就医的相关证据材料;②小区居民丙、保安丁的证人证言,证明当日甲、乙二人因乙的汽车与甲发生了碰撞进行过争吵;③乙的汽车前保险杠油漆脱落的照片。

法院受理后,认为原告甲的举证较为充分,主持调解。调解中,被告乙坚持主张事发当时看到甲向自己的汽车冲过来,自己已经刹住车,并没有撞到甲,是甲自己收不住脚,撞到了自己的汽车。法官告知被告乙,原告甲的证据都是本证,且已形成相对完整的证据链条,被告乙如果不能举出任何证据支持自己的主张,应当判决乙败诉,并告知乙败诉的后果。从法院返回,被告乙从事发现场发现了一个摄像头,并搜集到了当日的录像资料,该视听资料显示,事情的发生经过确实如乙所言,当时乙已经刹住车,是甲走得过快,摔倒时撞到了乙的车前部。法官再次主持调解,告知原告甲,被告乙已经举出了反证,足以推翻原告甲所主张的乙开车撞到了甲的事实,同时证明是甲撞到了乙的汽车。法官并告知原告甲,如不能举出更多的证据证明自己主张的事实,将判决甲败诉,并动员甲撤诉。

反证不同于对本证的反驳。证据反驳即质证,是指一方当事人针对对方所提出的证据,指出该证据不真实、不合法或与待证事实不具有关联性,不能作为认定事实的依据。当事人在对证据进行反驳时,既未主张新的事实,又未提出新的证据。反证则不同,提供反证是为了证明对方当事人主张的事实不存在。

五、形式推理和辩证推理

在民事诉讼中,运用证据材料证明案件事实过程中,证明方法不仅仅是形式推理,还包括辩证推理。

本节的前几个标题所列的证明方法,均属于形式推理的范畴。

形式推理,是按照形式逻辑的规律和法律规定,运用演绎、归纳和类推的方法确定案件事实。形式推理只强调思维形式的正确,不考虑所认定的案件事实的社会反映,也不考虑是否符合法律的价值判断。

法条链接

《最高人民法院关于民事诉讼证据的若干规定》

第六十四条 审判人员应当依照法定程序,全面、客观地审核证据,依据法律的规定,遵循法官职业道德,运用逻辑推理和日常生活经验,对证据有无证明力和证明力大小独立进行判断,并公开判断的理由和结果。

《最高人民法院关于适用〈中华人民共和国民事诉讼法〉的解释》

第一百零五条 人民法院应当按照法定程序,全面、客观地审核证据,依照法律规定,运用逻辑推理和日常生活经验法则,对证据有无证明力和证明力大小进行判断,并公开判断的理由和结果。

辩证推理,是在认定案件事实时,要充分考虑各种价值、利益、政策,然后进行综合平衡和选择。民事诉讼实践中,对于双方当事人的举证都不充分的情况下,法官要从法律的价值、目的和作用,国家和执政党的政策以及社会公德考虑出发,认定案件的事实究竟为何。

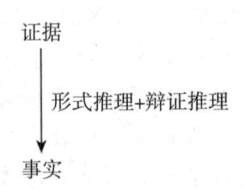

```
          证据
           │
    形式推理+辩证推理
           ↓
          事实
```

辩证推理的方法包括类比推理、解释、论辩、劝说、推定、拟制等。

对于证据的辩证推理,在我国比较有影响的泸州继承案中曾经有所体现。案件具体情况如下:

蒋某(一审被告、被上诉人)与黄某于1963年5月登记结婚,婚后双方夫妻感情较好。因蒋某未生育,收养了一子黄勇(现年31岁)。1990年7月,蒋某继承父母遗产取得原泸州市市中区顺城街67号房屋所有权。1995年,该房因城市建设被拆迁,由拆迁单位将位于泸州市江阳区新马路6-2-8-2号的77.2平方米住房一套作为还房安置给了蒋某,并以蒋某个人名义办理了房屋产权手续。

1996年,黄某与张某(一审原告、上诉人)相识后,两人开始在外租房非法同居生活。2000年9月,黄某将蒋某继承所得的位于泸州市江阳区新马路6-2-8-2号房产以8万元的价格出售给陈某,且约定该房屋交易产生的有关税费由卖方承担。2001年春节,黄某、蒋某夫妇将售房款中的3万元赠与其子黄某用于在外购买商品房。2001年初,黄某因患肝癌病晚期住院治疗,住院期间一直由被上诉人及其家属护理、照顾。2001年4月18日黄某立下书面遗嘱,将其所得的住房补贴金、公积金、抚恤金和出卖泸州市江阳区新马路6-2-8-2号住房所获房款的一半4万元及自己所用手机一部赠与张某。2001年4月20日,泸州市纳溪区公证处对该遗嘱出具了（2001）泸纳证字第148号公证书。2001年4月22日，遗赠人黄某去世，张某要求蒋某交付遗赠财产遭到拒绝，双方发生争执，张某遂诉至泸州市纳溪区人民法院。在人民法院案件审理过程中，经蒋某申请，四川省泸州市纳溪区公证处于2001年5月17日作出（2001）泸纳撤证字第02号《关于部分撤销公证书的决定书》，撤销了（2001）泸纳证字第148号公证书中的抚恤金和住房补贴金、公积金中属于蒋某的部分，维持其余部分内容。

一审人民法院判决认定：遗赠人黄某临终前，于2001年4月18日立下书面遗嘱，虽是黄某本人的真实意思表示且形式上合法，并经公证机关公证，但该遗赠将不属于黄某个人财产部分的抚恤金及属夫妻共同财产的住房补贴金、公积金列入黄某个人财产进行遗赠，侵犯了蒋某的合法权益，其无权处分导致部分遗嘱应属无效。同时，黄某在明知卖房款已不是8万元的情况下，仍以不存在的8万元的一半进行遗赠，显然违背了客观事实，是虚假行为。并且，黄某的遗赠行为违反公共秩序和社会道德，违反婚姻法关于夫妻应当互相忠实，互相尊重，禁止有配偶者与他人同居的规定，是一种违法行为，应属无效民事行为。张某要求蒋某给付受遗赠财产的主张不予支持。判决：驳回原告张学英的诉讼请求，案件受理费2300元由张某负担。

张某不服，提起上诉。

四川省泸州市中级人民法院二审认为：本案属遗赠纠纷，首先应当确定遗赠人黄某临终前立下书面遗嘱将其财产赠与上诉人张某这一遗赠行为本身是否具有合法性和有效性。遗赠是公民以遗嘱的方式将个人合法财产的一部分或全部赠给国家、集体或法定继承人以外的其他人，并于死后发生效力的法律行为。遗赠行为成立的前提是遗嘱，而遗嘱是立遗嘱人生前在法律允许的范围内，按照法律规定的方式处分自己的财产及其他财物，并于死后生效的法律行为。一个合法的遗嘱成立必须具备其构成要件。本案中遗赠人黄某在立遗嘱时虽具完全行为能力，遗嘱也系其真实意思表示，且形式上合法，但遗嘱的内容却违反法律和社会公共利益。遗赠人黄某对售房款的处理违背客观事实。泸州市江阳区新马路6-2-8-2号住房一套，系遗赠人黄某与被上诉人蒋某婚姻关系存续期间蒋某继承父母遗产所得。根据《中华人民共和国婚姻法》第17条，"夫妻在婚姻关系存续期间所得的财产，归夫妻共同所有，双方另有约定的除外。夫妻对共同所有的财产，有平等的处理权"的规定，该住房为夫妻共同财产。但该房以8万元的价格卖给陈某，黄某生前是明知的，且该8万元售房款还缴纳了有关税费，并在2001年春节，黄某与蒋某共同又将该售房款中的3万元赠与其子黄勇用于购买商品房，对部分售房款已作处理，因而实际上并没有8万元。遗赠人黄某在立遗嘱时，仍以不存在的8万元的一半进行遗赠，显然违背了客观事实，系虚假行为。并且，遗赠人黄某的遗赠行为，违反法律规定，剥夺了蒋某依法享有的合法财产继承权。黄某与蒋某系合法夫妻，他们的婚姻关系受法律保护。我国《婚姻法》第26条规定："夫妻有相互继承遗产的权利。"夫妻间的继承权,是婚姻效力的一种具体表现,蒋某本应享有继承黄某遗产的权利,但因黄某与上诉人张某长期非法同居,黄某在病重住院期间,所立的遗嘱违反法律规定,将财产赠与与其非法同居的上诉人张某,实质上剥夺了其妻蒋某依法享有的合法财产继承权。

因此,遗赠人黄某所立书面遗嘱,因其内容和目的违反法律和社会公共利益,不符合遗嘱成立要件,该遗嘱应属无效遗嘱。遗嘱无效,其遗赠行为自然无效。

第三节 实践技能训练

案例1

1997年7月3日,85岁的郝某向某区法院诉称:30年前,红卫兵抄家时,因怕被抄走,曾将三只金戒指和一副金耳环临时交给邻居李某代为保管。事后去取时,李某说已交出了,我信以为真。但不久,李家兄妹为金戒指发生争吵,我方知东西仍在李家,并未在"文化大革命"时交出,便去上门索要,哪知李某矢口否认,反说我陷害她家,现起诉到法院,请求判令被告归还金戒指和金耳环。

法院向李家询问戒指的来历时,李某说是1965年请张甲的母亲买的,可李某的大女儿说是请赵某买的。李家认为郝某是年老胡说,要求法院追究她的诬告责任,法院在调查中收集到下列材料:

1. 王某证明:郝、李两家原来关系很好,郝家较富裕,李家常向郝家借钱,郝某完全有可能将金戒指和金耳环交李家保管。

2. 尹某证明:1967年红卫兵确实抄过郝家,郝某在抄家时,曾离开现场到李家。

3. 张某证明:1969年郝某曾托我向李家要过金戒指和金耳环。当时李某说,已将东西交给了居委会的刘主任。

4. 刘主任证明:我根本未收到李家交来的金戒指和金耳环。

5. 张甲证明:听我母亲说,他帮李家代买过金戒指。

6. 张甲母亲说:我从未帮李家代买过金戒指。

7. 赵某说:1965年,我曾帮李某代买过金耳环,没有代买过金戒指。

8. 吴某证明:听别人说,李家大女儿与张甲在一个单位工作,两人平时关系很好。

9. 尹某证明:1968年夏天,李某曾对我说过,郝某怕被抄家把三只金戒指和一副金耳环寄放在她家里。

10. 徐某证明:1968年秋季的某一天,我在李家玩时,李某曾拿出三只金戒指、一副金耳环给我看,说是别人寄放在她家的。

11. 季某证明:郝某为人老实、善良,不可能诬告李家。

问：（1）上述材料是否都是证据？
（2）上述证据材料中，从证据的理论分类来看，分别属于什么证据？

案例2

2008年3月，孙某在甲市人民商场购买了一台由甲市日用电器厂生产的山峰牌L-20型不锈钢电热淋浴器，价格为980元。同年4月，孙某又在该商场购买了由甲市无线电厂生产的双立牌GLB-1型多功能漏电保护器一台，价格85元。孙某之妻徐某用该淋浴器洗澡时，由于该淋浴器突然漏电，而漏电保护器也失效，致使徐某被电击死亡。孙某遂找到人民商场，要求赔偿损失。商场认为，淋浴器和漏电保护器只是代销的，出现质量问题应由产品制造者承担，和本商场没有关系。后来，孙某又分别找到日用电器厂和无线电厂，要求赔偿因产品质量不合格而造成其妻死亡的损失。日用电器厂和无线电厂均称这次事故的主要原因在于对方产品质量问题，相互推诿，不愿承担责任。孙某于是以人民商场、日用电器厂和无线电厂为被告，向法院提起诉讼，要求三被告赔偿损失。

问：（1）本案原告孙某应对哪些事实负举证责任？
（2）被告对哪些事实负举证责任？

案例3

2013年2月4日晚8时许，小张来到A市B长途汽车站附近的C旅店住宿。该旅店房屋的所有权人是A市的B长途汽车站，B长途汽车站将房屋租赁给甲用以经营C旅店，B长途汽车站没有参与管理，也没有向旅客收取住宿费用。凌晨3时左右，旅店的房屋燃起大火，小张全身被多处烧伤，被送往市急救中心救治，经医院诊断，小张面部、双手、双足烧伤15%，经市法医学会伤残鉴定，小张的伤残程度为2级和10级伤残。后经公安部门侦查认定，大火是由一位旅客乙携带汽油入住该旅店人为纵火造成的，后乙被法院判处承担纵火罪的刑事责任。小张与B长途汽车站和C旅馆交涉没有结果，拟提起诉讼。

问：（1）小张如果提起诉讼，应当提出什么诉讼请求？
（2）小张应当举出哪些证据证明什么案件事实用以支持自己的诉讼请求？

案例4

2010年7月20日，A市电信公司发现自己所属的一条海底通信电缆被破坏。经调查，于7月25日B船公司的"东方号"货轮在引水员引导下进入港口装货，30日准备出港时，电信公司会同港务监督、公安局等到起锚现场观察，发现"东方号"在轮上缠有该电缆，遂要求B船公司赔偿。后协商不成，电信公司向人民法院起诉，要求赔偿损失。

原告举出的证据是：①通信电缆的合格证件；②通信电缆工程合格的证件；③证人目睹"东方号"货轮进港的证词；④"东方号"货轮在电缆附近的照片；⑤"东方号"货轮左锚缠绕该电缆的物证照片。

被告举出的证据是：①"东方号"货轮是在引水员引导下正式进入港口的，抛锚地并非禁泊区，都符合规定；②"东方号"货轮距通信电缆还有 300 米的距离，在进港过程和停泊期间均无过失行为；③该电缆在"东方号"货轮进港 5 天前已被破坏，东方号货轮左轮上缠绕的电缆可能是漂流过来的。

问：（1）本案中哪些证据是本证？哪些是反证？
（2）现有证据能否证明"东方号"货轮破坏了原告的电缆？

案例 5

2012 年 7 月 20 日狄某全家乘坐一辆 SUV 外出，狄某独自一人坐在后座，身边放着装有 5 瓶得利啤酒的大塑料袋。途中，一瓶得利啤酒突然爆炸，致使狄某的左眼下部外软组织 2－3 度撕裂伤，伤口深达 1 厘米，后经治疗花去医疗费 3 万元。事后，狄某向生产得利啤酒的 B 公司交涉，要求赔偿。B 公司认为，爆炸是由于将啤酒瓶重叠横放，又经路途颠簸撞击所致，是狄某本人处理不当引起，只能表示遗憾。

狄某遂向 S 市某区法院起诉，请求依法追究被告 B 公司的质量事故的法律责任，赔偿原告经济损失共计 5 万元，公开承认得利啤酒存在质量问题，向原告狄某赔礼道歉，并承担诉讼费用。

问：（1）本案需要查清哪些事实？
（2）原告和被告各自应提供哪些证据证明其主张？

案例 6

2012 年 2 月某一天，女青年吴某看到 A 美容美发公司的"医疗美容"广告，称可以为顾客除雀斑、痣疣，并聘有专职医务人员操作，效果明显等。吴某为除去脸上雀斑，先后交付 500 元治疗费，并接受治疗。操作人员用牙签蘸着约 40% 浓度的三氧醋酸药水，将吴某脸上二十余处深浅不等的雀斑全部点除。第二天，吴某感到脸上灼痛，继而伤口溃疡，流出黄色分泌物。吴某到医院治疗，医生诊断为：二度化学性灼伤，继发感染。吴某先后共花去医疗费 20 000 余元，车费 200 余元，因误工减少的收入约 5000 元，伤口愈合后，留下黄豆般大小疤痕十余处。容貌损害明显。医生认为，今后整容，还需费用至少上万元，且整容后疤痕虽会有所减少，但不可能恢复到原来面貌。吴某与 A 美容美发公司协商未果，于 2012 年 6 月诉至人民法院。

问：（1）吴某应提出哪些索赔请求？
（2）吴某应向法院证明哪些事实？
（3）吴某应当向法院提供哪些证据？

案例 7

2012 年 3 月 28 日上午，储户赵某到 A 银行某储蓄所存款 28 500 元，在填写存款凭条时赵某误将 28 500 元写成 38 500 元，然后将存款凭条和现金一并交给了储蓄所工作人员。工作人员按照存款凭条上的金额在存折上记录存入 38 500 元，此时存折上的存款余额打印为 39 125.52 元。

当天下午，储蓄所发现存折有误，营业员陈某找到赵某，提出对存折余额进行修改。赵某当时承认存折有误并同意修改，但以存折在其父亲手中为由未予配合，并于3月29日从自动取款机中提取现金2000元。同日，A银行对赵某存折上的存款停止支付。3月31日，赵某得知存款已被冻结，储蓄所拒绝兑付。4月2日，赵某持存折诉至法院，要求银行兑付存款37 125.52元及违约金。

银行辩称原告的存款是27 125.52元，而不是37 125.52元。对此，银行提供了一盒记录赵某存款过程的录像带和证人刘甲、吴乙佐证。原告对录像带的取得和效力提出质疑。被告认为录像带是储蓄所安装的监控装置所录，系合法取得。录像带经播放显示，赵某存款时交给储蓄所工作人员两沓完整的百元现钞和一沓不完整的现金，银行以此证实赵某的存款只能是27 125.52元，而不可能是37 125.52元。

法院经审理认为，原、被告之间储蓄合同关系合法有效，双方应遵循诚实信用的原则办理存、取款业务。被告提供的监控录像是其合法取得，录像带完整、无疑点，记录了原告2002年3月28日上午存款的全过程，原告实际存款28 500元，存折余额应为27 125.52元。对这一事实，证人刘甲和吴乙也予以证明。对此，原告未提供相反的证据予以反驳，对录像带的证明力应予采信，被告应兑付原告存款27 125.52元。被告因其工作人员疏忽而对原告存款27 125.52元停止支付，应承担相应违约责任。据此，法院依法判决如下：被告兑付原告存款27 125.52元并承担相应违约金。

问：法院判决在证据的采信上是否符合法律规定？

案例8

2012年7月26日，B晚报某版刊登了一篇实习生钱某写的题为"飞蝇聚车间，杂物堆墙角，某饮料厂昨被罚款"的报道。该报道内容如下：

本报讯（实习生钱某）生产果汁的本市A饮料厂，昨日因不卫生被市卫生防疫站食品监督人员处以50 000元的罚款。C公司前不久购进1000瓶A饮料厂生产的山楂蜜果汁，多名职工饮后恶心、腹泻。C公司将剩余饮料送至市卫生防疫站检验，发现大肠杆菌等部分细菌超标。7月19日，市防疫站的监督人员到A饮料厂进行检查，发现该厂灌装车间苍蝇多，原料红果片中存在飞虫杂质，剩余饮料不倒，无专门成品仓库。监督人员要求该厂限期整改。昨日进行复查，卫生状况有所改进，但改进不多，桂花酱桶盖上依然有虫，墙角乱堆杂物，房屋破损不堪，消毒池不及时放消毒液。

该报道见报后，A饮料厂即向该市甲区人民法院提起诉讼，认为报道严重失实，侵犯了A饮料厂的名誉权。原告诉称：报道称我厂因不卫生于25日被市卫生防疫站罚款50 000元，然而我厂至今未收到任何部门对我厂作出的罚款决定和罚款通知，而且卫生防疫部门7月19日、7月25日的两次检查报告中，均只字未提文中所述的"灌装车间苍蝇多"的问题。由于被告B晚报严重失实的报道，用户纷纷退货，使我厂受到严重经济损失，同时侵害了我厂的名誉。因此，请求法院判令被告赔礼道歉，登报消除影响，恢复名誉，并赔偿经济损失50万元。

问：本案的举证责任如何分配？

案例9

2006年11月,H卫视与S广告公司签订广告代理销售合同,约定将2007年度的部分时段广告交由S广告公司代理,合同约定:①播出时间:中午11:45~12:00和12:30~12:45两个广告时段。②价款:S广告公司以广告费每分钟1000元,每天3万元的价格向H卫视付款。S公司以自己名义向客户销售广告的价格由S公司自行决定。③付款时间:S广告公司需提前一个月向H卫视支付下个月的广告播出费用。④S公司逾期不支付广告费和H卫视不能正常播出广告的违约责任条款等。

合同签订后,从2007年3月开始,S公司拖欠H卫视的广告费,到5月底,已经拖欠广告费155万余元。H卫视按照约定,通知S公司解除广告代理销售合同,并起诉至人民法院要求支付拖欠的广告费及违约金共计179万元。

在诉讼中,原告H卫视举出了如下证据:①原、被告之间签订的广告代理销售合同;②被告S公司提供的广告播出内容及要求的书面传真;③原告H卫视播出广告的详细记录;④被告S公司已经支付款项的银行转账记录。

被告S公司的代理人主张:按照H卫视提供的播出纪录,H卫视在播出S公司的广告时间上存在与约定不符的情况,有时提前了几分钟,有时滞后了几分钟,是H卫视违约在先,按照违约责任的计算方式,扣除H公司的违约金,S公司只需再支付H卫视20万元。

法官查明:H卫视提供的广告播出记录上确实存在提前和滞后播出广告的事实,要求H卫视代理人对此作出解释说明。

H卫视代理人主张:电视台提前和滞后播出广告在30分钟以内,均属于正常播出,这是行业惯例,属于合同法上所说的交易习惯;并举出H卫视所属网站上有关广告业务的声明以及中央电视台、山东电视台等多家卫视在其网站上有关广告业务的声明,均有"提前和滞后播出广告在30分钟以内,均属于正常播出"的内容。

S卫视代理人主张:"提前和滞后播出广告在30分钟以内,均属于正常播出"这一内容在原、被告的合同中没有约定;原告H卫视所属网站上有关广告业务的声明,是其单方行为,对被告S公司没有约束力;中央电视台、山东电视台等多家卫视在其网站上有关广告业务的声明,与本案没有关联性,不能作为本案的证据被采信。

问:中央电视台、山东电视台等多家卫视在其网站上有关广告业务的声明,是否是本案的间接证据?

案例10

甲、乙、丙、丁四人均为A有限公司的股东。其中甲出资450万元持有45%的股权,乙出资80万元持有8%的股权,丙出资100万元持有10%的股权,丁出资120万元持有12%的股权。除甲、乙、丙、丁外,公司另有上百名小股东出资250万元持有25%的股权,但股权均已被工商局登记在甲的名下。甲为A公司董事长,乙为财务总监,丙、丁为董事。

A公司自成立后规模发展很快,但一直没有分红。2007年,丙、丁二人提出退股，当时公司净资产为2800万元。A公司以相关资产进行折算，以投入注册资本和净资产的比例1:2.8为标准，对丙、丁进行了退股处理，丙从A公司分得资产280万元，丁分得资产336万元。

2008年，公司几十名小股东要求退股。A公司按照公司注册时投入的资本金1:1的比例（即投入1元钱，退回1元钱），对这些小股东做了退股处理。

2009年，甲、乙在公司经营中产生分歧，乙决定退股，甲提出以个人名义收购乙的股权。甲、乙二人书面约定：①甲以80万元收购乙所持有的80万元股权；②出让方在本协议签订后不再享有和承担所涉及本次所转让股权在转让后的全部权利和义务。受让方在本协议签订后享有和承担所涉及本次所转让股权在转让后的全部权利和义务。同时口头约定，股权转让前乙的股本的收益仍然归乙所有。签订协议时A公司净资产价值约为6000万元。甲及时支付给了乙80万元。

其后，乙多次向甲索要股利，但具体价款不能达成一致。乙认为：应当按照签订股权转让协议公司净资产增值5倍计算，以1:6的比例，甲应当再向乙支付400万元。甲认为：该价格不能接受。双方交涉过程中乙进行了电话录音，但该录音中二人的谈话并不能清楚证明甲、乙是进行此次股权转让的协商。

乙无奈向法院提起诉讼，要求甲支付剩余的股权转让价款。

人民法院在审理中，被告甲的诉讼代理人认为：甲、乙二人的书面转让协议已经写得非常清楚，转让股权的价款为80万元，乙提出按1:5的比例要求甲再支付400万元，没有事实及法律根据，应予驳回。

原告乙的诉讼代理人认为：①原告乙长期担任公司财务总监，对公司的资产状况非常清楚，不可能把价值480万元的股权仅仅以80万元就转让给甲；②双方有口头协议，股利单独计算；③并举出丙、丁二人的股权转让协议，证明大股东转让股权的价格都是按照公司净资产来计算的，而不是按照投入资金计算。

问：原告的诉讼代理人所举出的丙、丁二人的股权转让协议是否是本案的证据？

第二部分
实践操作训练

第三章　制作阅卷笔录训练

项目训练目的

通过对如何制作阅卷笔录的讲解与训练，加深学生对阅卷笔录在民事诉讼中重要作用的认识，促进学生养成在处理民事案件时创建电子卷宗、制作阅卷笔录的习惯，培养学生以服务开庭审理为纲制作阅卷笔录的入门能力，为民事诉讼开庭审理的顺利进行做好前期准备。

第一节　阅卷笔录及其制作方法

要想做到全面梳理、掌握案件证据材料的脉络结构和证明力，准确地归纳、把握案件事实，正确适用法律处理案件，制作阅卷笔录是必不可少且极为重要的。

一、阅卷笔录的概述

阅卷笔录，是指民事案件中，当事人或其诉讼代理人（以下如非特指，统称为"阅卷人"）以及司法机关的案件承办人为了解案情，在阅读案件卷宗过程中，把案件卷宗的全部情况，真实、概括、系统地进行摘抄、摘录、复制、粘贴和归纳整理后所形成的书面材料。

为了保障当事人的诉讼代理人的阅卷权利，民事诉讼法规定了诉讼代理人的阅卷权利，最高人民法院也出台了《关于诉讼代理人查阅民事案件材料的规定》（详见附录），来保障诉讼代理人的阅卷权利。

法条链接

《中华人民共和国民事诉讼法》

第六十一条　代理诉讼的律师和其他诉讼代理人有权调查收集证据，可以查阅本案有关材料。查阅本案有关材料的范围和办法由最高人民法院规定。

阅卷笔录没有法定的文书样式，阅卷笔录没有法律效力，但却是阅卷人熟悉、掌握、分析案情，使民事诉讼顺利进行的重要书面依据。阅卷笔录不仅对于纵观全案、把握案件性质、发现问题、加深印象、核对证据、弄清事实起着重要作用，而且对于其后（二审、再审）的案件承办人了解案情、复查案件以及总结办案经验，起着很重要的作用。

制作阅卷笔录，全面把握案件事实的每一个重要的环节，有助于阅卷人纵观全案,把握案情细节,发现问题,提高办案质量。这对贯彻"以事实为根据,以法律为准绳"的办案原则,正确地适用法律有着积极的作用。

阅卷笔录也是阅卷人出庭使用的大纲。好的阅卷笔录,能使阅卷人在出庭诉讼活动中从容辩论、临场不乱、点中要害、吸引听众。制作阅卷笔录如不得要领,则不能发挥其在掌握案情和处理案件中应有的作用。

在学习制作阅卷笔录时,要在思想上纠正对制作阅卷笔录的不正确的态度:①认为阅卷笔录不是正式的法律文书,只需将审判卷宗照本复印,阅卷笔录可有可无;②用看小说故事的阅读方式来阅卷,走马观花,看完案卷以后凭记忆和印象理解案情,对案件情况只能做到大致了解;③由于阅卷笔录没有统一的格式和要求,很多时候不能正确的选择或设计一个好的阅卷笔录格式来使用,不能充分发挥阅卷笔录的功能。

二、电子卷宗的创建

制作阅卷笔录,首先得有案卷(或证据材料)。案卷可以由当事人提供,也可以到法院复制得到。在实践中,如果法院不能提供复印机或足够的复印纸张,案卷材料一般可以通过数码相机拍照的形式进行复制。

有了复印的或数码相机拍摄的案卷材料,阅卷人接下来要创建PDF文件格式的电子卷宗。

电子卷宗与传统的纸质卷宗相比较,有以下优点:①查询方便准确。在开庭时,传统的纸质卷宗在数量较多的情况下,经常铺满当事人及诉讼代理人的席位桌面,给开庭带来诸多不便甚至混乱;使用PDF格式的电子卷宗,对卷宗可根据不同需要进行命名、复制、提取文件、高亮显示重点内容,所有卷宗及文件一目了然,且仅使用一台笔记本电脑,开庭时占据空间小,查询便利快捷。②内容准确。使用电子卷宗制作阅卷笔录,采用复制、粘贴其中内容,格式为图像格式,与传统的摘抄、摘录方法相比较,准确度高,不会出现内容上的错漏。

在英美法系国家的诉讼中已经普遍使用电子卷宗。我国的一些重大诉讼案件中,也开始采用PDF电子卷宗用于开庭审理时展示证据。

那么,如何创建电子卷宗呢?

(一)创建完整版的电子卷宗

创建完整版的电子卷宗是保障阅卷质量所必须的——特别是案情复杂,卷宗数量众多的案件。实践中,很多诉讼代理人从当事人手中拿到卷宗复印费后,却没有复印全部卷宗,其做法是绝不可取的。

完整版的电子卷宗,现阶段一般选择使用美国Adobe公司生产的Acrobat软件(是Adobe Acrobat,不是Adobe reader)生成PDF格式的文件。Acrobat软件可将复印的纸质卷宗材料通过扫描方式生成电子卷宗,也可以直接把多个数码照片生成一个电子卷宗。方法如下:

1. 扫描复印的纸质卷宗材料生成电子卷宗。

第一步，电脑连接扫描仪设备，安装扫描仪驱动，安装 Acrobat 软件。

第二步，把从法院复印来的材料按顺序放入扫描仪的自动进纸器。

第三步，打开在电脑上安装好的 Adobe Acrobat 软件（以 Acrobat XI Pro 为例），点击上方工具栏上的"创建"按钮，选择"从扫描仪创建 PDF"，然后自选文档颜色——可从黑白文档、灰度文档和彩色文档中任选其一。

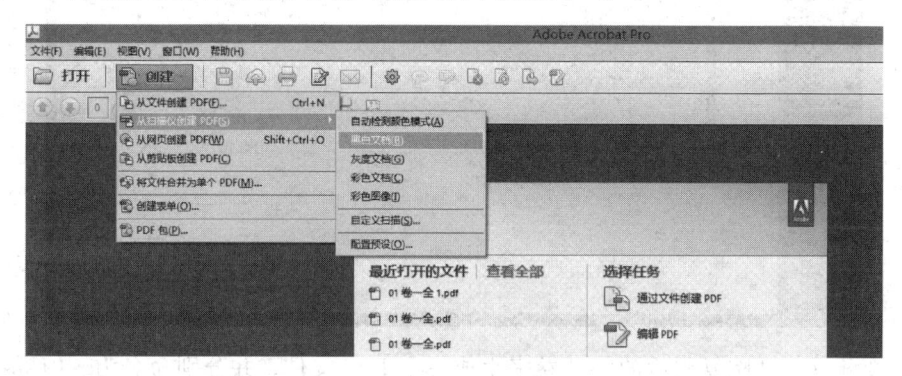

第四步，点击在电脑上弹出的扫描仪命令按钮，点击扫描则扫描仪自动开始进纸扫描。

第五步，一叠卷宗材料扫描完毕后，保存为一个 PDF 文件，然后进行命名。多个卷宗可依次进行扫描、命名。

第六步，把扫描好的文件按照每一卷合并为一个 PDF 文件的要求，进行合并——仍然是点击 Acrobat 软件的创建按钮，选择点击"将文件合并为单个 PDF"，然后选中要合并的文件，点击"合并文件"按钮即可完成合并，然后保存文件生成电子卷宗。

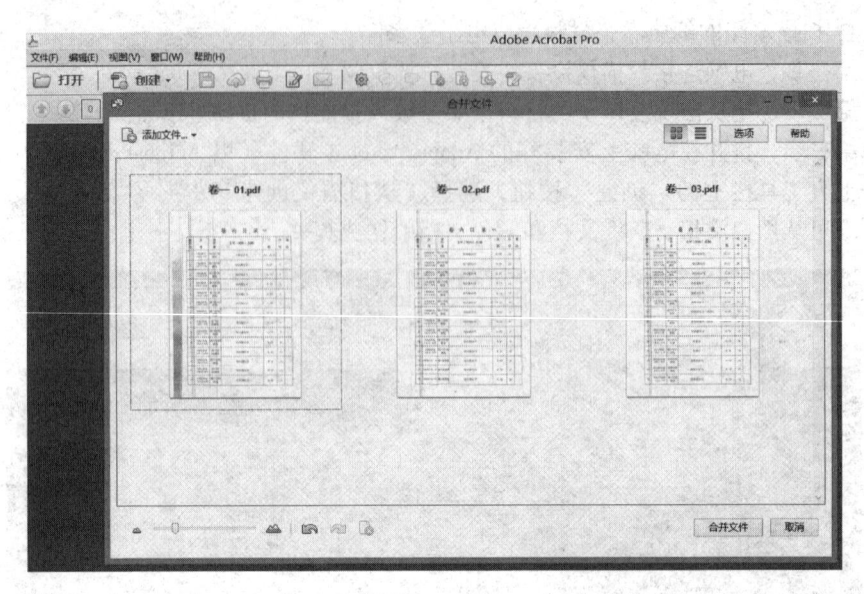

第七步，法院复制后的每一卷宗生成一个 PDF 文件，并分别命名为"01 卷一全"、"02 卷二全"等依次类推，最终生成全部电子卷宗完整版。

2. 数码照片生成电子卷宗。

第一步，在电脑上，将拍摄案件卷宗的数码照片按照卷宗页码进行命名，同一个卷宗的数码照片放入一个文件夹。例如，钱某与他人买卖合同纠纷案的第一卷照片的文件夹命名为"钱某买卖合同纠纷第 01 卷照片"，第二卷照片的文件夹命名为"钱某买卖合同纠纷第 02 卷照片"，依次类推。

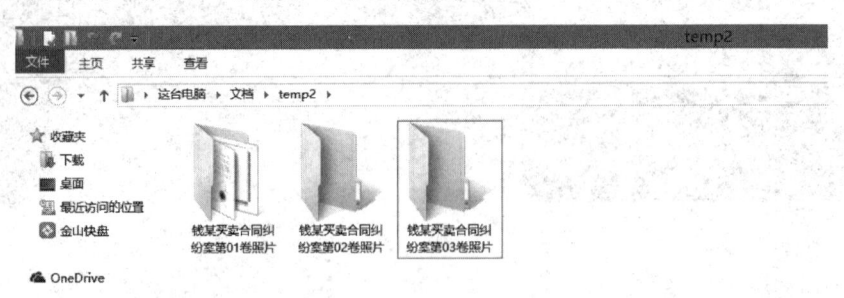

第二步，该卷内的第1页的数码照片命名为"01（或001）"，第2页的数码照片命名为"02"，依次类推。

第三步，打开 Acrobat 软件，点击工具栏上的"创建"按钮，选择"将文件合并为单个 PDF"。然后在弹出的文件选择框内找到卷宗的文件夹，一次将一个文件夹内的文件全部选中，点击"打开"。

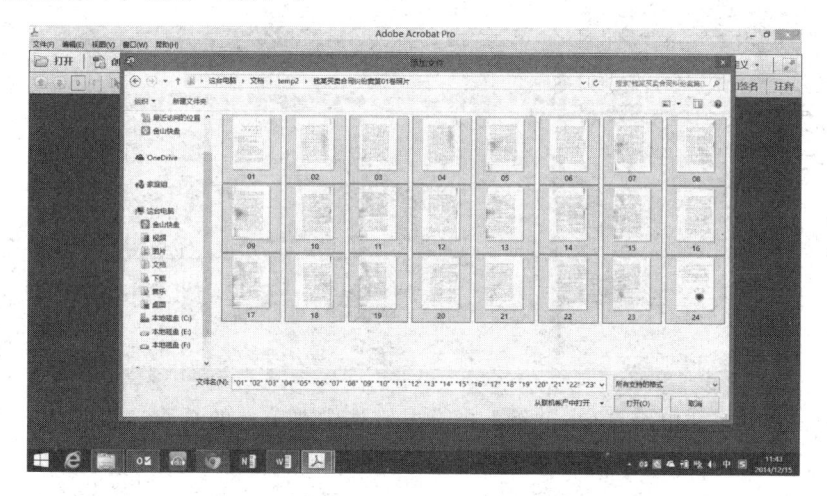

第四步，同前述"扫描复印的纸质卷宗材料生成电子卷宗方法"第六步，点击"合并文件"按钮即可完成合并，然后保存文件生成电子卷宗。例如，钱某买卖合同纠纷案共5个卷宗，生成电子卷宗如下图所示：

（二）从电子卷宗中节选证据

创建完成完整版的电子卷宗只是整理卷宗的第一步，如果不对电子卷宗进行进一步的节选整理，就显现不出电子卷宗的优势。

对电子卷宗进行节选整理，特别是把其中的证据节选出来，命名为新的文件，可以实现对证据材料的一目了然，有效避免在庭审过程中因纸质证据材料较多查找起来手忙脚乱的情形。

节选证据材料，可按以下步骤操作：

第一步，将电脑中完整的电子卷宗复制到另一个新建的文件夹，把文件夹命名为"证据节选"。

第二步，打开一个电子卷宗，例如，"anjian"PDF文件，然后点击左侧工具栏中的"页面缩略图"，此时，这个文件的所有页面都会在左侧以缩略图的方式显示出来。

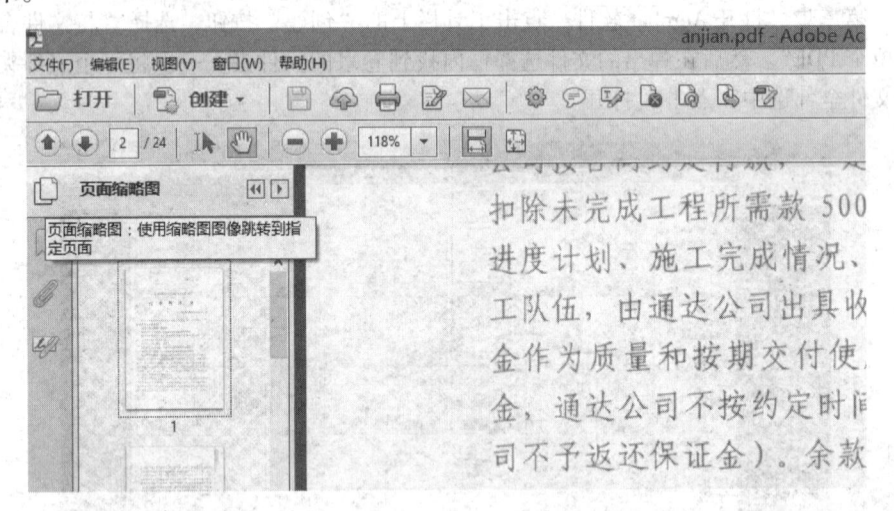

第三步，按住电脑"Ctrl"键，鼠标左键选中要节选的页面，然后点击鼠标右键，在出现的菜单中选中"提取页面"。

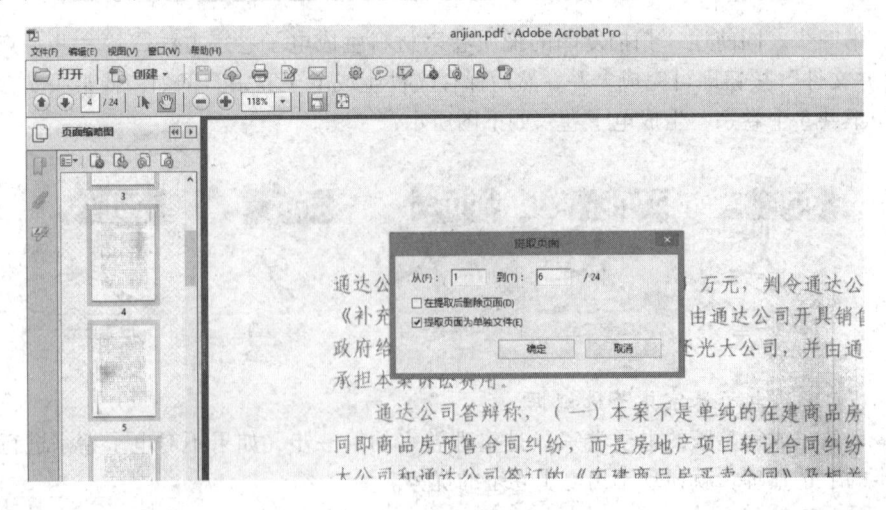

第四步，在弹出的菜单中"提取页面为单独文件"前打"√"后点击确定。

第五步，在弹出的保存位置选中保存文件的文件夹，然后确定。

第六步，把提取出来的 PDF 文件通过使用 Acrobat 软件进行"合并文件"即可得到需要的 PDF 文件。方法同前述的使用数码照片生成电子卷宗的第三步。

（三）对节选的电子卷宗证据材料进行命名

对节选的电子卷宗证据材料进行命名是完成电子卷宗的最后一个步骤。对节选后的电子卷宗命名主要有两种方式：

1."证据陈列序号+卷宗序号+页码+证据名称"的方式。此种方式严格按照卷宗的页码来分解证据材料，生成的文件名称如"001 卷一 Page036～043 借款合同"、"013 卷二 Page067 医疗费发票 5 月 1 日"等。其中，"001"、"013"代表该证据是总证据数的第 1 个和第 13 个。

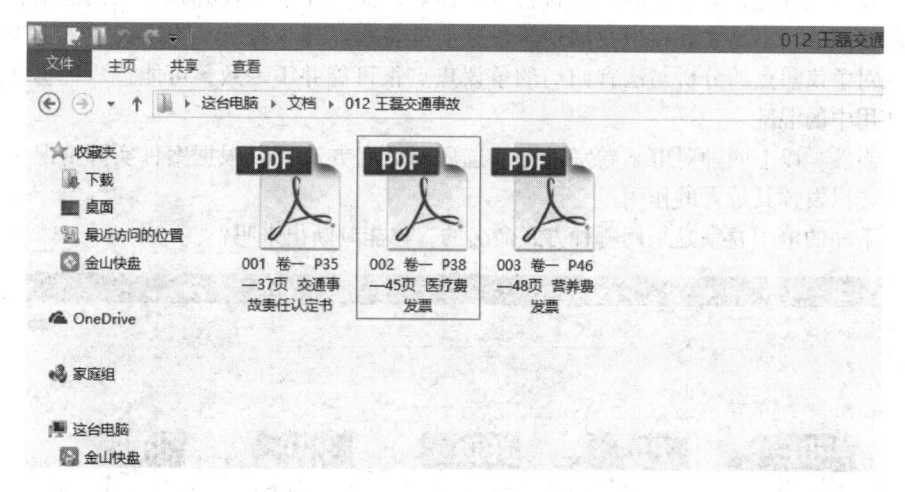

按照此种方式对节选的证据材料进行命名的优点在于证据材料所在的卷宗位置清楚有序，易于查找；不足之处在于从文件名称上不能直接体现哪些证据是组合使用的（或哪些证据在使用时分成一组）。

2."提供者+证据使用序号+证据名称的方式+卷宗序号+页码"的方式。此种方式主要从当事人可能争议的事实焦点角度对节选卷宗证据材料，生成的文件名称如"A 101 交通事故责任认定书卷三 P038～041"、"B 203 鉴定意见卷二 P021～026"等。其中：①A 代表证据的提供人是原告，B 代表证据的提供人是被告，F 代表是法院调查收集的证据等，依次类推。②"101"代表第一个争议焦点的第 1 个证据，"203"代表第二个争议焦点的第 3 个证据，依次类推。

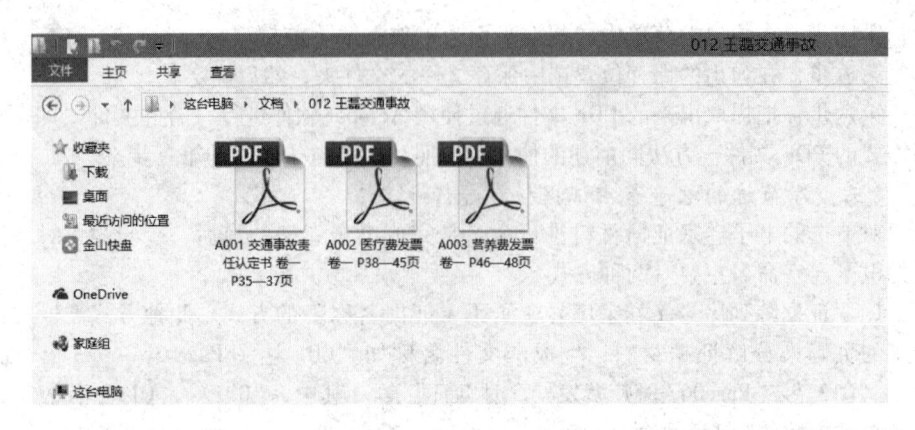

按照此种方式对节选的证据材料进行命名，优点在于体现哪几个证据是组合在一起使用的；不足之处在于我国现阶段庭前准备程序还未推行，当事人或其诉讼代理人对争议焦点的分析与法官归纳的争议焦点很可能并不一致，可能造成证据在庭审使用中的混乱。

当然，以上两种对电子卷宗进行节选后的命名方式可以根据案件实际情况灵活组合，以发挥其最大的作用。

下面的电子卷宗是采用哪种方式命名的，你能判断出来吗？

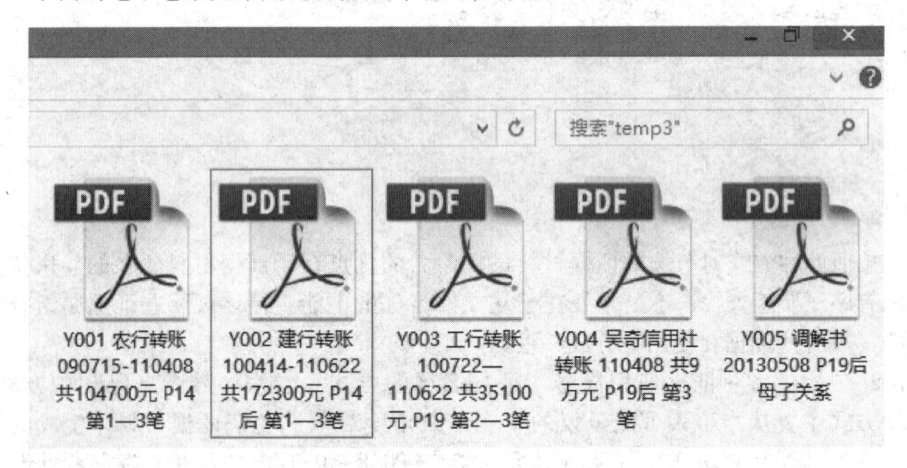

三、阅卷笔录的格式及内容

阅卷笔录应当方便当事人及其诉讼代理人在庭前准备、开庭审理时及时查阅使用。因此，阅卷笔录的格式及其内容，应当与民事诉讼过程的顺序相一致。正确的或合理的阅卷笔录格式是阅卷笔录能否充分发挥其作用的关键。

阅卷笔录的格式，一般应分为三个部分：第一部分为标题和案件基本信息情况；第二部分为案件的证据材料摘录——对应法庭调查；第三部分为如何认定案件事实和适用法律的论证及摘录——对应法庭辩论，这一部分也是写好代理词的基础。

（一）第一部分：标题和基本信息情况

1. 写明标题，文书名称为"阅卷笔录"。

2. 写明案由。案由，即案件的性质，一般应当按照《最高人民法院关于民事案件案由的规定》填写，如名誉权纠纷、网络购物合同纠纷等。

3. 写明当事人的基本情况。当事人称谓按照审级来写，一审写"原告"、"被告"；二审写"上诉人（一审原告或被告）"、"被上诉人（一审原告或被告）"；再审写"再审申请人（一审原告或被告，二审上诉人或被上诉人）"、"再审被申请人（一审原告或被告，二审上诉人或被上诉人）"。自然人当事人写明姓名、性别、年龄、籍贯、民族、工作单位、家庭住址或经常居住地、联系方式等；法人或单位当事人写明名称、住所地、法定代表人姓名及职务、联系方式等。

4. 写明案件的审级。案件是否经过一审、二审或再审，如经过，写明裁判时间及文号。

5. 写明阅卷的时间、地点。一个案件可能需要多次查阅，每一次查阅都应写明阅卷时间。时间一般应写明从某年某月某日起到某年某月某日止。应写得明确、具体。

标题和基本情况应作为阅卷笔录的封面，第二部分、第三部分则另起一页开始。如下图所示：

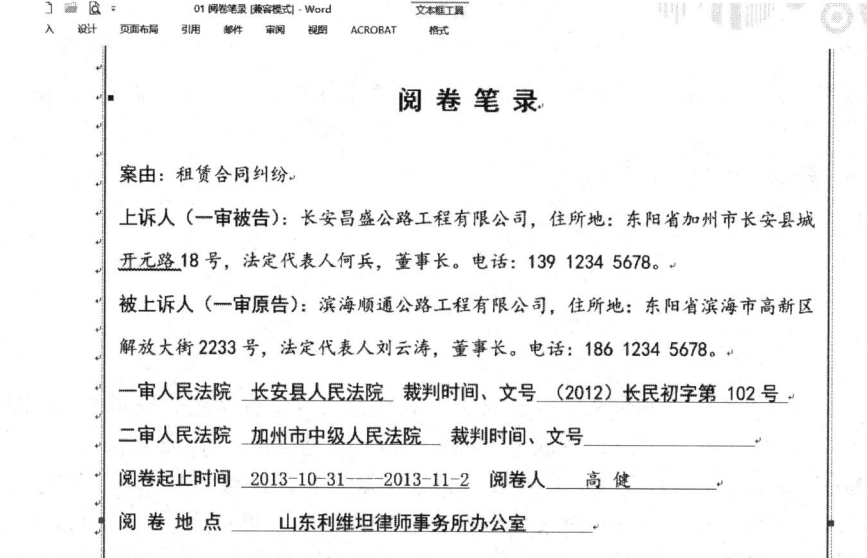

阅 卷 笔 录

案由：租赁合同纠纷

上诉人（一审被告）：长安昌盛公路工程有限公司，住所地：东阳省加州市长安县城开元路18号，法定代表人何兵，董事长。电话：139 1234 5678。

被上诉人（一审原告）：滨海顺通公路工程有限公司，住所地：东阳省滨海市高新区解放大街2233号，法定代表人刘云涛，董事长。电话：186 1234 5678。

一审人民法院　长安县人民法院　裁判时间、文号　（2012）长民初字第102号

二审人民法院　加州市中级人民法院　裁判时间、文号＿＿＿＿＿

阅卷起止时间　2013-10-31——2013-11-2　阅卷人　高健

阅卷地点　山东利维坦律师事务所办公室

（二）第二部分：案件证据部分

案件证据部分的格式和内容对应民事案件开庭时法庭调查的顺序和内容。根据民事诉讼的特点，此部分在格式上要做到表格化，分为若干列，如果案件只有当事人双方，可分原告和被告两列，二审或再审中也可分原告、被告、法官三列。案件需要备

注，或者案件有多个当事人的，还可以增加相应列数。具体格式见下表：

阅卷笔录第二部分（证据部分）

原告	被告	备注
原告陈述的事实：Page XX	被告陈述的事实：Page XX	

案件证据部分是阅卷人通过听取当事人陈述和阅卷，对卷内材料的摘录。具体写法如下：

1. 在制作阅卷笔录前，通读全部卷宗材料（或证据材料），归纳出双方当事人无争议的事实。根据当事人无争议的事实对当事人陈述予以记录或卷宗相关材料进行摘抄——电子卷宗可采用复制粘贴的方式。标注页码为 P_{NNN}，具体还可以精确到第 N 行。如下图所示：

双方无争议的事实：	双方无争议的事实：（同左）
Page XX 第 N 行："具体表述……"	…………

2. 列出双方可能争议的事实——争议焦点。阅卷人应结合将来开庭审理时双方当事人对事实的争议以及举证、质证等方面的要求，按照案件的性质或特点，具体问题具体分析和对待，找准争议焦点并及时记录下来。争议焦点应按 1、2、3 列明，标注页码 P_{NNN}、第 N 行。在一些对案件性质存在争议的民事诉讼中，一般可以把案件性质判断要件的事实作为第一个争议焦点，如当事人是否有违反合同约定的事实、是否存在侵权的事实等；在一些当事人应当承担责任多少或责任大小的案件中，可把一些具体涉及当事人双方过错大小或责任分担多少的事实（一个行为、一个事件或一个结果）作为争议焦点；在诉讼请求的金额存在争议的诉讼中，可把赔偿金额的数额多少及其计算方式作为争议焦点——争议焦点的顺序与多少取决于案件的具

体情况。如下图所示：

双方有争议的事实（争议焦点）：	双方有争议的事实（争议焦点）：
争议事实1、原告认为该事实是：	争议事实1、被告认为该事实是：

3. 按照开庭时法庭调查中举证质证的顺序和要求，梳理证据。阅卷如果不考虑法庭举证、质证，或者忽视法庭举证工作，很容易造成阅卷与法庭审理相脱节，阅卷笔录的作用得不到发挥。因此，在阅卷的同时，应当树立起举证、质证的意识，根据当事人的诉讼目标、案件争议焦点和可能适用的法律情况，预先考虑将来在法庭上举证、质证的次序、方式、时机、效果，对全部证据进行认真分析、归类、核查、补查、把关、标记等，以达到对整个案情、对事实、对证据了然于胸。

具体言之，首先，分清证据是由哪一方当事人提供，视情况分别予以编号命名（此时的编号要与电子卷宗节选的文件名称一致），如原告的序号为 A001、A002……，被告的序号为 B001、B002……，以此类推，记录在不同的当事人所属的列里。其次，根据证据材料是用于证明哪一个争议事实，分别列明在每个争议焦点的下面。每项证据的序号、名称、证据形式、待证的具体事实（证明对象）、重点内容摘抄（或复制粘贴）下来或标注（在电子卷宗的 PDF 文件的页面中，可将文件内容选中后"高亮"显示）出来，注明 P_{NNN}、第 N 行（文件名称已经有页码的，也可不注明页码）。如下图：

争议事实1、原告认为该事实是：	争议事实1、被告认为该事实是：
证据第 A_N 个：证据名称（含页码） 该证据证明力：即能证明什么；真实性，是否合法	证据第 B_N 个：证据名称（含页码） 该证据证明力：即能证明什么；真实性，是否合法

在阅卷笔录的证据部分制作过程中应当注意以下几点：

第一，阅卷人在阅卷审查证据时，要根据具体争议焦点（或具体待证事实）对证据进行分组——用争议焦点（或具体待证事实）来统领证据。特别是针对卷宗多、证据散、单据繁杂的案件，对证据进行分组是理清证据之间关系、发挥证据应有的证明力的有效方法。经过阅卷的证据分组，可保证将来庭审举证有序严谨，每组证据都能证明一个事实，形成严密而完整的证明体系。

第二，在摘录证据时，既要注意对当事人有利和不利的全部证据材料，又要对每一个证据的客观性、关联性和合法性都加以考虑，二者均应在阅卷笔录中加以标注。在"利"与"不利"、"合法"与"不合法"、"客观"与"不客观"、"证据能够证明某个事实"与"该证据与本案无关联性不能证明某个事实"的对照中，揭示矛盾，把握关键。其中的无证可查之处、疑点、错误和矛盾均应标注出来，或应及时与当事人沟通其究竟为何，或者再行搜集证据消除矛盾。

第三，有些案件案情比较复杂，当事人内部或诉讼代理人之间在如何认定案件性质、认定性质的理由、证据是否应当提交法庭以及如何运用方面有时会出现分歧，这时应把分歧的内容在阅卷笔录中加以注明，把相关证据材料摘录下来，以便于随着案情或诉讼发展，及时综合各方面意见，灵活准确地处理。

第四，对于特别疑难、复杂的案件，尤其要重视证据的组合。组合的结构不同，其证明效果有所不同。证据的组合方式体现在阅卷笔录中就是证据资料的排列组合方式。阅卷笔录要在纵观全案、全面客观分析、思考和审查证据的基础上对证据加以排列组合，同时要把案件中矛盾焦点、疑点和疏漏在阅卷笔录上一一加以记录或标注。

第五，摘录证据还要提前预测开庭审理阶段可能出现的新情况，将各种证据进行灵活而有效联系和组合，以达到准确证明案件事实的目的。

（三）第三部分：应当如何认定案件事实与适用法律部分

本部分阅卷笔录的内容，主要对应法庭辩论的需要。法庭辩论中要写出代理词，代理词的内容至少包括应当如何认定案件事实和如何适用法律处理案件两大部分，本部分阅卷笔录的内容即是为代理词的制作提供素材或打下基础。

1. 应当如何认定案件事实的写法。在通过制作阅卷笔录的证据部分，对案件的争议焦点、证据及其证明力进行梳理之后，案件中可能被认定的事实也就跃然纸上了。此部分内容，就是要把阅卷人归纳的案件事实清楚地写下来。

此部分阅卷笔录的制作需要注意以下两点：

第一，此部分事实的归纳与当事人陈述不同，是经过综合分析原、被告证据的证明力得出的结论（或观点）。在此部分的阅卷笔录中，应当包含对如何认定案件事实的全部证据的证明力及其相互关系的分析，既包括对案件中能够证明的事实的证据推理分析，也包括对否定某些事实主张的证据推理分析。

第二，此部分归纳事实的内容与前面证据部分围绕焦点展开证据侧重点不同。阅卷笔录的第二部分（证据部分）侧重于对证据的客观的原原本本的一一展示——

展示证据的内容、展示（或质疑）证据证明力有无及大小，不能对证据任意取舍；本部分归纳事实的侧重点在于突出案件的事实应当是什么，虽然也有证据的分析运用，但对于证据可以有用则取，无用则舍。

阅卷笔录第三部分（认定事实及适用法律部分）

原告	被告
原告认为应当如何认定本案事实及适用法律。	被告认为应当如何认定本案事实及适用法律。
一、被告未尽妥善保管义务，存在违约，造成原告的损失。	一、被告没有违反对租赁物的妥善保管义务。
第一，根据证据十二即加州市公安局交警支队长安大队出具的《道路交通事故现场勘查笔录》中显示夜间路面照明情况为无，道路隔离设施为无；可见事故发生当晚被告并没有提供路面照明，没有设置隔离设施和安全防围设施。	第一，租赁物的损害是由李强造成的。根据加州市公安局交警支队长安大队出具的《交通事故责任认定书》载明，认定轿车司机李强承担事故全部责任，被告无责任。
第二，李强驾驶的奇瑞汽车顺利驶	第二，租赁物在使用过程中，是由原告提供的司机驾驶，不在被告控制之下。根据双方合同第二条约定和合同实

2. 应当如何适用法律条文处理案件的写法。民事诉讼案件的处理，必须以事实为根据，以法律为准绳。在阅卷笔录展示证据、归纳事实之后，最后一个阶段就是进行三段论法律推理——找到能够处理案件的法律条文，加以适用，得到处理结果。这样，一个诉讼案件才能划上一个圆满的句号。

阅卷笔录中，本部分的内容即为如何适用法律条文处理案件——包括查找列明法律条文和对结合案件事实适用法律条文两个方面。写法具体如下：

第一，具体法律条文列举及相互关系。案件适用到的所有法律条文都应当查找出来，详细地、原原本本地写在阅卷笔录上，不允许只记录法律条文的序号，更不允许只写"某某法相关规定"等字样。如果案件可能适用多个条文，那么这些条文相互之间有无联系，是何种联系，都应一一标注。

第二，通过对法律条文的解释，对涵摄案件事实进行适用。首先，在把法律条文写在阅卷笔录上以后，所适用的法律条文有无需要解释的地方，也应标注清楚。这些解释可能包括最高人民法院的司法解释、会议纪要、批复等，也可能包括地方各级人民法院（高级人民法院或中级人民法院）的一些针对此类案件的内部规定，还可能包括当事人及其诉讼代理人自行对法律条文进行的解释说明，这些都要进行准确、详实地记录；其次，根据归纳后的案件事实，进行涵摄，使之符合法律条文的条件要求，把可以明确表达推理过程的语言整理记录下来。

二、原告主张适用的法律或合同约定	二、被告主张适用的法律或合同约定
（一）合同第八条之5. 　　5.机械设备由乙方负责看管，发生损坏或丢失物品乙方需按原价赔偿。 **重点强调：保管期间。** （二）合同第十条。 第十条：租赁机械的毁损和灭失。 　　1.乙方承担在租赁期内发生的乙方责任内的租赁机械的毁损（正常损耗不在此内）和灭失的风险，由不可抗力造成的损失双方协商解决。 　　2.在租赁机械发生毁损或灭失时，乙方应立即通知甲方，甲方有权选择下列方式之一：由乙方负责处理并承担其	（一）《合同法》第二百三十一条 因不可归责于承租人的事由，致使租赁物部分或者全部毁损、灭失的，承租人可以要求减少租金或者不支付租金；因租赁物部分或者全部毁损、灭失，致使不能实现合同目的的，承租人可以解除合同。 **重点强调：摊铺机毁损是不可归责于被告的事由（李强全责，被告无责）。** （二）第一百二十一条　当事人一方因第三人的原因造成违约的，应当向对方承担违约责任。当事人一方和第三人之间的纠纷，依照法律规定或者按照

在制作本部分内容时，因为涉及案件处理结果，应当注意与当事人保持处理意见的沟通。当事人与诉讼代理人对案件的处理意见有时一致，有时可能存在分歧，不一致时要及时消除分歧，妥善处理。

四、制作阅卷笔录应当注意的事项

1. 应全面、仔细地阅读案卷，防止以偏概全。案卷是制作阅卷笔录的基础材料，只有全面仔细地查阅全部卷宗材料，认真分析，才能在笔录中提炼出案件的重点，才能提纲挈领地反映案件全貌。否则，难免顾此失彼，丢三落四。

2. 防止先入为主，应客观全面地摘录。阅卷笔录的制作一定要奉行以案卷为圭臬的宗旨，案卷上有的则记录，没有的就不能编造。应把案件情况全面地反映出来，不能只记一部分，而忽略另一部分的内容。不能凭自己的主观想象，不顾客观事实地取舍摘录。

3. 摘录要详略得当，防止篇幅冗长。阅卷笔录虽然要求全面地反映案件情况，但并不是每一部分内容、每一个细节都要写进笔录，不分主次轻重。阅卷笔录是纲要性的材料，阅卷笔录须抓住重点，用简练的语言概括、归纳案卷材料，使之成为能够纵观全案的提纲。如果事无巨细，泛泛抄录，等于对案卷的复制，就失去了制作阅卷笔录的意义。

4. 要条理分明，防止零乱繁杂。制作阅卷笔录，是为了解掌握案情、出庭辩论提供参考材料，因此，制作阅卷笔录，必须要严格按照开庭顺序和当事人对立的特点，分为无争议的事实、争议焦点、证据展示、事实归纳、适用法律几个部分，并进行分列，把有关的材料罗列出来，规划整理，统筹安排，制作成篇。如果无目的、无中心地边看边记，材料就会杂乱无章，不便于区分，对比，也不便于使用。

5. 要注明摘录出处，防止摘引无据。每摘录一份材料，都要在其后边用括号注明属于某卷宗第几页第几行。这样做的目的，是为了在法庭调查中，谈到某个事实或证据时引用说明，做到有根有据。

6. 制作阅卷笔录时，要有原告、被告和法官多方位的视角，举证、质证和认证多角度的思考。现在的民事诉讼庭审方式对当事人的举证要求很高，当事人在庭审中只有进行全方位的举证、质证，采用多层面、多方位、多视角的分析方法，去展现案件事实和证据，才能确保庭审成功。这就要求在制作阅卷笔录时，运用三维方式去思考问题，做到事实、证据、适用法律之间的合理排列、归类、组合，做到熟练掌握证据、巧妙运用证据、充分发挥证据证明力的有机统一。

第二节 实践技能训练

本节实践技能训练的内容，是以本教材附录中的"机械设备租赁合同纠纷"案卷为制作阅卷笔录的蓝本，通过对学生所制作的阅卷笔录进行评判，发现其中存在的各种问题并进行纠错，以提高学生的阅卷笔录制作水平。

阅卷笔录1

案由：对租赁物未尽妥善保管义务致租赁物严重损坏。

当事人情况：

原告：滨海顺通公路工程有限公司，住所地：东阳省滨海市高新区开元大街2233号，法定代表人刘云涛，董事长。

被告：长安昌盛公路工程有限公司，住所地：东阳省加州市长安县城开元路18号，法定代表人何兵，董事长。

一审人民法院　长安县人民法院　　　裁判时间、文号　×××

阅卷起止时间　×××　　　　　　　阅　卷　人　×××

阅卷地点　×××

案件事实、主要证据（见下页）

阅卷笔录第二部分（证据部分）

原 告	被 告
原告陈述的事实：Page 1 双方无争议的事实： Page 1 第 6 行："2011 年 8 月 9 日滨海顺通公路工程有限公司与长安昌盛公路工程有限公司签订《机械设备租赁合同》1 份，合同约定，长安昌盛公路工程有限公司因工程需要向滨海顺通公路工程有限公司租赁沥青摊铺机 1 台，使用日期自 2011 年 8 月 12 日至工程结束，租金每日 4000 元，滨海顺通公路工程有限公司为长安昌盛公路工程有限公司配备 2 名操作手。" Page 1 第 12 行："2011 年 9 月 21 日 21 时 20 分，在长安昌盛公路工程有限公司施工地点，李强驾驶的轿车与滨海顺通公路工程有限公司租赁给长安昌盛公路工程有限公司的摊铺机相撞发生交通事故，至路面施工人员林庆和轿车司机李某死亡，李某驾驶的轿车报废，并导致沥青摊铺机严重损坏。" 双方有争议的事实： 争议事实1：原告认为被告违反了租赁合同。 证据一组： 证据12：道路交通事故现场勘查笔录 1 份。 "道路隔离设施：无；夜间路面照明：无。"证明被告未做好安全防范措施，造成摊铺机损坏。证据具有合法真实性。 证据1：机械设备租赁合同书 1 份。 第 10 条第 1 款："乙方承担在租赁期内发生的乙方责任内的租赁机械的毁损（正常损耗不在此内）和灭失的风险，由不可抗力造成的损失双方协商解决。"证明被告确实违反了合同约定，未对租赁物尽到妥善保管义务，应按合同约定赔偿原告损失。证据具有合法真实性。 证据3：道路交通事故认定书 1 份。 "2011 年 9 月 21 日 21 时 20 分，李强驾驶东 NJ2L11 号轿车沿长安县胜利大道由南向北行驶至长山镇希望中学西路段驶入公路中心西侧，先后与在公路上的施工工作人员王林庆、祝义和刘昭操作的沥青摊铺机相撞发生交通事故，致王林庆和李强当场死亡，祝义受伤，轿车与沥青摊铺机损坏。"证明摊铺机确实在此次事故中有损坏事实的发生。证据具有合法真实性。 争议事实2：索赔数额的确定。 1. 租金：4000×40＝160 000 元（8 月 12 日~9 月 21 日）	被告陈述的事实：Page 1 双方无争议的事实： Page 1 第 6 行："2011 年 8 月 9 日滨海顺通公路工程有限公司与长安昌盛公路工程有限公司签订《机械设备租赁合同》1 份，合同约定，长安昌盛公路工程有限公司因工程需要向滨海顺通公路工程有限公司租赁沥青摊铺机 1 台，使用日期自 2011 年 8 月 12 日至工程结束，租金每日 4000 元，滨海顺通公路工程有限公司为长安昌盛公路工程有限公司配备 2 名操作手。" Page 1 第 12 行："2011 年 9 月 21 日 21 时 20 分，在长安昌盛公路工程有限公司施工地点，李某驾驶的轿车与滨海顺通公路工程有限公司租赁给长安昌盛公路工程有限公司的摊铺机相撞发生交通事故，至路面施工人员林庆和轿车司机李某死亡，李某驾驶的轿车报废，并导致沥青摊铺机严重损坏。" 双方有争议的事实： 争议事实1：被告认为自己已经尽到妥善保管义务，租赁物的损坏不是由被告的故意或过失造成的，被告对此不承担责任。 证据一组： 证据1：证人证言 1 份。 "道路施工现场有安全锥，有禁止通行的标志牌，间隔距离不太清楚，大概一二百米，隔离锥放在道路中线向外一点，有长安昌盛公路工程有限责任公司提供的 1 台照明设施。胜利大道是新修路，不是道路维修。"证明被告已尽到安全防范义务，现场有安全锥，有照明，而且胜利大道是新修路不是道路维修，没有道路隔离设施，没有照明很正常，所以被告已对租赁物尽到妥善保管义务。证据具有合法真实性。 证据2：道路通车仪式照片 1 份。 证明胜利大道是新修路，不是道路维修，所以没有道路隔离设施以及照明。证据具有合法真实性。

续表

原 告	被 告
2. 缴税额：10 600元 证据4：公路、内河货物运输业统一发票1份。 3. 摊铺机损失：690 987元 证据5：涉案物品价格鉴定（认定）结论书1份。 4. 鉴定费：5500元 证据8：鉴定费收据1份。 5. 律师代理费：33 000元 证据9：律师代理费发票1份。 6. 维修费：690 985元 证据11：报价单1份。 共计1 591 072元	争议事实2：索赔数额的确定。 被告认为原告重复计算损失费。在原告列出的诸项费用中，摊铺机损失费即维修费。

阅卷笔录第三部分

原 告	被 告
原告认为被告没有对租赁物尽到妥善保管义务，致使租赁物损坏，应按照《合同法》第222条"承租人应当妥善保管租赁物，因保管不善造成租赁物毁损、灭失的，应当承担损害赔偿责任"，认定被告应对租赁物的损坏负责，赔偿原告损失。	被告认为自己已经对租赁物尽到妥善保管义务，按照《合同法》及《道路交通安全法》的相关规定认定被告不应对租赁物的损坏负责。

阅卷笔录2

案由：租赁合同纠纷。

当事人情况：

原告：滨海顺通公路工程有限公司，住所地：东阳省滨海市高新区开元大街2233号，法定代表人刘云涛，董事长。

被告：长安昌盛公路工程有限公司，住所地：东阳省加州市长安县城开元路18号，法定代表人何兵，董事长。

一审人民法院　<u>长安县人民法院</u>

二审人民法院　<u>×××</u>　　　　　　裁判时间、文号　<u>×××</u>

阅卷起止时　<u>2013年10月31日~2013年11月2日</u>

阅　卷　人　<u>孙盼</u>

阅　卷　地　点　<u>模拟实训教室2</u>

案件事实、主要证据（见下页）

阅卷笔录第二部分（证据部分）

原 告	被 告
原告陈述的事实：（Page 2） 长安昌盛公路工程有限公司违反租赁合同，对租赁物未尽妥善保管义务致租赁物严重损坏。 双方无争议的事实： 双方签订租赁合同；发生了交通事故。 双方有争议的事实： 被告对租赁物是否尽到保管义务；损害赔偿数额的计算方式。 争议事实1：原告认为被告没有尽到保管义务。 证据1：机械设备租赁合同书1份（Page5~8）。 租赁合同中的第8条"租赁机械的使用、维修、保养和安全"中第5款"机械设备由乙方负责看管，发生损坏或丢失物品乙方需按原价赔偿"证明被告对租赁物有看护、保管义务。具有真实性，合法。 证据3：道路交通事故认定书1份（Page13）。 道路交通事故认定书第3栏中"先后与在公路上的施工工作人员王林庆、祝义及刘昭操作的沥青摊铺机相撞发生交通事故"真实合法。 证据12：道路交通事故现场勘查笔录（Page32~35）。 道路交通事故现场勘查笔录中"道路隔离设施'无'，夜间路面照明'无'"，真实合法。 证据3和证据12结合起来证明被告在夜间施工过程中没有对租赁物尽到看护、保管义务，违反了租赁合同中的保管义务。 争议事实2：损害赔偿数额的计算方式。 证据2：摊铺机的购买发票1份（共4张）（Page10~13）。 该证据证明摊铺机的购买费用为832 500.00×4=3 330 000.00元。真实合法。 证据4：公路、内河货物运输业统一发票1份（Page15）。 该证据证明受损失的摊铺机维修时的运输费为10 600.00元。真实合法。 证据5：涉案物品价格鉴定（认证）结论书1份（Page16~18）。 该证据证明摊铺机的损失价值为690 987元。真实合法。 证据8：鉴定费收据1份（Page21）。 该证据证明鉴定摊铺机损失价值的费用为5500.00元，真实合法。 证据9：律师代理费发票1份（Page22）。 该证据证明律师代理费为33 000.00元。真实合法。 证据10：维修服务合同1份（Page23~28）。 证据11：报价单1份（Page29~31）。 证据10和证据11结合起来证明维修摊铺机的单价及总费用。 总费用为690 985.55元。真实合法。 总费用为650 087元。	被告陈述的事实：（Page××） 长安昌盛公路工程有限公司没有违反租赁合同，对租赁物尽到了妥善保管义务。 双方无争议的事实： 同左。 双方有争议的事实： 同左。 争议事实1：被告认为尽到保管义务。 证据1：证人证言1份（Page36）。 该证据中"道路施工现场有安全锥，有禁止通行的标志牌，间隔距离不太清楚，大概一二百米，隔离锥放在道中线向外一点，有长安昌盛公路工程有限责任公司提供的1台照明设施。胜利大道是新修路，不是道路维修"，证明被告尽到妥善保管义务。 针对原告的证据1和证据3的质证： 租赁合同（Page5~8）中的第10条："租赁机械的毁损和灭失"第1款"乙方承担在租赁期内发生的乙方责任内的租赁机械的毁损（正常损耗不在此内）和灭失的风险，由不可抗力造成的损失双方协商解决"。证明被告只有在其责任范围内承担摊铺机毁损和灭失的风险。真实合法。 道路交通事故认定书（Page13）第4栏中的"道路交通事故形成的原因：李强未按操作规范安全驾驶、文明驾驶机动车且未按规定右侧通行的行为是造成事故的全部原因"，及第5栏中的"李强未按操作规范安全驾驶、文明驾驶机动车且未按规定右侧通行是事故发生的全部原因，根据《中华人民共和国道路交通安全法实施条例》第91条和《道路交通事故处理程序规定》第46条第1款第1项的规定，确定李强承担事故的全部责任，刘昭、王林庆、祝义不承担事故的责任"。证明李强承担交通事故的全部责任，被告对该交通事故无责任。 争议事实2：损害赔偿数额的计算方式。 被告对于发票收据的真伪性无异议。

阅卷笔录第三部分

原告	被告
原告认为应当如何认定本案事实及适用法律。根据《合同法》第222条"承租人应当妥善保管租赁物，因保管不善造成租赁物毁损、灭失的，应当承担损害赔偿责任"。被告在使用摊铺机时，没有设置道路隔离设施，没有设置夜间路面照明，没有对摊铺机尽到妥善保管义务，导致摊铺机损坏。请求法院支持我方诉请。	被告认为应当如何认定本案事实及适用法律。根据《合同法》第219条"承租人未按照约定的方法或者租赁物的性质使用租赁物，致使租赁物受到损失的，出租人可以解除合同并要求赔偿损失"，《合同法》第222条"承租人应当妥善保管租赁物，因保管不善造成租赁物毁损、灭失的，应当承担损害赔偿责任"，及《合同法》第231条"因不可归责于承租人的事由，致使租赁物部分或全部毁损、灭失的，承租人可以要求减少租金或者不支付租金；因租赁物部分或者全部毁损、灭失的，致使不能实现合同目的的，承租人可以解除合同"。被告只有在未正当使用租赁物或未对此妥善保管时才承担赔偿责任。对于交通事故的发生由李强承担全部的责任，其属于不可归责于承租人的事由，故被告不承担损害赔偿责任。请求法院驳回原告的诉请。

阅卷笔录3

案由：租赁合同纠纷。
当事人情况：
原告：滨海顺通公路工程有限公司。
被告：长安昌盛公路工程有限公司。

一审人民法院　长安县人民法院　　　裁判时间、文号　×××
二审人民法院　×××　　　　　　　　裁判时间、文号　×××
再审人民法院　×××　　　　　　　　裁判时间、文号　×××
阅卷起止时间　×××　　　　　　　　阅　卷　人　　　×××
阅卷地点　×××
案件事实、主要证据（见下页）

阅卷笔录第二部分（证据部分）

原告	被告
原告陈述的事实：被告长安昌盛公路工程有效公司违反租赁合同，未对租赁物尽妥善保管义务，致使摊铺机损坏。双方无争议的事实：Page 4《机械设备租赁合同书》原告和被告签订租赁合同1份，被告向原告租赁沥青摊铺机1台。Page 13第3部分："事故发生经过……"第5部分："当事人导致交通事故……李强承担全部责任。"即对交通事故导致摊铺机损坏无争议，且对李强承担事故全部责任的认定无争议。双方有争议的事实：	被告陈述的事实：未违反租赁合同，摊铺机的损坏并非在己方责任内。双方无争议的事实：（同左）……双方有争议的事实：争议事实1：被告认为其已尽到妥善保管义务，而摊铺机的损毁是李强的全部责任，摊铺机的损毁不应

续表

原 告	被 告
争议事实1：原告认为被告违反妥善保管义务致使摊铺机损坏，违反租赁合同应承担违约责任。 证据1：《机械设备租赁合同书》第4页第9条第5项"机械……赔偿"；第4页第10条第1项"乙方……风险"。该证据证明摊铺机应由被告妥善保管，损坏应该按合同约定赔偿。该合同由双方自愿签订，合法有效。 证据3：《道路交通事故认定书》第3部分"道路交通事故发生经过……沥青摊铺机损坏"以此证明沥青摊铺机在被告租赁期间损坏，被告应按合同承担责任。该证据系交警部门作出，合法有效。 证据12：《道路交通事故现场勘查笔录》一、道路基本情况，第4行"道路隔离设施，无"第7行"夜间路面照明，无"以此证明被告没有在施工现场做好保护措施，即未尽到对租赁物的妥善保管义务，该证据系交警部门作出，合法有效。 争议事实2：原告认为被告应承担摊铺机损毁维修费用690 985.55元，摊铺机运输费用10 600元，摊铺机损毁鉴定费5500元，律师代理费33 000元，共740 085.55元。 第一组：被告应赔偿摊铺机损毁所产生的一切费用。 证据1：《机械设备租赁合同书》第10条第2项"在租赁物……赔偿甲方"以此证明被告需赔偿摊铺机损毁所产生的一切费用。该证据系双方自愿签订，合法有效。 第二组：因摊铺机的损毁支出运输费10 600元。 证据2：《公路、内河货物运输业统一发票》以此证明摊铺机损毁，原告支出10 600元运输摊铺机。该证据系统一发票，合法有效。 第三组：摊铺机的损毁维修费用690 985.55元。 证据10：《维修服务合同》，以此证明原告确已为摊铺机的损毁进行维修。该证据系原告与维修公司签订，合法有效。 证据11：《报价单》，以此证明摊铺机的维修费用为690 985.55元。该证据系维修公司一方所制定，所载费用效力待定。 证据5：《涉案物品价格鉴定（认证）结论书》鉴定摊铺机损毁的损失价值为690 987元，以证明证据11《报价单》所载的维修费用在合理的范围之内。该证据系专门鉴定机关制作，合法有效。 证据6、7：《价格鉴证机构资质证》《价格鉴证资格证》，以此证明鉴定单位的合法资质。该证据由国家相关部门颁发，合法有效。 第四组： 证据8：《鉴定费收据》，以此证明摊铺机损毁价值的鉴定费用为5500元。该证据为鉴定机关所开收据，未有发票，所载内容效力待定。 第五组： 证据9：《律师代理费发票》，以此证明为实现合同所约定的权利，原告支出律师代理费33 000元。该证据为统一发票，合法有效。	当由自己承担。 证据3：《道路交通事故认定书》第5部分"当事人导致交通事故……确定李强承担事故的全部责任"以此证明摊铺机的损坏李强应承担全部责任，而被告在事故中无责任。该证据系交警部门作出，合法有效。 被告证据1：证人证言，"道路施工现场有安全锥……照明设施"以此证明其已尽到对租赁物的妥善保管义务。该证据系书证，无制作日期和见证人，不符合证人证言的合法格式，证据效力待定。 争议事实2：被告认为，原告所要求的各项费用，不应由其承担。 在上一个争议事实中，被告认为其已尽到妥善保管义务，并无违约，故不应承担摊铺机的损坏维修费用、损毁鉴定费。 原告主张的律师代理费无依据。 证据1：《机械设备租赁合同书》第4页第9条规定"由乙方到甲方的退场……由甲方承担"以此证明摊铺机的运输费用不应由其承担。该证据系双方自愿签订，合法有效。

阅卷笔录第三部分

原 告	被 告
原告认为应当如何认定本案事实及适用法律。 原告认为应认定被告未尽妥善保管义务，已经构成违约。 依照我国《合同法》第222条，承租人应当妥善保管租赁物，因保管不善造成租赁物毁损、灭失的，应当承担损害赔偿责任之规定，应判定被告承担摊铺机损毁的一切费用。	被告认为应当如何认定本案事实及适用法律。 被告认为应认定其并未违约，事故全部责任由李强承担，故其不应承担摊铺机损毁的各项费用。 依照《合同法》第231条，因不可归责于承租人的事由，致使租赁物部分或者全部毁损、灭失的，承租人可以要求减少租金或者不支付租金；因租赁物部分或者全部毁损、灭失，致使不能实现合同目的的，承租人可以解除合同之规定，应判定被告不承担原告所诉请的各项费用。

阅卷笔录4

案由：租赁合同纠纷。

当事人情况：

原告：滨海顺通公路工程有限公司，住所地：东阳省滨海市高新区开元大街2233号，法定代表人刘云涛，董事长。

被告：长安昌盛公路工程有限公司，住所地：东阳省加州市长安县城开元路18号，法定代表人何兵，董事长。

一审人民法院　×××　　　裁判时间、文号　×××
二审人民法院　×××　　　裁判时间、文号　×××
再审人民法院　×××　　　裁判时间、文号　×××
阅卷起止时间　2013年10月16日 18:30~20:00
阅　卷　人　王先芳
阅　卷　地　点　法务实训室二
案件事实、主要证据（见下页）

阅卷笔录第二部分（证据部分）

原 告	被 告
原告陈述的事实：Page 2（略） 双方无争议的事实：①原告滨海顺通公路工程有限公司和被告长安昌盛公路工程有限公司于2011年8月9日签订《机械设备租赁合同》；②2011年9月21日21时20分，在长安昌盛公路工程有限公司施工地点，李强驾驶的轿车与滨海顺通公路工程有限公司租赁给长安昌盛公路工程有限公司的摊铺机相撞发生交通事故，致路面施工人员林庆和轿车司机李强死亡，李强驾驶的轿车报废，并导致沥青摊铺机严重损坏。 Page 2第1行："具体表述……"	被告陈述的事实：Page ××（略） 双方无争议的事实：（同左） …… 双方有争议的事实：（同左） 争议事实1：被告认为其并没有违反保管义务。 证据一组：第1个王胜利证人证言；第二个道路通车仪式照片。 证据第1个：王胜利的证人证言。

续表

原 告	被 告
双方有争议的事实：①被告长安昌盛公路工程有限公司是否违反租赁合同中的保管义务；②原告滨海顺通公路工程有限公司请求被告长安昌盛公路工程有限公司赔偿数额的计算依据。 争议事实1：原告认为被告违反了保管义务。 证据一组：第1个《机械设备租赁合同》、第12个《道路交通事故现场勘查笔录》。 证据第1个：《机械设备租赁合同》第8条第5款"机械设备由乙方负责看管，发生损坏或丢失物品乙方需按原价赔偿"。以及第10条第1款"乙方承担在租赁期内发生的乙方责任内的租赁机械的毁损（正常损耗不在此内）和灭失的风险，由不可抗力造成的损失双方协商解决"。 该证据证明力：铺摊机是在乙方的租赁使用范围内发生严重损坏，《机械设备租赁合同》明确约定了租赁方应对租赁物尽到妥善保管义务，而被告并没有尽到相应的义务，因此被告应当承担违约责任。 证据第12个：《道路交通事故现场勘查笔录》第1页道路基本情况中的道路隔离设施和夜间路面照明。 该证据证明力：在道路现场勘查笔录当中明确记载长安胜利大道的具体施工人是长安昌盛公路工程有限责任公司，也就是被告方没有设置道路隔离设施，如果被告方设置了，那很可能避免这次事故，就不会导致铺摊机严重毁损，所以被告方没有尽到妥善保管义务；在笔录中还明确记录了施工地点没有夜间路面照明设施，而假若被告设置了该照明设施，李强就很可能会避开该路段，就不会有今天的惨状，这都是由于被告方没有尽到妥善保管义务而造成的。而且根据我国《合同法》第121条"当事人一方因第三人的原因造成违约的，应当向对方承担违约责任。当事人一方和第三人之间的纠纷，依照法律规定或者按照约定解决"的规定，道路交通事故认定书认定本次交通事故由李强承担全部责任，因为李强作为本案的第三人，根据《合同法》第121条的规定，被告仍然要向原告承担违约责任。 争议事实2：原告认为被告应该赔偿原告780 087元。 证据一组：第2、4、5、6、7、8、9、10个。 该证据证明力：其一，①根据铺摊机的购买发票证明铺摊机的买卖价格为832 500×4＝3 330 000元；②依据公路、内河货物运输业统一发票运输费为10 600元；③涉案物品价格鉴定（认证）结论书证明了铺摊机损坏的价值为690 987元（下述第6项维修合同维修费作参照作用）；④鉴定费收据证明鉴定费为5500元；⑤律师代理费发票证明原告请诉讼代理人花费为33 000元；	该证据证明力：首先，被告对道路现场勘查笔录的"三性"不持异议，但对原告方的证明目的有很大的异议，没有设置道路隔离设施与待证事实1"被告是否违反妥善保管义务"不存在关联性，合同中也没有约定此种情形；根据我方提供的王胜利的证人证言已经说明被告在施工地段是有夜间路面照明设施的。最后，通过双方的租赁合同来看，出租人（原告）的义务是向被告提供能够正常使用的租赁物，而承租人（被告）的义务是交付租金，李强作为第三人损坏了摊铺机，造成被告不能正常使用，这是原告违约，而不是被告违约，因此原告应向被告承担违约责任。最后，被告对《机械设备租赁合同》的真实性、合法性和关联性没有异议，但是对原告方所要证明的证明目的有异议。该合同第8条第5款所阐明的意思是机械设备在乙方负责看管内造成损失乙方才会按原价赔偿，"看管"在本案中是指对租赁物尽到妥善保管义务，而原告方的意思就是只要发生损失就都说明是乙方没有尽到妥善保管义务，原告方是在偷换条件与结果；第10条第1款明确说明了乙方若要承担租赁物毁损的责任必须是在乙方的责任范围之内，而根据道路交通认定书，本次交通事故的责任应由驾驶东NJ2L11号轿车的李强负全部责任，因此该证据不能适用，被告方也没有违反妥善保管义务。 证据第2个：道路通车仪式照片。 该证据证明力：该路段为新修路，一般新修路都没有完全的竣工，一般都没有交通标志线，也有可能没有安装路面照明灯和道路隔离设施，而且道路通车仪式照片表明了此新修路是正式通车了的，因此李强开车经过这里完全是正常的，没有夜间照明灯是正常的，没有道

续表

原 告	被 告
⑥维修服务合同证明原告针对该损坏的铺摊机进行修理，合同约定修理铺摊机需要花销 666 985.55 元，工时费为 24 000 元；⑦租用天数从 2011 年 8 月 12 日起算至事故发生日 2011 年 9 月 21 日为 41 天，根据《机械设备租赁合同》第 1 条租金单价 4000 元/天以及第 4 条"……租金支付：设备进场叁日内预付 1 个月租赁费，工程结束 1 个月内付清所有租赁费"。因此 41d - 31d = 10d × 4000 = 40 000 元。综上，被告应当赔偿原告方的数额总计为 2 + 3 + 4 + 5 + 7 = > 10 600 + 690 987 + 5500 + 33 000 + 40 000 = 780 087 元。其二，本案诉讼费由被告承担。	路隔离设施也是情理之中的。因此，我方当事人没有违反妥善保管义务，没有违反合同约定。 争议事实 2：被告认为被告方不承担违约责任，因此被告方也不该承担相应的赔偿义务。 证据第 × 个…… 该证据证明力：被告对原告所提供的摊铺机购买发票、公路内河货物运输业统一发票、涉案物品鉴定结论书、鉴定费收据、律师代理费发票、维修服务合同和租金计算方式的真实性、合法性、关联性均无异议；被告表示不承担本案诉讼费。

阅卷笔录第三部分

原 告	被 告
根据我国《合同法》第 121 条"当事人一方因第三人的原因造成违约的，应当向对方承担违约责任。当事人一方和第三人之间的纠纷，依照法律规定或者按照约定解决"以及第 222 条"承租人应当妥善保管租赁物，因保管不善造成租赁物毁损、灭失的，应当承担损害赔偿责任"的有关规定，我方认为被告没有尽到妥善保管义务，违反了合同约定，应当承担违约责任并赔偿原告方 780 087 元，以及承担本案的诉讼费。请求法院支持我方诉讼请求。	根据《合同法》第 218 条"承租人按照约定的方法或者租赁物的性质适用租赁物，致使租赁物受到损耗的，不承担损害赔偿责任"以及第 121 条"当事人一方因第三人的原因造成违约的，应当向对方承担违约责任。当事人一方和第三人之间的纠纷，依照法律规定或者按照约定解决"的相关规定，我方认为我方是按照租赁合同约定的方式以及正确的操作手法使用摊铺机，因此我方坚信我方是没有违反合同约定的；其次，我方是尽到承租人义务，即交付租金，而由于摊铺机的毁损，我方当事人不能正常使用租赁物，原告没有尽到作为出租人的义务，因此原告应当承担违约责任；我方不承担本案的诉讼费。请求法院驳回原告的诉讼请求。

阅卷笔录 5

案由：租赁合同纠纷。

当事人情况：

原告：滨海顺通公路工程有限公司，住所地：东阳省滨海市高新区开元大街 2233 号

法定代表人：刘云涛，董事长。

被告：长安昌盛公路工程有限公司，住所地：东阳省加州市长安县城开元路 18 号

法定代表人：何兵，董事长。

一审人民法院　<u>长安县人民法院</u>　　　　裁判时间、文号　<u>×××</u>

阅卷起止时间　<u>2013 年 10 月 16 日 16:00 ~ 17:30</u>

阅　卷　人　<u>梁艺霏</u>

阅　卷　地　点　<u>山东政法学院</u>

阅卷笔录第二部分（证据部分）

原 告	被 告
原告陈述的事实：2011年8月9日滨海顺通公路工程有限公司与长安昌盛公路工程有限公司签订《机械租赁合同》，2012年9月21日，在长安昌盛公路工程有限公司的施工现场，摊铺机因发生交通事故而严重损坏（Page 1~2）。 双方无争议的事实： Page 1第6行："2011年8月9日滨海顺通公路工程有限公司与长安昌盛公路工程有限公司签订《机械设备租赁合同》1份，合同约定，长安昌盛公路工程有限公司因工程需要向滨海顺通公路工程有限公司租赁沥青摊铺机1台。" 双方有争议的事实： 争议事实：被告是否对租赁物尽到妥善保管的义务。 原告认为：被告没有尽到对租赁物妥善保管的义务。 证据1：机械设备租赁合同书。 证明力：合同第8条第5款："机械设备由乙方负责看管，发生损坏或丢失物品乙方需按原价赔偿。"证明被告对租赁物负有看管义务；该证据真实，合法（Page7）。 证据3：道路交通事故认定书。 证明力："现场位于长安县胜利大道希望中学西路段，道路系南北走向，沥青路面，现场道路中心西侧为施工区域，此路段无交通标志标线，路面全宽为34米"（Page13）。证明被告施工路段没有交通标志线，被告未尽到妥善保管义务；该证据真实，合法。 证据12：道路交通事故现场勘查笔录。 证明力："道路隔离设施：无"证明被告施工路段没有道路隔离设施，被告没有尽到妥善保管义务；该证据真实，合法（Page32）。	被告陈述的事实：2011年8月9日滨海顺通公路工程有限公司与长安昌盛公路工程有限公司签订《机械租赁合同》，2012年9月21日，在长安昌盛公路工程有限公司的施工现场，摊铺机因发生交通事故而严重损坏（Page 1~2）。 双方无争议的事实： Page 1第6行："2011年8月9日滨海顺通公路工程有限公司与长安昌盛公路工程有限公司签订《机械设备租赁合同》1份，合同约定，长安昌盛公路工程有限公司因工程需要向滨海顺通公路工程有限公司租赁沥青摊铺机1台。" 双方有争议的事实： 争议事实：被告是否对租赁物尽到妥善保管的义务。 被告认为：自己已对租赁物尽到妥善保管义务。 证据1：证人证言1份。 证明力："道路施工现场有安全锥，有禁止通行的标志牌，间隔距离不太清楚，大概一、二百米，隔离锥放在道路中线向外一点，有长安昌盛公路工程有责任公司提供的1台照明设施。胜利大道是新修路，不是道路维修"。证明道路施工现场有安全锥和禁止通行标志牌，尽到了妥善保管的义务；该证据真实性待定，合法（Page36）。 证据2：道路通车仪式照片1份。 证明力：证明胜利大道是新修路，不是道路维修，没有道路交通标志线不是被告的过错，不能证明被告未尽到妥善保管义务；该证据真实，合法（Page37）。

阅卷笔录第三部分

原 告	被 告
原告认为应当在本案中，根据双方签订的《机械设备租赁合同》第8条第5款的约定，机械设备由乙方负责看管，发生损害或丢失由乙方按原价赔偿，被告没有对租赁物尽到妥善保管的义务，造成了租赁物的损坏，应当赔偿	被告认为：其一，《合同法》规定的妥善保管义务是指善良管理人的注意义务，承租人的保管义务应包括几个内容：①按照约定的方式或者租赁物的性质所要求的方法保管租赁物。②按照租赁物的使用状况进行正常的维护。③通知和协助。摊铺机是在按照规定正常使用过程中因交通事故而造成毁损的，根据道路交通事故认定书可知我方不承担责任，且发生事故后尽到了通知和协助原告的义务，因此，已经尽到了妥善保管义务。其二，《机械设备租赁合同》第8条第5款的约定的

原　告	被　告
原方经济损失。按照《合同法》第222条的规定，承租人应当妥善保管租赁物，因保管不善造成租赁物毁损、灭失的，应当承担损害赔偿责任。据此，被告应当赔偿原告摊铺机损坏的经济损失。	看管义务，应当理解为在设备闲置，即未在使用过程中进行妥善的看护和管理，事故发生时设备正处于使用过程中，因此，不存在未尽到合同约定的看管义务的情况。其三，根据《合同法》第218条的规定，承租人按照约定的方法或者租赁物的性质使用租赁物，致使租赁物受到损耗的，不承担损害赔偿责任。摊铺机的损害并非因为被告的使用不当而造成，因此被告不承担损害赔偿责任。

阅卷笔录6

案由：租赁合同纠纷。

当事人情况：

原告：滨海顺通公路工程有限公司，住所地：东阳省滨海市高新区开元大街2233号，法定代表人刘云涛，董事长。

被告：长安昌盛公路工程有限公司，住所地：东阳省加州市长安县城开元路18号，法定代表人何兵，董事长。

一审人民法院：<u>长安县人民法院</u>　　　裁判时间及文号：<u>暂无</u>

阅卷起止时间：<u>2013年10月16日~2013年10月29日</u>

阅卷人：<u>许家凤</u>

案件事实、主要证据：（见下页）

阅卷笔录第二部分（证据部分）

原　告	被　告
原告陈述的事实：原告认为，被告长安昌盛公路工程有限公司违反租赁合同，未尽妥善保管义务，应承担赔偿责任（Page 1~2）。 双方无争议的事实： 双方签订机械设备租赁合同，且该合同具有合法性；在2011年9月21日21时整（合同约定范围内）租赁物在施工地点与一轿车发生交通事故，租赁物受到严重损坏（Page 4~7）。 双方有争议的事实： 争议事实1：被告是否违反了租赁合同中的保管义务。 原告认为，被告违反了租赁合同中的保管义务。 证据： 证据1，机械设备租赁合同书。在该合同中第8条第5款中明确说明"机械设备由乙方负责看管，发生损坏或丢失物品乙方需按原价赔偿"，其中的"看管"即看护、保管之意，则此条显示被告应尽保管义务，否则需按价赔偿（Page 4~8）。 证据3，道路交通事故认定书。该认定中列明"现场道路中心	被告陈述的事实：被告认为，己方未违反租赁合同，不应承担赔偿责任。 双方无争议的事实： 同左。 双方有争议的事实： 争议事实1：被告是否违反了租赁合同中的保管义务。 被告认为，己方未违反租赁合同中的保管义务。 证据：对方的证据不能证明我方未尽保管义务。 被告提供证据1证人的证言显示，我方已尽保管义务（Page 36）。 证据3，道路交通事故认定书。该认定书中指出，租赁物的操作员为王庆林等

续表

原 告	被 告
西侧为施工区域，此路段无交通标志标线"，则证明被告未设交通标志，未提示该处正在施工，导致事故发生，租赁物遭到损坏（Page 13）。 证据 12，道路交通事故现场勘查笔录。该笔录显示"无道路交通标识、无道路隔离设施、无夜间路面照明"，这明显证明被告未尽保管义务（Page 32~35）。 争议事实 2：赔偿数额。 ①摊铺机的购买发票（Page 9）；②公路、内河货物运输业统一发票（Page 14）；③涉案物品价格鉴定（认证）结论书（Page 15~17）；④鉴定费收据（Page 21）；⑤律师代理费发票（Page 22）；⑥报价单（Page 29~31）。该 6 份证据显示，应赔偿数额 690 987 元。	人，其为原告公司所属员工，与被告无关，且事故发生在租赁物使用中不在保管期间内。该认定书还指出，此次事故的全部责任在轿车司机李强，被告无责任（Page 13）。 争议事实 2：赔偿数额。 证据 3，道路交通事故认定书。该证据显示该事故的全部责任在轿车司机李强，与我方无关，因此不应承担赔偿责任（Page 13）。

阅卷笔录第三部分

原 告	被 告
原告认为，被告违反了租赁合同中的保管义务，应依据《合同法》第 219、222 条的规定，承担赔偿责任。	被告认为，我方已尽保管义务，依据《合同法》第 218、231 条的规定，不应承担赔偿责任。

第四章 制作诉讼法律文书训练

项目训练目的

通过对民事诉讼中最经常使用的诉讼法律文书——起诉状、答辩状、代理词和民事判决书如何制作进行讲解与训练,加深学生对起诉状、答辩状、代理词和民事判决书在民事诉讼中重要作用的认识,培养学生制作合格的起诉状、答辩状、代理词和民事判决书的能力,为民事诉讼模拟法庭训练的顺利进行做好准备。

在民事诉讼中,最经常使用的诉讼法律文书有起诉状、答辩状、代理词和民事判决书。本章将对这四种法律文书的制作方法进行讲解和训练。

第一节 起诉状及其制作方法

民事起诉状是民事诉讼的原告,因有关民事权利和义务与他人发生纠纷,为了维护自己或受自己保护的民事权益,依照民事诉讼法的规定,向人民法院提起诉讼使用的文书。

民事起诉状要准确地表达当事人的诉讼请求,清楚地写明诉讼请求所根据的事实和理由,以便人民法院及时受理案件。

《民事诉讼法》第121条规定了民事起诉状应当记明的事项,但并没有规定民事起诉状的格式。实践中,民事起诉除标题写明"民事起诉状"外,内容一般可分为首部、正文、结尾和附项四个部分。

法条链接

《中华人民共和国民事诉讼法》

第一百二十一条 起诉状应当记明下列事项:

(一)原告的姓名、性别、年龄、民族、职业、工作单位、住所、联系方式,法人或者其他组织的名称、住所和法定代表人或者主要负责人的姓名、职务、联系方式;

(二)被告的姓名、性别、工作单位、住所等信息,法人或者其他组织的名称、住所等信息;

(三)诉讼请求和所根据的事实与理由;

(四)证据和证据来源,证人姓名和住所。

一、民事起诉状的首部

民事起诉状的首部,即民事起诉状的开头。民事起诉状首部的内容是写明当事人的基本信息情况。当事人的顺序,应先写原告,后写被告,有第三人的再写第三人。

(一)当事人是自然人的写法

当事人是自然人的,应当写明案件当事人的姓名、性别、年龄、民族、职业、工作单位、住所和联系方式。这几项内容,其中要注意的是:

第一,年龄问题。如果当事人在18岁左右或18岁以下,一般应当更加准确地在年龄后面写明出生年月日或身份证号。因为,有的当事人在写年龄的时候,具有一定的随意性,如某当事人的实际年龄是32岁,有的人会写成33岁(虚岁),也有的人会写31岁。对于成年人,年龄的偏差确实不会影响到诉讼权利的行使。但如果当事人的实际年龄是17岁零10个月时,按照上面所说的情况,则会出现问题:写成17岁,则此人是限制民事行为人;写成18岁,便是完全民事行为能力人;这在诉讼过程中将涉及该当事人是否具有诉讼行为能力的问题。民事诉讼中,自然人的年龄是以周岁计算的,即使只差一天就满18岁,仍应写为17岁。未成年人写明出生年月日,可以避免年龄计算错误引发的当事人身份问题。原告是未成年人,还应在起诉状里写明原告法定代理人的身份信息,法官在看到民事起诉状时就可以直接明白该自然人无诉讼行为能力,依法传唤法定代理人出庭参加诉讼。

第二,住所问题。根据民事诉讼法的规定,当事人的户籍所在地或经常居住地为住所,因此,当事人的住所一般应写身份证或户籍证明上标注的住所,或者以经常居住地为住所。实践中,居无定所的原告可写自己的现在居住地点为住所。被告的住所地的写法亦是如此,不清楚被告的住所也可仅写明被告的居住地或工作单位,方便法院送达法律文书。

第三,被告的一些信息不清楚的,可以不写明,但起诉状中被告的基本信息应符合送达的要求。

当事人是自然人的,一般不要在民事起诉状里写明诉讼代理人信息,诉讼代理人的信息可通过当事人的授权委托书查明。

具体举例如下:

1. 当事人年满18周岁的写法。

被告:张三,男,35岁,身份证号×××××,汉族,N市LENOVEIBM公司员工,住N市N区N路N小区N号楼N室。联系电话:××××××。

2. 当事人不满18周岁的写法。

原告:张三,男,15岁,身份证号×××××,汉族,某中学学生。

原告法定代理人:张二峰,男,系原告的父亲,43岁,身份证号×××××,汉族,N市LENOVEIBM公司员工,住N市N区N路N小区N号楼N室。联系电话:

×××××。

（二）当事人是单位的写法

当事人是机关、企、事业、社会团体等单位时，应写明单位的名称、所在地址和法定代表人的姓名、职务、联系电话。如果单位的工作人员担任诉讼代理人的，可在民事起诉状里写明。

需要注意的是，作为当事人的被告是公司、企业的，一般应在起诉之前，到工商局查询被告的基本登记信息，根据登记信息来写明当事人的情况。如果登记信息与实际信息不一致的，特别是经营场所不一致的，应当写明实际经营场所，以方便法院准确送达。

具体举例如下：

原告：山东N文化传播有限公司，住N市N区N路N大厦A座N室。

法定代表人：李四，董事长。

原告诉讼代理人：赵六，男，43岁，系山东N文化传播有限公司办公室主任，联系电话：××××××。

被告：山东N房地产有限责任公司，住N市N区N路N号。

法定代表人：王五，董事长。联系电话：××××××。

二、正文

民事起诉状的正文，即民事起诉状的主要内容，包括诉讼请求、事实和理由两部分。

（一）诉讼请求

诉讼请求即原告就有关民事权益的争议所提出的请求和主张。诉讼请求应当依据民事法律规定的民事责任承担方式来提出。《民法通则》、《物权法》、《合同法》、《侵权责任法》以及其他单行民事法律对承担民事责任的方式均有规定，下面选择常用的法律条文进行列举。

法条链接

《中华人民共和国民法通则》

第一百三十四条　承担民事责任的方式主要有：

（一）停止侵害；

（二）排除妨碍；

（三）消除危险；

（四）返还财产；

（五）恢复原状；

（六）修理、重作、更换；

（七）赔偿损失；

（八）支付违约金；

（九）消除影响、恢复名誉；

（十）赔礼道歉。

以上承担民事责任的方式，可以单独适用，也可以合并适用。

《中华人民共和国物权法》

第三十三条 因物权的归属、内容发生争议的，利害关系人可以请求确认权利。

第三十四条 无权占有不动产或者动产的，权利人可以请求返还原物。

第三十五条 妨害物权或者可能妨害物权的，权利人可以请求排除妨害或者消除危险。

第三十六条 造成不动产或者动产毁损的，权利人可以请求修理、重作、更换或者恢复原状。

第三十七条 侵害物权，造成权利人损害的，权利人可以请求损害赔偿，也可以请求承担其他民事责任。

第三十八条 本章规定的物权保护方式，可以单独适用，也可以根据权利被侵害的情形合并适用。

《中华人民共和国合同法》

第一百零七条 当事人一方不履行合同义务或者履行合同义务不符合约定的，应当承担继续履行、采取补救措施或者赔偿损失等违约责任。

第一百零九条 当事人一方未支付价款或者报酬的，对方可以要求其支付价款或者报酬。

第一百一十一条 质量不符合约定的，应当按照当事人的约定承担违约责任。对违约责任没有约定或者约定不明确，依照本法第61条的规定仍不能确定的，受损害方根据标的性质以及损失的大小，可以合理选择要求对方承担修理、更换、重作、退货、减少价款或者报酬等违约责任。

第一百一十五条 当事人可以依照《中华人民共和国担保法》约定一方向对方给付定金作为债权的担保。债务人履行债务后，定金应当抵作价款或者收回。给付定金的一方不履行约定的债务的，无权要求返还定金；收受定金的一方不履行约定的债务的，应当双倍返还定金。

《中华人民共和国侵权责任法》

第十五条 承担侵权责任的方式主要有：

（一）停止侵害；

（二）排除妨碍；

（三）消除危险；

（四）返还财产；

（五）恢复原状；

（六）赔偿损失；

（七）赔礼道歉；

（八）消除影响、恢复名誉。

以上承担侵权责任的方式，可以单独适用，也可以合并适用。

诉讼请求必须直截了当，清楚明确，既要合法，又要合情、合理。从三段论法律推理上来看，诉讼请求是作为大前提的（当事人所依据的）法律条文中的处理结果 A 的现实体现。

诉讼请求的写法应当注意几点：①只写要求（或请求），不写请求原因；②如果有请求金额，数额一般要确定。人身损害等需要鉴定后才能确定赔偿金额的，可写明"赔偿金额在鉴定后再行确定"；③最后可写明本案诉讼费用由被告承担。具体举例如下：

诉讼请求：

1. 判令被告长安昌盛公路工程有限公司赔偿原告损失包括摊铺机维修费 690 985.55 元、鉴定费 5500 元、运输费 10 600 元，共计人民币 707 085.55 元；

2. 本案全部诉讼费用由被告承担。

（二）事实和理由

事实和理由是民事起诉状的重点内容，是请求人民法院受理案件的重要依据。起诉状中应重点写清楚案件事实，包括：当事人双方民事纠纷的时间、地点、原因、情节及事实经过等，结尾处引出被告一方依法应承担相应的法律责任。事实部分的表达要围绕诉讼请求，陈述案件的事实情况，法律逻辑上要体现事实（三段论中的事实 C）与当事人提出诉讼请求所依据的法律条文（的适用条件 B）具有涵摄联系。

具体写法有以下几点需要注意：

1. 事实陈述要实事求是，一般按时间顺序写，要详略得当，突出主要法律事实，关键部分要详细，次要部分应简略，与本案无关的不要写。特别注意，对原告不利的事实或当事人双方争议的事实可以不写，但绝不能捏造事实作虚假陈述。这是因为，写民事起诉状的首要目的是为了在法院立案，其中陈述的事实只要符合民事纠纷的标准即可满足立案庭法官的形式审查需要，就可以顺利地立案，如果把对原告不利的事实或当事人双方争议的事实都写在起诉状里，会把案件事实复杂化，可能会导致立案不顺（有的法院规定疑难案件的受理要由立案庭庭长决定；有的法院规定疑难案件要报分管副院长决定；多数法院立案庭的普通法官没有决定受理疑难案件的权限——而所谓的疑难案件，绝大多数法院或法官都有内部或自己掌握的立案标准或范围），这就画蛇添足了。

2. 事实部分无须写明证据情况或提及证据。现在的民事诉讼实践中，证据作为民事起诉状的内容之一，一般单独列出证据目录，作为民事起诉状的附件存在。

3. 理由指的是法律根据或法律条文。即要写清楚是根据我国什么法律的哪一条、款、项，引用法律条款要确切、完整等。

实践中需要注意的是，现阶段我国国内的民事诉讼，在起诉状里最好不要写明所适用的法律条文——除非立案庭法官提出明确的要求。原因有两个：其一，当事人委托诉讼代理人起诉，在向自己的诉讼代理人陈述案件事实的时候，会或多或少的隐瞒一些（对其不利的或当事人认为无关紧要的）事实，而这些事实，有时会影响到法律条文的选择适用。如果诉讼代理人在起诉状里写明了所适用的法律条文，而这些法律条文随着案件的进程和事实变化，不能适用或适用错误，不仅会影响当事人的利益，还会损害诉讼代理人的声誉——而当事人却丝毫不会有歉意，只会说诉讼代理人水平差。其二，立案庭法官对案件适用什么法律来处理，大致会自己做出判断，一般也无须写明适用什么法、第几条。基于以上两点原因，理由部分如果可以不写明法律条文，就不写明为宜，或粗略地写清楚适用哪一个部门法即可，如"根据我国侵权责任法相关规定（或根据我国合同法相关规定），诉至贵院，请依法判决"。

三、结尾

结尾部分主要写明起诉状提交的人民法院的名称，具状人的姓名和具状的时间。自然人签名并按手印，单位盖章。

此处须注意的是，最后落款要写"具状人"，不要写"起诉人"。"起诉人"在我国民事诉讼法中是一个专用名词（或称谓），指的是在特别程序中的选民资格案件中提起诉讼的人。

法条链接

《中华人民共和国民事诉讼法》

第一百八十二条　人民法院受理选民资格案件后，必须在选举日前审结。

审理时，起诉人、选举委员会的代表和有关公民必须参加。

人民法院的判决书，应当在选举日前送达选举委员会和起诉人，并通知有关公民。

四、附项

附项一般会有两项。其一，起诉状副本若干份。民事诉讼法规定，原告起诉，应当按对方当事人人数提出副本。实践中，起诉状副本的份数一般可在对方当事人的人数上多增加几份。其二，证据目录。民事起诉状要求写明证据、证据来源和待证事实，最好采用列表的形式。

最后，需要注意的是，民事起诉状一般使用 A4 纸打印，字体使用仿宋体，字号小三。

五、民事起诉状范文

民事起诉状

原告：李某，女，42岁，身份证号：××××××，某有限责任公司股东。住某市南湖路1234号。联系电话：××××××。

被告：周某，男，53岁，某有限责任公司股东兼董事长。地址：某市开发区工业园东山路1号。邮编：××××××。电话：××××××。

诉讼请求：

1. 判令被告继续履行合同，向原告支付股权转让余款8 000 000元（大写：捌佰万元整）。

2. 本案诉讼费用由被告承担。

事实与理由：

原告李某与被告周某均为某有限责任公司的出资股东，原告出资额为2 000 000元人民币，所占股权比例为20%，被告出资为5 000 000元人民币，所占股权比例为50%，另有其他30名股东出资合计3 000 000元人民币，所占股权比例为30%。公司注册资本为10 000 000元人民币。

2012年11月14日，原、被告签订书面的《股权转让协议书》，约定由原告李某作为出让人，被告周某作为受让人，将原告名下的2 000 000元股权按账面登记金额2 000 000元价格转让给被告，并约定该股权在转让后的权利和义务归被告享有。原、被告同时口头约定，转让前的该股权上的权益仍归原告，该权益的具体数额待计算后再行支付给原告。

股权转让协议签订后，被告于2012年11月27日在工商管理机关做了股权变更登记，将该股权变更至自己名下。被告于2013年2月1日付清了书面约定的转让价款2 000 000元。

其后，关于双方约定的被告应当支付给原告的该2 000 000元股权上的权益价款，被告则违反双方的约定，以原告要价太高、应当由公司支付等各种无理说法拖欠至今。

原告认为，双方的口头协议是股权转让协议的组成部分。按照截止于2012年10月31日的公司资产负债表计算，公司净资产已高达50 000 000元人民币，公司每股（按一元一股）获利额为4元，即被告应支付原告股权转让余款8 000 000元。

《中华人民共和国公司法》第4条规定："公司股东依法享有资产收益、参与重大决策和选择管理者等权利。"《中华人民共和国合同法》第61条规定："合同生效后，当事人就质量、价款或者报酬、履行地点等内容没有约定或者约定不明确的，可以协议补充；不能达成补充协议的，按照合同有关条款或者交易习惯确定。"第62条规定："当事人就有关合同内容约定不明确，依照本法第61条的规定仍不能确定的，适用下列规定：……②价款或者报酬不明确的，按照订立合同时履行地的市场价格履行；……"第107条规定："当事人一方不履行合同义务或者履行合同义务不符合约定的，应当承担继续履行、采取补救措施或者赔偿损失等违约责任。"根据以上法律规定，本案被告应承担继续履行合同、支付该股权转让余款的违约责任。

根据《中华人民共和国民事诉讼法》第119条、第26条的规定，本案属贵院管辖。现原告依法提起诉讼，恳请贵院给予公正判决。

此致

某市中级人民法院

具状人：李某

2014年6月11日

附：1. 本诉状副本2份。

2. 证据目录1份。（另起一页）

证据目录

证据编号	证据名称	要证明的事实	备注
1	股权转让协议1份	双方存在股权转让的事实	
2	录音证据3份	原告曾经多次要求被告支付股权转让后应付的权益价款	
3	周全木业有限责任公司工商登记2份	2012年11月27日之前，股权登记在原告名下，之后，变更登记在被告名下	
4	公司资产负债表1份	2012年10月31日公司净资产为50 000 000元人民币	

第二节　答辩状及其制作方法

答辩状，是公民、法人或其他组织作为民事案件的被告（被上诉人），收到原告（上诉人）的起诉状（上诉状）副本后，在法定期限内，针对原告（上诉人）在诉状中提出的事实、理由及诉讼请求，进行回答和辩驳时使用的文书。

法条链接

《中华人民共和国民事诉讼法》

第一百二十五条　人民法院应当在立案之日起5日内将起诉状副本发送被告，被告应当在收到之日起15日内提出答辩状。答辩状应当记明被告的姓名、性别、年龄、民族、职业、工作单位、住所、联系方式；法人或者其他组织的名称、住所和法定代表人或者主要负责人的姓名、职务、联系方式。人民法院应当在收到答辩状之日起5日内将答辩状副本发送原告。

被告不提出答辩状的，不影响人民法院审理。

民事答辩状要求行文简明，层次清楚，结构严谨，语言准确简练。

答辩状的内容包括首部、正文、结尾和附项四个部分。

一、答辩状的首部

答辩状的首部应当写明当事人的基本情况。

答辩状由被告或被上诉人向法院提出。在民事诉讼第一审程序中，当事人的顺序按照先被告、后原告、最后第三人的排序方式。

答辩状首部的具体写法同民事起诉状。自然人应写明姓名、性别、出生年月日、民族、工作单位、住所、身份证号码及联系电话；法人或其他组织的应写明全称、住所地，法定代表人或负责人姓名、职务、联系电话。

在书写答辩状时，特别需要注意的是，很多法律文书教材把当事人的称谓改为答辩人和被答辩人，这种写法是不妥当的，也是不符合法律规定的——因为在民事诉讼中，当事人均有法定的称谓或身份，不宜自拟非法定称谓。

答辩状中当事人基本情况的写法举例如下：

被告：山东 N 房地产有限责任公司，住 N 市 N 区 N 路 N 号。

法定代表人：王五，董事长。联系电话：××××××。

原告：山东 N 文化传播有限公司，住 N 市 N 区 N 路 N 大厦 A 座 N 室。

法定代表人：李四，董事长。

二、答辩状的正文

答辩状正文的内容应当与起诉状相对应，一般应先有与答辩状首部内容相衔接的简单表述，表明被告针对原告的起诉进行答辩，然后是包括"答辩意见"（与诉讼请求相对应）和"事实与理由"。

举例如下：

被告张三就原告李四诉我房屋租赁合同纠纷一案，提出如下答辩：

答辩意见：恳请人民法院驳回原告的诉讼请求，诉讼费用由原告承担。

事实与理由：

……

答辩状中事实与理由的写法，包括以下几点：

1. 答辩状的事实与理由部分在格式上一般与民事起诉状中事实与理由的写法相同，但是更具有针对性。答辩状应针对原告或上诉人的诉讼请求及其所依据的事实与理由进行反驳与辩解。

民事答辩状中答辩理由的写法根据不同的案件有所不同，一般有两种写法：第一种写法可以称之为"兵来将挡"式，即针对诉状中的事实逐点逐项地进行辩驳，其顺序可以完全按照诉状中的顺序安排，针锋相对，指明原告所谓"事实"的虚假性。第二种写法可以称之为"我行我素"式，即被告在撰写答辩理由时，不必拘泥于起诉状陈述的顺序和重点，而是把案件事实按照自己编排的顺序和表达方式进行陈述，其写作的针对性与第一种写法相比要弱一些，但是可以起到另辟蹊径的作用。

以上两种写作方法要根据案件的不同情况灵活运用。一般来说，如果被告认为根据第一种写作足能将案件事实展现给法庭，并且根据原告陈述的线索有利于案件的顺利审理，就可以采用第一种写法；如果被告感觉按照诉状的顺序去进行反驳，不利于自己对案件事实的陈述和答辩，容易使自己的思路被原告或上诉人牵着走，就可以采用第二种写法，以达到"你说你的、我说我的"，在各自的陈述中让法官了解案情的目的。

2. 提出鲜明的论点，做到"纲举目张"。在答辩状中，事实和理由部分可分为若干段，每一段都针对性的和概括性的提出一个主张，这就是答辩状的"纲"；而且，最好能每一段按照顺序加上"一、二、三……"的标题。如"被告并未违反合同的约定"、"原告应对侵权损害的结果承担主要责任"等。答辩状中主张的观点可以按照由主到次、由事实到法律的顺序排列，切忌冗长不清。

3. 事实与理由部分可详写，也可略写，一般以详写为宜。民事起诉状中对事实只做简单陈述，其原因在于起诉状的首要目的是立案，而不是胜诉。答辩状的写作目的只有一个，就是胜诉，所以答辩状对事实的陈述分析越详细越好。很多人认为答辩状简单写写即可，代理词要写详细——这种理解是有偏差的。我国民事诉讼法规定，答辩状无须在庭前提交，可在开庭时提交答辩状，也可口头答辩——这个法律规定无疑对被告是有利的，试想，在一些复杂的案件中，在开庭答辩时被告读了一份十几页的答辩状，将会给原告方带来多大的开庭负担？

4. 事实和理由的写作中，虽然是写的越详细越好，但对事实的陈述也是要有选择的，要把握住重点——答辩状与民事起诉状中事实与理由的写法相同，一般只写对被告有利的事实，选择性忽略对被告不利的事实，但绝不能捏造事实。开庭时，法庭调查过程中，法官归纳的争议焦点（有争议的事实）就是在听取了原告的诉讼请求、事实和理由以及被告答辩后归纳出来的。因此，在答辩状中陈述事实时，要时刻考虑：根据被告的答辩，法官会归纳什么争议焦点？如果被告陈述的事实会导致法官归纳出对被告不利的焦点，那么，在答辩状中还是省略或选择性的忽略该事实为宜。

5. 事实和理由的写作中，一般应当写明被告主张适用的法律条文。如果该案件被告有胜诉的可能，一定要尽可能积极主动把能够适用的法律条文写明，争取引导法官的思路或引起法官的注意。被告对事实、对理由遮遮掩掩，只会使法官产生原告有理的潜意识，该潜意识一旦形成，被告再想说服法官就很困难了。

答辩状正文的写作中，有两点需要注意：

第一，全面熟悉对方诉状的内容，做好答辩准备。写民事答辩状前，要列出可辩事项，并抓住其要害问题，确定答辩重点，如纠纷产生的原因、争议的焦点等。在明确答辩方向的基础上，设计出具体答辩提纲，分清主次先后，确定好过硬的证据和法律依据。

第二，如果承认原告的诉讼请求，则无需提交答辩状。原因在于，根据民事诉讼法的规定，提交答辩状是当事人的一项权利，可以不行使。如果要承认原告的诉讼请求，在法庭上作出认诺即可。提前写在书面上，想反悔就很困难了，对当事人不利。所以答辩状的答辩意见在绝大多数情况下内容是相同的，即"驳回原告的诉讼请求"。

三、答辩状的尾部

尾部主要写明答辩状所提交的人民法院的名称，具状人的姓名和具状的时间。

在当事人的落款上，可使用"具状人"的称谓，最好不要使用"答辩人"的称谓。

四、答辩状的附项

答辩状的附项主要是证据目录。答辩状的证据目录的写法与民事起诉状相同，要求列明证据和待证事实，最好采用列表的形式。针对上诉的答辩，如果没有新的证据提出，则无需提交证据目录。

民事答辩状一般使用 A4 纸打印，字体使用仿宋体，字号小三。

答辩状应按对方当事人人数提交副本（实践中一般可多提交几份）。

五、答辩状范本

答辩状

被上诉人（一审原告）：某市青山房地产开发有限公司，住所地住某市南湖路1234号。联系电话：××××××。

法定代表人，赵某，董事长。

上诉人（二审被告）：某市黄花置业有限公司，地址：某市开发区工业园东山路2号。邮编：××××××。电话：××××××。

法定代表人：钱某，董事长。

上诉人某市黄花置业有限公司（以下简称"上诉人黄花公司"）与被上诉人某市青山房地产开发有限公司（以下简称"被上诉人青山公司"）项目转让合同纠纷一案，被上诉人青山公司作如下答辩：

答辩意见：

1. 恳请人民法院驳回上诉人黄花公司的上诉请求，维持一审判决。
2. 诉讼费用由上诉人黄花公司承担。

事实与理由：

一、上诉人黄花公司与被上诉人青山公司之间是"项目转让合同"关系，上诉人黄花公司认为双方当事人之间的合同是"商品房买卖合同"而非"项目转让合同"以及被上诉人青山公司逾期交付标的物的主张无事实和法律根据

第一，从法定第一层次的证据来看，可证明双方是项目转让合同关系。本案的标的物是不动产，不动产物权的设立、变更、转让和消灭，经依法登记，发生效力；

未经登记，不发生效力。登记对于不动产案件性质的认定具有法定效力。作为涉案不动产的土地使用权，2005年由上诉人黄花公司提出土地登记申请书，并于2005年12月8日取得土地使用权证；对于涉案标的物的1～2层房产，房管部门的房产证登记上写得清清楚楚："房屋所有权人：某市黄花置业有限公司；2005年自建。"《某市房屋初始登记（变更）登记申请表》也写得清清楚楚："登记类型：初始；建成年代：2005。申请人：某市黄花置业有限公司。"本案中某市人民政府办公室给市规划局的函中写明："原某市青山房地产开发有限公司青水商场1#楼工程，经市政府协调将该土地使用权和产权转让给某市黄花置业有限公司。各种税费已交齐，证权交易手续已办理。现同意将原建设工程规划许可证建设单位变更为某市黄花置业有限公司。"该标的物的《建设工程规划许可证》（2002西06-10-109）变更单亦写明："同意将《建设工程规划许可证》2002西06-10-109号，建设单位由某市青山房地产开发有限公司变更为某市黄花置业有限公司，其他不变。"该标的物的《建筑工程施工许可证》（编号：2002064）变更单亦写明："同意将《建设工程施工许可证》2002064号，建设单位由某青山房地产开发有限公司变更为牛鞍山市黄花置业有限公司，其他不变。"

这些证据从土地使用权登记、规划许可、施工许可到办理房屋所有权证，形成了一条完整的证据链条，均证明对于涉案标的物的1～2层不动产为2005年自建而不是购买，双方签订的合同依法只能认定为项目转让合同而不是商品房买卖合同，也不存在逾期至2007年交付的责任问题。

第二，从本案的双方签订的《在建商品房买卖合同》及补充协议书（一）、（二）、（三）、（四）、（五）以及另外两份协议书来看，也可证明双方是项目转让合同关系。其一，项目转让合同的对象不仅仅是商品房，还包括土地及全部配套设施；而商品房买卖合同的标的物一般仅为商品房；本案合同的约定符合房地产转让项目的特点和性质。其二，项目转让合同的受让一方接手项目后会继续进行项目建设，其行为也是合法的；而商品房买卖合同的买受人在接受房屋后一般会直接使用，进行项目建设是违法的；本案合同履行的事实符合房地产转让项目的特点和性质。其三，双方之所以使用《在建商品房买卖合同》的名称，原因在于合同签订日期是2005年5月27日，而上诉人黄花公司是20天后的2005年6月17日才成立取得开发资质，签订合同时上诉人尚不具有开发资质，所以未使用项目转让合同的名称。上诉人黄花公司仅凭双方协议中一些相冲突的字眼断章取义认定双方的合同性质是商品房买卖合同，是错误的。

第三，上诉人黄花公司认为被上诉人青山公司逾期交付涉案标的物1～2层房产，亦与常理不合。双方交易的不是空中楼阁，3～4层都按时建好交付了，难道1～2层还没建好？《最高人民法院关于民事诉讼若干证据的规定》第9条第3项规定："根据法律规定或者已知事实和日常生活经验法则，能推定出的另一事实。"无疑可以推定出1～2层的交付是符合要求的。

第四，上诉人黄花公司在上诉状中提到的适用《最高人民法院关于审理商品房买卖合同纠纷案件适用法律若干问题的解释》第5条以及《商品房销售管理办法》第16条的规定，属于典型的法律适用错误。《最高人民法院关于审理商品房买卖合同纠纷案件适用法律若干问题的解释》第5条规定为："商品房的认购、订购、预订等协议具备《商品房销售管理办法》第16条规定的商品房买卖合同的主要内容，并且出卖人已经按照约定收受购房款的，该协议应当认定为商品房买卖合同。"本案中，双方签订的根本不是认购、订购或预订协议，合同中也未出现认购、订购或预定的内容，案件的事实不符合法律条文适用的条件，怎么可能适用该条司法解释规定？

二、上诉人黄花公司提出被上诉人青山公司交付标的物的实际面积少于约定面积的主张与事实不符

第一，作为项目转让合同，转让包括土地使用权、在建房屋和附属设施等，上诉人黄花公司作为项目接手方用单方的面积计算方法来认定被上诉人青山公司交付的项目面积不够没有任何根据。

第二，从法定登记作为有效的证据来看，涉案房产的1～2层房产证登记面积为11 293.77平方米（牛房权证青水字号第2.1-0001444）；3～4层登记面积为10 325.16平方米（4个证号分别为：牛房权证水字第2.2-0048954号、2.2-0048955号、2.2-0048956号、2.2-0048957号），中间部分1980平方米，共计23 598.93平方米，超出约定3856.93平方米。上诉人黄花公司提出被上诉人青山公司仅交付15 692.57平方米，无任何根据。如果按照商品房买卖合同计算，上诉人黄花公司反而要多支付3856.93平方米的价款。

第三，该项目不大，占地面积大致只有58米×182米左右，2005年5月27日双方合同签订时1～4层主体工程基本完工，该项目面积有多大，作为专业公司的双方当事人都很清楚，在项目转让交接时不可能产生面积不足的情况。这属于《最高人民法院关于民事诉讼证据的若干规定》第9条第1项所规定的"众所周知的事实"，被上诉人无需举证证明。

三、上诉人黄花公司主张的应双倍返还李新民等10个购房户和其他2个回迁户房产价款以及返还多支付房款5 906 647.41元的要求，无事实和法律根据

第一个问题，关于李新民等10户的房产价款问题。首先，这部分所涉及的房屋价款上诉人黄花公司从未向被上诉人青山公司支付，谈何双倍返还？其次，上诉人黄花公司陈述，被上诉人青山公司于2003年将2406.54平方米房产卖给了李新民等10人，"上诉人对以上事实并不知情"，属虚假陈述。真实情况是：李新民等10户并非所谓的购房户，而是被上诉人青山公司的内部员工，这10套房屋并未真正销售给他们，而是使用他们的名义从银行办按揭贷款供被上诉人青山公司使用，2005年签订合同时这部分房产已经因为抵押而被查封，这一情况上诉人黄花公司是明知的。在双方签订的合同第4条第2款对此进行了约定："甲、乙双方签订合同后由政府部

门协调将乙方商城的查封和抵押解除",约定得非常清楚。最后,关于这10户房产的处理,上诉人黄花公司与被上诉人青山公司在2008年12月31日的协议书中已经做了最后的约定处理,不应再次出尔反尔,混淆视听。

第二个问题,关于两个拆迁户的房产问题。首先,这两套住宅所涉及的房屋价款上诉人黄花公司从未向被上诉人青山公司支付,不存在双倍返还的前提基础。其次,双方的合同属于项目转让合同,该项目整体转让给了上诉人黄花公司,根据《城市房地产开发经营管理条例》第22条的规定,房地产开发企业转让房地产开发项目时,尚未完成拆迁补偿安置的,原拆迁补偿安置合同中有关的权利、义务随之转移给受让人。上诉人黄花公司作为项目转让合同中的受让人,无权就拆迁补偿问题再行向被上诉人青山公司提出异议。最后,该拆迁安置补偿协议签订于2004年9月,房管部门有登记,上诉人黄花公司说自己并不知情属虚假陈述。

另外,需要着重指出的是,抵押和拆迁以上两个问题均发生于2005年合同签订以前,合同签订以后被上诉人青山公司忠实履行了合同义务,除经上诉人黄花公司认可外,被上诉人青山公司未与任何人签订销售、抵押和回迁协议。

第三个问题,关于合同总价款的支付数额。根据上诉人黄花公司与被上诉人青山公司所签订的合同,上诉人黄花公司应向被上诉人青山公司支付3800万元;根据同日双方签订的《补充协议书(二)》,又增加了价款4 148 459元;涉案房地产项目的总价款为42 148 459元。上诉人黄花公司与被上诉人青山公司认可,上诉人已经支付给被上诉人30 967 260.20元;另外,根据《补充协议书(五)》约定因涉案房产的3层222.84平方米被上诉人青山公司回迁给粮食局又重新销售给上诉人黄花公司,双方协商一致退还上诉人黄花公司购房款30万元,从总房款中抵扣;同时被上诉人青山公司认可从总转让价款中扣减两个住宅的房款332 249元,扣减上诉人黄花公司通过拍卖方式取得的10套商品房款3 413 753.60元,扣减签订合同前被上诉人青山公司的债务650万元,上诉人黄花公司尚欠被上诉人青山公司转让价款634 996.20元。一审法院查得非常清楚,并不存在任何计算上的错误。

四、上诉人黄花公司以被上诉人青山公司应向上诉人黄花公司开具发票为理由认为"一审法院以上诉人未提供证据证明其以青山公司名义销售房屋为由否认青山公司应出具发票的观点是错误的"属于逻辑思维混乱

上诉人黄花公司在一审的起诉状中,其诉讼请求"四"为:"依法判令被告履行《补充协议书(一)》第2条的约定,由被告开具售房发票,政府给予被告的税收优惠政策返还原告。"然而,上诉人黄花公司在一审中并未提及该诉讼请求。

在双方签订的《补充协议书(一)》中的意思表达非常清楚:上诉人黄花公司以被上诉人青山公司的名义将房地产对外销售给案外第三人,被上诉人青山公司向案外第三人开具销售发票。上诉状中却莫名其妙要求被上诉人青山公司向上诉人黄花公司开具销售发票,而且还以此质疑一审法院的判决,显属法律逻辑思维混乱。

综上所述，上诉人黄花公司的上诉请求不仅不明确且无证据支持，而且陈述中存在着与事实不符、法律适用错误和法律逻辑思维混乱的情况，恳请人民法院依法维持一审判决，驳回上诉人的上诉请求。

此致
河西省高级人民法院

具状人：某市青山房地产开发有限公司
2011 年 7 月 27 日

附：答辩状副本 2 份。

第三节 代理词及其制作方法

代理词是指民事案件的当事人所委托的诉讼代理人，在法庭审理的辩论阶段或人民法院依法进行书面审理中，为了维护其所代理的当事人一方的合法权益，在代理权限之内发表或递交的具有综合性辩论意见的法律文书。

代理词的作用表现在以下三个方面：一是支持被代理人的诉讼，实现被代理人的诉讼权利；二是为人民法院的审判工作提供条件、提高审判质量；三是宣传法制，普及法律知识。

代理词无法定的固定格式，但有大体通用的文章结构，一般的代理词由以下几个部分组成。

一、代理词的首部

每份代理词都应有一个确切的标题，标题应反映案件性质和所代理的当事人在案中的地位，例如"民事诉讼原告代理词"或"原告代理词"等，使听众一开始就了解代理词的性质。

代理词是一种讲演辞，主要在法庭上进行表达，其目的是说服法官采纳本方的代理意见，因此开头的习惯称呼语是"尊敬的审判长、审判员、人民陪审员"——视法庭组成人员身份来确定尊称。

二、代理词的序言

序言亦即开场白，主要是通过一些承上启下的语言来介绍：其一，代理人出庭的合法性，概述接受委托和受指派，担任本案当事人哪一方面的代理人；其二，说明代理人接受代理后进行工作的情况，即在出庭前做了哪些方面的工作，如查阅案卷、调查了解案情等；其三，即将发表对一审判决的看法和意见等。示例如下：

尊敬的审判长：

原告张某诉被告李某民间借贷纠纷一案，山东利维坦律师事务所接受本案被告李某的委托，指派律师王某、赵某担任其诉讼代理人。接受委托后，我们查阅了本案的卷宗材料，调查搜集了相关证据，参与了今天的庭审，对案件有了充分的了解，现根据案件事实和法律，现发表如下代理意见：

……

三、代理词的正文

正文是代理词的核心内容。在正文里，要从所代理的当事人的主张和利益出发，明确提出应当如何认定案件事实和适用法律处理案件并详细地加以论证。

代理意见的具体内容应包括下述的一个或几个方面：

1. 用段落标题提出关于当事人争议的焦点事实是什么（或者案件事实应当如何进行认定）的意见，并运用证据和结合法律规定加以论证。标题模式可用"被告某某在合同履行中明显违反合同约定"、"原告某某主张的被告某某向其借款 10 万元的事实并不存在"等。此处提出的事实是（结合将要适用的法律提出的）对处理案件有法律意义的事实——三段论中的事实 C，是法律适用的基础，也是当事人主张的事实，需要综合本案的证据材料的证明力详细地加以论证。法庭辩论阶段发表对案件的事实如何认定的辩论意见与法庭调查阶段举证、质证的侧重点有所不同：法庭调查阶段侧重于把证据逐一展示、分析证据的客观性、合法性和与案件争议事实的关联；法庭辩论阶段则侧重于提出案件事实是什么，对证据无需逐一展示，直接进行取舍、组合，综合运用即可。

2. 用段落标题提出有关案件性质认定的意见，并运用证据和结合法律规定加以论证。标题模式可用"被告某某的行为构成对原告某某的侵权"、"本案中原、被告所签订的买卖合同无效"等。案件性质认定在内容具体表达上要根据法律的规定，同时结合案件的事实情况；既要在适用法律时对法律条文进行解释，又要归纳案件事实和证据，做到有理有据，逻辑关系畅通。

3. 用段落标题提出关于当事人之间责任大小分担、过错程度大小的意见，并运用证据和结合法律规定加以论证。标题模式可用"被告 F 公司对原告赵某刹车失控造成的人身损害应当承担主要责任"、"被告 S 公司明知自己生产的笔记本电池存在短路起火隐患却仍然销售给被告钱某，过错明显"等。责任认定等具体表达应当根据法律的规定，同时结合案件的事实情况；既要在适用法律时对法律条文进行解释，又要归纳案件事实和证据，做到有理有据，逻辑关系畅通。

4. 用段落标题提出关于当事人应当承担的具体财产责任的数额，并运用证据和结合法律规定加以论证。标题模式可用"被告 T 公司应当赔偿原告孙某的各项损失合计共计 543 210 元"等。数额的具体计算表达应当根据法律的规定，同时结合案件的事实情况；既要在适用法律时对法律条文进行解释，又要归纳案件事实和证据，做到有理有据，逻辑关系畅通。

5. 从情理出发，提出对纠纷解决的办法和意见。此部分主要是基于建设和谐社会、尽快解决纠纷的目的。当事人根据民事权利可处分的特点，可表示愿意做出一定让步，或者依据情理其权益应当受到支持或保护，通过调解、和解或及时给付等方式解决纠纷。

代理词正文的写作应注意以下几点：

第一，代理词应根据具体案情、被代理人所处的诉讼地位、诉讼目的和请求以及被代理人与对方当事人的关系等因素来确定代理意见的方向性。代理词可以用正面说理的方法来表达，也可以用反驳的方法来表达，也可正面说理与反驳兼而有之。

第二，代理词写作之前要采用反向思维，首先考虑当事人的请求或主张，根据当事人的请求或主张的需要去适用哪一法律条文（即大前提），然后根据要适用的法律条文的条件需要涵摄什么事实，该事实需要运用哪些证据加以证明。反向思维要脉络清楚，同时应尊重事实、忠于法律，对纠纷事实和证据进行透彻的分析论证，不能歪曲事实和法律，强词夺理，迁就当事人的无理要求。

第三，代理词的书面表达应当体现正向的法律思维，紧扣证据证明事实、根据事实适用法律（即以事实为根据、以法律为准绳）的主线，根据案件的具体情况可从认定事实、适用法律和诉讼程序等几方面或其中一、两个方面展开论述。

第四，代理词所提意见要切合实际，掌握分寸；要以理服人，语言恰当贴切，体现出解决问题的诚意；要晓之以理，动之以情，措词恳切，语气平和，易于为法庭所接受。

四、代理词的结束语和尾部

代理词结束时应归纳全文的结论性见解，并恳请法庭对代理意见予以采纳。结束语要做到要言不繁、简洁明了，使听众对整个代理词留下深刻、鲜明的印象。

代理词的尾部，代理人应具名和注明日期。

五、代理词范文举例

代理词

尊敬的审判长：

原告王某诉被告程某、姜某道路交通事故人身损害赔偿纠纷一案，山东利维坦律师事务所接受被告程某的委托，指派律师武某、郑某担任其诉讼代理人。接受委托后，我们查阅了案件的相关材料，搜集了案件的有关证据，参加了开庭审理，对原告的诉讼请求、事实与理由已经基本了解，现根据事实和法律，发表如下辩论意见：

一、原告王某应对交通事故的发生承担全部民事责任

《侵权责任法》第27条规定："损害是因受害人故意造成的，行为人不承担责任。"故意，是明知自己的行为会发生侵权的法律结果，并且希望或者放任这种结果发生的主观心理状态。本案原告王某明知自己无驾驶证，所骑二轮摩托车无行驶证，

依法绝对不应上路行驶，却明知故犯，不仅上路行驶，而且不能保证安全车速，在被告程某左转弯已经转了一半的情况下，撞到了被告程某所驾驶的机动车的中部，放任了自己受到损害这一结果的发生，所以，该损害责任应当由作为受害人的原告王某自行承担。

二、本案中的《交通事故责任认定书》对事故责任的认定不当，不应采信

《中华人民共和国道路交通安全法实施条例》第91条规定："公安机关交通管理部门应当根据交通事故当事人的行为对发生交通事故所起的作用以及过错的严重程度，确定当事人的责任。"本案中，原告王某无驾驶证驾驶无牌机动车上路，被告程某有驾驶证驾驶有牌车辆上路，二者发生碰撞，虽然被告程某驾驶的车辆没有年检，但原告王某的过错更大一些，是毋庸置疑的。而且，该路口无红绿灯，相互应当避让，但是被告程某驾驶车辆已经左转，原告王某因为不能保持安全车速，刹车不及撞到了被告程某所驾驶机动车的中部，才造成自身损害。

本案中由曲江县公安局交警大队出具的曲公交认字［2010］第00512号《道路交通事故认定书》认为被告程某"承担此事故的主要责任；王某承担此事故的次要责任"的事故责任认定，罔顾法律，被告某兵已经依法向上级公安交管部门提出了书面的复核申请，同时恳请法庭对此证据不予采信。

三、被告程某在此次交通事故中不应承担民事责任

被告程某给被告姜某开车担任货运司机，被告姜某按月支付给被告程某报酬，被告姜某与被告程某之间的法律关系是用人单位和工作人员之间的关系。此次交通事故发生在2010年8月22日，被告程某当时按照被告姜某的指示驾驶单位车辆为客户运送家具，时间上正值《侵权责任法》施行之后。《侵权责任法》第34条规定："用人单位的工作人员因执行工作任务造成他人损害的，由用人单位承担侵权责任。"该规定纠正了《最高人民法院关于审理人身损害赔偿案件适用法律若干问题的解释》第9条"雇员在从事雇佣活动中致人损害的，雇主应当承担赔偿责任；雇员因故意或者重大过失致人损害的，应当与雇主承担连带赔偿责任。雇主承担连带赔偿责任的，可以向雇员追偿"这一规定。因此，本案即使最后认定被告方承担民事责任，该民事责任也不能由作为工作人员的被告程某承担（况且交通事故发生时被告程某已经左拐弯，是原告王某车速过快撞到了被告程某所驾驶的车辆的中部，被告程某无重大过失）。

四、原告王某的损失应当以起诉状中第一次列明的2万元为上限

原告王某在提交到人民法院的起诉状中请求赔偿2万元，自行陈述该2万元是包含了"治疗费、误工、护理等各项损失共计"的数额，并非所受损害的前期临时费用。原告王某向法院递交的起诉状日期是2010年9月2日，在曲江县人民医院基本治愈后办理出院手续的时间是2010年9月6日，从时间上则进一步证实，原告王某因交通事故受到的损害顶多也就是2万元。然而在庭审中原告王某变更诉讼请求，极大的夸大了损失的数额，竟达9万元之巨，且所出具的单据多数是白条，不应采

信。原告王某治愈出院后如因自身原因又遭受其他损害，依法应自行承担后来的损失。此处事实，请法院根据原告王某举证提供的医院病历及单据情况明察。

以上辩论意见，恳请法庭予以采纳。

山东利维坦律师所律师 武　某
郑　某
2011 年 4 月 5 日

第四节　民事判决书及其制作方法

民事判决书是人民法院对民事诉讼案件中当事人所争议的实体权利义务进行判定所适用的法律文书。根据《民事诉讼法》第152条的规定和最高人民法院《法院诉讼文书样式（试行）》的规定，民事判决书由首部、正文和尾部三部分组成。

法条链接

《中华人民共和国民事诉讼法》

第一百五十二条　判决书应当写明判决结果和作出该判决的理由。判决书内容包括：

（一）案由、诉讼请求、争议的事实和理由；

（二）判决认定的事实和理由、适用的法律和理由；

（三）判决结果和诉讼费用的负担；

（四）上诉期间和上诉的法院。

判决书由审判人员、书记员署名，加盖人民法院印章。

一、民事判决书的首部

民事判决书的首部，即民事判决的开头部分。民事判决书首部的内容包括：

（一）作出判决的人民法院名称、文书种类和案件编号

1. 人民法院的名称和文书种类，应根据最高人民法院《法院诉讼文书样式（试行）》的规定来确定书写格式。如：山东省高级人民法院民事判决书，山东省济南市中级人民法院民事判决书，山东省德州市德城区人民法院民事判决书（对市辖区的基层人民法院，可按照最高人民法院制发的印章冠名），山东省临朐县人民法院民事判决书（对县、县级市的人民法院要冠以省、自治区名）等。

2. 案件编号采用一案一号的原则，上一年未结的案件，下一年制作法律文书时仍用原编的立案顺序号，不应按新年度重新编案号。如山东省高级人民法院2014年1月8日作出的民事判决书，案件编号为"（2013）鲁民一终字第369号"。

（二）诉讼参加人的基本情况

诉讼参加人包括当事人和诉讼代理人。

1. 当事人是自然人的，应写明当事人的姓名、性别、出生年月日（有身份证的不能写年龄）、职业（或工作单位及职务）、住址等。住址一般应写现在居住地的地址。

2. 当事人是法人或其他组织的，应写明其名称、住所地，并另起一行写明法定代表人的姓名和职务。

3. 当事人有诉讼代理人的，还应写明诉讼代理人的基本情况。诉讼代理人是律师和基层法律工作者的，只写姓名和"单位＋职务（律师或法律工作者）"。诉讼代理人不是律师和基层法律工作者的，应写明姓名、性别、年龄、工作单位、职务，与当事人有近亲属关系的，写明与当事人的关系。

根据最高人民法院《法院诉讼文书样式（试行）》规定的书写格式要求，凡涉及当事人公民的年龄，都应写明出生年、月、日，以利于电脑储存和检索的需要；法人的住址应表述为："住所地……"；无需写明诉讼参加人的邮政编码；个体户的职业应表述为"个体工商户"；起字号的个人合伙，先写明其字号和所在地址，再另起一行写明代表人及其姓名、性别、职务（应是营业执照上登记的执行事务合伙人）。如：

原告：曲某，女，身份证号××××××，A公司工作人员，住某市历下区解放西路263号物华小区3号楼4单元201室。

原告委托代理人：王某，山东利维坦律师事务所律师。

被告：髪混丽人医院，住所地某市历下区解放西路181号门头房。

法定代表人：李某，女，××××××，该医院执行事务合伙人。

委托代理人：刘某，河西聚力法律服务所法律工作者。

（三）案由、审判组织、审判方式以及当事人是否到庭参加诉讼情况

案由应当按照《最高人民法院关于修改〈民事案件案由规定〉的决定》（法[2011]41号）规定的案由加以确定。审判组织应写明独任审理还是组成合议庭进行审理。审判方式要写明是公开审理还是不公开审理。

当事人是否到庭，可分不同的情形进行书写：①当事人均到庭参加诉讼的，写明即可；②当事人未到庭参加诉讼，其代理人到庭参加诉讼的，写明当事人的代理人参加了诉讼，可不写当事人未到庭参加诉讼；③当事人未到庭参加诉讼，也没有诉讼代理人到庭的，应写明"原告某某经本院合法传唤无正当理由拒不到庭"或"被告某某公司经本院合法传唤无正当理由拒不到庭"等；④未经法庭许可中途退庭的，可写明"原告某某未经法庭许可中途退庭"或"被告某某公司未经法庭许可中途退庭"等。如：

上诉人李某因与被上诉人A银行、原审第三人B公司案外人执行异议之诉一案，不服山东省烟台市中级人民法院（2013）烟民一初字第19号民事判决，向本院提起

上诉。本院依法组成合议庭，公开开庭审理了本案。上诉人李某的委托代理人戴某，被上诉人 A 银行城西支行的委托代理人刘某，原审第三人 B 公司的委托代理人胡某到庭参加诉讼。本案现已审理终结。

二、民事判决书的正文

民事判决书的正文是判决书的核心部分，是判决的主要内容。

判决正文的内容包括四部分：

（一）当事人陈述的事实、理由和诉讼请求

当事人陈述的事实、理由和诉讼请求主要分为原告诉称、被告辩称、第三人诉称或第三人辩称几部分来进行表述。

这部分内容要如实反映当事人的真实意思。既要尊重当事人的诉讼权利，不得夸大或缩小当事人所陈述的案件事实、理由和诉讼请求，又要避免照搬当事人诉辩理由原话及口语和意思重复的语句；既要文字简练突出当事人的纠纷重点，又要繁简得当、内容详实，避免当事人诉辩理由的归纳过于简单，或者仅停留于庭审的诉辩阶段，未将当事人在庭审其他阶段重点强调的诉辩理由加以表述，遗漏诉讼争点，影响裁判的说服力。

如果当事人在诉讼过程中增加或者变更诉讼请求，或者提出反诉的，应当在此部分一并写明。

（二）经审理查明：通过举证、质证和认证确认案件事实

经审理查明应包括三个方面的内容：

1. 双方无争议的事实表述。此部分内容应当与庭审中归纳的事实相一致。一般应当包括两个方面：①当事人之间的法律关系，发生法律关系的时间、地点及法律关系的内容；②产生纠纷的原因、经过、情节和后果。

无争议的事实的叙述方法一般应按照时间顺序。

2. 双方有争议的事实（争议焦点）表述。此部分内容应当与庭审中归纳的争议焦点相一致，一般包括三个方面：①当事人关于法律关系的性质判断的争议；②当事人关于责任分担或过错大小的争议；③当事人诉讼请求所涉及的财产责任金额及计算方式的争议。

当事人的争议焦点一般应当按照上述顺序进行具体、清晰的表述。在裁判文书中，争议焦点的表述不再是指引审理过程，而是作为裁判说理的基础和逻辑依据，实际起到引领裁判思路的重要作用。当事人的争议焦点可能包含事实的争点和法律适用方面的争点，前者是确定后者的基础，事实的争点应当辅以法律适用的争点才能明确争议的法律属性，并为确定当事人的法律责任和裁判说理打下基础。

3. 围绕争议焦点当事人的举证、质证和法院认证情况。此部分关于当事人举证、质证的情况除了应当与庭审基本一致外，还应包括法院认证情况。法院认证情况在庭审中一般不会出现，写判决书时法官要根据自己心证的逻辑思路（或合议庭合议的情况）应对认证情况一并进行表述。

当事人举证、质证的部分应写明证据名称（如有必要，写明证据来源或取得方式）、证明目的（待证事实）以及当事人对运用证据时的解释或说明，表述要完整。

法院认证部分的写法，可对认定事实的证据有分析地进行列举，既可以在叙述纠纷过程中一并分析列举，也可以单独分段分析列举。要避免：其一，对证据任意取舍，对当事人争议的证据不进行评价，对不予采信的证据不说明不予采信的理由甚至直接忽略或无视其存在；其二，证据认证说理不透彻，对采信的证据不能说明采信的理由；其三，罗列证据、但对相关争议事实的认定却未详细阐述，造成说理部分不清晰、不透彻的情形；其四，对证据的认定缺乏足够的依据，未完全按照"真实性、合法性、关联性"的要求进行证据认定，造成证据认定缺乏说服力。

经审理查明部分，对于事实的表述，应当注意：首先，对于当事人主要争议的事实，应当予以客观表述，但在争议部分不作评判。其次，法院查明的事实，是法官适用法律解决争议的基础，需要在文书中详细加以表达以保证基本事实完整性。最后，无论是争议事实的表达还是查明事实的表达，都应做到突出重点，繁简得当。

（三）本院认为：根据认定的事实阐述如何适用法律

本院认为部分，应写明判决的理由，要根据认定的事实和有关法律、法规和政策，来阐明法院对纠纷的性质的认定、当事人责任的分担以及处理结果所适用的法律条文。本部分是三段论法律推理具体运用的表达，要通过摆事实、讲道理、分清是非责任（阐述三段论的小前提案件事实 C 符合 B 的要求）、引用法律条文（表述三段论的大前提）的顺序来完成。

本院认为部分内容是判决的根据，必须做到认定事实清楚，是非责任明确，理由充分，适用法律正确。说理要体现针对性，对应当事人的争执和诉讼请求，要根据不同案件的具体情况，或对法律关系进行定性，或对双方责任大小或过错程度予以界定，或对赔偿金额的计算方式进行解释说明——诉讼请求合法有理的予以支持，不合法无理的不予支持。

本院认为部分在具体写作中应当注意做到承前（经审理查明的事实）启后（判决结果），分析到位，逻辑缜密。

（四）判决结果

判决结果又称判决主文，即人民法院根据事实和法律，对案件的实体问题所作的处理决定。判决结果必须准确、清楚和具体，避免模棱两可、笼统原则。

在判决结果的写作中应注意以下几点：

第一，当事人的诉讼请求有很多，应具体列明判决结果，体现"支持某诉讼请求、驳回某诉讼请求"，驳回当事人其他之诉的，列为最后一项。

第二，不能遗漏或者超过当事人诉讼请求进行判决。

第三，判决的表达应考虑执行，忌含糊不清，导致裁判文书难以执行。判决结果需要给付的，要写明标的物的名称、数量或数额、给付时间以及给付方式。给付的财物品种较多的，可以概写，详情另附清单。

第四，价款的数字应使用阿拉伯数字，数额精确到元、角、分。利息的起算之日及计算方式要表达精确清楚。

三、民事判决书的尾部

民事判决书的尾部，即判决的结尾部分。

这一部分的内容包括：诉讼费用的负担，判决（按一审还是终审区分）是否准予上诉、上诉期间和上诉法院，审判人员署名，加盖人民法院印章，写明作出判决的时间，书记员署名。

判决书的尾部在写作中需注意以下几点：

第一，在判决结果之后应写明诉讼费用的数额、由谁负担以及如何分担。诉讼费用是由法院根据《诉讼费用交纳办法》中有关诉讼费用负担的规定来决定的，它不属于诉讼争议的问题，因此不应列为判决结果的一项内容，应在判决结果后另起一行写明。

第二，按一审程序审理的案件，应告知上诉人按照对方当事人人数提交上诉状副本的份数。

第三，判决书尾部的署名问题。由审判员组成合议庭的，由合议庭成员审判长和审判员共同署名；独任审判的，由独任审判员署名。人民陪审员参加合议庭的，署人民陪审员。

第四，"本件与原本核对无异"字样的印戳，应加盖在年月日与书记员署名之间空间的左边。

四、民事判决书范文

上海市南市区人民法院民事判决书

（1998）南民初字第555号

原告李某，男，1975年7月5日生，汉族，上海焦化有限公司工作，住所地本市虹桥路3221号5弄8号204室，居住地本市国货路616号国货大楼611室

委托代理人：蒋某，上海市大道律师事务所律师

委托代理人：藩某，上海市大道律师事务所律师

被告上海西门电脑器材市场有限公司，住所地本市中华路2435号

法定代表人：胡某，总经理

委托代理人：邹某，上海弘安律师事务所律师

委托代理人：徐某，上海西门电脑器材市场有限公司工作人员

被告上海诗奇商务有限公司，住所地上海市松江区茸北镇茸梅路384号

法定代表人：贾某

原告李某诉被告上海西门电脑器材市场有限公司、上海诗奇商务有限公司产品质量一案，本院受理后依法组成合议庭，公开开庭进行了审理，原告李某及委托代理人蒋某、潘某，被告上海西门电脑器材市场有限公司的委托代理人邹某、徐某，被告上海诗奇商务有限公司的法定代表人贾某到庭参加诉讼。本案现已审理终结。

原告李某诉称：在西门电脑器材市场内诗奇商务公司柜台购买电脑（美洲豹）一台，使用仅数月即发生故障，维修后仍无法正常使用，检测为"三无"产品，故要求被告返还购物款人民币 10 200 元，赔偿 10 200 元，检测费、诉讼费由被告承担。

被告上海西门电脑器材市有限公司辩称：原告所述是事实，但该电脑由诗奇商务公司出售，应由诗奇商务公司承担还款、赔偿责任。

被告上海诗奇商务有限公司辩称：原告在西门市场购买电脑，收据上所盖圆形"发票专用章"非公司所有，故不同意原告的诉请。

经审理查明：原告李某于 1997 年 7 月在本市中华路 1415 号上海西门电脑器材市场有限公司内被告上海诗奇商务有限公司租赁的柜台处购买"美洲豹"电脑品牌机一台，价值人民币 10 200 元，由上海诗奇公司出具了收款凭据。原告购买电脑后使用不久，电脑即发生故障，经维护仍无法正常使用，故原告于 1998 年 3 月委托上海市技术监督局作质量检测，结论为该电脑为拼装机，系"三无"产品。原告经与被告交涉未果，故起诉至本院，要求两被告承担还款及赔偿的责任。

另查明：被告上海诗奇商务有限公司在 1997 年 6、7 月份对外出具的发票上所盖的发票专用章与原告所持收据上的圆形章相一致。

本院认为：经营者应当保证在正常使用商品或接受服务的情况下其提供的商品或服务具有质量、性能、用途和有效期限，依法经有关部门认定为不合格的商品，消费者要求退货的，经营者应当负责退货，经营者提供商品或服务有欺诈行为的，应当按照消费者的要求增加赔偿其受到的损失。上海诗奇商务有限公司所出售的电脑以次充好，以拼装机假冒品牌机，经检测为"三无劣质"产品，其行为构成对原告的欺诈，现原告要求退货及赔偿损失，应予支持，其赔偿金额为消费者所购商品价款的一倍，被告上海西门电脑器材市场有限公司作为柜台出租方应负连带民事责任，两被告的答辩理由无事实和法律依据，不予采纳。据此，依照《中华人民共和国消费者权益保护法》第 22 条、第 48 条、第 49 条，《上海市保护消费者合法权益条例》第 10 条、第 15 条、第 16 条之规定，判决如下：

一、自本判决生效日起 15 日内，被告上海诗奇商务有限公司应返还原告李某购物款人民币 10 200 元。

二、自本判决生效日起 15 日内，被告上海诗奇商务有限公司应赔偿李某人民币 10 200 元。

三、被告上海西门电脑器材市场有限公司对上述返还、赔偿款负连带责任。

四、自本判决生效日起 15 日内，原告李某应返还被告上海诗奇商务公司电脑一台。案件受理费人民币 846 元、检测费人民币 500 元由两被告各半负担。

如不服本判决，可在判决书送达之日起 15 日内，向本院递交上诉状，并按对当事人的人数提出副本，上诉于上海市第一中级人民法院。

审判长　沈某

审判员　张　某

代理审判员　曹某

一九九八年十二月十日

书记员　朱某

第五节　实践技能训练

本节实践技能训练的内容，包括两部分：

第一部分，是以本教材附录中的"机械设备租赁合同纠纷"案卷为制作起诉状、答辩状和代理词的蓝本，通过对（2012 年参加全省模拟法庭竞赛的）学生所制作的起诉状、答辩状和代理词进行评判，发现其中存在的各种问题并进行纠错，以提高学生制作起诉状、答辩状和代理词的水平。

第二部分，以真实的民事判决书为评判的对象，引导学生发现该判决书写作中存在的问题，培养学生制作民事判决书的入门能力。

起诉状 1

民事起诉状

首部略。

诉讼请求：

1. 判令被告支付鉴定费 5500 元整。
2. 判令被告赔偿租赁物摊铺机的经济损失人民币 690 987 元整。
3. 判令被告承担本案的全部诉讼费用。

事实和理由：

2011 年 8 月 9 日原告与被告签订《机械设备租赁合同》一份，合同约定，被告因工程需要向原告租赁沥青摊铺机一台，使用日期自 2011 年 8 月 12 日至工程结束，租金每日 4000 元，其他等相关细节均已在合同中规定。2011 年 9 月 21 日 21 时 20 分，在被告施工地点，司机李某驾驭轿车与我公司租赁给被告的摊铺机相撞发生交通事故导致沥青摊铺机严重损坏。事故发生后，摊铺机运往山北省维特根（中国）机械有限公司维修，经长安县价格认证中心交通事故损失鉴定，摊铺机损失的价值为 690 987 元人民币整，其间话费鉴定费用 5500 元人民币整。

根据原告与被告签订的租赁合同规定，在合同合法有效期间，被告对租赁物负有看管的义务，发生标的损毁的风险由被告承担原价赔偿责任。因被告在租赁合同期间，违反本合同的规定，对租赁物未尽妥善保管义务致租赁物严重损坏，遂被告应赔偿我租赁物的损毁价值以及由此产生的一切中间费用。另外根据《民法通则》及民法总论的相关规定以及《中华人民共和国交通安全法》的规定和《中华人民共和国公路法》的规定，被告在施工过程中，违反相关法律的规定，未尽相应的注意、提示等安全、保护的义务，在司机李某发生交通事故的过程中存在一定的过错与责任，致使损害结果的发生。

综上所述，为了维护我公司的合法权益，特请人民法院根据《租赁合同》及相关法律规定，判令被告：支付鉴定费用 5500 元整；赔偿租赁物摊铺机的经济损失人民币 690 987 元整；承担本案的全部诉讼费用。

证据和证据来源：

1. 我公司与被告签订的《机械设备租赁合同》一份及附件。
2. 东阳省价格鉴定机构鉴定结论一份。
3. 交通事故摊铺机损失价值鉴定表一份。
4. 东阳省非税收入收款收据一份。
5. 加州市道路交通事故现场勘查笔录一份。

此致

加州市人民法院

具状人：滨海顺通公路工程有限公司
2011 年 11 月 18 日

附：1. 本诉状副本 1 份；
2. 证据清单 5 份。

起诉状 2

民事起诉状

首部略。

诉讼请求：

1. 判令被告赔偿摊铺机损失 690 987 元人民币，因修理摊铺机产生的运输费 10 600 元，涉案物品价格鉴定费 5500 元，违约金 32 800 元，所欠租金 44 000 元，维护权利支出 33 000 元，共计 8 163 887 元。

2. 判令被告承担本案的诉讼费用。

事实与理由：

2011 年 8 月 9 日，原告与被告签订了一份《机械设备租赁合同》（见证据一），双方约定被告因工程需要向原告租赁沥青摊铺机一台，使用日期自 2011 年 8 月 12 日至工程结束。合同签订以后，原告依约将摊铺机租赁给被告，但是由于 2011 年 9 月 21 日 21 时 20 分，在长安昌盛公路工程有限公司施工地点，李某驾驶的轿车与滨海顺通公路工程有限公司租赁给长安昌盛工程公路有限公司的摊铺机相撞发生交通事故，导致沥青摊铺机严重毁损灭失，被告未设置完整的安全设施是导致毁损的原因。本次事故发生后，原告的直接损失有：维修摊铺机花费 690 978 元、摊铺机修理过程中的运输花费 10 600 元、鉴定摊铺机损失花费 5500 元运输，偿还所欠租金 44 000 元（从 2011 年 9 月 11 日至 2011 年 9 月 21 日一直拖欠原告租金，共 11 天，租赁单价为 4000 元/天）、原告为了维护自己权利请律师的支出为 33 000 元。

原、被告之间签订的《机械设备租赁合同》，第 1 条约定了租赁期限为 2011 年 8 月 12 日至工程结束；第 4 条约定，设备进场 3 日内预付 1 个月租赁费，工程结束 1 个月内付清所有租赁费。原告已按照合同的约定向被告交付了摊铺机，但在合同履行期间，被告未尽妥善保管义务，使摊铺机毁损灭失，不能归还，已经严重违反了双方签订的《机械设备租赁合同》，属于严重的违约行为。关于违约责任的约定，租赁合同第 11 条约定，任何一方违反本合同约定，都应向对方偿付本合同总租金额 20% 的违约金。摊铺机毁损时间为 2011 年 9 月 21 日，被告总租金可分为预先交的 1 个月的租金和所欠租金，共 164 000 元，由此可知违约金为 32 800 元。第 2 款约定一方如果违反本合同的任何条款，甲方有权要求乙方及时付清租金和其他费用，并要求乙方赔偿甲方的损失。同时《中华人民共和国合同法》第 107 条规定，当事人一方不履行合同义务或者履行合同义务不符合约定的，应当承担继续履行、采取补救措施或者赔偿损失等违约责任。第 108 条规定，当事人以实际行为表明不履行合同义务的，不能按时归还摊铺机，对方可以在履行期限届满之前要求其承担违约责任。第 222 条规定，承租人应当妥善保管租赁物，因保管不善造成租赁物毁损、灭失的，应当承担损害赔偿责任。

综上所述，原告认为双方签订的《机械设备租赁合同》内容具体明确，原告依约履行了租赁义务，而被告未尽按期归还义务，造成了原告的重大经济损失。根据原告和被告之间租赁合同第 4 条和第 11 条的约定，原告要求被告返还所欠租金等一系列费用，共计 783 887 元，事实清楚，证据确实、充分，原告为了维护自身的合法利益，根据《中华人民共和国民事诉讼法》的第 108 条的规定，向贵法院提起民事诉讼，望法院支持原告的诉讼请求。

此致
长安县人民法院

具状人：滨海顺通公路工程有限公司
法定代表人：刘　某
2011 年 11 月 8 日

附：1. 本状副本 2 份。
2. 证据目录 1 份、书证 15 份。

证据清单、目录

编号	证据名称	证据来源	证明事实
1	机械设备租赁合同书	原告提供	用以证明合同合法有效，原告已经履行了相应的义务，被告应当按照合同约定履行因其为妥善保管而造成损失所应承担的赔偿义务
2	摊铺机的购买发票 1 份（共 4 份）	原告购买摊铺机时由维特根（中国）机械有限公司出具	用以证明摊铺机的原始价值
3	道路交通事故认定书 1 份	加州市公安局交警支队长安大队	用以证明被告未尽到妥善保管义务，应当赔偿原告方的损失
4	道路交通事故现场勘查笔录 1 份	加州市公安局交警支队长安大队	
5	公路，内河货物运输业统一发票	由滨海宏大货物运输有限公司为原告方所开具	证明原告为了运输受损坏的摊铺机而花费运费 10 600 元
6	1 份涉案物品价格鉴定（认证）结论书	长安县交警大队	证明摊铺机损毁所带来的具体损失
7	价格鉴定机构资质证 1 份	长安县价格认证中心	证明是由合法价格鉴定机构的专业人员对摊铺机损失进行价值鉴定，其作出的鉴定结论应当有效
8	价格鉴定资格证 2 份	长安县价格认证中心	
9	鉴定费收据 1 份	长安县价格认证中心	证明原告为鉴定摊铺机具体损失而花费的具体费用
10	维修服务合同 1 份	原告提供	证明原告确实为维修摊铺机而花费 690 985.55 元
11	律师代理费发票 1 份	东阳致远律师事务所	为维护相应权利而进行了费用

答辩状 1

民事答辩状

首部略。

答辩人与被答辩人因机械设备租赁合同纠纷一案，特提出答辩意见如下：

1. 答辩人不存在未尽到妥善保管义务的情形。答辩人对沥青摊铺机采用了合理的方式进行保管，尽到了妥善保管的义务。证人王某证实"道路施工现场有安全锥，有禁止通行的标志，间隔距离大概一二百米，隔离锥放在道路中线向外一点，有长安昌盛公路工程有限公司提供的 1 台照明设施"。该证人证言足以证明答辩人虽然是在夜间施工但已经按照相关建设施工安全标识规定设立了安全锥和标志牌，且现场有照明设备。所以，被答辩人称答辩人未对摊铺机尽到妥善保管义务的诉请与事实不符。

2. 沥青摊铺机的损坏属于不可抗力。不可抗力在我国《民法通则》中是指"不能预见、不能避免和不能克服的客观情况"。其是指在合同签订后，不是由于合同当事人的过失或疏忽，而是由于发生了合同当事人无法预见、无法预防、无法避免和无法控制的事件，以致不能履行或不能如期履行合同，发生意外事件的一方可以免除履行合同的责任或者推迟履行合同。而根据本案被答辩人提供的加州市公安局交警支队长安大队《道路交通事故认定书》可以看出，这场交通事故的全部责任应当由肇事者李某承担（这些责任中当然包括对沥青摊铺机的毁损进行赔偿）。从合同法上来说，答辩人对于本案中沥青摊铺机的损毁根本无法预见、无法预防、无法避免亦无法控制，本案中沥青摊铺机的损毁属于不可抗力。

综上，请求法院驳回原告诉讼请求并承担本案所有的诉讼费用。

此致
长安县人民法院

具状人：长安昌盛公路工程有限公司
2011 年 12 月 13 日

附：证据和证据来源：
1. 证人证言一份；
2. 道路通车仪式照片一张。

答辩状 2

民事答辩状

首部略。

现就原告提出的租赁合同纠纷一案，答辩人认为尽到了妥善保管的义务，不存在违约不承担赔偿责任，请求法院依法驳回原告诉讼请求。具体如下：

一、答辩人尽到了妥善保管义务

答辩人的行为符合法律规定和合同约定，《中华人民共和国合同法》（以下简称《合同法》）第 222 条规定："承租人应当妥善保管租赁物，因保管不善造成租赁物毁损、灭失的，应当承担损害赔偿责任。"①根据答辩人提供的 1 号证据即王某关于道路施工情况证明可知道路施工现场有安全锥，有禁止通行标志牌以及照明设施，说明答辩人为保证租赁物在安全正常的环境中进行工作，做到了能力所及的防范风险的义务。②根据答辩人提供的 2 号证据，即道路通车仪式照片可以得知，胜利大道是新修路。按照正常的情况，新修路禁止车辆通行。因此答辩人没有防范此次交通事故发生的注意义务。即李某的肇事超出答辩人的注意范围。即答辩人完全尽到了妥善保管义务，依法不构成违约。

二、答辩人不应承担损害赔偿责任

首先，《机械租赁合同》第10条第1款规定："乙方承担在租赁期内发生的乙方责任内的租赁机械的毁损（正常损耗不在此内）和灭失的风险，由于不可抗力造成的损失双方协商解决。"换言之，只有属于"乙方责任内"的毁损和灭失风险，才能由乙方承担，除此之外乙方没有责任。

其次，《合同法》第231条规定："因不可归责于承租人的事由，致使租赁物部分或者全部毁损、灭失的，承租人可以要求减少租金或者不支付租金；因租赁物部分或者全部毁损、灭失，致使不能实现合同目的的，承租人可以解除合同。"即如果承租人没有过错，则不应承担租赁物毁损灭失的风险。根据原告提供的3号证据道路交通事故认定书，案外人李某对事故承担全部的责任，因此，租赁机械的毁损不在乙方的责任内，并非乙方存在过错，乙方不应承担租赁机械毁损和灭失的风险。

综上所述，答辩人严格按照法律规定和合同约定的内容履行合同，对租赁物尽到了妥善保管义务，依法不构成违约并不承担损害赔偿责任，上述答辩事实清楚、证据充分，所以请求人民法院依法驳回原告的诉讼请求。

此致
长安县人民法院

具状人：长安昌盛公路工程有限公司
2011年11月26日

附：1. 本答辩状副本1份；
2. 证据材料目录1份。

附：证据目录。
1. 证人证言1份；
2. 道路通车仪式照片1份；
3. 代理授权委托书1份。

证据目录

编号	证据名称来源	证明内容
1	证人证言	被告尽到了妥善保管的义务
2	道路通车仪式照片	道路属于新修路段，交通事故的发生超出了被告的注意义务范围
3	代理授权委托书1份	代理律师有代理权限

代理词1

民事代理词

尊敬的审判长、审判员：

本人受本案原告的委托，作为滨海顺通公路工程有限公司的诉讼代理人，本代理人依法进行了必要的调查，查阅了本案的全部卷宗材料，使我们对本案事实有了更加全面、客观的认识。现根据事实和法律，发表如下代理意见，以便法庭在评议本案时兼听则明。

一、请求事项

1. 被告赔偿我方因被告违约所造成的损失，包括摊铺机维修费用690 987元、为维修所付运输费用10 600元；

2. 被告偿付所欠我公司自9月12号至维修完成之日的摊铺机租赁费用；

3. 被告偿付鉴定费用；

4. 被告承担本案诉讼费用。

二、案件事实

2011年8月9日滨海顺通公路工程有限公司（下称"滨海公司"）与长安昌盛公路工程有限公司（下称"长安公司"）签订《机械设备租赁合同》1份，合同约定，长安公司因工程需要向滨海公司租赁沥青摊铺机1台，使用日期自2011年8月12日至工程结束，租金每日4000元，滨海公司为长安公司配备2名操作手。

2011年9月21日21时20分，在长安公司施工地点，李某驾驶的轿车与滨海公司租赁给长安公司的摊铺机相撞发生交通事故，至路面施工人员林某和轿车司机李某死亡，李某驾驶的轿车报废，并导致沥青摊铺机严重损坏。2011年10月9日，加州市公安局交警支队长安大队做出道路交通事故认定书，认定轿车司机李某承担事故全部责任（注：李某无遗产，亦无权利义务承受人）。事故发生后，摊铺机被运往山北省维特根（中国）机械有限公司维修，经长安县价格认证中心交通事故损失鉴定，摊铺机损失的价值为690 987元。

三、代理意见

（一）《机械设备租赁合同书》有效

《合同法》第52条规定有下列情形之一的，合同无效：①一方以欺诈、胁迫的手段订立合同，损害国家利益；②恶意串通，损害国家、集体或者第三人利益；③以合法形式掩盖非法目的；④损害社会公共利益；⑤违反法律、行政法规的强制性规定。第54条规定下列合同，当事人一方有权请求人民法院或者仲裁机构变更或者撤销：①因重大误解订立的；②在订立合同时显失公平的。一方以欺诈、胁迫的手段或者乘人之危，使对方在违背真实意思的情况下订立的合同，受损害方有权请求人民法院或者仲裁机构变更或者撤销。当事人请求变更的，人民法院或者仲裁机构不得撤销。

《机械设备租赁合同书》并无《合同法》第52条和第54条所规定的无效与可撤销的情形，被告也未提出该合同无效或可撤销，因此合同成立并有效。

(二)《机械设备租赁合同书》中妥善保管义务应适用过错责任

违约责任中的归责，是指合同当事人因不履行合同债务的行为发生以后，应依何种根据使其负责。在归责过程中，必须依循一定的归责原则，从而正确认定责任。所谓归责原则，乃是确定违约当事人的民事责任的法律原则。各国民事立法在合同责任的归责原则方面，主要采纳了过失责任或严格责任原则。[1]

所谓过错责任原则，是指"在一方违反合同规定的义务，不履行和不适当履行合同时，应以过错作为确定责任的要件和确定责任范围的依据"。[2]所谓严格责任原则，是指"不论违约方主观上有无过错，只要其不履行合同债务给对方当事人造成了损害，就应当承担合同责任"。[3]过错责任原则与严格责任原则共同构成我国违约责任规则体系的二元机制，并在相当长的时间内博弈抗衡。为下文进行违约责任分析之便，在此对本案的归责原则予以厘清。

《合同法》第222条规定："承租人应当妥善保管租赁物，因保管不善造成租赁物毁损、灭失的，应当承担损害赔偿责任。"其规定租赁合同保管义务遵循过错责任原则，且《机械设备租赁合同书》第10条规定："乙方承担在租赁期内发生的乙方责任内的租赁机械的毁损（正常损耗不在此内）和灭失的风险，由不可抗力造成的损失双方协商解决。"由此可见，本合同保管义务遵循过错责任原则。

(三)被告未履行《机械设备租赁合同书》中的妥善保管义务，应当承担损害赔偿责任

1. 被告存在违约行为。违约行为是指"由一方当事人不合理拒绝或者不履行合法和强制性的合同义务，即完全不履行根据合同应负有的任何义务，通常表现为拒绝履行、不履行、迟延履行或不当履行等形式"[4]。在本案中，长安昌盛公路工程有限公司在进行道路施工时，未尽合同约定的妥善保管义务，没有有效预防外来车辆进入施工现场，没有按照国家规定提供充足照明以及安全设施造成摊铺机损坏，因此被告存在违约责任。

2. 被告应承担妥善保管义务。《机械设备租赁合同书》第8条第1项规定："机械设备由乙方负责看管，发生损坏或丢失物品乙方需按原价赔偿。"第10条第1项规定："乙方承担在租赁期内发生的乙方责任内的租赁机械的毁损（正常损耗不在此内）和灭失的风险，由不可抗力造成的损失双方协商解决。"此两款明确规定了承租

---

[1] 参见王利明：《违约责任论》，中国政法大学出版社2003年版，第48页。
[2] 参见王利明：《违约责任论》，中国政法大学出版社2003年版，第75页。
[3] 参见崔建远：《合同责任研究》，吉林大学出版社1992年版，第17页。
[4] 参见[英]戴维·M.沃克著，李双元等译：《牛津法律大辞典》，法律出版社2003年版。

方应对租赁物尽妥善保管义务。妥善保管义务在学理上即为善良管理人之注意。[1]

在本案中，结合具体情况和我国相关法律和技术规程的规定，被告的妥善保管义务包括在道路与施工路段相接处设置禁止通行标志和设施、在施工现场设置明显标志和安全防围设施、夜间提供充足照明等。以下为详细论证：

第一，《公路法》第33条规定："公路建设项目和公路修复项目竣工后，应当按照国家有关规定进行验收；未经验收或者验收不合格的，不得交付使用。"可见，新修路在进行验收后，方可以允许车辆通行。在实践中，修建道路的单侧通行需要公安部门的批准。可见被告应当在道路与施工路段相接处设置禁止通行标志和设施以达到防止外来车辆进入。

第二，《城市道路管理条例》第42条第2项规定："违反本条例第27条规定，或者有下列行为之一的，由市政工程行政主管部门或者其他有关部门责令限期改正，可以处以2万元以下的罚款；造成损失的，应当依法承担赔偿责任：……②未在城市道路施工现场设置明显标志和安全防围设施的；……"此项要求表明在施工方应在施工现场设置隔离设施和安全防围，且该隔离设施应当足以引起注意。施工方有义务在施工现场设置明显标志和安全防围设施。

第三，依据中华人民共和国交通部1995年3月14日发布1995年10月1日实施的《公路工程施工安全技术规程》规定："9.4.1夜间施工时，现场必须有符合操作要求的照明设备。施工住地要设置路灯。"由此可见，被告的妥善保管义务应当包括在夜间施工时为施工现场提供充足照明。

此外，根据证2摊铺机的购买发票，摊铺机的购买价格应在300万元左右，属于标的额较大。在保管标的额较大的租赁物时，依据交易习惯，承租方理应承担更多的注意义务。

基于前述，《机械设备租赁合同书》有效，故而据此可知，被告负有在《机械设备租赁合同书》存续期间对租赁物即摊铺机的妥善保管义务，并应当以积极作为的方式履行相关义务，以确保合同的正常履行。

3. 被告未履行妥善保管义务。如前所述，被告的妥善保管义务应当包括设置足够的隔离设施及施工现场照明，但依据本案的事实情况，被告并未履行上述义务。

第一，李某驾驶的奇瑞汽车顺利驶入事故现场，且能以较大速度先后撞向两名路面施工人员和摊铺机，致两人死亡和摊铺机损坏，可见其在从其他道路驶入事故现场时并没有遇到有效的阻挡和提示，可见被告并没有尽到道路与施工路段相接处设置禁止通行标志和设施的义务。

第二，根据证12即加州市公安局交警支队长安大队出具的《道路交通事故现场勘查笔录》中显示夜间路面照明情况为无，道路隔离设施为无；可见事故发生当晚被告并没有提供路面照明，没有设置隔离设施和安全防围设施。被告提供了"王

---

[1] 参见崔建远主编：《合同法》，法律出版社2010年版。

某关于道路施工情况的证明"。一方面,王某是长安翰邦路桥劳务服务有限公司经理,他的工人为长安昌盛公路工程有限责任公司提供的劳务,王某与长安公司存在劳务关系,而劳务关系是一种亲密关系,存在人身信任等,故而王某应为本案被告的利害关系人,《最高法院关于民事诉讼证据的若干规定》第69条第2项规定:"下列证据不能单独作为认定案件事实的依据:……②与一方当事人或者其代理人有利害关系的证人出具的证言;……"其证明的事实需要其他证据佐证。且其叙述与交通事故现场勘验报告存在矛盾。且即便其证言属实,根据其证言"道路施工现场有安全锥,有禁止通行的标志牌,间隔距离不太清楚,大概一二百米"中"间隔距离"指哪两者并不清晰等,依照施工规程,施工现场的隔离设施应当达到足以提醒他人注意不驶入施工区域的程度,间隔距离一二百米显然不能足够达到引起他人注意的目的,且其不存在安全防围设施。其没有尽到在施工现场设置明显标志和安全防围设施、夜间提供充足照明的义务。

第三,面对标的额巨大近300万元的摊铺机,连一般的保护措施都没有做到,更没有对摊铺机的特别保护。摊铺机本身是一种需要小心使用和保护的高价设施,且一旦发生损害,损失巨大。作为承租人的被告应对其进行特别、有效的保护。

综上所述,被告未履行妥善保管义务。

4. 原告受有损害。损害包括受害人财产上的积极损失和可得利益的损失,它是违约给债权人造成的一种不利益状态。[1]

在本案中,原告所受损害应当包括:

第一,根据证据10、证据11,为制止损失的进一步扩大,原告承担了对毁损租赁机械的维修费用和为维修所必需的运输费用,造成了其经济利益的损失。

第二,若被告对摊铺机认真履行妥善保管义务,原告将会因摊铺机的正常使用享有预期租金收益,但在本案中,摊铺机已经损坏造成合同不能继续履行。因此被告应承担租赁机械的毁损给原告造成了预期可得租金的损失。

第三,为确定摊铺机毁损造成的实际损失,根据证据5、6、7、8,原告就摊铺机毁损的损失向东阳市物价局提请了损失鉴定并承担了鉴定费用。依据《诉讼费用交纳办法》的规定,鉴定费由申请鉴定一方先垫付,如果申请鉴定人申请的理由和鉴定的结果是一致的,且另一方在鉴定之前对该理由是持反对意见的,那么,该费用由另一方承担。相反,如果鉴定结果不能证明申请人的观点,则应当由申请人自己承担。

5. 被告的违约行为与原告所受损害之间有因果关系。所谓因果关系,是指违约行为与损害结果之间的相互联系。在违约责任中,因果关系是归责的重要前提。因果关系对于损害赔偿的范围的确定具有重要意义,这不仅表现在因果关系决定着直接损害与间接损害的区分,而且也是对损害赔偿范围做出限定的标准。[2]

---

[1] 参见王利明:《违约责任论》,中国政法大学出版社2003年版,第480页。
[2] 参见王利明:《违约责任论》,中国政法大学出版社2003年版,第480页。

本案中被告未尽妥善保管义务的违约行为与原告的损失之间有因果关系。

第一，被告未在道路与施工路段相接处设置禁止通行标志和设施以达到防止外来车辆进入，正是由于在道路与施工路段相接处没有设置有效阻拦和提醒的设施使得李某以较大速度进入施工路段，发生了事故，如果被告设置了相关设施，那么李某可能难以驶入或者以较低速度进入施工路段，不会造成原告损失。

第二，被告未提供充足照明与摊铺机的损害有因果关系。本案发生在新修路上，根据证据3显示事故路段"无交通标志标线"，在没有充足路面照明的情况下，李某较难分辨其是否已经进入了施工区域，即道路中心西侧，构成"逆行"。且不充足的照明使得禁止通行标志和安全堆等难以被驾驶人注意到，无法提前采取减速等措施，最终以较大速度撞损摊铺机。

第三，被告未在施工现场设置明显标志和安全防围设施的与摊铺机的损害有因果关系。现场是否存在隔离设施还是争议问题，但根据案情李某先后撞死两人撞损摊铺机，看出现场即使有安全措施也并没有起到提醒、缓冲和阻隔的作用。摊铺机的最后保护防线并没有防止损失产生。

综上所述，被告未尽妥善保管义务的违约行为与原告的损失之间有因果关系。

四、总结

原告依《机械租赁合同》之规定，向长安县人民法院提起针对被告的诉讼，请求被告承担未尽妥善保管义务致使摊铺机损害的责任；赔偿原告因被告违约产生的摊铺机维修费用和至判决之日的租金，由此诉讼所生之费用应由被告承担。

综上，鉴于上述事实和法律依据，原告请求法庭支持其请求，判决：被告承担违约责任，赔偿原告因被告违约产生的损失，并由被告承担本案之诉讼费用。

此致
长安县人民法院

起诉人：滨海顺通公路工程有限公司（盖章）
代理人：×××
2011年11月18日

代理词2

代 理 词

尊敬的审判长、审判员：

我受山东龙王律师事务所指派，接受被告长安昌盛公路工程有限公司的委托出席今天的庭审，庭审前我认真核实了相关证据、查找法律根据，通过今天的法庭调查，对本案的事实有了更加清楚的了解，现结合本案事实及适用的有关法律，发表如下代理意见：

一、依法应由原告承担租赁物损害的风险

原告的损害系李某所致，应有李某承担损害赔偿责任，如果李某无法赔偿，则原告自担风险。《合同法》第231条规定，"因不可归责于承租人的事由，致使租赁物部分或者全部毁损、灭失的，承租人可以要求减少租金或者不支付租金；因租赁物部分或者全部毁损、灭失，致使不能实现合同目的的，承租人可以解除合同"。依据该条规定，承租人不仅对租赁物自身的损失承担责任，而且对本应由自己承担的租金义务也能免除。显然，这种不可归责于双方当事人原因致使租赁物部分或全部毁损、灭失的，由出租人即所有权人承担该风险。

二、被告在事故中无责任，履行了租赁合同中的保管义务，依约应由原告承担损失

公安交警部门出具的《道路交通事故认定书》中明确认定李某承担事故全部责任，在这起事故中李某未按操作规范安全驾驶、文明驾驶机动车且未按规定右侧通行，是事故发生的全部原因，李某应当对事故的发生负全部责任，被告无需承担本次事故所造成的损失。

在《道路交通事故现场勘查笔录》中，注明现场有交通标志，加之长安翰邦路桥劳务服务有限公司经理王某提供的证明，可以证明被告已经在距离施工现场一二百米处布置了禁止通行的交通标志，在现场的中线靠外的地方布置了隔离锥，并且施工时在现场布置了必要的照明设施，尽到了其保管义务，所以不能适用合同第8条第5款来追究被告责任。被告认为，该条款规定："机械设备由乙方负责看管"指的是在机械闲置时的看管，而本案中案发时摊铺机正在使用，处于原告提供的操作人员控制之下，被告没有也不能有效地看管机器，此时作为摊铺机专职操作人员，原告的操作人员负有保管义务，如若追究，怎么也追究不到被告。

租赁合同第10条"关于租赁机械的毁损和灭失"第1款规定："乙方承担在租赁期内发生的乙方责任内的租赁机械的损毁（正常损耗不在此内）和灭失的风险，由不可抗力造成的损失双方协商解决。"合同条文中明确规定乙方仅对乙方责任内的机械损毁的风险负责，但本案中，所涉交通事故系李某负全责，被告在本次事故中不存在任何过错，也履行了应尽义务，这种情况显然不属于合同中所述的"乙方责任内"，因此，原告方不能凭借这一条款向被告主张权利。

三、退一万步说，即使被告承担责任，原告主张数额也存在错误

被告对于原告主张的摊铺机损失价值690 987元，运费10 600元，鉴定费5500元，共计707 087元存有异议，具体内容在质证环节已经说明。

现被告长安昌盛公路工程有限公司依法请求贵法院驳回原告的所有诉讼请求，并判令诉讼费用由原告承担。

以上代理意见，请合议庭合议时予以充分考虑！

山东龙王律师事务所　龙某律师
2011年11月30日

民事判决书 1

黑龙江省伊春市南岔区人民法院
民事判决书

（2014）南民初字第 262 号

原告刘某，男，1956 年 4 月 21 日出生。

被告穆某，男，1973 年 8 月 8 日出生。

原告刘某诉被告穆某民间借贷纠纷一案，本院于 2014 年 6 月 4 日立案受理，依法适用简易程序公开开庭进行了审理。原告刘某到庭参加诉讼，被告穆某经传票传唤未到庭参加诉讼，本院依法缺席审理。本案现已审理终结。

原告刘某诉称，2011 年 11 月，被告称其父亲有病住院急需用钱，从原告处借款 20 000 元，出具欠条，约定 2013 年 2 月 1 日还清，如违约加付原告 2000 元违约金。此后在到期后原告多次向被告索要，被告以各种理由拖欠至今。故原告诉至法院，要求被告偿还借款 20 000 元，违约金 2000 元，并承担诉讼费用。

原告刘某提供的证据有：

2011 年 11 月 16 日欠条原件 1 份，意在证明被告从原告处借款 20 000 元，还款期限为 2013 年 2 月 1 日，如违约给付 2000 元违约金。

被告穆某在法定期限内未提交书面及口头答辩，亦未提供证据。

经审理查明，2011 年 11 月 16 日，被告穆某因急需用钱在原告刘某处借款 20 000 元人民币，并出具欠条，约定"今借刘某人民币贰万圆整（20 000 元）2013 年 2 月 1 日本金利息一次性还清，如违约加付给刘某 2000 元违约金。借款人：穆某"。双方未约定利息。约定的还款期限过后，被告至今未偿还原告借款。

本院认为，合法的借贷关系受法律保护。原、被告之间的借贷关系不违反法律规定，属合法有效，双方应按约定履行义务。被告出具的欠条系其亲笔书写并捺印，系其真实意思表示，故被告应按约定履行还款义务。虽然欠条中约定"本金利息一次性还清"，但事实上双方并未约定利息。违约金的约定，不违反法律规定，予以支持。故原告的诉讼请求理由正当，应予支持，原告提供的证据真实有效，且与案件事实相关，应予采信。被告未到庭，亦未提供证据，视为对其诉讼权利的放弃。故依照《中华人民共和国民法通则》第 90 条、第 108 条，《中华人民共和国民事诉讼法》第 64 条第 1 款、第 144 条，《最高人民法院关于民事诉讼证据的若干规定》第 2 条之规定，判决如下：

被告穆某给付原告刘某借款本金 20 000 元、违约金 2000 元，合计 22 000 元，此款于本判决生效后 10 日内给付。

如果未按本判决指定期间履行给付金钱义务，应当依照《中华人民共和国民事诉讼法》第 253 条之规定，加倍支付延迟履行期间的债务利息。

案件受理费350元,由被告负担。

如不服本判决,可在判决书送达之日起15日内,向本院递交上诉状,并按对方当事人的人数提出副本,上诉于伊春市中级人民法院。

代理审判员　李　某
二〇一四年六月二十三日
书记员　丛　某

民事判决书2

湖南省岳阳市岳阳楼区人民法院
民事判决书

（2014）楼民康初字第18号

原告徐某,女,××年×月××日出生,汉族,岳阳市人,住××××××。

委托代理人胡某,湖南云盟律师事务所律师。

被告张某,男,××年××月××日出生,汉族,临湘市人,住×××××。

委托代理人沈某,湖南嘉华律师事务所律师。

原告徐某与被告张某健康权纠纷一案,原告于2014年2月20日起诉至本院。本院受理后,依法组成由审判员王某担任审判长,代理审判员胡某、人民陪审员李某参加的合议庭于2014年3月25日公开开庭进行了审理。书记员曹某担任法庭记录。原告徐某及其委托代理人胡甲,被告张某及其委托代理人沈某到庭参加诉讼。本案现已审理终结。

原告诉称,2013年6月27日,被告张某驾驶两轮电动车沿岳阳楼区三荷乡三荷大道由南向北行驶至三荷乡三旗村路段时,将原告撞倒在地。岳阳市公安局交通警察支队事故认定书认定:被告张某负此次事故的全部责任,原告不负责任。因交通事故发生后原告未予被告达成赔偿协议,原告现依据相关法律规定提起诉讼。原告请求:①判令被告赔偿原告各项损失共计197 815.2元;②判令被告承担本案诉讼费用。

被告张某辩称:①被告是电动车,本案的案由应当是健康权纠纷;②被告负全部责任是错误的,原告也有责任;③原告的起诉标的缺乏事实依据、法律依据,请求法院核实;被告已向原告支付7800元。

原告为支持其主张,向本院提交了如下证据:

证据一、原告的身份证。拟证明原告诉讼主体资格。

证据二、交通事故认定书。拟证明事故的经过、时间,被告负事故全部责任。

证据三、岳阳市一人民医院、出院记录、诊断书、手术记录、报告单。拟证明原告因被告侵权行为住院18天的事实。

证据四、司法鉴定书。拟证明原告×××××，需全休 120 天。

证据五、医药费发票、鉴定费发票、农合补偿表。拟证明原告所花费的费用。

证据六、证明 1 份、个体工商营业执照。拟证明原告是个体工商户。

证据七、膝关节固定费、胸腰固定费。拟证明原告花费 2800 元用于治疗。

被告张某对原告所举证据一无异议；对证据三、六、七的关联性有异议；对证据二的合法性、关联性有异议；对证据四的真实性、合法性、关联性均有异议，并当庭申请了重新鉴定，对证据五要求核对原件。

被告张某为支持其辩称理由向本院提交了证据，收条 1 份。拟证明被告已向原告支付 7800 元费用。

原告徐某对被告所举证据无异议。

本院认证如下：原告提供的证据一被告无异议，本院予以采信；对证据三、六、七被告对其真实性并无异议，本院对其文本真实性予以采信，对其证明目的本院将结合其他证据综合予以认定；证据二系由交警部门出具的法律文书，被告虽对其有异议，但并没有相反证据予以佐证，故本院对其予以采信；证据四虽然被告当庭申请重新鉴定，但其庭审后以行为撤回了鉴定申请，故本院对该份证据予以采信；证据五经核对原件无异，本院予以采信。

根据本院采信的证据及庭审笔录，确认如下事实：2013 年 6 月 27 日 16 时 46 分，被告张某驾驶无号牌两轮电动车沿岳阳楼区三荷乡三荷大道由南向北行驶至三荷乡三旗村路段时，将原告撞倒在地，造成原告受伤的交通事故。2013 年 7 月 3 日，岳阳市公安局交通警察支队白石岭大队出具岳市公交（白）字（2013）第 0627 号道路交通事故认定书认定：被告张某负此次事故的全部责任，被告不负责任。原告受伤后，当即送到岳阳市二人民医院救治，2013 年 4 月 15 日出院，共住院 18 天。

2013 年 8 月 13 日，岳阳市金盾司法鉴定所对原告作出伤残鉴定意见，评定其损伤程度构成××××。并作出如下医疗建议：①前期医药费用凭票审定回当地继续门诊治疗；②预计后期医疗费用 1500 元；③自受伤之日起全休 120 天。原告住院期间花费医药费共计 41 474.4 元，花费鉴定费 1000 元，花费膝关节固定器和胸腰椎固定器器具费 2800 元。其中，医药费在湖南新型农村合作医疗补偿 5570 元。

依据本院查明的事实及原告的主张，确定原告徐某损失如下：①住院医疗费凭票核定共计 41 474.4 元，在湖南新型农村合作医疗补偿 5570 元后为 35 904.4 元，后段医药费应待实际发生后另行主张。②住院伙食补助费。原告住院时间为 18 天，住院伙食补助费按 30 元/天计算，原告住院伙食补助费损失为 540 元。③营养费没有医疗建议，本院不予支持。④误工费。原告没有提交其收入证明，且事故发生时原告已经年满 55 周岁，故对其误工费本院不予支持。⑤护理费。原告没有提交了护理人员收入证明，参照上一年度居民服务业年收入标准 36 067 元/年确认其护理费损失，原告的护理费损失为 1177 元（36 067 元/年÷365 天×18 天）。⑥交通费。原告交通费按 4 元/天计算，原告住院期间的交通费损失为 72 元。⑦残疾赔偿金。原告的残疾赔偿金按2012年湖南省统计公报公布的农村居民纯收入7440元/年计算，原告的残疾赔偿金损失为44 640元（7440元/年×20年×30%）。⑧鉴定费。凭票核定法医鉴定费为1000元。⑨医疗器具费。膝关节固定费、腰椎关节固定费共计2800元，本院予以支持。⑩精神抚慰金。原告因本次事故造成精神痛苦，本院酌情确定其精神抚慰金损失为12 000元。以上共计98 133.4元。

  本院认为，原告因本次事故遭受身体伤害，理应得到赔偿。岳阳市公安局交通警察支队白石岭大队出具岳市公交（白）字（2013）第0627号道路交通事故认定书客观真实、合法有效，且原、被告均未提出复议，故本院认为可以作为本案认定事故的参考。该事故认定书认定被告张某承担事故的全部责任，故被告张某应赔偿原告各项损失共计98 133.4元。被告张某辩称在事故处理过程中已向原告支付的7800元应当抵扣，本院予以支持，被告张某还应当向原告支付90 333.4元。据此，依照《中华人民共和国侵权责任法》第16条、第22条，《最高人民法院关于审理人身损害赔偿案件适用法律若干问题的解释》第17条、第18条、第19条、第21条、第22条、第23条、第25条、第26条之规定，判决如下：

  一、由被告张某赔付原告徐某损失90 333.4元。

  上述赔付义务限在本判决生效后10日内履行完毕，如未按本判决确定期限履行付款义务，依照《中华人民共和国民事诉讼法》第253条之规定，应加倍支付迟延履行期间利息。

  二、驳回原告徐某的其他诉讼请求。

  案件受理费3956元，由被告张某负担2216元，由原告负担1740元。

  如不服本判决，可在收到本判决书后15日向本院提交上诉状，并按对方当事人人数提交副本，上诉于湖南省岳阳市中级人民法院。

审判长　王　某

代理审判员　胡　乙

人民陪审员　李　某

二〇一四年五月四日

书记员　曹　某

第五章　法庭调查训练

项目训练目的

通过对法庭调查阶段"归纳争议焦点"、"当事人举证、质证"以及"举证、质证中的询问"进行重点讲解和训练,加深学生对法庭调查程序规则的认识,促进学生在进行法庭调查时养成按部就班准备的习惯,培养学生迅速进入角色完成法庭调查工作的入门能力。

民事诉讼的普通程序一般包括起诉、受理、开庭审理前的准备、开庭审理、合议庭评议、宣判六个阶段,其中,最重要的阶段是开庭审理阶段。

开庭审理一般分为庭审预备、法庭调查、法庭辩论、最后陈述和调解五个阶段,其中最重要的是法庭调查和法庭辩论。

法庭调查,即在法庭上通过展示与案件有关的所有证据,对案件事实进行全面的调查,从而为进入开庭审理的下一个阶段做好准备。法庭调查的任务是审查核实各种诉讼证据,对案件进行直接的、全面的调查。

按照什么顺序进行法庭调查,我国立法与实践大致经历了两个阶段的发展。

第一阶段,按照《民事诉讼法》规定的顺序进行,具体条文是《民事诉讼法》第 138 条(1991 年《民事诉讼法》第 124 条)。

法条链接

《中华人民共和国民事诉讼法》

第一百三十八条　法庭调查按照下列顺序进行:

(一) 当事人陈述;

(二) 告知证人的权利义务,证人作证,宣读未到庭的证人证言;

(三) 出示书证、物证、视听资料和电子数据;

(四) 宣读鉴定意见;

(五) 宣读勘验笔录。

第一百三十九条　当事人在法庭上可以提出新的证据。

当事人经法庭许可,可以向证人、鉴定人、勘验人发问。

当事人要求重新进行调查、鉴定或者勘验的,是否准许,由人民法院决定。

第二阶段,1998 年最高人民法院出台了《关于民事经济审判方式改革问题的若干规定》,对庭审进行了改革。现在的民事诉讼实践中,大致按照该规定的要求进行。

法条链接

《最高人民法院关于民事经济审判方式改革问题的若干规定》（1998）

八、法庭调查按下列顺序进行：

1. 由原告口头陈述事实或者宣读起诉状，讲明具体诉讼请求和理由。

2. 由被告口头陈述事实或者宣读答辩状，对原告诉讼请求提出异议或者反诉的，讲明具体请求和理由。

3. 第三人陈述或者答辩，有独立请求权的第三人陈述诉讼请求和理由；无独立请求权的第三人针对原、被告的陈述提出承认或者否认的答辩意见。

4. 原告或者被告对第三人的陈述进行答辩。

5. 审判长或者独任审判员归纳本案争议焦点或者法庭调查重点，并征求当事人的意见。

6. 原告出示证据，被告进行质证；被告出示证据，原告进行质证。

7. 原、被告对第三人出示的证据进行质证；第三人对原告或者被告出示的证据进行质证。

8. 审判人员出示人民法院调查收集的证据，原告、被告和第三人进行质证。

经审判长许可，当事人可以向证人发问，当事人可以互相发问。

审判人员可以询问当事人。

九、案件有两个以上独立存在的事实或者诉讼请求的，可以要求当事人逐项陈述事实和理由，逐个出示证据并分别进行调查和质证。

对当事人无争议的事实，无需举证、质证。

十、当事人向法庭提出的证据，应当由当事人或者其诉讼代理人宣读。当事人及其诉讼代理人因客观原因不能宣读的证据，可以由审判人员代为宣读。

人民法院依职权调查收集的证据由审判人员宣读。

十一、案件的同一事实，除举证责任倒置外，由提出主张的一方当事人首先举证，然后由另一方当事人举证。另一方当事人不能提出足以推翻前一事实的证据的，对这一事实可以认定；提出足以推翻前一事实的证据的，再转由提出主张的当事人继续举证。

十二、经过庭审质证的证据，能够当即认定的，应当当即认定；当即不能认定的，可以休庭合议后再予以认定；合议之后认为需要继续举证或者进行鉴定、勘验等工作的，可以在下次开庭质证后认定。未经庭审质证的证据，不能作为定案的根据。

十三、一方当事人要求补充证据或者申请重新鉴定、勘验，人民法院认为有必要的可以准许。补充的证据或者重新进行鉴定、勘验的结论，必须再次开庭质证。

十四、法庭决定再次开庭的，审判长或者是独任审判员对本次开庭情况应当进行小结，指出庭审已经确认的证据，并指明下次开庭调查的重点。

十五、第二次开庭审理时，只就未经调查的事项进行调查和审理，对已经调查、质证并已认定的证据不再重复审理。

十六、法庭调查结束前，审判长或者独任审判员应当就法庭调查认定的事实和当事人争议的问题进行归纳总结。

从上述规定可以看出，法庭调查的顺序，包括"原告陈述诉讼请求、事实和理由"、"被告答辩"、"法官归纳双方无争议的事实并征求双方当事人意见"、"法官归纳双方有争议的事实（争议焦点）并征求当事人意见"、"当事人举证、质证"[1]、"法官认证"几个阶段。

本章的内容，是根据上述法律规定，对法庭调查中的"归纳争议焦点"、"举证和质证"以及"举证和质证中的询问（证人、鉴定人、当事人）"进行专门的讲解和训练。

第一节 法官如何主持法庭调查

法官主持法庭调查包括听取当事人陈述、归纳无争议的事实和争议焦点、指导并听取当事人举证和质证三个方面的内容。

一、听取当事人陈述：原告陈述诉讼请求、事实和理由与被告答辩

开庭后，法官核对当事人身份完毕，告知了当事人的基本诉讼权利，当事人对对方出庭人员无异议且没有申请法庭组成人员回避，即进入法庭调查。

法庭调查可由审判长主持，也可由案件的主审法官（或称承办法官，在主审法官不是审判长的情况下）进行。如果由主审法官进行法庭调查，审判长一般需要宣布：下面由本案的主审法官某某进行法庭调查。

进行法庭调查，法官会宣布："现在进行法庭调查，首先由原告陈述诉讼请求、事实和理由。"

民事诉讼中的当事人陈述是法定证据形式，而且由于民事诉讼法诚实信用原则的适用，当事人及其诉讼代理人一定要如实陈述案件的事实，确保其真实性，同时使法庭全面地了解案件事实情况。

原告的诉讼请求、事实与理由可以由原告本人陈述，也可以由诉讼代理人代为陈述，具体方式如下：

第一种方式：宣读起诉状的内容，从诉讼请求读起，一直到正文结束——"诉

---

[1] 在民事诉讼的法庭调查阶段，法律及司法解释中的"当事人"其内涵均包括"当事人及其诉讼代理人"，本章内容亦是如此，特此说明。

至贵院，请依法判决"即可。无须读开头的当事人身份信息，也不要读"此致 某某人民法院"及其后的内容。

第二种方式：对起诉状的内容做出了变更、修订的情况下，按修订后的内容陈述诉讼请求、事实和理由。这种情况下，应当把修订后的内容多打印几份书面的，提交法庭和给对方当事人。实践中，在证据期限制度已经名存实亡的情况下，当庭变更诉讼请求一般会得到法官的允许或默许。

原告宣读完毕诉讼请求、事实和理由，接下来，法官会说："下面由被告答辩。"被告答辩的方式与原告相同，宣读答辩状的相关内容或口头答辩。

二、法官归纳双方无争议的事实和争议焦点，并征求双方当事人的意见

在听取了原告的诉讼请求、事实和理由以及被告的答辩之后，法官首先应当归纳双方无争议的事实，并征求当事人的意见；然后归纳双方的争议焦点（双方有争议的事实），并征求当事人的意见。

实践中，对于双方无争议的事实，一般双方当事人无异议的情况居多。但是对于双方的争议焦点，当事人提出异议的情况则屡见不鲜。

之所以对双方的争议焦点提出异议，从当事人角度来看，法官的归纳由于直接影响到了案件性质的判断、法律关系的认定、举证质证，从而进一步影响到了案件的判决结果，所以，当事人一旦发现法官归纳的争议焦点与自己事先归纳的争议焦点不一致，及时提出异议是理所当然的——作为当事人，亦应事先归纳出争议焦点，并写在阅卷笔录中，这样才能在法庭调查时与法官归纳的争议焦点进行对比，发现不同，提出异议，以维护自己的合法权利。

争议焦点，一般可分为三个方面的内容：

（一）案件法律性质的认定存在争议

案件的法律性质即"案由"，不同的案由对应适用不同的法律条文，不同的法律条文其适用条件与处理结果不同。从适用条件来看，不同的法律条文的适用条件，其所涵摄的案件事实不同，不同的案件事实要求举出不同的证据材料；从处理结果来看，不同的法律条文的处理结果，其影响到当事人是否应当承担民事责任以及责任的大小。因此，在实践中，当事人一般总是根据手中所掌握的证据材料的证明力和承担的民事责任的角度，提出对案件性质应当如何认定的主张。因此，案件性质往往成为第一个争议焦点。例如：

在劳动争议案件中，当事人之间是劳动关系还是雇佣关系往往是争议焦点——雇佣关系意味着双方约定的工作完成后合同即履行完毕，雇主除支付约定的报酬外无需再支付其他费用；劳动关系则意味着用人单位一方结束劳动合同时除要支付劳动报酬外还要向劳动者支付劳动补偿金。又例如，工人在工作中自身受到损害，当事人之间是承揽关系还是雇佣关系往往是争议焦点——雇佣关系意味着被告雇主一方要承担原告受害人一方的全部损失，承揽关系则是受害人自行承担损害所带来的损失。

（二）当事人双方所应当承担的责任大小及过错比例存在争议

在合同纠纷中，当事人双方都存在违约行为，或者在侵权案件中，当事人双方均有过错——这时，双方的责任大小及过错比例就成为焦点。例如：

在乙诉甲人身损害赔偿纠纷中，乙诉称：甲驾车在小区内行驶车速过快撞到了正在滑滑板的乙，导致乙腿部骨折，甲应承担全部责任。

甲辩称：乙在小区道路上滑滑板，速度过快，撞到了正在小区道路上正常拐弯行驶的甲所驾驶的汽车，造成乙自身损害，也造成甲的汽车车体部分受损，对损害的发生乙应自行承担全部责任，还应赔偿甲的车损——但考虑到甲购买了汽车保险，乙又受伤了，就不反诉了。

法官归纳争议焦点为：对损害的发生是过错在甲还是过错在乙，还是双方都有过错；如果甲、乙双方均有过错，那么各自的过错比例是多少？

（三）对原告诉讼请求的具体金额及其计算方式存在争议

这个争议焦点一般是民事诉讼中当事人争议焦点的最后一个，该争议焦点具体表现为：具体金额的提出有没有法律根据，是怎么计算出来的，有没有相关的发票或费用单据等证据材料来支持所主张的诉讼请求金额等。例如：

在甲诉乙房屋财产损害纠纷中，甲诉称：原告与被告系上下楼邻居关系，甲住301室，乙住401室。某日，被告乙的401室因用电不慎起火，在消防部门扑灭401室内大火后，401室内大量消防积水快速渗漏到原告甲的301室内，致使301室屋顶、墙面损毁、掉皮，地板上翘、起皮、污渍物难以清除，家具、物品等财物损毁严重。诉请法院判令被告赔偿合计人民币112 014元。具体赔偿明细如下：①装修赔偿合计：66 061元；②装修误工赔偿合计：26 303元；③装修及空气净化期外出住宿赔偿合计：13 140元；④损坏物品赔偿合计：1300元；⑤卫生保洁费用：1000元；⑥家具物品打包、往/返搬运费合计：1000元；⑦家具物品存放费用：3000元；⑧失火当日外出住宿费：219元。

乙辩称：对甲索赔的项目及金额均提出异议，认为有些项目名称匪夷所思，不应计算在内，且数额过高。

法官归纳争议焦点为：原告诉讼请求的项目及金额的计算方式是否有法律根据（或是否合理）。

三、法官指导当事人举证和质证

在当事人主义的民事诉讼模式下，当事人依据法定程序举证和质证，进行对抗，法官一般不会干预。但是，法官负有查明案件事实、准确适用法律处理民事案件的职责，如果当事人及其诉讼代理人由于受知识水平所限或者某种原因，不能依法正确地进行举证和质证，或者其举证和质证的表述不能让法官清楚明白，法官就应当对当事人的举证质证进行干预和指导。法庭是法官的法庭，不是律师的法庭，也不是当事人的法庭。

法官指导当事人举证和质证应按照下列顺序或方式进行：

1. 宣布就争议焦点的顺序依次进行举证。法官可指示当事人，首先就第一个争议焦点进行举证和质证，待第一个争议焦点举证和质证完毕后，再围绕下一个争议焦点进行举证和质证。举证时，质证方当事人不能插言和打断举证方当事人的表达。

在举证方当事人不能正确地进行表达时，法官应当指示引导举证方当事人：首先，应当说明是使用一个证据还是一组证据来证明争议焦点；其次，对证据进行编号，说明证据名称（有页码的还要说明该证据在案件卷宗中的页码），想要证明的事实（待证事实）是什么；再次，向法庭及质证方当事人展示（宣读或出示）证据的内容。

2. 要求质证方当事人对证据的客观真实性、合法性和关联性做出正面的明确回应。按照民事诉讼法及相关司法解释的规定，质证要针对证据的客观真实性、合法性和关联性及证明力的有无及大小进行。在实践中，质证方对于举证方出示的对自己不利的证据，往往含糊其辞，不愿正面回答对"证据（的客观真实性、合法性或关联性）无异议"，这时，法官要及时要求质证方当事人明确表达对证据（的客观真实性、合法性或关联性）有无异议，得到正面的明确回答后，记录在案。

3. 要求举证方和质证方进行解释或说明。在举证方进行完证据展示，质证方发表完质证意见后，法官切记要询问举证方当事人对所举出的证据有无补充解释或说明，质证方对举证方的补充解释或说明也可再次发表质证意见。这种解释或说明，既可以给予当事人充分发表意见的机会，也可帮助法官进一步了解证据或更好地把握证据的证明力。

4. 对询问证人的内容进行适当限定。当事人在询问己方证人（即主询问）时，所询问的问题一般应当与争议的焦点事实有关。当事人在询问（即反询问）对方证人时，除询问与争议焦点有关的事实外，还可以对证人的诚信相关的事实进行询问。超出上述询问内容的问题，法官一般应当制止提问或告知证人无须回答。

5. 案件有关事实在举证和质证后仍不清楚的，法官要对当事人进行发问，查清事实。在法庭调查阶段，在举证和质证中，当事人会主动回避某些对己方不利的事实，另一方当事人也可能没有陈述该事实，这就会造成案件某些事实并不清楚的情况——这可能会影响到法官对案件的准确裁判。当事人不说，不一定法官不追究。一个民事诉讼案件，毕竟法官要对案件的准确裁判负责。法官在法庭调查过程中，应当运用三段论法律思维，考虑适用于本案的法律条文以及需要查明的事实，当事人举证和质证所证明的事实不能满足法官裁判的需要时，法官应当通过向当事人直接发问来查明案件事实。

第二节 当事人如何进行举证与质证

举证，是当事人向法庭提交证据，证明案件事实存在与否的诉讼行为或诉讼活动。质证，是指在审判组织的主持下，民事诉讼的当事人对提交到法庭上的各种证据材料进行辨认、质疑和核实，以确认证据材料的客观真实性、关联性、合法性及其证明力有无和大小的诉讼活动。

当事人举证与质证，总是围绕案件的某个争议焦点进行。根据民事诉讼法关于举证责任的分担规定，一般首先由原告就某一争议焦点举证、被告质证；原告举证完毕，接下来由被告对该争议焦点举证、原告质证；诉讼中有第三人的，一般在原、被告举证、质证之后举证或质证。

在民事诉讼庭审中，当事人各方在法官主持下进行举证、质证的过程中，法官有时会在法庭上出示调查案件事实制作的调查笔录或法官指定相关机构出具的鉴定意见或勘验笔录，并主动就案件的事实情况以及证据材料的合法性、关联性、客观性以及证明力等问题向当事人征求质证意见，但是，法官并不是举证和质证的主体。

法条链接

《最高人民法院关于民事诉讼证据的若干规定》

第五十一条　质证按下列顺序进行：

（一）原告出示证据，被告、第三人与原告进行质证；

（二）被告出示证据，原告、第三人与被告进行质证；

（三）第三人出示证据，原告、被告与第三人进行质证。

人民法院依照当事人申请调查收集的证据，作为提出申请的一方当事人提供的证据。

人民法院依照职权调查收集的证据应当在庭审时出示，听取当事人意见，并可就调查收集该证据的情况予以说明。

一、举证的基本要求

举证要求展示证据材料，并向法庭说明运用这些证据想证明的待证事实是什么。具体而言，一个完整的举证行为应当由展示证据材料、说明待证事实、对证据材料的证明力进行解释说明（为什么该证据可以证明待证事实）三部分组成。

（一）展示证据材料

展示证据，即举证主体向法庭出示证据的行为。出示的方式大致有宣读书证、出示物证（或物证照片）、展现电子数据、宣读勘验笔录、询问证人和鉴定人、播放视听资料以及陈述案件事实、向对方当事人发问等。

出示证据，要求按照争议焦点的不同，合理排列组合证据。一个争议焦点可以由一个证据材料证明的，就展示一个证据材料，一个争议焦点需要用多个证据材料证明的，就把这些证据材料分为一组，逐一展示。每一证据材料都进行编号，在证据材料上能够注明是哪一方当事人提供的，要加以注明。

展示证据时，视证据的不同种类采用不同的展示方法。①书证、电子数据、勘验笔录等主要是展示其记载的内容，一般要求把对证明案件事实的文字在法庭上经选择后一字不改地读出来。这也可称之为摘要宣读——将最具有证明力的段落或文字内容在法庭摘要宣读。摘要宣读必须忠实原意，不能更改变动。所宣读的主要内容，能使证重点突出、简洁、有力，符合证据真实、合法的要求。②物证应展示原物，对于一些不易保存的或大宗的物证，可以先采取拍摄清晰可辨的照片或录像等方法进行固定，其后再在法庭上采用视听方式予以展示。③视听资料在法庭上应进行播放，最好附带对视听资料的文字整理及说明。④证人证言作为证据，证人应出席法庭接受询问，证人无正当理由不出席法庭将导致证人证言无证明力或证明力大大降低。⑤当事人对鉴定意见无异议，鉴定人可不出席法庭接受询问，只展示书面的鉴定意见即可；当事人对鉴定意见有异议或者人民法院认为鉴定人有必要出庭的，鉴定人应当出庭作证。经人民法院通知，鉴定人拒不出庭作证的，鉴定意见不得作为认定事实的根据。

（二）说明待证事实

当事人要围绕争议焦点组织证据（或排列组合）、展示证据，清楚地向法庭表达出待证事实究竟为何——想要证明什么事实。

既然当事人要围绕争议焦点组织证据材料，那么，待证事实是否一定就是争议焦点（双方有争议的事实）呢？回答是：否，具体案件应具体分析。其一，在一些案件中，如果用一个证据材料来证明争议焦点，这时争议焦点与待证事实是一致的。其二，在很多的案件中，当事人需要组织几个甚至更多的证据材料来证明争议焦点，这时，争议焦点与待证事实并不一致——在这种情况下，争议焦点分解成了若干个待证事实。如在常见的一般民事侵权类案件中，"被告是否实施了侵权行为"这一争议焦点，往往要根据侵权行为的构成要件，把争议焦点分解成"被告实施了某行为"、"原告受到了某种损害"、"被告行为与原告受侵害结果之间有因果关系"、"被告有过错"等几个待证事实来举证。

（三）对证据的证明力进行解释说明

在以当事人主义为主导、以言词辩论为主要辩论方式的民事诉讼开庭模式下，并不要求法官在案件审理之前对案情做深入的了解和准备，因此，法官了解案件事实主要通过开庭审理。不经开庭审理，证据的证明力有无及大小，法官无从获知。即使经开庭审理，如果当事人对证据的证明力不加解释说明，在开庭的短暂时间内，法官也往往不能真正认识到证据材料的证明力——这无论对于当事人主张权利、还是对于法官查明案件事实正确裁判，都是极为不利的。所以，在展示证据、说明待证事实之后，对证据材料的为何能证明待证事实进行详细的解释说明，是法庭调查对当事人的必然要求。

对证据材料证明力的解释说明，可以是在举证的同时中进行的解释说明，也可在对方当事人质证后进行的补充解释说明。无论何时进行的解释说明，大致都包括几个方面的内容：①对证据客观性进行解释说明。包括说明证据是否是原件、原物，或者是经核对的复制件，客观真实不容置疑，等等。②对证据合法性进行解释说明。对证据材料来源、形成过程、证据提供者的身份等进行说明，以及证据并非以侵害他人合法权益或者违反法律禁止性规定的方法取得，等等。③对证据的关联性进行解释说明。要说明证据材料与待证事实之间已经做到了逻辑缜密，环环相扣，符合基本逻辑思维要求，绝不是不经基本逻辑，直接跳跃到结论——对证据的关联性的解释说明在绝大多数案件中是对证据材料解释说明的重点。④对证据的效力及证明力大小进行解释说明。主要说明各证据材料的证明力以及证据组合后的证明力，符合法律规定的认证要求，等等。例如：

甲女士诉乙先生委托合同纠纷一案中，原告甲诉称：被告乙委托原告甲销售A房地产公司房屋11套，房屋成本650万元，销售价格由原告甲女士决定，多收入的价款归甲女士。原告甲女士将房屋全部销售出去，得到价款1100万元。但是被告乙拒绝向原告甲支付委托报酬450万元。现诉至法院，请求判令被告履行协议，支付报酬，并向法庭提交了打印的经被告乙签名的《委托保证书》一份用于证明自己的诉讼请求。该委托书载明内容与原告甲女士陈述一致。

被告乙辩称：原、被告曾是情人关系，该《委托保证书》的签名应该是自己所签，但是该《委托保证书》内容自己从未见过，可能是原告用自己签过名的纸张后来打印制作的。

法官认为，虽然原告甲女士提供的书证作为直接证据能够证明案件事实形式上存在，但由于诉讼请求的数额特别巨大，要求原告甲女士对该证据内容的客观真实性进行解释——即该债权债务的形成过程（或实际交易）情况进行解释说明：《委托保证书》所称的房屋11套分别位于何处？原告甲女士是如何把这些房屋销售出去的，都销售给了何人？销售的时间为何？每套房屋的成交价格是多少？

原告甲女士在法庭上对上述要求说明的问题均不能作出正面的明确解释。

法院认为：仅凭借《委托保证书》并不能证明原告甲与被告乙之间存在真实的委托合同关系，对原告甲女士要求支付报酬的诉讼请求不予支持。遂以证据不足判决驳回了原告甲的诉讼请求。

二、举证的基本方法

案件的事实复杂多样，争议焦点亦随之变化。因此，举证方法也不可能千篇一律，而应当根据案件的性质和举证责任分配的规定，运用灵活多样的举证方法，以取得良好的举证效果，达到举证的目的。

（一）合同纠纷的举证方法

合同纠纷涉及的争议焦点包括合同的订立、生效、变更、解除、终止、撤销、违约等方面。当事人主张哪一方面的事实，就要组织相应的证据材料。

其中，合同效力纠纷中，当事人主张合同订立并生效，要举出证据材料（如合同文本）证明合同存在，但一般并不需要用证据材料证明合同生效，只要合同的最后承诺方知晓该合同内容即可推定合同有效——特种行业涉及准入、审批等需要特别条件才能生效的合同除外；主张合同无效的当事人要举出证据材料证明合同符合《合同法》第 52 条的情形，才可认定无效——《最高人民法院关于民事诉讼证据的若干规定》第 5 条规定的"主张合同关系成立并生效的一方当事人对合同订立和生效的事实承担举证责任"应做如是理解。

合同纠纷案件在具体组织证据时，可采用法律事实构成法、主次分明法和时间顺序排列法相结合的方法。

法律事实构成法是指根据法律关系来判断，对能够证明引起合同法律关系的订立、生效、变更、解除、终止、撤销、违约的事实的证据材料进行分析、辨别和组合，形成若干组证据，用于证明某个争议焦点事实。如主张买卖合同显失公平的，要举出证据材料证明公平的买卖合同下商品的市场价格是多少，而当事人之间订立合同的价款又是多少，二者差额是多少；主张对方履行合同违约的则要举出证据证明对于合同的履行当事人是如何约定的，当事人又是如何履行的，二者相互比较衬托出当事人违反了合同的哪一条约定，等等。

主次分明法是指在组织证据时，把能够证明案件争议焦点的直接证据或主要证据排列在前，把用于证明案件争议焦点的次要证据或间接证据排列在后。如主张合同应当终止，就要把证明合同终止的证据排列在前，包括证明债务已经按照约定履行、合同解除、债务相互抵销、债务人依法将标的物提存、债权人免除债务等证据。

时间顺序法是指在每一组证据在确定了主次之后，一般应当根据证据的形成时间排列，用于证明案件事实的发生过程。如主张合同的变更，则要把证据材料按照时间顺序排列，分别证明：合同是如何约定的；在合同的履行中，当事人对于履行时间、地点、方式、数量、价款做了何种变通处理；在合同的变更履行中，对方当事人是否提出异议，等等。

以上三种方法合理运用，做到条理清楚、层次分明，一般可以把合同类纠纷的举证很好地完成。

（二）侵权责任纠纷的举证方法

侵权责任纠纷分为一般侵权责任纠纷和特殊侵权责任纠纷。从理论上来说，一般侵权责任纠纷的举证可以从侵权行为的构成要件角度来举证，包括运用证据材料证明被告实施了某种行为、被告行为违法或被告主观存在过错、原告受到了某种损害、损害结果与被告行为之间有因果关系四个方面；特殊侵权责任纠纷由于构成侵权的要件允许欠缺或推定，要求的举证材料方面相应的可以减少——但两者采用的举证方法，都可称之为构成要件法。

从实践中看，侵权纠纷的举证要求虽有理论引导，但是举证方法上仍然要具体问题具体对待。

在一般的人身损害赔偿纠纷中，举证材料的组织可采用时间顺序法和因果关系法。时间顺序法可以把争议焦点中侵权行为发生的先后顺序清楚地展示出来，因果关系法则主要用于把侵权行为与损害结果之间的逻辑推理关系表达清楚。

再具体而言，如交通事故引发的人身损害，如果有交通事故责任认定书，则可采用重点突出法（或主次分明法）。因为交通事故责任认定书这一书证的内容包含了当事人实施的行为、行为违法性、主观过错、因果关系和事故责任承担等多项能够证明案件事实的信息，举证时应把交通事故责任认定书放在首位，其后的证据材料才是用于证明受害人（往往是原告）的实际损害结果的鉴定意见、医疗费等各种费用单据等。又如产品质量引发的侵权诉讼中，亦可采用重点突出法，首先把产品质量的检验检测报告作为首要的证据材料来使用，用于证明产品存在质量问题或安全隐患。

（三）分组举证法与锱铢必较法

这两种举证方法都是从纯举证技术角度采用的举证方法。

分组举证法一般不考虑案件的案由，在民事诉讼中，只有极少数的案件争议事实比较单一，可采用一事一证。绝大多数案件进行举证时，都要采用分组举证的方法。

分组举证的是对案件证据进行分析、取舍、补充、归类和排列，将能够相互印证的证据建立环环相扣的证据组合，从不同层面、不同角度证明案件的争议事实。数份证据证明方向一致，能够证明某一事实内容，即可划归一组，衔接出示，形成证明的合力。分组标准，可以是依据争议事实的构成条件，也可以依据争议事实发生的时间顺序。

锱铢必较法是从民事诉讼的性质发展出来的举证方法。民法是市民法，通过民事诉讼提出诉讼请求要求对方当事人承担民事责任的主要方式是财产责任，说得通俗一点，就是要钱——市民要钱当然要锱铢必较。这种锱铢必较，具体表现为金钱数额的具体数额应当是多少、如何计算方式等。作为山东人，从小受到"君子予以义、小人予以利"的思想影响，在钱的问题上，一般很少正面与他人锱铢必较——这种思想或心态表现在民事诉讼中，就是注重案件的性质的判断和法律的适用，有时却忽视金钱数额的计算，在诉讼中不能准确说出赔偿数额及其计算方式，这不能不说是举证方法上的一大欠缺。在什么山上唱什么歌，山东人从事民事诉讼，一定要学会锱铢必较。

三、质证的要求与方法

在民事诉讼庭审中，对争议焦点负有举证责任的一方当事人要进行举证，另一方当事人要进行质证。质证主要是就对方当事人所举出的证据材料的客观性、合法性和关联性以及证明力的大小及有无发表认可、质疑或否定的意见。

（一）质证的要求

1. 质证应当保持合理的节奏或顺序。举证和质证的节奏由法官掌握，证据可一证一质，也可一组证据出示完毕之后进行一次质证，但一般不可在一方当事人所有的证据举证完毕之后再进行质证——除非案件事实清楚、证据材料极少。否则，容易造成证据材料主次不分、事实不清的不利局面。

2. 质证应当明确、清楚地表达对所举证据有、无异议的意见。在很多的民事诉讼中，当事人所举的证据一般是真实的（不是伪造的）、合法的（证据形式和取证方式没有违反法律行政法规的强制性规定），这时，质证的一方当事人（特别是当事人的诉讼代理人）在法庭上是否要明确表示对证据的客观性和合法性无异议呢？实践中，有很多当事人不愿意明确正面回答——这些当事人认为，如果总是表达对证据材料无异议，自己在诉讼中气势上就弱了，让法官觉得不够理直气壮。于是，这些当事人在法庭上要么顾左右而言他，要么为异议而异议，这是不妥的——这样做的效果恰恰相反，会让法官产生对质证一方的不信任，而在诉讼中，一旦法官不再信任一方当事人，当事人的陈述及其后所举出证据的证明力在法官认证时就会大打折扣，是得不偿失的。所以，在法庭上质证时应坦坦荡荡，对证据的客观性、合法性甚至关联性无异议就表达无异议，无须遮遮掩掩。

3. 质证应针对所举出的证据发表意见，而不是反驳对方所陈述的事实或表达对法律适用的主张。在法庭审理的质证阶段，当事人主要是针对证据的客观性、合法性、关联性以及证据有无证明力及证明力的大小发表质证意见，而不是向法庭陈述己方认为的案件事实是什么——也就是说，质证不是直接表达或阐述对方所主张的事实不存在或不真实，也不是直接表达己方所主张的事实是确信无疑的，而是要表达对方的证据材料不应被采信或不能证明对方所主张的事实。直接表达否定对方主张的事实的意见或肯定己方所主张的事实的意见——亦即对于法庭应当如何认定事实的总结性发言应当在法庭辩论中进行。例如：

某日，张某驾驶摩托车行驶到A市某区一路口时，摩托车右后侧与董某所骑自行车的前轮相撞。后经交管部门认定，张某对事故负全责。

诉讼中，原告董某诉称自己因事故伤情，连续3个月处于持续误工状态，要求被告张某按照每月3500元的标准赔偿其误工损失费共计10 500元。为此，董某提交了4份落款为武警某总队医院的诊断证明，开具时间分别为1月18日、1月28日、2月24日、3月21日。但张某对此提出异议，认为虽然发生了事故，董某也需要到医院检查诊断，但董某当日能正常行走，并无大碍，无须连续4次进行检查诊断，对诊断证明的真实性提出异议。

案件法庭调查结束后，法院向武警某总队医院致函询问发现，董某提交的4份诊断证明中只有1月18日开具的是真实的，另外3份均系伪造。遂对伪造的3份证据不予采信。

4. 依法质证。《民事诉讼法》和《最高人民法院关于民事诉讼证据的若干规定》

对质证和认证有明确的法律规定，当事人要善于运用上述法律、司法解释的规定以及一些法院的内部文件精神，对不同证据材料的证明力的有无及大小、证据的法定形式、证据获取方式等依法进行质证，做到言之有据。例如：

甲诉乙的民间借贷纠纷中，原告甲 2010 年 10 月 9 日向法院诉称：原告甲系被告乙的堂兄，被告乙曾因做生意需要资金，2012 年 9 月 12 日向自己借款 200 万元，说好借期半年，但经多次索要至今未归还；原告甲向法院出示借条一张，该借条有乙的签名，用于证明案件事实。被告乙在法庭上对该借条及借款关系的真实性予以认可。

法院调解过程中，被告乙的妻子丙得知案情，向法院反映：被告乙与自己感情不和，正在闹离婚，原告甲系做小生意的个体户，不可能把 200 万元巨款借给被告乙，甲、乙是串通一气转移乙和丙的夫妻共同财产。

人民法院遂依法追加被告的妻子丙为共同被告。被告丙发表如下质证意见：根据《最高人民法院关于民事诉讼证据的若干规定》第 8 条"诉讼过程中，一方当事人对另一方当事人陈述的案件事实明确表示承认的，另一方当事人无需举证。但涉及身份关系的案件除外"的规定，以及《全国民事审判工作会议纪要》法办[2011] 442 号文件中"五、关于民间借贷纠纷案件"之"31、对于民间借贷纠纷案件的全部证据，应从各证据与案件事实的关联程度、各证据之间的联系等方面进行综合审查判断。出借人应对存在借贷关系、借贷内容以及已将款项交付给借款人等事实承担举证责任；借款人应承担已经归还借款的举证责任。对于形式要件有瑕疵的'欠条'或'收条'等，应结合其他证据认定是否存在借贷关系。对现金交付的借贷，可根据借贷金额大小、交付凭证、支付能力、交易习惯、当事人关系以及当事人陈述的交付经过等因素，综合判断是否存在借贷关系"的指导意见，认为借款数额巨大，原告甲自身并不富裕，现在仅凭借一张借条无法证明甲、乙借贷关系存在，并对借条的客观真实性提出异议。

人民法院根据被告丙的质证意见，要求原告甲继续举证，但原告甲并未向法庭补充证据材料。人民法院遂对借条的物证特征进行了鉴定，结果发现书写该借条的纸张生产于 2012 年初，遂认定该借条系伪造，不予采信，不能证明借贷关系存在。

（二）质证的方法

1. 单一否定法。证据材料要成为法庭采信的证据，必须符合客观性、合法性和关联性的特征。单一否定法即通过在法庭上质疑、否定某一证据材料的合法性、客观真实性和关联性（即主张该证据材料证明的事实与本案没有联系）来否定该证据的证明效力，进而否定对方所主张的事实的存在（或真实性）。例如：

原告甲诉被告 A 保险公司人身保险合同纠纷案中，原告向法院诉称：原告的丈夫乙向被告 A 保险公司投保了人身保险合同，受益人为甲。该合同约定：在被保险人乙大病住院期间，A 保险公司应当予以报销医疗费用 20 万元。然而，自被保险人乙住院一直到亡故，都无法真正联系上保险公司的理赔人员，也无法拿到赔偿金，现诉至法院要求追究保险公司的违约责任。

被告 A 保险公司辩称：在从本公司接线员处得知被保险人乙住院后，公司即派业务员联系原告甲，但因为原告甲没有手机，也没有家庭电话，一直未能联系上。并不存在违约行为。

举证过程中，原告甲向法庭提供出了一本从被告 A 公司的员工手中拿到的 A 公司接线员工作手册作为证据。该手册载明，对于索赔的电话，采取"一等二推"的接电话方式，即：第一次接到索赔电话，标准回答方式为"我们已经记录在案，将积极转理赔经理，理赔经理会和您联系，请您暂时等待"；第二次接到电话，标准的回答方式为"原来接您电话的人并不是我，所以并不知道您说的索赔情况，我将记录在案，回头向理赔经理联系后答复您"或"回答'如果您知道原来的接线员的工号，请直接拨分机号'，然后播放线路正忙的提示音后自动挂断电话"。

被告 A 公司的诉讼代理人对该证据的合法性提出异议。指出，该手册明确写明：本手册为公司财产，禁止任何人以任何方式带出公司营业场所。显然，原告取得该手册的方式是不合法的。

被告 A 公司的诉讼代理人的质证方法即单一否定法。该质证意见使法庭的认证陷入了两难。

2. 综合否定法。在民事诉讼中，有些案件比较复杂，当事人一方用于证明的某一争议焦点事实的证据材料较多时，质证一方可以根据实际情况适用综合否定法。综合否定法通过否定举证方的部分证据材料的证明力，来向法庭表达：对方虽然举出了很多证据，这些证据对本案也有证明力（或证据效力），但是这些证据材料的证明力只是零零碎碎的证明力，也不能形成完整的证据链条，也不能证明对方所主张的事实。

3. 全盘防御法。开庭审理的诉讼程序是公平公开的，但并不意味着当事人手中的证据材料也是势均力敌的。很多案件中，举证一方手中证据材料齐全，证明力强大，无法撼动，而质证一方败诉的结果显而易见。这时，质证当事人绝不能不加抵抗，束手就擒，而是要认真全盘防御，最大可能的限制举证一方所举证据材料的证明力。全盘防御法的质证目的，在不同的案件中有所不同，可以表达为降低质证一方的过错程度或减轻责任，也可以表现为限制举证一方提出过高的诉讼请求数额。例如：

2010 年 9 月 10 日，大兴地产公司与绿色商贸公司签署了《东方市大兴广场预租/租赁公司》。预租合同约定：大兴地产公司将坐落于东方市胜利路 188 号大兴广场 457 号铺位预租/租赁给绿色商贸公司从事"NEWCITY 品牌服饰"的经营活动。租赁合同约定：商铺租赁面积为 111 平方米，租赁期限为自交付日期开始计算 2 年，租金为第一年每月人民币 47 267.50 元、管理费每月人民币 6660 元、收银机租赁费每台每月 300 元等事项。

2011 年 5 月 20 日，大兴地产公司将合同约定之商铺交付给绿色商贸公司。绿色商贸公司接收后对该商铺进行了装饰,并分别于2010年9月21日、2011年4月12日、2011年6月15日向大兴地产公司缴纳了457铺位确认保证金70 901.25元、457铺位《预租/租赁合同》项下保证金70 901.25元、457铺位装修押金5000.00元(共计146 802.50元)。2011年8月26日该商铺所属的"东方市大兴广场"正式开业。

开业一个月后,绿色商贸公司一直没有盈利,遂拖欠大兴地产公司的租金。大兴地产公司按照合同约定于10月11日解除了双方的租赁合同,并诉至法院要求被告绿色商贸公司赔偿合同约定的各种费用,共计363 899.53元。这些费用有:①使用补偿金:101 395.41元,其中包括8~10月份的欠缴商铺的使用补偿金77 762.66元,装修期优惠免除的使用补偿金23 633.66元;②铺位占用费:77 762.66元;③8~10月管理费:10 956.77元;④收银机的租用费:551.61元;⑤公共事业费:179.16元;⑥商品质量保证金:10 000元;⑦公共事业费押金:10 000元;⑧解约违约金:141 802.5元;⑨逾期付款违约金11 250.42元。共计363 899.53元。

被告绿色商贸公司诉讼代理人接手这个案件后,认为被告败诉已成定局。但是,被告欠缴租金未超过2个月,每月租金也不超过50 000元,原告大兴地产公司虽然依据合同约定提出各项赔偿请求,但是各项请求累加数额竟然达到363 899.53元之巨,显然过高,决定采用全盘防御法,对各项赔偿请求的合理性及总额的合法性提出异议。

4. 敌我共用法。在一些合同纠纷中,合同不仅仅是举证一方的证据,也是质证一方的证据。此时,质证一方要充分利用合同,以子之矛攻子之盾,把对质证一方有利的条款找出来在法庭上出示(或宣读),用于削弱举证一方的合同证明力。例如:

A房地产开发公司诉B空调工程公司承揽合同纠纷一案,原告A公司于2007年11月向法院诉称:原告A公司与被告B公司于2004年3月签订了一份安装承揽合同,双方约定,被告B公司为原告A公司的S宾馆安装中央空调及附属设施,合同总价款1600万元,工期为6个月。合同签订后,原告A公司按照合同约定向被告B公司预付了500万,用于前期施工费用。然而,一直到2006年11月,被告B公司施工一直拖拖拉拉不符合要求,前期安装的空调等设施也不见踪影,原告A公司只得另行找其他公司安装空调及附属设施。现在请求法院判令被告B公司依据合同约定退回预付款500万元及利息。

被告B公司辩称:工期延迟是因为原告A公司资金链断裂,不能按时支付施工费用所致。原告A公司向被告B公司支付的500万元,是根据双方合同第16条"工程价款按每月完成工程量的80%拨款,预留20%待工程竣工后10日内拨15%,另5%保修期满后找齐"之约定支付的施工费用,不是预付款,不能退回。

本案中,被告B公司依据原告A公司举出的合同,据理力争,其方法即是敌我共用法。

5. 主动进攻法。质证绝不仅仅是防御,进攻是最好的防守。主动进攻法是指在一些当事人各方举出的证据证明力均不能占据优势的案件中,在有限的开庭时间里,质证一方抓住举证一方的证据薄弱环节加以反驳,力争无限放大举证一方在证据上的逻辑错误或缺少证据的情形,以最大可能抑制对方证据的作用。主动进攻法不仅仅可以为质证一方的举证打下良好的基础,也可动摇法官对举证一方所主张事实的确信。

6. 自相矛盾法。自相矛盾法是指针对举证一方所举出的证据之间存在矛盾,从而否定其主张的事实的方法。自相矛盾法多数情况下适用于一些较为复杂的合同纠纷,如建设工程纠纷、知识产权纠纷、与公司、证券、保险、票据等有关的纠纷等。在这些纠纷中,合同往往是由公司聘请的律师或法务人员拟定,但却是由公司的基层工作人员来履行。基层工作人员履行合同,有时是根据单位领导的临时指示,有时是根据自身的经验,甚至有时是不负责任的自作主张,往往并不完全依据合同约定。一旦发生纠纷,就会出现合同约定与实际履行自相矛盾的情形。当事人在质证时要注意发现举证一方的矛盾,并在法庭上予以揭示,达到否定对方证据证明力的作用。例如:

原告甲建筑工程公司诉被告乙混凝土搅拌公司买卖合同纠纷一案,原告甲公司于2006年11月向法院诉称:2004年3月,甲、乙两公司签订了一份为期2年的混凝土供货合同,合同总价款为300万元。履行方式为按需供货,货到后1个月内付款。其后,因甲公司施工需求量大,多次先行支付合同价款,要求乙公司提供搅拌好的混凝土,这种履行方式一直到2005年6月工程结束。现经测算,甲公司共支付乙公司价款335万余元,超额支付35万元。请求法院判决被告乙公司返还多支付的35万元合同价款。

原告甲公司举出了相关付款的证据。其中3份证据是用于证明甲公司为向乙公司支付合同款,把甲公司的一所位于洪福苑小区的房子2号楼301室用于抵顶货款59万元。证据一是甲、乙两公司关于该房子抵顶货款的约定,时间为2004年8月;证据二是乙公司给甲公司的函,内容是"甲公司:你公司以房抵顶应付我公司混凝土价款59万元的洪福苑小区的房子2号楼301室,请将房子过户给赵某某。乙公司。2006年3月";证据三是赵某某于2006年4月取得房产证的复印件。

被告乙公司辩称:原、被告之间签订的合同虽然写明总价款为300万元,但只是对甲公司所需混凝土数量的预算,实际供货数量可能多于300万元,也可能少于300万元。合同签订后,房地产市场开始景气,本市开工工地较多,混凝土供不应求。乙公司对所有的要求供货的公司都采取了付多少款就提多少车货的及时清结的供货方式,因为没有拖欠,也就无需总体测算供货数量。2004年5月甲公司施工期间资金紧张,甲公司为保证施工,提出先提货,以房抵顶乙公司混凝土价款;该房屋先交付居住,后办理房屋过户手续。乙公司考虑到与甲公司已经签订了供货合同,同意甲公司以房(洪福苑小区的房子2号楼301室)抵款,双方因此签订协议。所以,不存在甲公司多付款,少提货的可能性。

被告乙公司对原告甲公司提供的证据发表质证意见：在证据二中载明，是甲公司"以房抵顶应付"我公司的价款，"应付"意思就是拖欠。而且，2005年6月甲公司施工结束，在2006年4月却配合乙公司办理了以房抵款过户手续，充分证明一直到2006年4月都不存在超额支付合同价款的情况。在2005年6月甲公司施工结束后就没有从乙公司再购进混凝土，超额付款的事实不能成立。

本案中，原告甲公司举证中存在矛盾点。其一，如果不向法庭出示以房抵款的协议——证据一，将导致支付的总价款将不超过300万元，诉讼请求数额不足，所以以房抵款的协议只能出示。其二，如果不向法庭出示被告乙公司要求把房子过户给赵某某的函——证据二，仅出示赵某某于2006年4月取得房产证的复印件——证据三，也不能证明以房抵款的事实。而被告乙公司充分利用了证据二，向法庭主张原告甲公司的行为存在矛盾之处——施工结束后原告甲公司明确函告原告甲公司应当支付被告乙公司货款，以房抵款，原告甲公司依据函告，将房屋过户给了被告乙公司指定的人。原告甲公司用行为表明，并未超付被告乙公司货款，否则，原告甲公司肯定会反悔，不予办理过户手续。

乙公司充分利用了甲公司证据中的矛盾进行质证，其质证方法就属于自相矛盾法。

第三节 当事人如何进行询问

民事诉讼在从书面审理向开庭公开审理的发展过程中，言词证据的使用频率越来越高，作用也越来越大。在法庭上，言词证据是当事人或其诉讼代理人通过询问证人、当事人、鉴定人以及专家辅助人获得的。

法条链接

《最高人民法院关于民事诉讼证据的若干规定》

第五十五条 证人应当出庭作证，接受当事人的质询。

证人在人民法院组织双方当事人交换证据时出席陈述证言的，可视为出庭作证。

第五十九条 鉴定人应当出庭接受当事人质询。

鉴定人确因特殊原因无法出庭的，经人民法院准许，可以书面答复当事人的质询。

《中华人民共和国民事诉讼法》

第七十八条 当事人对鉴定意见有异议或者人民法院认为鉴定人有必要出庭的，鉴定人应当出庭作证。经人民法院通知，鉴定人拒不出庭作证的，鉴定意见不得作为认定事实的根据；支付鉴定费用的当事人可以要求返还鉴定费用。

《最高人民法院关于民事经济审判方式改革问题的若干规定》

八、法庭调查按下列顺序进行：

……

8. 审判人员出示人民法院调查收集的证据，原告、被告和第三人进行质证。

经审判长许可，当事人可以向证人发问，当事人可以互相发问。

审判人员可以询问当事人。

民事诉讼中，询问的对象虽然包括证人、当事人、鉴定人以及专家辅助人，但实践中询问对象主要是证人。询问方式分为主询问和反询问。询问己方申请出庭的证人一般称为主询问，询问对方申请出庭的证人一般称为反询问[1]。

一、主询问

主询问又称直接询问（Direct Examination），是开庭审理询问证人的第一个阶段。主询问是指在法庭上对本方证人进行的询问，通常由申请证人出庭的一方当事人进行或通过其诉讼代理人进行。当事人通过询问自己提供的证人，借助于证人所了解的情况，把自己一方主张的事实或与事实相关的信息明确地展示出来，以获得法官的采信。原、被告双方都可以通过主询问来展示自己所主张的事实或与事实相关的信息。

（一）主询问的范围

主询问的范围具体包括案件的争议焦点事实、辅助性细节、对一些事实和内容的解释，证人的可信性等，可分为对事实争点的询问和凭信争点的询问。

对事实争点的询问主要是询问与案件争议焦点有关联性的事实及辅助性细节、对一些事实和内容的解释。通过询问，证人证言可直接证明争议焦点事实的存在，也可以与其他证据相互佐证形成关联性的证据链条，间接证明争议焦点事实的存在。

对事实争点的询问应就争议焦点事实的相关事项进行，包括5个"W"。即何时（When）、何地（Where）、何人（Who）、发生了什么（What happened）、为什么（Why）五个方面。

主询问还可以询问用于证明其他证据的合法性和客观性的事实，这又称"凭信争点"的询问。询问凭信争点获得的证人证言主要用于证明"某个证明争议焦点事实的证据"的可信性，增加其他证据的证明力，支持其他证据证明争议事实存在。

对凭信争点的询问，包括：当事人的身份特征，书证、物证、鉴定意见、勘验

---

[1] 关于询问，英美法系分为 Direct Examination 和 Cross-examination，有学者直译为：直接询问和交叉询问，也有的学者翻译为主询问和反询问。国内有的学者用中文自行阐述询问理论，认为主询问和反询问合称交叉询问——这样就出现了概念使用上的混乱，即交叉询问包括直接询问和交叉询问。笔者认为，这属于英文的固定用法与中文直译造成的冲突问题，为解决此问题，把 Cross-examination 翻译为反询问为宜。

笔录、视听资料获取的合法性和客观性，证人的身份、人品、精神状态、视听健康状态以及与本案当事人的利害关系，电子数据的记录方式及来源可信性等。

（二）主询问的方法

根据要求证人回答提问的方式不同，主询问可分为叙述型询问或问答型询问。

叙述型询问，要求证人对所提问题进行叙述式的表达，即向证人提问一个问题，证人依事项的脉络条理先后作有系统的陈述，既节省时间，其证言内容又能反映事实的全貌。

叙述型询问，要求尽量提问开放性的问题，问题的答案不能限于"是"或"否"。案件的事实要通过证人的叙述展示给法庭，如果庭审需要证人用自己的语言陈述尽可能多的事实，那么当事人要使用叙述型提问引导证人有条不紊地提供证言，尽可能多采用"发生了什么"、"为什么"以及"具体是什么情况"这样的字眼和问话。

问答型询问，即当事人将其认为必要的各种事项，一一向证人加以询问，再由证人逐一回答。问答型证言表达方式要求当事人针对待证事实提出若干个分解后的具体问题，而且证人必须对所提问题作简单、明确的回答。问答型询问方式要求一问一答，证人不能像讲故事一样做连续性陈述。问答型的证言表达方式便于突出重点事实，加深法庭印象。问答型询问要求尽量设计完整的问题，让证人只回答"是"或"不是"。问答型询问所提问的问题应明确简短，避免一问多答的复合式或混乱性的问题。

例如，原告苹果公司、IP申请发展有限公司诉被告唯冠科技（深圳）有限公司商标权权属纠纷的案件中，苹果公司和IP申请发展有限公司在二审中申请了证人出庭，下面是对证人的询问和其回答。

审判长：现在请证人上庭作证。上诉人和被上诉人对翻译人员不提出回避申请。

证人：我的名字是 Graham Michael Robinson，今年41岁，职业是公司的调查员，地址是公司的地址，我在这里为苹果公司和IP公司作证。

上诉人（苹果）：我有四个问题要向证人发问。在2009年8~12月份期间，你是否代表英国IP申请发展有限公司与深圳唯冠公司谈判？

证人：是的。

上诉人（苹果）：在2009年谈判期间，您是否使用了 Hargreaves Jonathan 这个网名，并通过 Yahoo 邮箱与对方协商沟通？

证人：是的。

上诉人（苹果）：您是否可在电脑上演示一下你当时在协商时的电子邮件？是否可以提供电子邮件的复印件？

证人：是的，我在这个电脑上有我的电子邮箱用户。

上诉人（苹果）：审判长，我们是否可以在法庭上演示几封邮件？

审判长：可以。下面由证人现场演示邮件。

证人：我不知道法庭认为哪些邮件是关键的，第一封邮件是我发给唯冠公司代表的，2009 年 8 月 18 日，那是我第一次书面与唯冠公司接触。

上诉人：证人，您接触的人是谁呢？

证人：Tim Lo，他是唯冠公司的英国代表。

上诉人（苹果）：您能否将 11 月 2 日的邮件演示一下。

证人：11 月 2 日，我发给唯冠的 HUI YUAN，当时我回复他，我们同意接受 HUI YUAN 提出的价格，是关于清单上的所有 IPAD 商标。

上诉人（苹果）：是否包括在中国注册的两个商标？

证人：是的。11 月 6 日的邮件中，代表唯冠的 HUI YUAN 接受我方的 3.5 万英镑的报价。

上诉人（苹果）：谁是 HUI YUAN，他代表谁？

证人：HUI YUAN 来自唯冠集团的法务部，代表唯冠。

上诉人：再确认一下，HUI YUAN 代表唯冠，是唯冠法务部的？

证人：是的。

上诉人（苹果）：代表唯冠是指代表唯冠整个集团还其某一家公司？

证人：在整个谈判中，我认为唯冠应当代表整个唯冠的利益。

上诉人（苹果）：与 HUI YUAN 交流有没有通过电话的方式，还是只有邮件的形式？

证人：我与其交流中发现 HUI YUAN 英文不是很好，所以都是用邮件。

上诉人（苹果）：你觉得袁辉的英文不是很好？

证人：是的。

（三）主询问应注意的事项

1. 庭审前对证人进行辅导，但不是误导。主询问是询问本方证人，在开庭审理之前，当事人的诉讼代理人应当对证人进行适当的辅导。辅导的内容包括开庭审理程序的辅导和所询问的问题应当如何回答的辅导。

开庭审理程序的辅导包括：向证人介绍法庭的设置、气氛、作证程序、问话方式等情况，使证人有心理准备——特别是可以消除对那些不善于在正式场合进行表达的证人在威严的法庭上容易产生的慌乱心理。

所询问的问题应当如何回答的辅导包括：证人在法庭上应当认真聆听询问，经过考虑后再回答，说话语速要慢；证人要完整地回答问题，不要说与问题无关的事项；证人回答问题应叙述事实发生经过或场景，不要使用推测性的语言，等等。

因为主询问是询问本方证人，所以在庭审之前，当事人及其诉讼代理人应当根据预测在庭审中当事人双方可能出现的争议焦点，预先设计问题，并询问本方证人，了解本方证人的回答。主询问可以进行一定的预先准备或预先演练，但是，决不能编造虚假证言误导证人去歪曲或捏造事实。同时应当告知证人，不可事先准备文字证言照本宣科，而是应当根据庭审中问题的发展和变化，实事求是地回答。

2. 主询问导出的证人证言，应当是对己方有利的事实。主询问设计问题时，应当回避那些对己方不利的事实以及虽然对己方有利但可能影响突出重点的细枝末节性事实。

对主询问一方不利的事实，对方当事人可能通过反询问证人向法庭展示，多数情况下主询问人对这种情况是没有办法的。但是，反询问一方也可能不清楚或忽略对主询问一方不利的事实，这时的证人证言就偏向于有利主询问一方。所以，主询问一方一般不能自曝其短。

诉讼开庭时间是有限的和宝贵的，作为法官会先入为主地认为主询问一方进行询问时所提出的问题是经深思熟虑后精心设计的。如果在主询问时不能把握重点，就会干扰法官对案件焦点事实的认知，对证人证言的证明力产生一些不必要的疑问（或迷惑或误解），对主询问一方想要的庭审结果产生不利影响。

3. 除非必要，应当避免询问证人对案件事实作出判断、结论或提出自己的意见、看法。证人应当就其亲身感知的事实提供证言，不得就案件事实进行推论。如果证人在法庭上表达对案件事实的判断或结论，无疑将侵犯法官认证的权力，引发法官对询问得到的证人证言的排斥或反感。而且，证人提出自己对争议事实的看法或意见，其个人偏向反而会影响证人证言的可信性，无异于画蛇添足。

询问专家辅助人（又称专家证人）时，不受上述约束。专家辅助人与证人的作证方式恰恰相反，其并不是在法庭上表达所感知的事实，而是运用专门性的知识和技能，对特定的事实发表意见。

4. 除非必要，主询问应当避免引导性询问。所谓引导性询问，是指在询问中提出引导性的问题，该问题含有答案，暗示要求证人按照提问者的问题回答。如"你看见李四的SONY手机起火了吗？"就是引导性问题。正确的提问方式是："你看见手机起火了吗？""是哪部手机起火了？""那是谁的手机？""你知道他手机的品牌吗？"

主询问之所以要避免引导性询问，是因为证人由主询问一方提请通知到庭，而主询问一方事先已经对证人如何回答进行了辅导，问题也是事先准备好的，在法庭上通过主询问获得的证人证言其真实性往往会被质疑。因此，主询问时应尽量让所问的问题听起来客观和中性（无明显倾向性），而在法庭上毫不掩饰地进行引导性发问其倾向性过于明显，会让法官潜意识的认为该证人就是主询问一方找来帮腔的，不能如实叙述事实，会明显降低证人证言的证明力。

在一些特定情况下，也可以考虑进行引导性询问。这些情况包括：①在主询问中，为了实现证明的有效性和效率，在涉及与案件争议焦点事实无直接关系的事项时允许使用引导性问题。②案件事实跨度较大，引导性问题可以适当地用于从一个领域到另一个领域的转换或联接。③当证人回答出现意料之外的情况时，可以使用引导性问题。④在对理解能力有限的人如未成年人、智障人士等进行主询问时可以使用引导性问题。⑤询问专家辅助人可以提出引导性问题。

二、反询问

反询问（Cross-examination）是指在主询问之后，对方当事人向出庭的证人等诉讼参与人进行的询问。

（一）反询问的目的

反询问的目的有二：①发现对方证人证言的缺陷、矛盾、错误或不实之处，或者发现证人不可靠来降低其证人证言的证明力——在庭审过程中，向对方证人的反询问，总是显得像在鸡蛋里挑骨头般的刻薄与挑剔；②从对方证人口中获得对己方有利的证词——反询问的着眼点往往并不是为了挖掘事实，而是为了使整个案情对自己有利。

（二）反询问的范围

我国对反询问的范围没有限制规定。一般认为，反询问的范围与主询问的范围相同，应当围绕着案件的争议焦点和凭信焦点进行；但如果为了发现案件事实的需要，反询问的范围可以超越主询问的范围。

（三）反询问的方法

1. 询问细节，排除结论。如果认为对方当事人申请出庭的证人提供了虚假的证人证言，那么，反询问一方除了对证人证言的虚假性直接表示异议外，非常重要的一点就是通过反询问该证人相关事实的细节，发现证人证言与该证人之前的一些言论存在自相矛盾或者证人证言与反询问一方通过展示书证、物证等实物证据所证明的案件事实存在矛盾或不一致，从而否定或降低该证人证言的证明力。

2. 询问证人应当知道但未表述的事实。主询问一方对证人进行询问时，往往回避对己方不利的事实。反询问一方如果了解这些案件事实，可以通过在法庭上反询问证人，把相关事实在法庭上进行展示，达到否定对方主张的相关事实存在的目的。

3. 询问证人的自身情况。由于反询问的主要目的在于否定对方证人证言的可信性，因此，反询问的方法也包括破坏对方证人可信性的方法。这些方法主要有：

（1）证人与当事人存在利害关系。民事诉讼的证人，多数与当事人存在一定的利害关系，与双方当事人无任何利害关系的证人一般不会出庭作证。这种利害关系，可能是与对方当事人的利益关系，也可能是与本方当事人的敌对关系。这种利害关系，使证人证言的证明力明显降低。

> **法条链接**
>
> **《最高人民法院关于民事诉讼证据的若干规定》**
>
> 第六十九条 下列证据不能单独作为认定案件事实的依据：
>
> ……
>
> （二）与一方当事人或者其代理人有利害关系的证人出具的证言；
>
> ……

（2）证人视听感知能力方面存在缺陷。即通过询问或测试证人有关视听感知能力问题,证明该证人由于某种感觉缺陷,如视力差、有色盲、听力差等原因,可能无法看到、听到、闻到、触觉到或品味到他在主询问中所陈述的事实。

(3) 证人的不良品格。即事先掌握了证人的一些品格不良(如不诚实、道德败坏、品质恶劣等)甚至有犯罪前科的记录,通过询问证人的品格问题,让证人自行暴露自己存在品格不良记录,来质疑证人证言的可信性——证人存在不诚信记录是否定证人证言的最佳证据。

(4) 证人的心理或精神状态存在问题。即事先掌握了证人有关的心理及精神状态的资料,在法庭上询问该证人心理或精神状态方面的敏感问题,通过证人的回答或过激反应来削弱证人证言的证明力等。

(5) 证人存在偏见。即证人对反询问一方当事人原来就有成见或偏见等。

第四节 实践技能训练

本节实践技能训练的内容,是以本教材附录中的"机械设备租赁合同纠纷"案例为基础,通过对学生模拟开庭中的法庭调查进行评判,发现其中存在的各种问题并进行纠错,以提高学生在实际开庭中的法庭调查水平。

法庭调查实训记录

法官:现在开始法庭调查。首先,原告宣读诉讼请求、事实和理由。

原告:诉讼请求:①被告承担违约责任,并支付32 800元违约金。②被告按合同约定赔偿运输费10 600元、维修费690 987元、鉴定费5500元,共计707 085元,补足租金40 000元。③本案诉讼费用由被告承担。

事实和理由:2011年8月9日我公司与被告签订了《机械设备租赁合同》一份,2011年9月21日,在施工地点发生交通事故,我方公司租赁摊铺机严重受损。依据《中华人民共和国合同法》第222条、第107条、《民法通则》第111条,被告没有尽到妥善保管义务,构成违约。现根据《中华人民共和国民事诉讼法》第108条的规定特提起诉讼,请依法判决。

此致,长安县人民法院。

法官:下面由被告答辩。

被告:被告长安昌盛公路工程有限公司因滨海顺通公路工程有限公司诉长安昌盛公路工程有限公司租赁合同纠纷一案,答辩如下:

第一,被告没有违反租赁合同,对租赁物尽到了妥善保管义务。长安昌盛公路工程有限公司在道路施工现场设有安全锥,禁止通行的标志牌,隔离锥和照明设施,对租赁物尽到了妥善保管的义务。

第二,租赁物毁损是因第三方原因造成的。双方合同约定:乙方承担在租赁期内发生的乙方责任内的租赁机械的毁损（正常损耗不在此内）和灭失的风险，由不可抗力造成的损失双方协商解决。但在该案中，租赁物的毁损是由第三方责任造成的。

根据加州市公安局交警支队长安大队出具的道路交通事故认定书，李某未按操作规范安全驾驶、文明驾驶机动车且未按规定右侧通行是事故发生的全部原因，根据《中华人民共和国道路交通安全法实施条例》第91条和《道路交通事故处理程序规定》第46条第1款第1项的规定，确定李某承担事故的全部责任，刘某、王某、祝某不承担事故的责任。

第三，胜利大道是新修路，不是道路维修。原告所说的《道路交通标志和标线》和《公路养护安全作业规程》的规定，是针对道路的维护所做的规定，新修路并没有此规定。

第四，原告的价格计算错误。对于租赁物的损失价值计算应当考虑折旧按照租赁物当时价值计算，不应当按原物购买时价值计算。原告提供证据乙购买发票显示，租赁物系2007年6月购买，而租赁物毁损发生在2011年9月。原告对于租赁物的损失价值进行计算时，未考虑自2007年6月到2011年9月期间摊铺机使用中产生的损耗，原告直接按照摊铺机购买时的价值进行损失计算是明显不合理的。

综上所述，被告没有违反租赁合同，对租赁物尽到了妥善保管义务，不承担赔偿责任。

此致，长安县人民法院。

法官：经原告陈述诉讼请求、事实和理由，被告答辩，本庭归纳，双方无争议的事实是：原告滨海顺通公司与被告长安昌盛公司签订了《机械设备租赁合同》一份，该合同合法有效。根据合同约定，原告滨海顺通公司将自己的一台沥青摊铺机出租给被告长安昌盛公司使用。2011年9月21日，在被告长安昌盛公司施工地点发生交通事故，原告滨海顺通公司出租给被告使用的摊铺机严重受损。

对于本庭归纳的事实，双方当事人有无异议？

原告：无异议。

被告：无异议。

法官：本庭归纳，双方有争议的事实也就是争议焦点是：①被告在摊铺机毁损的过程中，有没有违约的行为，而且该违约的行为是摊铺机发生毁损的原因——也就是说，被告的违约，造成摊铺机发生了毁损。②原告在诉讼请求中所主张的违约金、维修费、运输费、鉴定费、租金等费用的计算方式的有无法律根据以及具体数额是否准确。

对本庭归纳的争议焦点，当事人有无异议？

原告：无异议。

被告：无异议。

法官：双方对争议焦点均无异议。下面，就双方的第一个争议焦点即"被告在摊铺机毁损的过程中,有没有违约的行为,而且该违约的行为是摊铺机发生毁损的原因"这一事实进行调查。首先由原告举证。

原告:我方有三组证据要向法庭提交。庭前已经向法庭提交了证据清单,其中,第一组证据包括证据1、证据3、证据12,用以证明被告未尽到妥善保管义务,构成违约,并应当承担违约金。

法官:说证据序号的时候,把证据名称说清楚。

原告:证据1是《机械设备租赁合同书》,证据3是《道路交通事故责任认定书》,证据12是《道路交通事故现场勘查笔录》。

法官:把证据的内容展示一下,并进行解释说明。

原告:根据证据3,即《道路交通事故责任认定书》,在被告施工地点发生交通事故。根据该认定书显示当时时间为2011年9月21日21时,证明事故发生时在晚上。根据证据12即《道路交通事故现场勘查笔录》,第一部分"道路基本情况"里载明:"影响视线或行驶的障碍物:无;道路交通标志:无;夜间路面照明:无。"被告在施工时既没有对过路行人、车辆履行警示义务,也没有进行路面照明。在我方看来,在夜间施工其应当履行的警示、保管义务要求更为严格,而被告方没有合理履行此义务,对摊铺机的毁损有直接作用,导致合同无法继续履行,因此被告的行为构成违约。

法官:没有道路交通标志和夜间路面照明就对摊铺机的毁损有直接作用?逻辑关系的跳跃性太大了。解释一下。

原告:我方想证明被告在夜晚施工时没有合理、妥善使用摊铺机。

法官:原告的意思是说合理、妥善使用摊铺机就得有障碍物和路面照明?

原告:对。

法官:原告的这种解释有法律根据吗?或有无合同约定?或有无一些规章等的作业要求?

原告:有。根据《中华人民共和国道路交通安全法实施条例》第35条第1款"道路养护施工单位在道路上进行养护、维修时,应当按照规定设置规范的安全警示标志和安全防护设施。道路养护施工作业车辆、机械应当安装示警灯,喷涂明显的标志图案,作业时应当开启示警灯和危险报警闪光灯。对未中断交通的施工作业道路,公安机关交通管理部门应当加强交通安全监督检查。发生交通阻塞时,及时做好分流、疏导,维护交通秩序"以及第2款"道路施工需要车辆绕行的,施工单位应当在绕行处设置标志;不能绕行的,应当修建临时通道,保证车辆和行人通行。需要封闭道路中断交通的,除紧急情况外,应当提前5日向社会公告"。可见施工方有义务设置安全警示标志,做好安全防护,并在夜间提供照明。

法官:原告继续。

原告:证据1《机械设备租赁合同书》第10条第2款约定:"在租赁机械发生毁损或灭失时,乙方应立即通知甲方。"而实际被告在事故发生后,并未及时通知原告,后来我们通过自己的摊铺机操作手得知摊铺机毁损的情况,延误了对摊铺机的修理,造成了摊铺机的损失进一步扩大。

法官:原告,本庭提醒,现在的争议焦点是被告有无违反合同的约定,而且该违约行为是造成摊铺机毁损的原因。而你现在说得损失扩大是下一个争议焦点可能涉及的内容。

原告:我们这主张对方违反的是合同约定。

法官:法庭提醒原告注意,原告主张被告违反的是合同约定的保管义务,现在你并非证明被告违反了保管义务。

原告:关于保管义务,我们根据的是《合同法》第222条的规定,承租人应当妥善保管租赁物,因保管不善造成租赁物毁损、灭失的,应当承担损害赔偿责任。

法官:还有无需要补充说明的?

原告:没有了。

法官:现在由被告质证。

被告:首先对《交通事故责任认定书》的真实性、合法性无异议。对关联性,证明我方是在晚上作业也没有异议。对《道路交通事故现场勘查笔录》的真实性、合法性无异议,对关联性有异议。之所以没有隔离设施,是因为晚上21:20交通事故发生后,为了方便救护车进场抢救,我们把隔离设施撤了,该勘查笔录勘查于21时45分至2011年9月21日22时50分。关于照明,我不在现场,但是根据我方在现场的证人,照明是有的。

法官:原告主张根据《道路交通事故现场勘查笔录》,证明被告在施工中没有履行保管义务,你对这个关联性有无异议?

被告:有。有隔离设施和灯光,没有违反保管义务。

法官:被告继续质证。

被告:对《机械设备租赁合同书》的真实性、合法性和关联性无异议。至于及时告知原告的问题,原告有操作手在场,原告的操作手知道事故发生,那就是原告知道了。而且,不及时通知原告就会导致扩大损失的说法匪夷所思,没有事实根据。

被告要求举证。

法官:现在是质证阶段,还有没有质证意见?

被告:没有了。

法官:根据被告的质证,原告就第一组证据有无需要补充说明的?

原告:没有了。

法官:就第一个争议焦点下面由被告举证。

被告:我们申请证人王某出庭,证明目的是想证明事故发生的晚上被告使用摊铺机是合理使用,路面有隔离设施和照明,被告尽到了妥善保管义务,不存在违约。

法官:传证人王某到庭。

证人王某到庭。

法官：证人，说一下你的姓名，年龄，职业，住址，与本案被告长安昌盛公司是何种关系（逐项问答）？

证人：我叫王某，45岁，我是长安翰邦路桥劳务服务有限公司经理，身份证号：××××××。长安胜利大道的具体施工人是长安昌盛公路工程有限责任公司，我的工人为他们提供劳务，我们的施工任务由长安昌盛公路工程有限责任公司安排。

法官：证人王某，本院依法审理原告滨海顺通公司与被告长安昌盛公司机械设备租赁合同纠纷一案，根据被告长安昌盛公司的请求，通知你出庭作证。依照《中华人民共和国民事诉讼法》第72条的规定，凡是知道案件情况的单位和个人，都有义务出庭作证，并且不得拒绝作证和提供虚假证据，否则要负法律责任。同时，证人的合法权利受国家法律的保护。证人王某，你听清楚了吗？

证人：听清楚了。

法官：现在由申请证人出庭作证的被告长安昌盛公司向证人发问。

被告：你把事故发生当天晚上现场的情况说一下。

证人：道路施工现场有安全锥，有禁止通行的标志牌，间隔距离不太清楚，大概一二百米，隔离锥放在道路中线向外一点，有长安昌盛公路工程有限责任公司提供的一台照明设施。胜利大道是新修路，不是道路维修。

被告：没有要问证人的了。

法官：原告，你对证人的证言有无异议，有无需要发问的？

原告：事故发生时，加州市交警到现场勘查的时候你在场吗？

证人：在场。

原告：对证人证言的真实性有异议。在《道路交通事故责任认定书》中没有提到证人在现场；《道路交通事故现场勘查笔录》中，其中记录的当事人及其见证人情况，现场没有找到当事人，共找到1名证人，名叫刘某；因此，我们认为证人当时并不在现场。

法官：被告，你对原告的质证意见有什么需要补充说明的吗？

被告：我们想继续问证人一个问题。

法官：可以。

被告：证人，你的证人证言是不是到交警队后写的？

证人：……（迟疑）不是。

被告：证人，你的证人证言是不是到交警队后写的？

证人：……（迟疑）是。

法官：被告，本庭对你加以训诫，不要试图诱导证人作虚假证言。

被告：没有问题了。

法官：原告，还有需要问证人的问题吗？

原告：没有了。

法官：证人，法庭问你几个问题。你说，你的工人在施工现场干活，都是干什么活？

证人：铺沥青。

法官：铺沥青的工人是你的工人还是被告的工人？

证人：既有被告的工人，也有我的工人。

法官：刘某是你的工人，还是被告的工人？是做什么工作的？

证人：是被告的工人，是开摊铺机的司机。

法官：好。证人退庭。庭审后证人在法庭笔录上签字。

法官：原告，对第一个争议焦点还有证据向法庭提交或需要补充说明的吗？

原告：没有了。

法官：原告，那法庭问你几个问题。你方所主张被告的违约行为仅仅是在施工现场没有设置隔离设施和照明吗？

原告：一是被告对摊铺机没有妥善保管，而是没有在摊铺机毁损后及时通知我方。

法官：这是违约？

原告：对。

法官：怎么才算妥善保管？能解释一下吗？

原告：被告在施工现场设置隔离设施和照明，就可以避免事故发生，所以说没有履行保管义务。

法官：设置隔离设施和照明与保管之间有何法律联系？你有法律规定或合同约定或施工规则中提到设置隔离设施和照明属于保管义务吗？

原告：没有。

法官：也就是说，设置隔离设施和照明与保管之间有法律联系仅仅是你方自己的理解，对吗？

原告：是。

法官：被告，就争议焦点还有什么需要补充的吗？

被告：没有。

法官：被告，法庭问你几个问题。原告说，你方没有设置隔离设施和照明，是没有尽到保管义务。你方说，隔离设施及照明是事故发生后撤掉了，你也不能举出证据，对吧？

被告：我方有证人证言。证明有隔离设施和照明。

法官：你方的证据主要是证人证言，对吗？还有其他证据吗？

被告：对。没有了。

法官：你对隔离设施及照明属于保管义务，有异议吗？

被告：有异议。不属于。

法官：这个"隔离设施及照明不属于保管义务"是有法律或一些其他的什么规

定，还是你方自己的理解？

被告：自己的理解，没有规定或约定。

法官：好。第一个争议焦点的法庭调查到此为止。

被告：我们要求继续举证。

法官：刚才要求你举证不是没有了吗？

被告：我们还有。

法官：好。继续举证。

被告：被告举出《道路交通事故责任认定书》，这个证据载明：李某未按操作规范安全驾驶、文明驾驶机动车且未按规定右侧通行是事故发生的全部原因。根据《中华人民共和国道路交通安全法实施条例》第91条和《道路交通事故处理程序规定》第46条第1款第1项的规定，确定李某承担事故的全部责任，刘某、王某、祝某不承担事故的责任。想证明摊铺机的损失应当由李某来承担，不应当由我们来承担。

法官：被告，你要注意第一个争议焦点是你方有没有违反约定、有没有尽到对摊铺机的保管义务，不是这次交通事故的责任。责任分担问题可在法庭辩论阶段进行阐述。你方要围绕争议焦点举证。

被告：没有证据了。

法官：双方当事人对第一个争议焦点都没有证据了。下面就第二个争议焦点即"原告在诉讼请求中所主张的违约金、维修费、运输费、鉴定费、租金等费用的计算方式有无法律根据以及具体数额是否准确"进行举证。下面由原告举证。

原告：先说第一个，违约金25 600元怎么计算出来的。根据租赁合同第1条，摊铺机租赁时间是从2011年8月12日至工程结束，这是摊铺机的使用时间的约定。事故发生时是9月21日，因此，摊铺机的实际使用期间是32天。再根据租赁合同的第11条第2款："未经对方书面同意，任何一方不得中途变更或解除本合同；任何一方违反本合同约定，都应向对方偿付本合同总租金额20%的违约金。"被告违约，按照4000元乘以32天再乘以20%，计算得出违约金是25 600元。

法官：被告对此证据质证。

被告：无异议。愿意赔偿。不对，错了。我方并未违约，不同意支付违约金。原告是根据租赁合同第11条第2款的约定，"任何一方不得中途变更或解除本合同"，要求我们支付违约金。我们到现在为止，也没有变更或解除合同。违约金不应支付。

法官：原告，合同现在解除了吗？

原告：没有。现在仅仅是中止履行，没有解除。根据双方的租赁合同第11条第2款的约定，任何一方违约都应当向对方支付违约金，而不仅仅是变更或解除合同需要支付违约金。

法官：原告，你仅适用合同约定第11条的"任何一方违反本合同约定，都应向对方偿付本合同总租金额20%的违约金"这一句，是这个意思吗？

原告：对。

法官：本庭对此违约金的计算已经清楚。原告继续举证。

原告：运输费10 600元，有"公路内河运输业统一发票"一份为证。事故发生后，我公司需要将损坏后的摊铺机运输到维特根公司维修，委托滨海宏大货物运输有限公司将摊铺机运输到维特根公司维修时发生的运输费用。

法官：被告质证。你愿意承担运输费吗？

被告：该运输费不应由被告承担。

法官：原告，你要求被告承担运输费用有法律根据吗？

原告：有。根据双方的租赁合同第10条第2款之规定，"在租赁机械发生毁损或灭失时，乙方应立即通知甲方，甲方有权选择下列方式之一，由乙方负责处理并承担其一切费用：①将租赁机械复原或修理至完全能正常使用的状态……"维修费就包含在这里面。

法官：被告质证。

被告：被告认为，根据合同第10条第2款的约定，应当由乙方即被告承担费用，但是原告自行支付了，就不应再向被告索要。

法官：原告继续举证。

原告：维修费690 987元。根据原告与维特根公司签订的《维修服务合同》和维特根公司的报价单，可以证明维修费用。报价之后做了鉴定。鉴定费有发票5500元。

法官：原告，摊铺机修理了吗？

原告：已修好。

法官：修理发票呢？

原告：没有。

法官：被告质证。

被告：维修费我们是要出的，但是说的数目不同意。维修费具体是多少，那是在我们处理的时候才知道具体是多少数额。现在的数额是对方在私自去修的情况下才产生的，不应当由我方承担。

法官：原告继续举证。

原告：租金40 000元。根据双方的租赁合同第4条约定，预付1个月租金。我们现在要求支付的租金是9月12日~21日共10天的租金，每天4000元，共计40 000元。

法官：被告质证。

被告：无异议。

法官：除律师费外，原告还有证据向法庭提供吗？

原告：没有。

法官：被告有证据向法庭提供吗？

被告：没有。

法官：双方都没有证据向法庭提供。本庭接下来问原告一个问题。原告，被告认为，根据租赁合同第10条第2款的约定，摊铺机毁损后应当由被告维修，不应当由你方维修。你方怎么理解合同约定的第10条第2款？

原告：租赁合同约定，"甲方有权选择下列方式之一，由乙方负责处理并承担其一切费用"，这是我们的一项权利，我们也可以选择自己修。

法官：好。鉴于双方当事人再无证据向法庭提出，法庭调查结束。

第六章　法庭辩论训练

项目训练目的

通过对法庭辩论阶段法官如何主持法庭辩论和律师如何赢得法庭辩论两个方面进行专门的讲解和训练，加深学生对法庭辩论阶段实务技能的认识，促进学生在进行法庭辩论时对辩论艺术的具体运用，培养学生迅速进入角色完成法庭辩论工作的入门能力。

法庭辩论是在法庭调查的基础上，双方当事人就案件事实和法律的适用进一步向法庭阐明自己的观点，反驳对方的主张，进行论证和辩驳的活动。法庭辩论的主要任务，是在审判人员的主持下，通过当事人及其诉讼代理人之间的口头辩论，以进一步查明案件事实，核实有关证据，分清是非责任，为最终的裁判奠定基础。

同法庭调查阶段一样，法庭辩论也是有法定顺序及法定要求的。但与之相关的法律规定并不多，也不够具体。主要体现在以下一些条文中：

法条链接

《中华人民共和国民事诉讼法》

第十二条　人民法院审理民事案件时，当事人有权进行辩论。

第一百四十一条　法庭辩论按照下列顺序进行：

（一）原告及其诉讼代理人发言；

（二）被告及其诉讼代理人答辩；

（三）第三人及其诉讼代理人发言或者答辩；

（四）互相辩论。

法庭辩论终结，由审判长按照原告、被告、第三人的先后顺序征询各方最后意见。

第一百四十二条　法庭辩论终结，应当依法作出判决。判决前能够调解的，还可以进行调解，调解不成的，应当及时判决。

《最高人民法院第一审经济纠纷案件适用普通程序开庭审理的若干规定》

四、法庭辩论

30. 审判长宣布法庭辩论开始，当事人及其诉讼代理人就本案争议的问题进行辩论。辩论应当实事求是，以理服人。必要时，审判长可以根据案情限定当事人及其诉讼代理人每次发表意见的时间。

31. 原告及其诉讼代理人发言。

32. 被告及其诉讼代理人答辩。

33. 第三人及其诉讼代理人发言或答辩。

34. 第一轮辩论结束，审判长应当询问当事人是否还有补充意见。当事人要求继续发言的，应当允许，但要提醒不可重复。

35. 当事人没有补充意见的，审判长宣布法庭辩论终结。

36. 法庭辩论终结，审判长按照原告、被告、第三人的顺序征询各方最后意见。

《最高人民法院关于民事经济审判方式改革问题的若干规定》

十七、审判人员应当引导当事人围绕争议焦点进行辩论。当事人及其诉讼代理人的发言与本案无关或者重复未被法庭认定的事实，审判人员应当予以制止。

十八、法庭辩论由各方当事人依次发言。一轮辩论结束后当事人要求继续辩论的，可以进行下一轮辩论。下一轮辩论不得重复第一轮辩论的内容。

十九、法庭辩论时，审判人员不得对案件性质、是非责任发表意见，不得与当事人辩论。

法庭辩论终结，审判长或者独任审判员征得各方当事人同意后，可以依法进行调解，调解不成的，应当及时判决。

《法官行为规范》

第三十一条　对诉讼各方陈述、辩论时间的分配与控制：

（一）根据案情和审理需要，公平、合理地分配诉讼各方在庭审中的陈述及辩论时间；

（二）不得随意打断当事人、代理人、辩护人等的陈述；

（三）当事人、代理人、辩护人发表意见重复或与案件无关的，要适当提醒制止，不得以生硬言辞进行指责。

《最高人民法院关于适用〈中华人民共和国民事诉讼法〉的解释》

第二百三十条　人民法院根据案件具体情况并征得当事人同意，可以将法庭调查和法庭辩论合并进行。

第二百三十二条　在案件受理后，法庭辩论结束前，原告增加诉讼请求，被告提出反诉，第三人提出与本案有关的诉讼请求，可以合并审理的，人民法院应当合并审理。

从以上规定可以看出，有关法庭辩论阶段的法律规定不多，也不够具体，操作性不太强。但实践中，法庭辩论阶段，却往往是当事人各方对抗最激烈的阶段，也是对法官判断影响最大的阶段，更是最能考验律师能力和发挥其作用的阶段。因此，法庭辩论阶段常被人称为"庭审的精彩段落"。

在这一阶段，律师可以紧紧围绕当事人所追求的目标，帮助当事人就法律的适用、证据的运用等作有理有利的阐述。重点在有争议的分歧问题上，针对己方当事人的证据是否能够充分地支持自己的观点、该项理由是否正当、对方当事人的证据在本案中的效力等问题，综合有力证据，反驳对方观点，发表综合性意见，支持己方观点，为法官审查判断证据提供帮助，以达到己方预期目的。经过辩论、质证，帮助法官兼听则明，坚定其内心确信。因此，法庭辩论是律师最出彩的时候，也是最能考验律师临场应变能力和口头表达能力的阶段。

但同时我们也不能忘记，法庭是法官进行审理和裁判案件从而定分止争的特定场所，是法官的舞台。如前所述，由于法律对法庭辩论阶段的规定太少或不够具体，实际操作起来十分不便，在最能体现庭审高潮的法庭辩论阶段，双方当事人唇枪舌剑，你来我往之下，互不相让，极易将法庭辩论变成无味的争论，甚至变成嗓门高低的较量，人身攻击的借口。因此，法官主持法庭辩论的技能是当事人合法权利的保障，是加快办案速度，提高办案质量的重要环节，是保障司法公正的手段之一，也是衡量法官业务水平和综合素质的一项最基本的标准。

本章的内容，将从法官如何主持法庭辩论和律师如何赢得法庭辩论两个方面进行专门的讲解和训练。

第一节 法官如何主持法庭辩论

法庭辩论是庭审又一阶段的开始，意味着以下庭审状态开始：①诉讼请求已经固定，当事人不得再增加、变更诉讼请求；②当事人不得再提供新的证据；③法庭不再主持举证、质证；④法庭对事实的调查结束，开始围绕事实和如何适用法律进行辩论。[1]

法庭辩论阶段往往非常激烈，许多法律人认为，法庭如同赛场，是当事人的竞技场。通常起诉到法院的案件可以分为两大类别，一种是对事实问题的争议，一种是对于法律问题的争议。无论出于怎样的原因，总需要通过法庭的辩论和质证去伪存真，使真相水落石出。因此，当事人之间的一切矛盾与争议，都将在法庭辩论中聚焦；当事人之间就案件事实和适用法律的观点也将在法庭辩论中得以阐明。在此阶段，当事人向法庭所阐述的内容多为主观性的意见。从某种意义上说，法庭辩论是法庭调查的继续和深入。而法庭的作用在于为纠纷的当事人提供一个解决争议的机制，提供一个摆事实、讲道理的平台；在于为当事人解决争议提供一个公平的环境、规则、程序。可以说，法庭辩论实质上是诉讼双方不同利益的对垒和斗争。法官在裁判案件时要做到司法公正，就必须切实保障当事人的辩论权，充分发挥当事人参与诉讼的积极性和主动性。因此，在法庭辩论过程中，法官以倾听为主，对于有律师参加的法庭辩论一般不发表意见，但这并不意味着法官在法庭辩论阶段不需

---

〔1〕 张晓秦、刘玉民主编：《庭审要点与技巧》，中国民主法制出版社2009年版，第87页。

要主持，只需要被动地适应。恰恰相反，为了避免当事人及其代理人将法庭辩论变成无味的争论，甚至变成嗓门高低的较量、人身攻击的借口，法官主持和引导法庭辩论有序进行非常必要，既要调动当事人各方的积极性，又要引导当事人正确行使辩论权，保证辩论能够围绕案件争议有序进行，对于不正当的发言法官应当及时予以制止。可以说，主持法庭辩论的能力，是每位法官必须具备的最基本的司法能力，也是法官驾驭庭审能力的核心内容。法官主持法庭辩论能力的高低，直接体现了法官的司法能力水平。

一、法官在法庭辩论中的地位和作用

从现代程序论的角度讲，中立性是现代程序必须坚持的基本原则之一，是程序的基础。法官作为民事诉讼裁判的主体，在法庭辩论中只能处于中立的第三者地位。法官在法庭辩论中所享有的是一种指挥权，或者说是程序引导权，即法官组织当事人依法合理而有效地进行辩论，并可根据实际情况，调整辩论顺序，对辩论进行限制、分离或者合并。法官保持中立性需要同时做到以下三点：

1. 总览而不包揽。就是要把握全局，驾驭全局，指挥全局。在整个法庭辩论中发挥统帅作用、组织作用、协调作用。但又不能包揽诉讼，要善于发挥诉讼参与人的作用。

2. 超脱而不摆脱。就是要在整个法庭辩论中处于超然地位、中立地位，不陷入（介入）任何一方诉讼活动之中，不偏袒任何一方当事人，不替代任何一方行使诉讼权利。

3. 决断而不武断。就是要敢于决断、善于决断、及时决断。对庭审中出现的重大争议和分歧，该决断的要决断。要给诉讼当事人和旁听人员一个明确的态度和结论。

二、法官主持法庭辩论的基本原则

法庭辩论的重要任务是组织当事人对法庭调查的事实、证据提出自己的看法，陈述自己的意见，通过双方辩论，达到查明事实、分清是非的目的。法庭辩论的质量直接关系到案件的审判质量。因此，法官在主持法庭辩论时要掌握以下原则：

（一）坚持以事实为根据，以法律为准绳的原则

任何一个法治国家，司法机关、司法人员首先必须是守法的模范。因此，即使在法庭辩论阶段，法官仍要依照法律规定的程序保障当事人发表各自的观点的权利得以实现，并能够有效地保证法律规定的其他原则和制度得以贯彻落实。法官要依照法律的规定，结合法庭调查中所反映的案件事实，指导当事人进一步从事实、证据、法律、法理等方面开展辩论。同时法官要把握好庭审主线，使辩论双方根据法庭调查阶段已调查的事实和已质证的证据依法进行辩论，对双方出现脱离事实、互相"顶牛"、东拉西扯的现象，法官要掌握辩论依据，及时适当引导，使辩论依法有据、有条不紊地进行。

（二）坚持保障当事人充分发表辩论意见的原则

《民事诉讼法》第 12 条规定：人民法院审理案件时，当事人有权进行辩论。辩论原则作为民事诉讼基本原则，应贯穿于民事诉讼的整个过程，而法庭辩论则是当事人双方最集中最全面的辩论，是最集中的言词交锋，是辩论原则最重要的体现。

从实践看，辩论也往往集中体现为法庭辩论，即辩论是当事人在法庭审理的辩论阶段集中进行的言词交锋。辩论原则建立在当事人诉讼地位完全平等的基础之上。他们既可以对案件的实体问题进行辩论，也可以对程序问题进行辩论；既可以对证据的认定发表意见，也可以对争议的焦点进行辩论；既可以就认定的事实进行辩论，也可以就法律适用提出自己的意见。当事人可以相互进行反驳和答辩，以维护各自的合法权益。因当事人之间的文化水平和道德修养不同，其在辩论时，常常会出现遣词不当、情绪激昂甚至攻击谩骂等种种不尽如人意的情况。法官应立场公正、程度适宜、言辞有度、措施适当地正确疏导，而决不能以此为由剥夺当事人的辩论权。那样势必会使法庭辩论陷入僵局，不能充分发挥法庭辩论的作用，不利于案件的正确、及时审结。

（三）坚持紧紧围绕诉讼请求进行辩论的原则

法庭辩论所要达到的实质性目的，就是诉讼请求是否成立。而法庭辩论要求应始终围绕案件事实是否清楚、证据是否确实充分、责任是否明确等中心问题进行，所以法官不仅要有效地控制法庭辩论的节奏，还要能够在复杂的辩论中客观、准确地提炼出双方争议的焦点，又要给代理律师留有充分发表代理意见的空间，使双方紧紧围绕诉讼请求，针对实质性问题层层辩论，将法庭辩论不断引向深入。对双方提到与诉讼请求无关的事实及本案以外的纠纷、矛盾以及枝节问题，也必须程度适宜、言辞有度、措施适当地及时加以指出，并予以制止，防止无谓的辩论。

（四）坚持地位中立的原则

法庭辩论是双方当事人全面阐述自己主张的法律依据，并对对方的观点、理由进行反驳的过程。法官无论是在思想观念上还是在言行上都应该具有绝对的中立性，对双方当事人必须保持"等距离"，处于一种超然的、不偏不倚的，纯粹裁判员的地位，防止"先入为主"，做到"兼听则明"。因此，法官在法庭辩论阶段中的主要任务是主持辩论，认真听取并及时引导双方就案件事实、证据的认定以及法律适用等问题发表意见，而不是去参与辩论，甚至直接去确认某一方或否认某一方的结论。同样，法官更不能去训斥辩论观点不能成立的某一方，使得原本属于当事人之间的辩论转化成当事人与法官的诉争，双方当事人的纠纷也可能会转变成当事人与法官之间的矛盾，以至于影响法官的公正形象。法官的魅力不在于他的口才，而在于他的思考和判断。很难想象，一个在法庭上喋喋不休的法官能给当事人带来多少可信度。

三、法官主持法庭辩论的要点与技巧

法官是法律的喉舌，是活的会说话的法律，是公正的化身。法官主持法庭辩论能力的高低，不仅关系到辩论目的能否实现，而且直接反映庭审过程是否民主、科学、合法。这就要求法官必须在胸怀全局的情况下，娴熟地掌握法言法语，并用于观察、思考、表达和判断法庭辩论中发生的各种事项，从而作出准确的决定。

法官要善于引导辩论各方围绕争议焦点展开论述，特别是对于那些疑难、复杂案件，由于其本身的复杂性和当事人心理情绪的不可预测性，在法庭辩论中发生矛盾激化或者激烈对抗的情形时法官更应如此。对于集团诉讼或与特定群体关系密切的案件，必须在辩论中提高应对和处置可能出现的各种复杂局面的能力。法官不仅要在庭前对法庭辩论中可能出现的任何事项有一个合理的预见，对于突发的事项，也要当机立断并作出妥当的决定。法官在整个庭审过程中说话的口气应该是坚定的、平和的、不容置疑的。从某种意义上讲法官的魅力就在于他那充满智慧的思考，每一个决定的作出，都是法官在具体司法实践中的魅力展示。

司法追求的最终目的是公正。这就要求法官在法庭辩论中做到形象公正，保持中立，不带偏私地、平等地保障当事人充分、适当地行使辩论权。要求法官在法庭辩论中持消极态度，对诉讼当事人之间的辩论不过分干涉，以维护法庭辩论的基本秩序，引导辩论始终围绕着弄清案情、正确适用法律这一中心进行。要使法庭辩论条理分明、节奏协调，法官应把握好以下几个方面：

（一）应向当事人宣布辩论规则

法庭调查结束后，进入法庭辩论阶段。法官开始主持法庭辩论，启动这一由双方当事人系统阐述自己观点和相关法律依据、对争议焦点进行充分论证的程序。由于双方当事人法律素质不一、庭审诉讼技能不同、思辨和语言表达能力高低有别，法官在主持法庭辩论时应把握平衡原则，确定法庭辩论的规则，让当事人有章可循，有法可依，也为进一步控制辩论的发展打好基础。

在此阶段，法官可以依照法律规定向当事人宣布法庭辩论规则如下：

法庭调查结束，依据《中华人民共和国民事诉讼法》第141条及《最高人民法院关于民事经济审判方式改革问题的若干规定》的有关规定，下面进行法庭辩论。法庭辩论应紧密围绕本案争议焦点，不得进行与本案无关的发言，不得重复法庭调查已经查明的事实，辩论语言应当简明，避免烦琐冗长，发言不得进行人身攻击，如出现上述情况法庭将予以制止。首先由原告陈述辩论意见。[1]

（二）严格按照顺序由双方当事人及代理人发言

法官应当首先归纳双方争议焦点，提醒双方当事人及其代理人围绕案件争议焦点和适用法律问题充分发表辩论意见。

法庭辩论应严格按照下列顺序进行：

---

[1] 马军：《法官的思维与技能》，法律出版社2013年版，第75页。

1. 原告及其诉讼代理人发言。审判长宣布进入法庭辩论阶段后，先由原告就法庭调查的事实和证据、应当适用的法律，陈述自己的意见。原告陈述后，原告有代理人的，由其代理人对原告的发言作补充或者进一步说明，以便更好地维护原告的合法权益。原告不到庭的，可由其诉讼代理人发言。

2. 被告及其诉讼代理人答辩。原告及其诉讼代理人发言完毕，由被告就法庭调查的事实和证据、应当适用的法律发言，并针对原告的发言进行答辩。被告有诉讼代理人的，在被告发言完毕后，其诉讼代理人对被告的发言作补充或者进一步说明，以便更好地维护被告的合法权益。被告不到庭的，可由其诉讼代理人进行发言和答辩。

3. 第三人及其诉讼代理人发言或者答辩。有第三人参加诉讼的，原、被告发言、答辩后，法庭应当让第三人发言或者答辩，让他就法庭调查的事实和证据、应当适用的法律，以及原、被告的发言、答辩，提出自己的意见。第三人有诉讼代理人的，可由其诉讼代理人发言或者答辩。

4. 互相辩论。经过上述法庭辩论顺序后，审判人员应当让双方当事人、第三人就本案的问题互相向对方发问，辩驳对方的主张并阐述自己的意见。审判人员在当事人互相辩论时，应当使辩论集中在案件必须解决的问题上，必要时，可以对当事人进行启发、引导，审判人员必须公平地保障双方当事人的辩论权利。当事人不得滥用辩论权利，无理狡辩，互相争吵，甚至哄闹滋事。当事人在法庭辩论终结时，都有陈述最后意见的权利。因此，法庭辩论终结，由审判长按照原告、被告、第三人的先后顺序征询各方最后意见，以充分保证当事人行使诉讼权利。

需要注意的是，第一轮法庭辩论又称对等辩论，即严格按照原告及其诉讼代理人、被告及其诉讼代理人、第三人及其诉讼代理人的顺序依次发言。辩论发言一般不宜重复诉状的内容。第一轮辩论结束，法庭可根据实际情况（例如有无该辩而未辩的事项）决定是否进行下一轮辩论；如进行下一轮辩论的，应强调发言的内容不宜重复。法庭根据需要可限定每一轮次各方当事人辩论发言的时间。经过几轮对等辩论发言后，还可以进行互相辩论，由当事人直接互相提问，互相辩驳。在互相辩论时，当事人要求辩论发言的，可以向法庭举手示意。经法庭许可，方能发言。在互相辩论中，当事人未经许可而进行自由、无序的辩论发言或者辩论发言的内容重复的，法庭应予以制止。

当然，在实践中，法庭辩论往往经过一轮的对等辩论就可结束，因而没有第二轮、第三轮，更谈不上互相辩论了。

（三）指导当事人围绕案件争议焦点辩论，控制辩论节奏

如前所述，法庭辩论过程中，法官要注意充分保障双方当事人及其代理人行使辩论权，给双方同等机会来发表自己对案件的意见。但是辩论不能偏离案件中心，法官要注意指导双方围绕案件逐步深入地进行辩论，辩论中心必须明确，要提醒双方辩论应坚持以事实为依据，以法律为准绳。法官要防止当事人滥用辩论权。如果

在辩论过程中，当事人或代理人过于感情用事，出现带有攻击性、侮辱性的言辞，法官要及时制止，对于与案件无关的辩论意见或围绕细枝末节的问题纠缠不休的辩论，法官在制止的同时，要指导当事人围绕与案件相关的事实和法律适用发表辩论意见。如果当事人不断重复法庭调查中陈述过的事实和证据，或者法官发现当事人的发言没有针对性或者含混不清，可以提醒当事人明确真实意思。

实践中，法官在法庭辩论中须对以下几种情况及时进行控制，以掌握并调整辩论节奏：

1. 当事人发表具有人身攻击性质的语言时，应当及时制止。

2. 当事人重复事实的陈述甚至可能和起诉意见、答辩意见重复时，要及时加以提示。

3. 当事人在辩论时跑题，陈述与案件无关的事实时，须及时打断其陈述，让其言归正传。

4. 当事人陈述内容空洞，哗众取宠，观点模糊时，适当提示。

5. 当事人长篇大论，甚至占用大量时间陈述一些法理时，需要限定其发言时间。

前四种情况，法官在辩论时就应当告知，在辩论过程中，如当事人出现这种情况，应及时提示。为了控制庭审时间，法官可以提前对辩论时间和次数进行规定。[1]但控制辩论时间和次数时，应注意对双方当事人体现平等原则。

第一轮辩论结束，法官应作简短归纳，提示当事人在新的焦点上展开辩论，并发表新的意见。当然，法官也不能完全武断地要求当事人只围绕自己确定的争议焦点辩论，应当提醒当事人在围绕法官所提供的辩论点辩论后，还可以提出自己认为重要的问题发表辩论意见。切记辩论是当事人之间的辩论，不能形成法官和当事人之间的对立。

（四）及时处理法庭辩论中出现的新情况

对在法庭辩论中出现的一些特殊事由，法官要能及时、准确、公正、稳妥、合法、果断地处理。

1. 如果法官认为有些问题尚未查清，可以宣布暂停法庭辩论，恢复法庭调查，待法庭调查完毕后，重新恢复法庭辩论。

2. 如果当事人提供新的证据，法官同样要宣布暂停法庭辩论，恢复法庭调查，待双方质证后，恢复法庭辩论；如果当事人提出了新的事实，应当审查当事人提出的事实主张与案件的关联性，如与本案相关，也要宣布暂停法庭辩论，恢复法庭调查，待法庭调查完毕后恢复法庭辩论。

3. 如果针对关键事实，当事人提出新的证据，须在一定期限内提供，否则应宣布延期审理；如法庭认为对某一事实或证据须调查核实的，也应宣布延期审理。

4. 为了保证法庭辩论的顺利进行，法官有权制止违反法庭秩序的行为。如，法

---

[1] 马军：《法官的思维与技能》，法律出版社2013年版，第76页。

官对实施违反法庭规则、哄闹、冲击法庭的,侮辱、诽谤、威胁、殴打法官的,可施之以强制措施,甚至刑事制裁。

(五) 正确处理法庭调查与法庭辩论的关系

按照我国法律及相关司法解释的规定,法庭调查和法庭辩论是有明确分工的。从理论上讲,法庭调查的对象是事实,即通过举证、质证和认证,在审查证据的基础上认定案件事实。法庭辩论一般是在法庭调查的基础上,甚至在事实清楚的基础上,就法律的适用展开辩论,以确认是非曲直、行为性质、责任划分等。在实践中,一般情况下,法庭调查与法庭辩论的顺序及功能不可逾越。正如张卫平教授所总结的:"在庭审的事件中,我们所见到的情形往往是在法庭调查阶段,双方当事人就开始对事实问题以及相关的法律问题进行辩论。这时,审判长会提醒双方当事人:现在是法庭调查阶段,不是辩论阶段,不要现在进行辩论,到了法庭辩论阶段,自然会让双方充分辩论。"[1]

而问题是,在实践中,有的案件事实问题与法律问题血肉相连,那么,法庭调查和法庭辩论就难以泾渭分明、截然分开。在法庭调查阶段,人们期望能够将案件的事实揭示出来,而不涉及事实问题和法律问题的争议。但实际上在许多情况下,人们很难摆脱事实与关于事实,以及事实与法律问题的纠缠。[2]而法庭辩论中一个很重要的事项就是双方当事人提出证据,对证据进行质证和认证。质证是双方当事人对证据的真实性、证据的效力、证据事实与案件的关联性方面进行质辩的过程。然而,关于证据的质辩,实质上就是关于案件事实,甚至法律问题的辩论。对于原告而言,提出的证据都是围绕其诉讼请求和阐明法律理由的事实。对于被告而言,提出的证据则是关于反驳原告诉讼请求和法律理由的事实。庭审中的案件事实几乎都是由这些证据事实组成的,因此,关于证据的质辩也就是关于案件事实问题的辩论,不可能将关于证据问题的辩论与案件事实问题的辩论区分开来。而且,也同样不能将证据辩论中的事实问题与关于证据的法律问题加以区分。[3]正因为如此,2015年2月4日起施行的《最高人民法院关于适用〈中华人民共和国民事诉讼法〉的解释》(法释〔2015〕5号)在第230条规定:"人民法院根据案件具体情况并征得当事人同意,可以将法庭调查和法庭辩论合并进行。"根据该规定,不仅仅是简易程序,按照普通程序审理的案件也将不再受法庭调查和法庭辩论顺序的限制,可以根据案件具体情况,在征得当事人同意后合并进行。而在此之前,根据《民事诉讼法》第160条之规定,"简单的民事案件由审判员一人独任审理,并不受本法第136条、第138条、第141条规定的限制"。审判实践中,简易程序的庭审程序有两种方

---

〔1〕 张卫平:"法庭调查与辩论:分与合之探究",载《法学》2001年第4期。

〔2〕 张卫平:"法庭调查与辩论:分与合之探究",载《法学》2001年第4期。

〔3〕 张卫平:"法庭调查与辩论:分与合之探究",载《法学》2001年第4期。

式：一是完全按普通程序的庭审顺序进行；二是不按常规庭审顺序，将法庭调查和法庭辩论交叉进行。[1]

第二节 律师如何赢得法庭辩论[2]

"一言之辩重于九鼎之宝，三寸之舌强于百万之师。"作为一项独立的诉讼民主程序，法庭辩论赋予争讼双方当事人从事实、证据、法律适用乃至诉讼程序上阐明观点、厘清案件是非曲直的平等机会。如同一名技艺高超的能工巧匠，诉讼经验丰富的律师们总是围绕争讼双方争议的焦点，紧紧抓住并利用法庭辩论这一有利时机，将大量凌乱无序的"事实"和"证据"一点一滴地汇成一串美丽无瑕的"珍珠"——通过心灵的碰撞与理性的交流，重新梳理、再现争讼案件的"事实真相"，让受诉法院沿着自己缜密设计的诉讼方向思考、辨析，最终接受并作出积极有利的事实判断和法律认定。[3]

在律师民事代理工作中，法庭辩论的范围非常广泛。既有证据效力上的分歧，亦有适用法律上的争议；既有实体法上的分歧，也有程序上的争议……常言道："事实胜于雄辩"，但事实得益于雄辩。司法实践中，即使有了事实和法律，也并非都能使律师辩论获得成功，这就要求律师充分施展自己的辩才和谋略。当法庭进入辩论阶段，各方之间或针锋相对，或避实就虚，或出其不意，或攻其不备，或迂回包抄，以退为进。此时，一方律师如不讲究"战术"，不懂得辩论技巧，就难以沉着地依据事实和法律发表辩论言辞，更无法巧妙地应付辩论中出现的新情况，以实现运筹方略的要求。事实上，虽有好的辩论方案，但临庭辩论时，因不能把握时机，不善于采取相应的对策，使本已掌握的"铁证如山"的事实因没能发挥作用而导致辩论失利的现象是不乏其例的。

由此可见，辩论艺术在律师业务活动中占有的地位是十分重要的，它既是律师业务才能和智慧的集中体现，又是品评律师办案质量及其称职与否的标准尺度。

美国新泽西州最高法院前首席大法官亚瑟·T. 汪德尔贝特指出："律师在法庭上的工作有着两个不同的部分。首先是以直接、间接和交叉考察的方式出示证据，这项工作本身便是一门伟大的艺术，但是，若没有律师之法庭工作的另一部分——即法庭辩论的艺术，证据本身时常不能将自己的全部意义表现出来，只有法庭辩论的艺术才能使得律师能够充分地利用证据。""然而令人惊奇的是在我们的任何一所

---

[1] 沈志先主编：《驾驭庭审》，法律出版社2014年版，第197页。

[2] 本节所论述的律师如何赢得法庭辩论，虽然侧重于从律师代理角度论述，但适用于当事人及其他诉讼代理人。特此说明。

[3] 朱德楷：《胜诉谋略：律师的诉讼策略与技巧》，法律出版社2012年版，第226页。

法律院校中都是不曾教授过法庭辩论的技巧。我们是如此地把时间集中于传授法律知识和教授法律推理的技术,以至没留出时间来传授法庭辩论的技巧,就好像在法庭辩论中既无艺术又无科学可言似的,从而使一个人能否获得法庭辩论的技巧——这门律师职业的伟大艺术要由机遇来决定。我希望我能够向你们证明:存在着一些既不是被法院也不是被立法机关所规定的非常具体的法则,它们支配着对每一个案子的处理,就几乎如同写在法典中或者体现在法庭规则中一样有效。"[1]

本节的内容,将从律师法庭辩论艺术的角度具体地对"法庭辩论的基本功——语言表达能力"、"法庭辩论的原则及注意事项"、"法庭辩论的基本谋略"、"法庭辩论的禁忌及要旨",以及"法庭辩论的应变能力与技巧"等进行专门的讲解和训练。

一、法庭辩论的基本功——语言表达能力

语言,是人类所特有的用来表达意志、交流思想的工具,人类的思维只有通过恰当的语言表达,才能达到影响他人的作用。律师语言,是指律师在办案过程中所使用的语言。一个称职的律师,必须具备"清晰地和有说服力地以口头和书面的形式表达自己意思的能力"。[2] "在使用语言时,律师必须主宰语言,否则语言很可能会反过来主宰他。他必须不断地培养口头和笔头表达的艺术,直至对这两者的使用变成了他的第二本性。我所说的决不是在语义学的幌子下要什么花招。许多案子的输赢取决于律师的这样一种能力——将自己的观点转变成可以为其特定听众所掌握的语言。在他完成了对案子的事实、法律、个人和背景的研究之后,在已经尽力进行了推理之后,对于他,依然存在这样一个问题:如何使他的观点在表达方面变得那样的清晰和有说服力以至能够打动他的听众。他的听众应当能够感到——他应当能够使他们感到——他正说着的是事实,而不仅仅是语言。自我表达是一桩需要毕生努力的事业。"[3]

笔者认为,具体而言,在律师语言的表达能力方面,律师除了应当具备好的书面语言表达能力(也可以称之为笔头表达能力)和准确、简洁、清楚、生动的口头语言表达能力(也可以称之为口头表达能力)之外,还应当具备善用得体的动作、表情等进行辅助表达的态势语言表达能力。

(一)书面语言表达能力

律师语言的书面表达,是指以一定的文书形式表达的语言,通常是在口头表达之前拟就。例如,在法庭辩论前,律师要综合案情,理顺辩论思路,写好起诉状、

---

[1] [美]亚瑟·T. 汪德尔贝特著,刘同苏译:"法庭辩论",载[印]米尔思等:《律师的艺术——如何赢得你的案子》,中国政法大学出版社1992年版,第83~84页。

[2] [美]亚瑟·T. 汪德尔贝特著,刘同苏译:"法庭辩论",载[印]米尔思等:《律师的艺术——如何赢得你的案子》,中国政法大学出版社1992年版,第86页。

[3] [美]亚瑟·T. 汪德尔贝特著,刘同苏译:"法庭辩论",载[印]米尔思等:《律师的艺术——如何赢得你的案子》,中国政法大学出版社1992年版,第91页。

答辩状、代理意见、代理提纲等,这是每一位律师在法庭开庭之前必做的基础工作,这些工作无一不需要律师具有较强的书面语言表达能力。例如,对于起草诉状,印度阿拉哈巴德邦高等法院大法官 A. K. 柯蒂指出:"用诉状来介绍当事人的案子通常是律师所不得不行使的最重要和最艰难的功能。事实构成诉状的生命与灵魂。事实必须被发掘出来,被整理与消化,然后,要用律师的写作技巧所能达到的有效的和具有吸引力的方式去简明阐述这些事实。阐述必须简洁而有条理,全面而不啰嗦冗赘,要完整和自成体系而不遗漏任何材料和衔接环节,要用清晰易懂的语言进行阐述,要使用能够打动人的方式而不要矫揉造作。虽然诉状不是文学作品,但是如果一个律师具体某种文学才能,那么,由他赋予诉状的文学感染力,必定将增加诉状的说服力。"他甚至认为:"起草诉状本身便是一门艺术。一个已经掌握这门艺术并在此方面赢得声誉的律师将会从各地甚至是很远的地方吸引来真正的当事人,他甚至无需依赖于在法庭上处理案子那样的活动性实践。"[1]

一名合格的律师,在书面文字材料的组织方面必须做到:

1. 字斟句酌,用词规范。词语,是语言最基本的建筑材料,是组成句子的最小语言单位。研究律师语言就必须从词语着手。只有在词语选择与锤炼上下工夫,才有可能创造出完整、严密、生动、恰当的句子,才有美妙的语言。[2]

律师语言必须具备规范性,这不仅指律师语言必须合乎现代汉语的语法规则和表达习惯,还包括所用词语应合乎法律要求。具体表现在以下几个方面:

(1) 语句规范。律师语言的书面表达从句子结构来讲,应力求做到成分齐备,结构完整。特别是涉及当事人时,一般不得随意省略。原告、被告、第三人、证人,这些称谓在律师所撰写的书面材料中往往多次出现。这种情况在其他语言环境中可能被看成是啰嗦累赘,而在律师语言中应被认为是必不可少的。因为不加以明确,就有可能混淆他们在诉讼中的不同地位。应尽量少用你、我、他等人称代词,目的也在于防止引起指代不明、人物互相混淆的现象出现,以致影响语意的确切表达,从语体上讲也会破坏法律语体所特有的严肃性和庄重感。例如,下面的文字就有这种毛病:

原告说被告打了他,被告说原告打了他。他们互相指责。

这段文字指代不明,使我们无法弄清楚"他"是谁,是原告还是被告?还是另外什么人?类似这种情况,在律师语言中应当避免。[3]

(2) 使用法律专业术语应恰当。律师书面语言属法律专业文书,不可避免地要用一些法律专业术语。而且,"一个律师应当在法律用语中使用法律术语。正像诗歌

---

〔1〕 [印] A. K. 柯蒂著,刘同苏译:"律师的职业及其艺术",载 [印] 米尔思等:《律师的艺术——如何赢得你的案子》,中国政法大学出版社 1992 年版,第 145~147 页。

〔2〕 参见秦甫:《律师全能思维方略》,中国检察出版社 2010 年版,第 111 页。

〔3〕 参见秦甫:《律师全能思维方略》,中国检察出版社 2010 年版,第 111 页。

有其自身特殊的结构与词汇一样，法律也有它自己的形式与语言。在法律领域内，使用法律术语所产生的效果是使用其他普通词汇所不能达到的。如果律师能够正确地使用法律语言，法庭辩论会随之而变得更加典雅和更为庄严"[1]。而法律专业术语，每个词语都有其特定的含义。恰当地使用，不仅可以增强律师工作的严谨性，也有助于语意的准确表达。但如果运用不当，一字之差，就可能谬以千里。比如，"第三人"这个词语在法律上有其特定的含义，与"第三者"是完全不同的两个概念，如果错用，就会贻笑大方。因此，选词用语必须准确清楚，尤其对于关键用语，不能错误选词或含混用词。再如，"抚养"、"扶养"、"赡养"、"供养"这一组词，是一组近义词，都有"养活"的意思。但它们的使用范围却各不相同。长辈对晚辈是"抚养"；同辈、夫妻之间称"扶养"；晚辈对长辈要用"赡养"；而"供养"一词，虽多用于晚辈对长辈，但有时也有其他情况，并不是严谨的法律用语。

2. 逻辑严谨，环环相扣。律师的表达多是根据事实、证据推论出的最后结论。因此，律师的表达应该环环相扣、逻辑严谨，让法官感到其论辩的内在的逻辑性。避免表达内容与要说明的主题之间没有逻辑关系，苍白无力，更不能遗漏任何材料和衔接环节。

3. 重点突出，条理清楚。律师在表达时，应始终围绕主题，重点突出，详略得当。不能主次颠倒，东一句，西一句，使听者不得要领。一些复杂疑难案件的内容往往比较庞杂，尤其是在法律关系杂乱无章时，辩论更应当分清主次、抓住要害，不能眉毛胡子一把抓，面面俱到，谨防冲淡了辩论的重点和主旨。

4. 通俗易懂，清晰简洁。有些人为了表现自己的学问高深，故意使用一些晦涩难懂的语句，或使用半文半白词语。律师应避免这种情况。语言应该适当高雅，但应以不影响他人及时清楚地听取所要表达内容的含义为目的，而清晰和简洁则是法律文书的健康标志。莎士比亚有句名言："简洁是机智的灵魂。"法律文书更是如此。因此，律师在撰写法律文书时尤其应当注意文书中的段落宜短不宜长。如果叙述较长，可使用小标题，将长段落打开，代之以有标题的小段。这可以使文本的内容醒目，使阅读者容易接受。

(二) 口头语言表达能力

语言文字是辩论的载体，一切立论、推理、论证都通过语言表达。语言的另一种表达形式，就是有声语言，即口语。律师办案不能只写成书面材料，而且要说、要辩。把话说出来容易，但把话说好，就不是十分容易。纵观成功律师，在出庭辩论、代理时，都具有驾驭、支配辩论形势的能力。许多著名的大律师，同时也是有名的演说家、雄辩家。对于律师来说，口头语言表达能力实在太重要了。

在庭审辩论中，律师在有声语言的表达方面，应当注意以下几点：

---

[1] [印]基舒·普拉萨德著，刘同苏译："律师应当具有什么样的素质"，载[印]米尔思等：《律师的艺术——如何赢得你的案子》，中国政法大学出版社1992年版，第154~155页。

1. 将书面材料口语化。辩论是追求真实性的比赛，辩论的内容越自然、越朴实，论点就越能为人们所接受。按照人类的个性心理特点和生活习惯，自然人之间的交往应当是口头的，而不是书面的。如果一个人与自己的朋友交流，不用口语进行正常的交谈，而是宣读写在纸上的文字，必然让人感到矫揉造作，良好的氛围完全可能因此而破坏。[1]

律师开庭必须使用口语化的语言。当然，这种口语化应当是适度的，并不能脱离法言法语太远，更不应当脱稿。演讲是脱稿的，但律师开庭忌讳脱稿。律师增强开庭效果的策略不应是脱稿的即兴演说，而是用口语化的书面材料作演讲。[2]这种技巧历史上被很多律师采用，即使是拥有高超的语言艺术、同时被称为演讲家和雄辩家的古罗马律师普利尼也不例外。普利尼在赢了案子之后，满怀胜利后的得意之情写信给朋友说："我寄给你我的演讲稿。请你通篇阅读吧，因为我不能缩短它。请注意我是如何来阐述那么多题目的，注意我陈述观点时的周密顺序，以及那些点缀其中的新颖的小叙述。我可以私下对你说，温暖和崇高的感情洋溢其中，演说的每一部分被我用周密的推理编织在一起。我必须加入计算，这时我就不再是演说家而成为会计了。有时我让愤怒的感情任意驰骋，这时的我就像一叶小舟随着阵风摇荡。总而言之，我的朋友们都说这是我的'皇冠上的演讲'。"[3]

当然，所谓的忌讳脱稿，并不意味着律师开庭时被动地被庭前准备的代理意见束缚住手脚。律师还要根据庭审中出现的新情况、新问题及时充实代理意见内容，对其进行修改完善。因此，实践中，律师出庭前应将书面和口语化的材料分别做好准备。在充满理性色彩的辩论中，最好的辩论莫过于即兴生动的口语化辩驳，而绝不是将庭前写好的干瘪瘪的辩论材料重读一遍。[4]

具体而言，律师在词语口语化表达时，应注意以下几点：

（1）停顿前的词语尾音，最好是开口度大的元音。如"8月6日是周日"，如改为口语则是"8月6日，是个星期天"。说起来顺口，听起来清楚。现代汉语普通话中，元音a、o、e的开口度大，由它们作韵腹、韵尾的词，说出来听辨性好，上例就是这样。

（2）尽量选用双音节词。双音节词语比单音节词语的语音和语义的听辨性都要好。如："原告被被告硬拉住不放"如改为"原告被被告死死拉住不放"就更合乎口语表达了。"死死"双声叠韵又易辨听，通俗形象。

（3）慎用同音词或近音词，以避免误听。比如："期中"与"期终"；"石油"与"食油"，在口语表达里很容易使人误听。如果把"期终"改为"期末"，把"食

---

[1] 朱德楷：《胜诉谋略：律师的诉讼策略与技巧》，法律出版社2012年版，第240～241页。

[2] 张勇：《远见：提升律师执业技能的164个细节》，法律出版社2011年版，第141页。

[3] [美]约翰·梅西·赞恩著，孙运伸译：《法律的故事》，中国盲文出版社2002年版，第167～168页。

[4] 朱德楷：《胜诉谋略：律师的诉讼策略与技巧》，法律出版社2012年版，第240～241页。

油"改为"食用油",说出来就不易误听了。[1]

2. 控制语速、语调。说到庭审中的语速和语调,我们太过熟悉电影里大律师们慷慨陈词的风采,太欣赏他们的妙语连珠,太陶醉于他们的诙谐幽默,甚至有些律师忘记了执业生活的现实。笔者不止一次在开庭时看到类似电视剧的场面,但那多是发生在年轻律师身上。笔者对这些充满激情的律师很欢迎,意识到自己很幸运碰上了能在技能上占便宜的对手。但如果碰上那些不怎么作声,行动迟缓,看似刚睡醒,说起话来慢慢吞吞,甚至对一些重要的问题好像记得不是很牢,需要重复几次才能说清楚的律师,笔者是浑身每根神经都高度紧张。笔者这时心里清楚,碰上了高手。律师们只要稍加留神,就不难发现法院开庭的笔录是怎样产生的。且不说以前的手写,现在是电脑录入,硬件虽然上去了,但录入人的技能问题还没有解决。谁能保证录入人能跟上你说话的速度呢?律师在说重要的问题时,要是假装记忆不牢而重复几次,或看似嗓子不舒服而放慢语速,都是绝对明智的表现。[2]

对语速和语调的控制,律师除了要照顾到书记员的记录速度以外,法官这个重要听众也是不容忽视的。一般情况下,口头辩论的速度与法官的"感知速度"相对应,该快则快,该慢则慢,始终保持恰当的节奏。如果论辩节奏太快,法官的思维必定处于高度紧张状态,使人疲惫不堪——源源不断的论据不可能一一为法官所领会、消化和接受;如果论辩节奏过慢,势必使论辩的时间拉长,使人感到乏味,而且随着辩论时间的延长,论辩的成果会逐渐被弱化、淹没。

为了防止和避免长时间使用同一语速、声调,使论辩变得单调乏味,降低法官的注意力,有经验的辩论者在充分发挥手势、面部表情以及语言诉感情色彩等特殊语言手段的同时,更注重论辩的抑扬顿挫,通过不断地变换论辩的语言和声调——时而改变论辩的声调,诠释论辩的内容;时而变得严肃,让人感到法不容情;时而充满热情,富有强烈的感染力;时而诙谐有趣,使人感到轻松愉快……律师在论辩时,应针对不同的诉讼情势,或突然加大论辩的语调,十分自然地突出论点;或故意放慢论辩的语速,通过音调强化己方的论点。

需要引以为戒的是,在法庭辩论时,过分地玩弄语调声速与怪声怪气的装模作样一样,都会使辩论变得一团糟。律师应牢牢恪守这一"信条":论辩的语调应与辩论的内容"匹配",如果语调和内容"分家",论辩便会"喧宾夺主",法官注意更多的可能是辩论的形式,而不是辩论的内容。[3]

3. 控制嗓音。对律师而言,要使用一种动听的嗓音。如果达不到这个要求,起码要使自己的嗓音不刺耳。有法官曾经抱怨说,长时间地倾听某个律师的发言会使

---

[1] 参见秦甫:《律师全能思维方略》,中国检察出版社2010年版,第121页。
[2] 张勇:《远见:提升律师执业技能的164个细节》,法律出版社2011年版,第144页。
[3] 参见朱德错:《律师谋略:原告的诉讼策略与技巧》,法律出版社2006年版,第193页。

他感到疲倦,而造成疲倦的原因不是辩护的内容,而是辩护者的声音。[1]

4. 尽量说普通话。普通话是现代汉语的标准语,以北京音为标准音,以北方话为基础方言,以典范的现代白话文为语音规范。普通话有阴平、阳平、上声、去声四个声调,四声变化明显,说起来抑扬悦耳,一般人都能听得懂,也不易产生语义分歧。而且,我国各项法律、法规、政策,除少数民族聚居的地方外都是用普通话写的,其中专门法律术语都有其特定的含义,只有用普通话才能说得准确无误。

5. 善于入情入理。语言可以伤人,也可以感人。用辩论语言伤人,对于律师职责来说则是不道德的。但律师的辩论语言以情感人,则是可取的。使用这一语言情感时,必须注意以下几个问题:

(1) 具体案件的辩论语言感情色彩,要有与案情相适应的基调。

(2) 绝不能带有当事人的感情色彩。律师操作的情感就是经过理智语言处理过的辩论情感、法律语言情感。

(3) 情感措辞应是发而不露、放而不纵、委婉、曲折、含蓄的中性语言。

(三) 态势语言表达能力

除了书面语言表达、口头语言表达能力外,律师还应具有良好的态势语言表达能力。态势语言,是一种无声语言。态,主要是指神情动态;势,则主要指仪表姿势。态势语言是人们进行交际时,通过自己的表情、动作、姿态来表达思想、传递信息的一种主要的辅助语言,又被称为体态语言或身体语言。大量研究表明,人们对一个陌生人的评判结果和印象,有70%左右的概率,在第一次见面不到四分钟的时间里就已经形成了,这是为什么呢?著名自然科学家查尔斯·达尔文于1872年出版《人类和动物的情感表达》一书,提出了关于人类身体语言的观点和研究成果,从那时起直至现在,世界众多研究者们收集并记录下了将近一百万条人类的非语言信息,初步揭开了身体语言之谜。人们通常认为,沟通当中最重要的,就是如何说话。但有研究表明,这种观点是错误的。在众多影响沟通效果的要素当中,只有大约7%来自于语言(仅指文字),38%来自于声音(其中包括语音、音调以及其他声音),剩下的55%则全部来自于无声的身体语言。人类学家雷·博威斯特曾经对发生于20世纪七八十年代的上千次销售和谈判过程开展了详细的研究,结果发现,商务会谈中谈判桌上60%~80%的决定,都是在身体语言的影响下做出的。[2]

律师要讲好话,主要靠好的书面语言功底和口语表达能力,但同时也应辅之以美的说话态势,在坐立、眼神、手势、身体动作诸方面加以重视,动静相兼,才能构造完整的律师表达。律师的风度、仪表、神态,往往给对方留下"第一印象"。心理学理论的"晕轮效应"认为:一个人给别人的第一印象,往往是人们对其作出判

---

[1] [印] B. 马利克著,刘同苏译:"辩护",载 [印] 米尔思等:《律师的艺术——如何赢得你的案子》,中国政法大学出版社1992年版,第62页。

[2] 高云:《思维的笔迹——法律人成长之道(上)》,法律出版社2013年版,第124页。

断的依据。如果我们见到一个衣着整齐、合体入时、表情自然、言语得体的律师，就会给人一个做事细心、有条有理的印象，进而会想，此人一定有责任心，从而在心中产生最初的好感，并且还会联想到律师群体也会有好的仪表、风度和能力。倘若律师给人的最初印象是衣冠不整、骂骂咧咧，那么对方定会作出缺少知识修养、缺乏职业道德的结论，甚至还会联想到整个律师群体也是这样。[1]

律师在法庭论辩过程中，应充分注意到态势语言的作用，一方面，利用态势语言加强有声语言的效果；另一方面，尽量避免自己的无意识态势语言的负面影响。有声与无声、语言与体态的融合统一，才能体现律师精湛的表达能力。

1. 柔中有刚，举止大方。律师在庭审辩论中要有风度，有气魄，不卑不亢，不趾高气扬。在辩论得势时，不忘乎所以，轻视对方；在失利时，不惊慌失措，手忙脚乱。发言必须权衡，切不可轻率发表无准备、无水平的言辞。在任何情形下，都应举止大方，沉稳有序，言而有据。律师应具有这种刚柔并济、以静制动、以稳求成的形象。

2. 善于控制情绪。古语说："兵无常势，水无常形。"法庭辩论情况也常常如此。律师在庭审中可能遇到事先没有预料到或已预料到的非正常的阻碍、干扰、发难等情况。这就要求律师控制自己的情绪，怒而不暴跳如雷，惊却能声色不露，及时采取有效措施，平息、安定、排除意外，做到应变自如，稳中求胜。

二、法庭辩论的原则及注意事项

（一）法庭辩论的原则

法庭辩论是律师对事实认定及法律适用提出自己的理由和见解，同时对于对方相反的意见进行反驳，以达到说明自己主张正当的目的。因此律师辩论应遵循以下原则：

1. 陈述事实必须有根据。律师在法庭上所陈述的事实应建立在坚实的证据基础之上。任何一场法庭论辩，其论辩的基础都是案件事实。事实陈述清楚，是律师论辩的基本功。关于事实的辩论实际上就是关于证据的辩论。在双方对案件事实认识不一致的情况下，律师要首先根据自己掌握的证据和对证据的分析论证，对案件事实进行概括。这种概括要有充分的证据支撑，要能够自圆其说，而不能主观臆想。

2. 提出主张必须有依据。律师向法庭提出自己的处理意见时，应该是有法律依据或法理依据的。引用法律应准确，援引学理解释要有一个恰当的分寸。在法律规定较清楚的情况下，不宜援引学理解释。

3. 论证过程必须有逻辑。论证是运用自己手中的材料和理由来说明自己观点的过程。因此论证必须遵守各种推理规则和逻辑的基本规律。认为口齿伶俐是法庭上赢得声誉的最佳方式，这种想法是极为错误的。不少优秀的辩护律师并不是一般意义上的雄辩家。法庭不是一个公共演讲台，律师的任务不是要给那些坐在旁听席上

---

[1] 参见秦甫：《律师全能思维方略》，中国检察出版社2010年版，第129～130页。

的听众留下深刻印象，而是要取得训练有素的法官的信任。因此，要想赢得诉讼，谈话切题和前后连贯是十分重要的。[1]

4. 辩论方法必须正确。辩论应抓住关键，切忌面面俱到，没有重点，谨防被对方牵着鼻子走。就一个案件而言，可能有许多应该澄清的情况，但是能够影响这一案件的结果的因素，很可能只是一个或几个关键问题。因此，律师在辩论时应轻重有序，突出重点。要谨记一次冲突只能解决一个问题，不要牵扯过多的头绪，即使对方跑了题，也不要跟着他跑，而应当把问题扯回来。过多的头绪会造成混乱，而且会使争论的双方和听取争论的法官无法把精力集中于真正要解决的问题上，有的律师在一个问题的争论中处于明显的劣势时，会含含混混地转到其他问题上去，企图用对新问题的争论来掩盖自己在前一个问题上的失败；还有些律师在处于同类情况时，会东拉西扯，用许多其他问题把争论的主线搞乱，从而使本来必将失败的争论不了了之；与这种律师发生冲突时，要想不上这种诡计的当，关键在于不要跟着对方转，在轮到自己发言时，把原来争论的问题与对方后来又扯进来的问题作一个区分，坚持要求对方就原来的问题进行争论，并应允在争论完了这一问题之后，再争论对方后来扯进来的那些问题。[2]

总之，律师在法庭辩论中阐明自己的观点，应抓住关键，突出重点，指出实质分歧所在，并据以说明自己的主张应得到法庭认可。另外，在法庭辩论中，律师的理由和主张必须贯穿始终，不能前后矛盾。

5. 辩论用语应当规范。与普通辩论赛不同，律师法庭论辩是高度理性的活动，其评判标准不是是否赢得旁听群众的喝彩。尽管也可以使用煽情的语言，但是，应把握分寸。如果仅仅是为了调动旁听群众的情绪，离开了案件基本事实、离开了法律基本规定，不可能收到较好的论辩效果。因此，律师论辩过程中，对于论辩语言的使用，应多使用陈述句，少使用反问句和反诘句，对感叹句的使用尤其要谨慎。

6. 辩论礼仪应当到位。律师法庭辩论中的礼仪，是一个比较容易忽视的问题。但是，作为艺术完美形式的组成部分，辩论过程中的礼仪也应该是律师法庭辩论艺术的构成要素之一。律师法庭辩论有着极强的严肃性，不允许有轻浮、滑稽的举动，要求举止端庄、得体。例如，开始发言前，向审判人员微微点头示意；对方发言过程中静心倾听，不打断对方发言；发言前，向委托人或其他代理人做出发言的表示。在辩论礼仪方面，尤其应当注意正确处理与法官的关系。当事人与代理人要尊重法官，服从法官裁决，不能与法官发生争执。

（二）法庭辩论的注意事项

在法庭辩论阶段，有的案件在事实和法律适用方面均存在争议焦点，也有可能

---

[1] [印] P. N. 萨普鲁著，侯君丽译："怎样做个好律师"，载 [印] 米尔思等：《律师的艺术——如何赢得你的案子》，中国政法大学出版社 1992 年版，第 174 页。

[2] 刘同苏："论法庭冲突"，载 [印] 米尔思等：《律师的艺术——如何赢得你的案子》，中国政法大学出版社 1992 年版，第 258~259 页。

事实没有争议，双方只是在法律关系的判断和法律适用方面存在争议。在案件事实和法律适用均存在争议的复杂情形下，律师在展开法庭辩论时应注意如下要点：

1. 设计好开场白。一个好的开场白具有重大意义。律师应当反复思考他的最初几句话，直至他不加思索就可以脱口而出为止。如果他在头一两分钟能打得响，那么，他的发言便成功了一半。[1] 因此，律师应当着力于设计开场白，用语要准确、简洁，能够化复杂为简单，善于概括、提炼，用精练、清晰明了的语言使法庭在短时间内接受和尽可能明白你发出的信息，认同你的观点。在设计开场的语气和选择言词时必须达到的效果是：

（1）立即抓住整个法庭的注意力。
（2）传达案件的严重性或表现出对本案的真诚。
（3）表明对本案的信心。

2. 设计辩论方案。要想获胜，就不能打无准备之仗。律师在庭审前一定要吃透案情，提炼双方可能争执的焦点。围绕焦点结合双方证据拟出辩论提纲，对几轮发言设计方案。预测、分析对方当事人及委托代理人可能要反驳的问题，制订对策有计划、有重点地进行反驳。但是需要注意的是，法庭辩论发表代理意见，最好是准备一个抗辩大纲，将事实争议、证据争点、法律争点分类写出来，而不必草拟一份完整的代理词。因为每个案件在开庭质证之后，有些事实可能已经双方确认而争议不复存在，或者自己对某些存有误差的问题就需要修改，或者对方当事人可能完全换了一个角度提出挑战等，这些都需要当庭随机予以调整。实践中，有些代理人对庭审中已经没有争议的事实，因为之前有所准备所以在法庭辩论阶段仍喋喋不休，有变化的部分也还按照之前准备的内容去发表辩论意见，都是由于之前准备的代理词过于完整详细，束缚了代理思路。

一般情况下，第一轮发言应对全案进行综合性发言，称为发表代理意见。第二轮（及以后几轮发言）应根据新问题，提出新的观点，作为前一轮（或前几轮）发言的补充。

另外，还需要注意：每一轮的发言内容不能重复，而且每一轮的发言内容要重点突出，要一语中的、简洁流畅，不要让你的观点淹没在冗长的发言里。

3. 明确辩论目的。法庭辩论不是"辩论赛"，不是为了赢得旁听群众的喝彩；法庭辩论更不是作秀，不是为了给自己的当事人看你有多卖力。律师法庭辩论的目的是让法庭接受自己的辩论观点，采纳自己提出的代理意见。因此，要特别注意语言的表达方式，发言要让法官听得明白，要给法官（及其他听众）留下反应的余地，尤其要让书记员准确无误地记录你的意见。律师要谨记 A. K. 柯蒂大法官的一句话：

---

〔1〕［美］亚瑟·T. 汪德尔贝特著，刘同苏译："法庭辩论"，载［印］米尔思等：《律师的艺术——如何赢得你的案子》，中国政法大学出版社1992年版，第111页。

"案件的最终命运取决于法官。正是法官才是将要说服的对象。"[1]因此，在法庭辩论过程中，"必须注意法官对每一个提议的反应，以便根据其变化进行调整"[2]。

4. 重视法庭记录。首先，在审判长归纳本案争议焦点时一定要详细记录，不要有遗漏。当认为审判长归纳本案争议焦点不准确或有遗漏时，应及时提出。其次，对方答辩或发表辩论意见时一定要记录下对方发言内容的要点，做到有的放矢，有针对性地进行说理与论证。律师应特别注意区分第一轮辩论以及随后的二、三轮辩论的区别。第一轮辩论可以事先准备，而在后的多轮辩论则应视法庭辩论情况随机应变，应针对对方上一轮的观点进行有的放矢的驳斥，这种有的放矢往往依赖于法庭记录是否精准。精准的法庭记录还有助于律师在恰当的时候虎视眈眈地抓住对方的弱点。对此，美国新泽西州最高法院前首席大法官亚瑟·T. 汪德尔贝特指出："永远要对你的对手的开场陈述进行记录，由此，当他在开场陈述中预言要证明的东西在后来却没能被证明时，你便可以基于记录而在你的辩论总结中指出来。这样做并不是因为你的记忆力不足以记得对手在开场陈述中所说的东西，而是因为以有文字可查的方式指出对手在关键问题上的准确词句，这种做法总是能够给法官留下深刻印象。"[3]

5. 抓住辩论时机。辩论的真正艺术在于掌握一种把握时机的技巧，律师应当知道什么时候该说什么和怎样说，以及在恰当的时候结束自己的陈述。有时候辩论的效果之所以被抹煞，其原因就是辩论者没有在适当的时候停止辩论。要想知道在什么时候停止，就必须完全清楚你所要证实和所要推翻的是什么，完全了解已被证明和未被证明的关键性事实，掌握对你有利从而能被作为武器的各种证据和材料，并熟知适用于此类问题的法律。[4]这就又回到了之前所说的准备、设计辩论方案的问题。正是基于对法庭实际过程的精明判断，对辩论双方已经采取或将要采取的招数的精确估计，才能使你准确地发现何时是能够和应该停止辩论的最佳时机。

6. 正确处理法庭调查与法庭辩论的分工。从理论上讲，法庭调查的对象是事实，即通过举证、质证和认证，在审查证据的基础上认定案件事实。法庭辩论一般是在法庭调查的基础上，甚至在事实清楚的基础上，就法律的适用展开辩论，以确认是非曲直、行为性质、责任划分等。要正确处理法庭调查和法庭辩论的关系，避免"轻调查、重辩论"的倾向：法庭调查轻描淡写、干干巴巴，法庭辩论浓墨重彩、洋洋洒洒。这完全是本末倒置的。因为案件事实是否清楚才是整个案件处理的基础。正如法谚

---

[1] [印]A.K. 柯蒂著，刘同苏译："律师的职业及其艺术"，载[印]米尔思等：《律师的艺术——如何赢得你的案子》，中国政法大学出版社1992年版，第148页。

[2] [印]雷姆·拉伯哈依著，侯君丽译："赢得诉讼的艺术"，载[印]米尔思等：《律师的艺术——如何赢得你的案子》，中国政法大学出版社1992年版，第8页。

[3] [美]亚瑟·T. 汪德尔贝特著，刘同苏译："法庭辩论"，载[印]米尔思等：《律师的艺术——如何赢得你的案子》，中国政法大学出版社1992年版，第122页。

[4] 张勇：《远见：提升律师执业技能的164个细节》，法律出版社2011年版，第138页。

所说:"当事人给法官事实,法官给当事人法律。"

当然,实践中,有的案件事实问题与法律问题血肉相连,那么,法庭调查和法庭辩论就难以泾渭分明、截然分开。在法庭调查阶段,人们期望能够将案件的事实揭示出来,而不涉及事实问题和法律问题的争议。但实际上在许多情况下,人们很难摆脱事实以及事实与法律问题的纠缠,以及事实与法律问题的纠缠。[1]而法庭辩论中一个很重要的事项就是双方当事人提出证据,对证据进行质证和认证。质证双方当事人对证据的真实性、证据的效力、证据事实与案件的关联性方面进行质辩的过程。然而,关于证据的质辩,实质上就是关于案件事实,甚至法律问题的辩论。对于原告而言,提出的证据都是围绕原告的诉讼请求和阐明法律理由的事实。对于被告而言,提出的证据则是关于反驳原告诉讼请求和法律理由的事实。庭审中的案件事实几乎都是由这些证据事实组成的,因此,关于证据的质辩也就是关于案件事实问题的辩论,不可能将关于证据问题的辩论与案件事实问题的辩论区分开来。而且,也同样不能将证据辩论中的事实问题与关于证据的法律问题加以区分。[2]正因为如此,2015年2月4日起施行的《最高人民法院关于适用〈中华人民共和国民事诉讼法〉的解释》在第230条规定:"人民法院根据案件具体情况并征得当事人同意,可以将法庭调查和法庭辩论合并进行。"

因此,要想在法庭辩论阶段一举获胜,有时候在举证质证阶段,就应围绕审判长归纳的争议焦点,结合对方答辩意见,对己方证据证明目的予以说明阐述,适时反驳对方的答辩观点,不要总是等到审判长宣布进入法庭辩论阶段再出击。因为在法庭辩论阶段,有可能审判长会基于各种原因打断律师的发言计划,也可能会基于律师自身原因遗漏重要的发言内容。

7. 争议焦点有多个时,应注意各个争议焦点的有机排列,原则上将事实争议焦点放在前面,法律适用方面的争议焦点放在后面。也可以就每个事实争议焦点发表意见后,紧接着就法律适用方面发表意见,最后就本案的案件事实和法律适用发表综合意见。具体如何做,应灵活掌握。就案件事实部分发表意见时应结合双方所举证据的"三性"及证明目的进行,在分析己方的证据、证实己方所主张事实的同时,分析对方相关证据的缺陷,反驳对方所主张的事实。在事实方面发表对争议焦点的意见以后,应对案件的法律关系性质作出判断,然后阐述法律适用意见。

8. 不纠缠枝节问题,要有利于庭审效率。要特别注意语言的表达方式。法庭辩论不同于一般的"辩论赛"、"抢答"。发言要让法官听得明白,发言要给法官(及其他听众)留下反应的余地,尤其要让书记员准确无误地记录你的意见。应当利落、洒脱,避免太快,太平淡,不给别人以思考的时间。

---

[1] 张卫平:"法庭调查与辩论:分与合之探究",载《法学》2001年第4期。
[2] 张卫平:"法庭调查与辩论:分与合之探究",载《法学》2001年第4期。

9. 不哗众取宠、意气用事。律师必须清醒地认识到，律师法庭辩论不同于一般的"辩论赛"、"抢答"，不是只为了求得一个形式上的高下，在法庭辩论的过程中，任何好胜逞强、意气用事、哗众取宠或对对方讽刺挖苦等有损律师形象的举动，其后果的实际承担者都是委托人。

10. 最大限度地利用终局辩论。庭审辩论时间是十分宝贵的。当相互辩论接近尾声时，律师作为辩论一方必须具有控制收场的能力。通常做法是：

（1）提出要求。当对方在整个辩论中已受到了辩论的影响，此时提出合理的要求，对方容易接受，也易为法庭认可，以促成双方和解结案。

（2）提出问题。以提出问题为结尾，进一步深化自己的辩论主题，让审判人员去甄别和思考。

（3）概括主题。用简洁明了的语气将自己辩论的全部内容概括成几句话，易加深审判人员对己方辩论观点的印象。

当然，在法庭辩论最后阶段，如发现对方纠缠不休、死不认账等情况，律师作为一方辩者还应掌握善于拒绝无味辩论的技巧。所谓拒绝无味的辩论，一是不重复说；二是当对方抓住一些无碍案件处理的枝节问题不放时，则应采取"对这个问题不予辩论"或"发言到此结束"的办法。这种近似于沉默不辩，不仅在法庭上有着巨大的震动力，而且在辩论技巧上戛然而止，干脆有力，听上去似乎退了一步，实质上却是进了两步。[1]

三、法庭辩论的基本谋略

（一）先声夺势法

或称"先入为主法"，此法系法庭辩论一方对另一方可能提出的问题避而不谈，而对己方极有利的问题，先在论辩发言中全面论证，以达到先入为主，争取主动的庭辩战术。法庭辩论往往涉及众多内容。按照人们正常的生理特点，在单位时间内接受的信息越多，人们越容易疲劳，越分不清信息价值的大小。要知道，法官也是"人"，不要期待法官是"神"。"先入为主"的心理学根据是，法庭辩论中的最先"信息"，容易使法官产生积极的情感体验，继而形成对后来相反信息的消极接受。在观点截然对立的法庭辩论中，最重要的是赢得法官的理解和支持，让法官接受或认同自己的论点。在表明自己的论点之前，律师要想让法庭倾向自己，必须先"中和"、"淡化"法庭调查的不利情势，以弱化法官对案件业已形成的态度。在法官接受、认同己方"灌输"的信息之后，对手想要改变法官业已形成的心理倾向和扭转辩论的被动局面几乎不可能。基于此，辩坛高手们摸索出了一套"先入为主"的辩论良策：

1. 通过事先预测和讨论对手的辩论，在对手尚未发表自己的论点之前，以有利于己方的方式把这一论点挑明，就可以削弱对手的说服力。

---

[1] 参见秦甫编著：《律师办案艺术》，法律出版社1996年版，第179页。

2. 通过富有感情的陈述，与法官达成"共识"，使法庭认同"己方"的冤屈困苦。

3. 无论是否有利，包括诉讼中潜在的弱点和错误，适当地毫不隐瞒地昭示于众，并抢在对手之前"挑明"，这样就会在法庭上树立起一副诚实可信的形象……[1]

实践中，应用此法须在庭审前做好充分准备，且在庭审调查阶段对己方有利的事实、证据逐一认定。然后根据事实和证据，针对对方不正确的观点主动出击进行反驳，以期掌握辩论主动权，夺取制高点，促使对方陷入被动境地。

（二）避实就虚法

《孙子兵法·虚实》写道："兵之形，避实而击虚。"言用兵的原则是避开敌人坚实之处，攻击其空虚薄弱的地方。[2]庭审辩论中，对方的弱点往往是对方力求回避的地方，甚至对方会采用偷换论题、偷换概念、答非所问的方式，企图达到转移己方视线、扰乱视听的目的。因此，运用此法首先应善于抓住对方之"虚"，选择其薄弱环节连连进攻，一攻到底，直到把问题辩论清楚为止。例如：

某商业银行信贷员颜某以加盖单位作废公章的存单先后吸储148万元，后携款潜逃。72家客户起诉后，商业银行不向法庭提交答辩状，不理不睬。直到开庭时，商业银行当庭举出刑事立案决定书和通缉令，称颜某高息吸储是个人行为而非职务行为，且已构成犯罪，根据"先刑事后民事"的诉讼原则，民事诉讼应中止审理，待刑事诉讼结案后再恢复民事诉讼。随后，商业银行大谈本案属于刑事与民事诉讼的竞合以及刑事与民事的区别等。原告代理律师则一针见血地指出：既然被告对颜某信贷员的身份和公章的真实性等事实不持异议，那么本案的基本性质已经清楚明了，属于一桩典型的民事案件。如果不是被告对已作废公章、空白存单疏于管理、对工作人员疏于教育，那么，颜某就不可能从客户手中吸揽存款，更不可能发生携款外逃的事情。而作为普通百姓的客户，他们对颜某的身份毫无质疑，对颜某使用加盖已作废公章的存单真实性更是无从知晓。至于被告辩称颜某外逃则属另一法律关系，与本案无关，岂能因为颜某的犯罪行为而免除被告因对自己的职员、公章等疏于管理和防范而应承担的民事责任，损害广大客户的合法权益？[3]

本案中，被告方工作人员颜某已构成犯罪且已经刑事立案为"实"，但其"虚"处在于被告方对"已作废公章、空白存单的疏于管理"。如果原告律师不能识破被告精心编织的企图金蝉脱壳的"奸计"，顺着被告的思路辩下去，就会陷入困境。但原告律师抓住了被告之"虚"处，重新将辩论主题拉回来，指出其"属于一桩典型的民事案件"。

（三）设问否定法

又称舌战偷渡法，使用该法，关键是律师在设问时要把辩论目的深藏不露，绝

---

[1] 参见朱德借：《律师谋略：原告的诉讼策略与技巧》，法律出版社2006年版，第199页。

[2] 黄朴民注译：《白话孙子兵法》，岳麓书社1991年版，第77页。

[3] 参见朱德借：《律师谋略：原告的诉讼策略与技巧》，法律出版社2006年版，第201页。

不能让对方察觉设问的真正意图。尤其是第一问，一定要让对方在尚未了解发问意图的情况下予以回答，只要回答了第一个问题，下一个问题就由不得他不回答了。等到对方自觉难以自圆其说时，后悔也来不及了。这种使对方处处被动、自打嘴巴的战术，不失为一种极为有效的辩论手段。其结果只能是让对方在不自觉中接受律师（或设问方）的观点，出其不意而辩胜。例如，在李丽霞诉李刚、陈红、蔡国庆侵犯邻接权、录音制作合同纠纷案审理过程中，陈红、蔡国庆的代理律师在答辩时就运用了这一策略：

陈红、蔡国庆的代理律师：首先要确定一个问题，著作权包含的内容是非常广泛的，原告现在已经向法院提交了诉请，我现在想请原告明确一个问题：您起诉三位被告侵犯您的著作权，具体是指哪一项？因为著作权的范围非常广泛，您最好把著作权的范围统一界定下来以方便我们答辩。

原告委托代理人：我们起诉的，并不是作曲或者作词的著作权，而是起诉的编曲的著作权。

陈红、蔡国庆的代理律师：最后再明确一下，仅仅只有编曲的著作权，对吗？

原告委托代理人：对。

陈红、蔡国庆的代理律师：好。第二、三被告代理律师提出如下答辩意见：首先，我国著作权法上并没有一个明确的编曲权的规定，那么编曲权这个用法在法律上是否有效这是一个有待论证的问题。其次，在我国著作权法上明确规定了类似的条款，包括修改权、改编权这两种。但是，修改权、改编权都是指对原作进行修改或者改变作品的含义，是一个新的创作。举个例子就是《西游记》被改编成《大话西游》，这属于修改和改编。编曲它完全是建立在原曲的基础之上，它是不能进行改变的，编曲权本身也不能套用在修改权和改编权的范围之内。最后，我们退一步讲，就是明确确实有编曲权，如果有编曲权，这个编曲权应该完全在曲作者李刚的身上。因此我认为事实上李丽霞没有原告的权利。[1]

（四）善接话尾法

善接话尾法，是指接过对方的话题，为我所用，引申展开，表达自己的观点。在法庭辩论中，善接话尾法，就是律师抓住时机，紧紧接过对方的话尾，从一个较为特殊的角度回应对方。[2]例如，在李丽霞诉李刚、陈红、蔡国庆侵犯邻接权、录音制作合同纠纷案审理过程中，第一被告李刚在向证人发问时就运用了这一策略：

原告代理人：对刚才播放的这两个曲子当中的这些配乐的特点、它采用了哪些乐器以及它们之间的区别，你作为从事7年工作的专业人士，是否听得出来？

---

[1] 参见《中国法庭》视频"民事诉讼普通程序篇"：李丽霞诉李刚、陈红、蔡国庆侵犯邻接权、录音制作合同纠纷案。

[2] 秦甫编著：《成功律师的98种技法》，法律出版社2004年版，第63页。

证人：我觉得这两个东西差不多，陈红那一版减掉了一个乐器三弦，然后结尾的复合反复减了一个反复，就这点区别。

主审法官：李刚，你有不同意见吗？

第一被告：我想请问证人，你说减掉容易，但是弱收变强收，我们都听到前面原告唱的是结尾慢慢没有，蔡国庆唱的与原告结尾处明显不同，请问这就是靠减掉就能做到吗？

证人：你这个就是伴奏带后边做渐弱。

第一被告：我认为你没有回答我问题实质性的内容。

主审法官：证人你直接回答被告的问题，他问你后面刚才这个部分通过一种减的方式能做到吗？

证人：如果配器没有发生变化的话，是做不到的。

第一被告：他说配器没发生变化做不到，就是修改了配器的意思。[1]

能不能拉过话头，为我所用，显示了一个律师的办案水平。律师在运用此法时要注意接话自然。既接下对方的话题，又表达自己的观点。切不可生硬接话，无话接话，也不可重复接话，没有新意。这要求律师思维敏捷、反应迅速，言语简洁明快，敏捷中见机智，幽默中露锋芒。[2]

（五）类比论证法

所谓类比论证，就是在考察两类事物某些相同或相似属性的基础上，推断出它们另外属性也相同或相似的论证方法。这种论证方法灵活机动、变幻无穷。在办案中，这种方法应用得当，可以极大地表现出律师个人的雄辩才能。

类比论证法，是建立在类比推理基础上的一种方法。主要指由两个事件某些属性相同或相似，而推论出它们在其他方面也可能相同和相似的方法。它要证明的论题或是正确的，或是具体事实。它用类似的一般原理，证明另一种一般原理；或者用一种类似的事实，证明另一种事实；或者用一种类似的特殊原理来证明另一种类似特殊原理。运用类比法说明道理浅显易懂，所以类比法往往成为办案中律师常用的一种方法。例如：

S市的供销公司向E市的生产资料服务公司购买一批次品塑料原料，由于供销公司业务经办人一时疏忽，在合同中未订明具体的质量标准，看样后也未封存样品。生产资料服务公司就利用合同中的这个漏洞，将掺有大量无机物的塑料原料供应给供销公司，使供销公司蒙受重大经济损失。经化验该批原料塑料含量不足40%，其余均系无机物，为此，供销公司委托律师状告生产资料服务公司，要求退货，并赔偿经济损失。

---

〔1〕参见《中国法庭》视频"民事诉讼普通程序篇"：李丽霞诉李刚、陈红、蔡国庆侵犯邻接权、录音制作合同纠纷案。

〔2〕秦甫编著：《成功律师的98种技法》，法律出版社2004年版，第65页。

下面是被告律师和原告律师在庭审中的唇枪舌剑。

被告律师辩称:"世界上没有纯净的物质,连黄金纯度最高也只有99.99%,没有100%,何况原告向我方购买的是次品塑料原料,这些原料当然有杂质。"

原告律师:"对,世界上确未找到绝对纯净的物质,而一般原料中也允许有少量杂质。如金属中的铜、铝、铁材质中含有少量的镍、锌、铬,但仍不失为铜、铝、铁。现讼争的次品塑料原料无机物含量已超过60%,难道这还是塑料原料?"

被告律师又辩驳道:"铜矿石、铁矿石中杂质含量还要高,可没有人会提出异议。"

原告律师辩驳道:"不对,铜矿石不是铜、铁矿石不是铁,如果铜和铁的杂质超过一定标准,就不能叫铜和铁,或许是合金,或许是废物。"

被告律师又辩称:"这批塑料原料存放已久,好原料早变成废物,何况是次品,当然是废物了,正如铁氧化后就成了废物一样。"

原告律师继续辩驳:"又不对,存放久的塑料会老化,会失去粘性,但塑料还是塑料,不会变成无机物,不会变成石头、泥沙。就是铁氧化后生成氧化铁,也不是石头、泥沙。"

被告律师从世界上没有纯净的物质,用铜矿石、铁矿石中的杂质含量比铜和铁的含量还要高来证明塑料原料也可以含有大量杂质。原告律师则借被告律师的类比形式构造一个与之相反的类比论证,驳倒了被告律师的诡辩。[1]

(六) 归谬反驳法

归谬反驳法是形式逻辑的归谬法在法庭辩论中的运用。以对方论点为前提,先将对方提出的论题(或观点)假设为真,然后从这个假设为真的命题推导出一个或一系列荒谬的结论,从而得出原论题为假的辩论方法。此法是一种辩论性、反驳性很强的法庭辩论方法,因而推导得出的必然性结论,容易被接受,从而获得较好的辩论效果。

例如,在李丽霞诉李刚、陈红、蔡国庆著作权纠纷案审理过程中,李刚的代理律师在辩论时就充分运用了这一策略:

第一被告代理人:我来补充一点,我已经听懂了对方的所有的原意,对方其实一直在解释说,这个编曲是对歌曲的一种表达方式,这是对方的原话,所以我认为对方应该搞清楚了:你仅仅是对这个歌曲的一种表达方式,它不是独立存在的一个作品,你这种表达,如果要按照原告说的这种理论成立的话,任何一首歌曲的著作权,它因为会发生不同的演奏方式而产生若干个著作权人,对这首歌曲。这是不可能的,因为你指的是改编权,它的演奏方式可以改变,但是它对歌曲本身不能改变,因此你不能把这个看做是一种改编行为,不是改编,它就不能够构成著作权,它是一个附属的行为,所以我想这个应该说可以不再争论了,应该比较清楚了,因为刚

---

[1] 秦甫编著:《成功律师的98种技法》,法律出版社2004年版,第93~94页。

才她讲了,她说演奏方式是一种演绎过程,错了,我觉得这是你理解的错,这是一种演奏过程,不是演绎过程。我觉得这应该用一个比较精确的词语来概括它。[1]

(七) 欲擒故纵法

欲擒故纵,即是"欲抑之,必先张之;欲擒之,必先纵之"。其意义是:想控制别人,在形势未许可时,必先满足其欲望,骄其志气,培养其矛盾,加速其灭亡。用句政治术语就是"以退为进、欲取先予"。打仗时,消灭敌人,夺取地盘是目的。如果逼得穷寇"狗急跳墙",垂死挣扎,己方损兵失地,是不可取的。放对方一马,不等于放虎归山,目的在于让对方斗志逐渐懈怠,体力、物力逐渐消耗,最后己方寻找机会,全歼敌军,达到消灭对方的目的。[2]

律师办理法律事务,虽然不是军事斗争,也不是政治斗争,但许多时候,为了查清事实,获取证据,取得胜诉,有时也得采用欲擒故纵的方法。说起欲擒故纵,不得不提到莎士比亚笔下《威尼斯商人》中那场著名的审判,尤其是鲍西娅与夏洛克之间的斗法。尽管剧中鲍西娅是以裁判者的身份出现的,但整场审判的过程与结果,对于律师参与庭审辩论都有值得借鉴之处。来看一下鲍西娅是如何完成"欲擒故纵"这台戏的:

首先,鲍西娅若无其事地承认夏洛克拥有的权利,诱敌上钩:"你这场官司打得倒也奇怪,可是根据威尼斯的法律,你的控诉是可以成立的。(向安东尼奥)你的生死现在操在他的手里,是不是?"[3]这句话,一下子取得了夏洛克的信赖。

然后,鲍西娅明知夏洛克不会慈悲,但却极力劝夏洛克慈悲一些:"虽然你所要求的是公道,可是请你想一想,要是真的按照公道执行起赏罚来,谁也没有死后得救的希望。我们既然祈祷着上帝的慈悲,就应该自己做一些慈悲的事。我说了这一番话,为的是希望你能够从你的法律的立场上作几分让步;可是如果你坚持着原来的要求,那么威尼斯的法庭是执法无私的,只好把那商人宣判定罪了。"[4]这表面上是求夏洛克慈悲,实际上等于激发他不必慈[5],进一步诱敌深入。

当诱敌深入成功后,鲍西娅同意夏洛克在安东尼奥身上割下一磅肉,但当夏洛克准备动手时,鲍西娅的进攻开始了:"且慢,还有别的话哩。合约上并没有允许你取他的一滴血,只是写明着'一磅肉'。所以你可以照约拿一磅肉去,可是在割肉的

---

[1] 参见《中国法庭》视频"民事诉讼普通程序篇":李丽霞诉李刚、陈红、蔡国庆侵犯邻接权、录音制作合同纠纷案。

[2] 秦甫编著:《成功律师的98种技法》,法律出版社2004年版,第38页。

[3] 朱生豪译:《莎士比亚全集》(增订本),译林出版社、凤凰出版传媒集团1998年版,第455页。

[4] 朱生豪译:《莎士比亚全集》(增订本),译林出版社、凤凰出版传媒集团1998年版,第455~456页。

[5] 朱生豪译:《莎士比亚全集》(增订本),译林出版社、凤凰出版传媒集团1998年版,第455~456页。

时候，要是流下一滴基督徒的血，你的土地财产，按照威尼斯的法律，就要全部充公。"[1]

这还不算完，鲍西娅步步紧逼，又一次展开进攻，当夏洛克表示后悔，想要接受赔偿时，鲍西娅说道："别忙！这犹太人必须得到绝对的公道。别忙！他除了照约处罚以外，不能接受其他的赔偿。""所以你准备动手割肉吧。不准流一滴血，也不准割得超过或是不足一磅的重量。要是你割下来的肉，比一磅略微轻一点或是重一点，即使相差只有一丝一毫，或者仅仅一根汗毛之微，就要把你抵命，你的财产全部充公。"

最后，当夏洛克准备连自己的本钱也不要了的时候，鲍西娅却是决定要痛打落水狗了："等一等，犹太人，法律上还有一点牵涉你。威尼斯的法律规定：凡是一个异邦人企图用直接或间接手段，谋害任何公民，查明确有实据者，他的财产的半数应当归被企图谋害的一方所有，其余的半数没收入公库；犯罪者的生命悉听公爵处置，他人不得过问。你现在刚巧陷入这一条法网，因为根据事实的发展，已经足以证明你确有运用直接间接手段，危害被告生命的企图，所以你已经遭逢着我刚才所说起的那种危险了。快快跪下来，请公爵开恩吧。"[2]

当然，鲍西娅与夏洛克之间的斗法具有戏剧性。实践中，律师要运用好"欲擒故纵"法，还要注意处理好"擒"与"纵"的关系。

1. "擒"是目的，"纵"是手段。"纵"得是否恰当，是否有效，最终要以是否"擒"住来检验、认定。所以"纵"要服从"擒"。

2. 只有"纵"才能达到"擒"。不"纵"往往难以"擒"住。因为用简单的直接的方法很难"擒"到，所以需要故意"纵"一下。但要"纵"得隐蔽，"纵"得自然，不被对方识破，否则轻则劳而无功，重则使对方"纵"得无影无踪，再也擒不住。所以，成功的欲擒故纵的"纵"的最终点，恰恰是"擒"获处。

3. 运用欲擒故纵方法时，必须遵守律师的职业道德、执业纪律，遵循合法合理合情原则。[3]

四、法庭辩论的禁忌及要旨

（一）法庭辩论的禁忌

律师辩论应紧紧围绕与案件或辩论有关的事实与法律，禁忌谈论无关的内容及进行不当的行为。律师辩论的禁忌一般如下：

1. 禁忌无理主张。律师辩论言必有据，言必有理，这是律师的基本要求，这也是律师得以完善履行职责的最基本条件。

2. 禁忌人身攻击。在法庭辩论激烈之时，在某些情况下可能出现言词过激，评

---

[1] 朱生豪译：《莎士比亚全集》（增订本），译林出版社、凤凰出版传媒集团1998年版，第459页。
[2] 朱生豪译：《莎士比亚全集》（增订本），译林出版社、凤凰出版传媒集团1998年版，第460页。
[3] 秦甫编著：《成功律师的98种技法》，法律出版社2004年版，第43页。

论攻击他人品质及与案件无关的行为等。

3. 禁忌蔑视法庭。如审判人员确有问题，亦应避免开庭时的直接对抗，而应于庭下解决。但审判人员如有剥夺当事人及其他诉讼参加人的权利，严重歪曲事实及法律的情况，亦应当时提出自己的主张和见解。

4. 禁忌狂妄无羁。律师在法庭辩论时不应得理不让人，只应就法律问题发表意见，不应对对方的不当行为和观点横加指责，冷嘲热讽，这会使审判人员降低对律师人品的评价。

5. 禁忌无理缠讼，无谓争吵。一味纠缠不仅可能达不到所追求的效果，有时还会有害。

6. 禁忌同行相斥。法庭辩论，双方律师自然会有高低，各方律师只应就法律发表意见，不应对对方律师的水平、人身等有任何攻击性言论。这样做，反而会降低自己的尊严和水平。

7. 禁忌煽动抵制法庭。无论是刑事还是民事案件，律师均应告知本方当事人遵守法庭纪律，如实向法庭陈述，接受调查。在开庭时，不应有明示或暗示当事人对抗法庭的行为。

8. 禁忌敷衍了事。律师在法庭上固然应该有话则长，无话则短，但无论案件胜诉有无希望，均应尽职尽责，认真代理和辩论。这是法律赋予的责任。无论何种案件，可能有何结果，律师均应充分考虑履行己任。

9. 禁忌使用诡辩之术。诡辩是一种故意违反逻辑规则的辩论，表面看上去似乎有理，实质却是不正确的论证。由于诡辩具有一定的欺骗性，而且，也蕴涵着一定的智慧，往往会被一些律师自觉不自觉地用于法庭论辩中。运用诡辩术进行法庭辩论也许可以在论辩中一时占上风，但是，诡辩毕竟是一种歪曲事实、伪装真理的荒谬论证，一旦被揭穿不仅达不到辩论的目的，不能使法官采纳自己的辩论意见，反而很尴尬，所以，不宜主动采用。

10. 禁忌大量使用感叹句、反诘句。律师论辩过程中，对于辩论语言，要多使用陈述句，少使用反问句和反诘句，对感叹句的使用尤其要谨慎。因为律师的法庭辩论说到底，是一种说理型辩论，辩论的目的是为澄清事实，是为了让审判人员接受自己的辩论观点，以此维护委托人的合法权益。律师辩论的过程虽然具有说服对方、感染旁听群众的作用，但主要是让审判人员听、帮助审判人员作出判断。

（二）法庭辩论的要旨

1. 辩论切题、充分说理。律师必须针对对方提出的内容进行辩论。在辩论中，要对不正确的内容进行反驳，不能无的放矢，你说你的，我说我的，论而不辩。

在辩论切题的前提下，还必须有充分的道理。这些道理不是空洞的，而是以事实为根据，以法律为准绳，建立在证据充分确定的基础上的。做到立论有据，辩之有理，使对方推不翻、驳不倒；并使对方提出的问题站不住脚，立不了论。

2. 抓住要害，运用对策。有了充分的理由，还要有正确的表达形式，把充分的理由表达清楚。这就要求律师做到抓住要害，主题明确，论点集中，言简意明。

运用对策，目的在于提高辩论效果，不是为了制服对方。在实践中常用的对策有：

（1）失实以真实对辩。如果对方理由不符合实际情况，律师在辩论中必须具体地引用证据，证明事实真相，驳其不实之词。

（2）片面以全面对辩。如果对方观点片面，对某一事实只强调有利的方面，不看不利的一面，律师应以两点论方法把事实讲全面，以克服其片面性。

（3）谬误以真理辩。如果对方语出谬误、强词夺理，则律师据理依法加以反驳。

（4）一般以具体辩。如果对方脱离案件事实空泛地讲大道理，律师不要与之相辩，避免"空对空"，应侧重个性的研究，结合案件事实把事物的特殊性讲清楚。[1]

3. 语言清晰、快慢适宜。有了好的辩论内容，还要有一个好的辩论口才。发言要让法官听得明白，发言要给法官（及其他听众）留下反应的余地，尤其要让书记员准确无误地记录你的意见。

田文昌律师曾经总结律师辩论中的两种极端现象："①张口结舌，说话没有逻辑，词不达意，别人听不懂；②说很利落，很洒脱，但就是太快，太平淡，不给别人以思考的时间。"律师在法庭辩论过程中应当极力避免这两种现象。

4. 柔中带刚、举止大方。所谓柔，就是要求律师在辩论时，语言柔和，切忌趾高气扬，态度生硬。所谓刚，就是在实质性问题上要坚持原则，据理力辩。柔与刚是对立的统一。在法庭辩论中柔是方法，刚是实质，柔为刚服务，刚则通过柔而取得胜利。

举止大方是指律师在辩论中要有风度，有气魄，不卑不亢。在辩论得势时，不忘乎所以，轻视对方；在辩论失利时，不惊慌失措，畏难害怕。发言必经思考，衡量后果，切不可轻率发表无准备、无水平的言论。在任何情况下，都要举止大方，言而有序。律师应具有这样的形象。[2]

五、法庭辩论的应变能力与技巧

在法庭辩论中，常常会遇到一些意想不到的情况，对于这些情况如何应付？这确实是对律师应变能力的考验。在法庭上，有些情况是不可能提前做好准备的，所以，应变能力对于律师来说非常重要。《三国演义》中孔明说郭嘉："坐说立议，无人可及，临机应变，百无一能。"就是说郭嘉没有应变能力。可见，缺乏应变能力的只能做谋士，不适合做律师。[3]

法庭辩论中的应变技巧，是指当庭审中出现意外的情况或未曾预料到的辩论观

---

[1] 参见秦甫编著：《律师办案艺术》，法律出版社1996年版，第176页。
[2] 参见秦甫编著：《律师办案艺术》，法律出版社1996年版，第176~177页。
[3] 田文昌："法庭辩论技巧——在司法部刑事辩护律师高级培训班的演讲"，载《中国律师》1997年第2期。

点时，机敏地适时采取措施反驳或说服对方的一种辩论方法。这种技巧如果运用得当，往往会收到意想不到的辩论效果。[1]

（一）法庭应变的特征

1. 在法庭上出现了出乎本方预料的意外情况，如出现新的事实，出现新的证据，对方提出新的法律规定，对方提出本方没有预料的新的理由等。这些新情况的出现，可能影响案件审理的发展方向。

2. 本方律师必须迅速对新情况进行法律分析，确定新情况对案件是向有利方向发展，还是向不利方向发展，影响的程度如何等。

3. 必须选择最佳方案来应付意外情况。法庭辩论主动与被动虽然不决定案件必然向什么方向发展，但至少可以起到两点作用：一是应变不利，以致丧失优势，因而对对方及审判员产生心理影响；二是没有抓住应变时机，本方理由没能及时在法庭上阐述清楚，致使法庭没能及时了解本方理由，造成案件审理未向本方有利方向发展。

（二）法庭应变的条件

田文昌律师曾说："冷静是律师法庭应变的前提，缺乏冷静，就难以找出应变的对策。换一个角度，当你进攻的时候也不能盲动，不能没有退路。否则，反倒会引火烧身。"当然，仅仅有冷静，还不足以赢得法庭辩论，还需要两个条件作为基础："首先，要有扎实的理论功底，你没有理论功底，就要犯错误，再有技巧，只是嘴上功夫；其次，要有扎实的工作基础，就是充分调查取证，没有证据做基础，你凭什么辩论？"[2]

笔者认为，律师要想在法庭上应变自如，依赖于以下三个条件：

1. 有比较雄厚的法律知识积累。律师要做好应变的准备工作，必须要有充分的法律理论知识的储备，并熟悉现行的所有与案件有关的法规，并吃透条文本意，以便自己能够自如地运用这些法律来说明本方的请求的正确性，并在对条文理解产生分歧时，作出合法合理的解释。

2. 对涉案案情准备充分全面。在进行案情准备时要特别注意，即本方当事人出于希望胜诉的心理，有时会隐瞒真相或隐匿证据，致使律师也被欺骗，在法庭上陷于被动。所以律师应向当事人提前指明这样做的害处，动员其提供全部证据。尽量做到：

（1）熟知整个案件事实的全部过程和细节，并熟悉全部证据。不仅要收集对本方有利的材料，而且要收集对对方不利的材料。在全面收集证据的情况下，进行去伪存真的分析比较，最终弄清案件的真相。

---

[1] 李理、刘汉民："法庭论辩中的应变技巧"，载《法学探索》1993 年第 3 期。

[2] 田文昌："法庭辩论技巧——在司法部刑事辩护律师高级培训班的演讲"，载《中国律师》1997 年第 2 期。

（2）对丁证据不充分的要进行调查补充，并做到尽可能地了解对方可能掌握的材料。

（3）了解该案的所有法律关系，并进行充分的分析。

（4）对对方理由及法庭审理的发展方向进行事前预测分析，知己知彼，事先找出对策。最好在开庭前准备几套方案，根据案情及法律规定分析对方的理由，并准备好回答这些理由的对策，做到有应必答、有应能答。

3. 反应要灵敏而且自信。在以上两个条件的基础上，律师要能够自如地应对法庭变数，还必须培养自己反应灵敏和自信的能力。

（1）律师要反应灵敏。在辩论中，有时是即兴发言，这种发言可能事先毫无准备，纯粹是根据法庭辩论的实际进程随时形成的观点，这就需要律师临场发挥，机智应辩。有这样一个例子，一起民事案件，两位律师各代理一方，律师甲指出律师乙所谈的理由不符合有关法律规定。律师乙反驳说："请你指出不符合哪条法律规定？你作为律师在法庭上引用法律条款应该具体、明确。"这时台下一片肃静，等待律师甲的明确回答。律师甲对那个具体条款当时确实记不起来了，出现被动局面，台下同行不免为他捏了一把汗。但是，他略一沉思，答复说："你作为律师，在我提出有关法律规定时，你就应该知道是哪条法律，如果你不知道的话，等休庭时我向你传授。"律师乙听了律师甲的答辩后语塞，台下一片哗然，律师甲的答辩使其由被动变成了主动。[1]

（2）律师在法庭辩论时要自信。当律师的辩论言词和外在势态全都表现得信心十足时，可以增强法庭对本方辩论意见的信任程度，掌握庭上主动权，使辩论沿着自己的引导方向发展。相反，律师缺乏自信心的表现，多少会降低辩论效果。

（三）法庭应变的技巧

1. 当庭审中出现意外情况时的应变技巧。在庭审中，有时证人证言会发生变化，有时会发现新的事实，有时辩论时间比自己事先估计的时间要短。一旦出现这些情况，如果仍按自己原来准备的思路和方法进行辩论，那就可能使自己陷入不利的境地。为此，必须采取应变措施，摆脱困境。一般说来，常用的应变措施有：

（1）紧追不舍，迫其吐真。在庭审中，律师常常请求合议庭允许他事先调查过的有利于自己的证人出庭作证，但由于种种原因，证人有时会改变自己已向律师提供的真实证言，或含糊其辞，或作虚假陈述。如果证人的证词很关键，无疑将会关系到案件的判决。在这种情况下，律师必须刨根问底，紧追不舍，迫使证人客观作证。例如，在李丽霞诉李刚、陈红、蔡国庆侵犯邻接权、录音制作合同纠纷案审理过程中，第一被告李刚在向证人发问时就运用了这一策略：当证人回答"如果配器没有发生变化的话，做不到的"之后，李刚立即紧追不舍，郑重向法庭说明："他说

---

[1] 刘彤海：《律师思考与法庭辩论技巧》，人民法院出版社2006年版，第295页。

配器没发生变化做不到,就是修改了配器的意思。"[1]

(2) 调整思路,集中出击。如何根据庭审情况,把握好辩论中第一轮、第二轮或第三轮的时间和内容,也是辩论技巧问题。一般说来,可在第一轮辩论时把辩论观点处理得原则些,简练些,在以后几轮辩论中再进行阐述、发挥。但也有需要灵活处理的例外情况。当辩论时间比自己预计得短,没有时间展开多轮辩论时,仍然按照原来的准备进行辩论,就不能使自己的辩论观点得到充分表达,从而影响论辩效果。针对这种情况,应及时调整辩论思路,集中火力在第一轮辩论中出击。例如,在一起经济纠纷案件中,由于案情复杂,出庭证人众多,司法会计鉴定人和技术鉴定人也到庭陈述,法庭调查已花去大半天时间。开始法庭辩论后,原告方律师虽持有大量有利证据,但在发表代理词时仅提出原则意见,打算在以后的辩论中再详尽论证。与其相反,被告方两位律师预计合议庭会在当日结束庭审,第二、三轮辩论时间将会很短,甚至没有,因而必须调整原定思路,将火力集中在第一轮辩论中。于是,两位被告代理人轮番上场,用较长时间充分论证了原告对于纠纷的发生也负有一定责任这一观点,给合议庭和旁听者留下深刻的印象。发言结束后,审判长稍加评议本案,即宣布终止法庭辩论,在征得双方同意后,指挥庭审转入调解。此时,原告方律师已无机会辩论,由于刚才讲得原则,给人的印象似乎是没有多少道理可讲。双方辩论效果对比非常强烈。由于被告方律师采取及时调整思路,集中出击的应变措施,为争取有利于己方的调解方案打出了一张好的底牌,案件最终以双方达成有利被告的调解协议结束。[2]

2. 当庭审中出现未曾预料到的辩论观点时的应变技巧。辩论双方,在开庭前一般都充分估计对方可能提出的观点和理由,作了反击准备,但在辩论过程中,对方往往会爆发出一些事先难以预料的辩论观点,而这些辩论观点有些离题万里,有些谬误百出。如果对这种情况听之任之,不但会使辩论走向歧途,而且势必损害法律的尊严,故必须采取应变措施予以对付。

(1) 直接反驳,拉回正题。在法庭辩论之初,有些原告往往脱离起诉状的内容,提出新的诉讼意见,从而偏离了辩论的主题;有的被告往往东拉西扯,答辩没有针对性。针对这种情况,辩论一方应该立即反驳对方,指出对方的辩词脱离了辩论的主旨,从而把辩论内容拉回到主题上来。

(2) 追问依据,陷彼窘境。在紧张激烈的法庭辩论中,有的辩论方或是不够沉着冷静,或是低估了对方熟悉法律的能力,情急之下会突然提出一些没有法律依据的辩论观点,这时对方只要洞悉了破绽,就可以采用追问依据的方法,陷彼于窘境,从而取得辩论胜利。

---

[1] 参见《中国法庭》视频"民事诉讼普通程序篇":李丽霞诉李刚、陈红、蔡国庆侵犯邻接权、录音制作合同纠纷案。

[2] 李理、刘汉民:"法庭论辩中的应变技巧",载《法学探索》1993年第3期。

（3）不辩之辩，击败诡辩。不少案件事实清楚，证据也确凿充分，因此，代理人只能根据已查实的事实提出合乎法律要求的代理意见，以尽可能地维护当事人的合法权益，而不能撇开事实和法律进行无谓的诡辩。

如果一方代理人进行诡辩，相对方除了严辞驳斥外，如果确信胜券在握，无需再辩，还可用"不辩之辩"的应变方法赢得辩论胜利。一方鸣锣收兵，另一方也只好偃旗息鼓，法庭辩论就此结束。[1]

第三节 实践技能训练

本节实践技能训练的内容有两项：一是以本教材附录中的"机械设备租赁合同纠纷"案例为基础，通过对学生模拟开庭中的法庭辩论进行评判，发现其中存在的各种问题并进行纠错，以提高学生的实际开庭中的法庭辩论的水平。二是以"首届全国律师电视辩论大赛团体总决赛"上海律师代表队VS北京律师代表队对"幼儿丢失案"的精彩辩论为素材，由学生总结两队各用了何种辩论策略，指出律师法庭辩论与辩论赛的区别与联系，并针对该案训练作为本案原告或被告的代理律师，在开庭审理过程中将如何展开辩论。

滨海顺通公路工程有限公司诉长安昌盛公路工程有限公司租赁合同纠纷案

审判长：经双方当事人举证和质证，能够确认的事实是：①被告尽了部分保管义务。②被告在交通事故中不承担责任。③被告愿意承担部分赔偿责任。④鉴定机构及鉴定人员主体合法适格。原告对合议庭总结的能够确认的事实有异议吗？

原告：无异议。

审判长：被告对合议庭总结的能够确认的事实有异议吗？

被告：无异议。

审判长：鉴于双方当事人对合议庭总结的能够确认的事实均无异议，对以上事实，本庭予以确认，不再调查。双方当事人争议焦点，仍在于以下几点：①被告是否尽到妥善的保管义务。②被告是否应承担全部的赔偿责任，尤其对律师代理费的部分如何认定。③风险责任的承担问题及相关法律的适用。④原告是否承担责任。

现在进行法庭辩论。法庭辩论的目的是分清是非责任，也就是谁对谁错，应承担什么责任的问题。当事人在辩论中应注意：①辩论发言要由事而理，即根据事实和法律规定阐明自己的观点和主张，驳斥对方的观点和主张，不要脱离事实和法律规定，就事论事。②发言要围绕案件主要问题，不要离题。③辩明的问题不要重复，不要相互人身攻击。原被告双方应针对争议焦点发表各自意见。先由原告及其诉讼

---

[1] 参见李理、刘汉民："法庭论辩中的应变技巧"，载《法学探索》1993年第3期。

代理人发表辩论意见。基于时间关系，请大家注意简明扼要。

原告：对于保管义务，我方已经论述充分，我方并非说被告未尽保管义务，而是未尽妥善保管义务。被告一直强调自己尽了保管义务，请问您认为妥善的保管义务应设置哪些设施？

被告：我认为已尽妥善保管义务即应如我方所为，设置道路交通标志、安全锥及相应的照明设备。

原告：被告明显底气不足，让我为被告阐释一下尽妥善保管义务的具体标准。根据《城市道路施工作业交通组织规范》，具体要求为——设置交通标志及其他设施。其中，交通标志包括——施工标志、限速标志、解除限速标志等，其他设施包括——施工围挡、照明设施、施工警告灯、导向标、路栏、锥形交通路标等。很明显，被告并未设置完全。再如《公路法》第33条规定，公路建设项目和公路修复项目竣工后，应当按照国家有关规定进行验收；未经验收或者验收不合格的，不得交付使用。《城市道路管理条例》第42条规定，违反本条例第27条规定，或者有下列行为之一的，由市政工程行政主管部门或者其他有关部门责令限期改正，可以处以2万元以下的罚款；造成损失的，应当依法承担赔偿责任，其中第2项为：未在城市道路施工现场设置明显标志和安全防围设施的；《公路工程施工安全技术规范》第9.4.1条规定，夜间施工时，现场必须有符合操作要求的照明设备。施工住地要设置路灯。以及第10.0.7条规定，半幅通车路段，在车辆驶出入前方应设置指示方向和减速慢行的标志。同时在施工作业区的两端设置明显的路栏。晚间要在路栏上加设施工标志灯。半幅施工区与行车道之间设置红白相间的隔离栅。还有《道路交通安全法》第32条第2款规定，施工作业单位应当在经批准的路段和时间内施工作业，并在距离施工作业地点来车方向安全距离处设置明显的安全警示标志，采取防护措施。(可于质证证人时宣读，在此应节约时间) 被告这些注意义务都没有尽到。

被告：原告此言未免过于生搬硬套。要知道这些交通组织行业内部规范设立的目的即为保证施工现场的安全，仅对施工人员有指导意义，并没有法律的强制执行力。那么只要能够达到这个要求，具体可由施工方自行决定。难道在人迹罕至的狭窄的山间陡崖之侧，也要求施工方设置占地空间大的各类齐全的交通标志和其他设施吗？这显然是不合情理、强人所难的。

原告：可是被告施工现场并非峭壁陡崖呀！被告强调已设置了道路交通标志，可即便有部分"交通标志"，也不一定这些必要的交通标志都有；即便交通标志都有了，没有夜间照明设施，看不见，也起不到任何作用。

被告：我方已强调过，现场是设有照明设施的。

原告：我方也已论证过，即便有，1台也是远远不够的。不管从亮度上，还是行业规范上。这个问题已经很清楚了，只是被告一直纠缠于细枝末节，实际上无需争论下去。我方坚持认为应由被告承担全部的赔偿责任，原告不应承担责任，而且律师代理费的部分也应由被告来承担。

被告：原告的这种结论是极其荒谬的。我方已经说过，被告方在交通事故中不承担责任，这场事故完全因李强违章驾驶而起，造成摊铺机的损失亦系李强的原因。

原告：被告一直纠结于自己不应承担赔偿责任，但我方已经充分论述过这个问题，是被告混淆了两个法律关系，李某引发交通事故属侵权民事法律关系，由李强承担侵权责任，对应的是原告方的操作手无过错、不应承担侵权责任；而原告是基于双方签订的合同提起诉讼，目的是让被告承担违约责任。而且，正因为被告本身没有尽到妥善保管义务和做好现场安全保障，才致使事故顺利发生、摊铺机顺利损毁，被告有着不可推卸的责任。根据《合同法》第235条，租赁期间届满，承租人应当返还租赁物。返还的租赁物应当符合按照约定或者租赁物的性质使用后的状态。被告不能返还原物，已然违约，因此应当适用《合同法》第121条的规定：当事人一方因第三人的原因造成违约的，应当向对方承担违约责任。然而，被告方依然执迷不悟，那么我们再用三段论的理论为被告解释一下这个问题。被告认为自己在交通事故中不承担责任，此为小前提；被告由此认为自己也不应承担违约责任，此为结论。然而被告巧妙地省略了大前提，补充起来就是：在交通事故中不承担责任者亦不应承担违约赔偿责任。很明显，这种逻辑违反了三段论的基本规则，即不能由两个否定前提推出结论；况且这个大前提的内容本身就是错误的。因此，被告得出的结论也是错误的。也就是说，被告应当承担违约赔偿责任。

被告：原告此言差矣，这是玩了一场小小的太极，我方根本没有以三段论得出这个结论，因为这本身就是一个三段论的无效式。相反，原告一直以此为基础要求我方承担全部的赔偿责任，于情不合，于理不符。因为这根本不在我方责任范围内，应适用《合同法》第231条的规定，因不可归责于承租人的事由，致使租赁物部分或者全部毁损、灭失的，承租人可以要求减少租金或者不支付租金；因租赁物部分或者全部毁损、灭失，致使不能实现合同目的，承租人可以解除合同。我方不应承担这部分的风险责任及赔偿责任。

原告：请被告方注意，我方再次重申，第三人李强引发的这场交通事故可以认定为意外事件，而意外事件不能作为免责事由。而且本案根本不涉及风险负担问题。只有当既不可归责于承租人、又不可归责于出租人的事由，致租赁物部分或全部毁损灭失时，才会产生租赁合同的风险负担问题。而本案中，正由于被告未尽妥善保管义务致使摊铺机毁损，故而其本身有过错，本就应承担违约责任。因此不应适用《合同法》第231条的规定，而应适用《合同法》第222条的规定，承租人应当妥善保管租赁物，因保管不善造成租赁物毁损、灭失的，应当承担损害赔偿责任。

被告：我方坚持认为不论依据法条还是合同约定，赔偿责任都不在我方责任范围内，原告所言难以服众。而且对于律师代理费部分，我方已明确强调过，我国有明文规定，原告不属于四种特殊情形的任何一种，不应要求诉讼相对方承担律师代理费用。我方虽不认可自己应承担违约责任，但鉴于客观情况，已经做出让步，可以向原告予以部分赔偿，请原告方不要得寸进尺。

原告：我方也强调过，有约定从约定，合同中要求由被告承担因其违约行为给原告造成的一切损失，原告因被告的违约行为发生损失，因向被告索赔不成引发诉累，因此赔偿范围当然包括律师代理费。

被告：原告一直要围绕合同说话，那我们就看合同。合同中约定的并不明确，并未直接指明律师代理费应由被告承担。

原告：所以我方说应参照《合同法解释》第125条的规定，根据合同的制定目的来确定"一切损失"的具体范围啊！签订合同的目的即在于防止摊铺机的毁损灭失，保证摊铺机的正常使用，保证原告方的一切合法权益，那么赔偿范围自然应当包括原告方律师代理费在内的一切损失。何况脱离合同，《合同法》第113条也规定，当事人一方不履行合同义务或者履行合同义务不符合约定时，给对方造成损失的，损失赔偿额应当相当于因违约造成的损失。因此，被告赔偿原告的"一切损失"，包括律师代理费。

被告：我方依然坚持己方观点，一切应严格按照法律规定，且特殊规定的效力优于一般规定。我方已认可承担部分的赔偿责任，但也坚决认为，原告应自行负担一部分损失。

原告：被告此言更加缺乏事实来源与法律依据。原告主动的维修行为是积极履行合同义务的表现，怎么就成了违约行为呢？恰恰相反，这正说明被告没有履行应尽的义务。

被告：但至少原告应与被告协商后进行。

原告：等到与贵方协商完毕，只怕摊铺机早已过维修的最佳期限了！维修期间，被告不仅不积极履行合同义务，而且未提供给原告方任何帮助，整个维修过程由原告方一力承担。被告没有采取及时手段防止损失进一步扩大，几乎导致摊铺机的彻底灭失，因此，被告不应适用"减损规则"减轻赔偿责任。根据《合同法》第119条第1款的规定，当事人一方违约后，对方应当采取适当措施防止损失的扩大；没有采取适当措施致使损失扩大的，不得就扩大的损失要求赔偿。由此，被告应承担全部的赔偿责任。

审判长：各方当事人的辩论意见，本庭已充分了解，也已记录在案。原告及其诉讼代理人有无新的辩论意见？

原告：有。退一步讲，我国《合同法》中规定的违约责任及合同中约定的违约责任均为无过错责任，即便被告确无过错，亦应承担因其违约行为产生的损失赔偿责任。《合同法》第107条规定，"当事人一方不履行合同义务或者履行合同义务不符合约定的，应当承担继续履行、采取补救措施或者赔偿损失等违约责任"。合同中第8条第5款已明确约定："机械设备由乙方负责看管，发生损坏或丢失物品乙方需按原价赔偿。"由此可见，原被告双方在合同中约定的违约责任是无过错责任，因此，不管被告对摊铺机的毁损是否负有过错，只要摊铺机确有损坏事实，被告就没有尽到保管义务、违反了合同的约定，应承担违约责任。

审判长：被告及其诉讼代理人有无补充？

被告：有。其实双方分歧最大的还是我方有无尽妥善保管义务。在这里，我最后总结一下我方观点，被告方坚持已尽妥善保管义务。理由如下：①被告将租赁物置于适当地点，按照约定的方式或租赁物的性质保管租赁物。原告一直坚称在施工场地被告对租赁物未尽妥善保管义务，试问原告，新修道路的施工过程中难道还要为摊铺机等设备修建厂房储存保管吗？按照施工惯例，此类重型机械在工程未完工之前都是停放在路边，以便提高施工效率，若一味将机器束之高阁，如何保证物尽其用、用值其时？这不仅会导致资源浪费，还会耽搁施工速度和效率。②被告对租赁物已采用适当方法进行管理，按照租赁物的使用状况进行正常的维护。试问原告，被告作为使用方，怎会不尽日常维护义务？被告承租的目的便在于加快工程的完工。出于这种意图，被告怎会不尽心尽力维持机器的高效运作，避免承担机器损坏耽误工期导致的误工费，以节约工程成本呢？故基于这种紧迫心理，自我及外在的监督和督促意识，被告也必然会充分履行保管义务。③通知和协助义务。被告方在事故发生后及时通知各方（包括原告），并立即着手解决后续问题。只因肇事者李强死亡且李强无权利义务继受人，未投保交通事故强制保险，故耽搁了些许维修时日，然原告未与被告协商自行前去修理摊铺机，才造成了原告维修机器的现状。这是原告违反合同约定的行为，被告本身并无过错，已履行了通知和协助义务。再者，退一步讲，即便被告确实保管不善，其损害结果亦与被告的保管行为无因果关系。根据加州市公安局交警支队长安大队提供的《道路交通事故认定书》，已认定事故的发生为李强违章驾驶所致，被告方不承担任何责任。换句话说，被告保管不善并非引发交通事故的原因，被告的行为不足以致使摊铺机损毁。所以根据《合同法》第231条的规定，不应由被告方来承担损害赔偿责任。

审判长：法庭辩论终结。原告，请陈述你的最后意见。

原告：我方坚持诉讼请求，请求法院判决被告赔偿原告全部损失740 087元。

审判长：被告陈述你的最后意见。

被告：我方坚持我们的代理意见，只赔偿原告的部分损失。

首届全国律师电视辩论大赛团体总决赛第二轮团体对抗赛记录[1]

原告：上海律师代表队　　被告：北京律师代表队

（团体对抗赛辩论案例题）

幼儿丢失案

1998年9月28日，对地处偏僻农村的青年农民陈军和刘秀来说是一个幸福的日子，他们生下了一个健康、可爱的男婴。他们给儿子取名"陈鹏强"，希望儿子长大

---

〔1〕 吴明德主编：《首届全国律师电视辩论大赛》，浙江大学出版社2001年版，第289~299页。

以后能有所作为，可是好景不长，2000年4月9日，儿子上吐下泻，夫妻俩将儿子送到县里最好的医院——人民医院就诊。陈鹏强被诊断为肠炎，在交纳300元押金后被收入到该院儿科13号病床。父母自然在医院陪护照顾。陈鹏强的病好得很快，眼看就要出院，但意想不到的事发生了：11日凌晨，刘秀因腹泻不止，为进出方便未将病房门上闩（按医院规定病房不准上闩）。当时除陈军夫妇带小孩外，并无其他病友。约3时许，刘秀被孩子哭声惊醒，她下意识地摸摸枕边，发现陈鹏强不见了，她连忙叫醒丈夫。开始夫妻俩以为小孩掉到床下了，在床下找不着后，急忙报告值班医生。医生和陈军夫妇共同在医院内外寻找，均无陈鹏强的踪影。县医院甚至出动了救护车在火车站、汽车站寻找，均无结果。当天上午，县医院向县公安局报案，公安局进行了调查并采取了许多侦查措施，也未取得任何进展，陈鹏强至今下落不明。在陈鹏强失踪后的第二天，陈军办理了出院手续。此后陈军及其家人继续到周边地区寻找，无任何结果。刘秀在儿子失踪后，精神受到强烈刺激，经地区精神病院诊断患有"心因性精神障碍"，因家庭经济条件较差，未能得到很好的治疗。陈军夫妇经法律援助向县法院提起民事诉讼，要求县人民医院赔偿陈军、刘秀寻子差旅费、误工费、精神损失费共计25万元。

经查：县人民医院为二级甲等医院，其制定的《安全保卫措施》明确规定确保病人的人身和财产安全，但该医院的收费项目中确实没有病人人身安全保护费。

辩题

陈鹏强失踪的责任应由谁承担？

原告观点：陈鹏强失踪责任应由医院承担。

被告观点：陈鹏强失踪责任应由父母承担。

意见陈述

原告：这是一起关于医疗机构在特定场所、特定时间、对特定病人是否负有特定义务的诉讼案件。大家知道，住院部不是门诊部，更应该控制人员的进出。凌晨3点不是探视时间，更应该提防可疑人的行踪。儿科病人不是成年患者，更应该加强安全措施。因此医院负有对幼儿进行安全保护的法定义务。首先，医院和病人之间是一种医患关系，双方在办理了挂号手续后合同就已经成立。救死扶伤固然是医院的主要义务，但对住院病人进行管理和保护也是其不可分割的附随义务，是诊疗活动有序有效进行的必要保证。卫生部制定的医院工作制度，对此已有原则规定，而被告自身的安全保卫制度，对此也有明确的承诺。因此医院应当根据儿科病人的特点，妥善履行其合同附随义务。显而易见，被告未履行自己的合同义务，直接导致了幼儿在病房中丢失。而父母在场并不能免除医院保障病人人身安全的义务。有无第三者责任，也同样不能成为医院违约的借口。本案中原告到医院陪护，完全是寄予亲情的自然需要。如果仅仅因为父母在身边，安全责任就应当由父母承担，那么，是否只要父母在场，商店就可以将劣质的冰淇淋卖给孩子，而不用承担违约责任呢？我们难以想象，痛失爱子的父母，今后将如何面对人生！更无从猜想小鹏强现在的命运如何！在医患关系中病人总是处于受管理的弱势地位，而如果今天我们不追究医院的责任，又怎么能够抚慰弱者呢？

被告：刚看完这个录像，我有点说不出话来，我也深深沉浸在陈军夫妇的悲痛之中。监护权是法律规定的，监护权的内容是什么呢？它就是要保证未成年人的安全。本案中这个婴儿丢失的那一刻，他的父母在哪里？就在他的身边，他的父母正在承担着监护责任。可他们都在睡觉。是啊，人该睡觉。可那不是在你们的家里，你们看管的也不是一个健康的儿童，他是一个病儿。你们怎么能同时睡觉呢？难道没有过错吗？父母是有过错的。孩子的丢失和他们的过错有着直接的因果关系。医院有没有责任呢？如果有责任，我不想为医院推卸。可是它没有。对方律师谈到，医院有法定的义务来保护患者的安全，对方律师应拿出法律规定来，让我们看一看。对方律师还谈到，医院里面的住院部不是门诊部，应当限制人员的往来。是的，住院部不同于门诊部，能够严格地履行人员来往的保护制度和登记制度，因此，我们不能要求住院部做得太过分了，它没有这个权利。在本案当中虽然医院不负有责任，但是，从道义上愿意给陈军父母以补偿。但是如果对方律师坚持要我们赔偿的话，我们还是要留给他们一个问题，究竟父母有没有监护责任？在那一刻，有还是没有？

自由辩论

原告：首先，我们告的是违约责任，而对方却用侵权的事由来进行抗辩，这不能成立。其次，我想请问一个问题：医院为何要制定安全保护措施，请给出一个正当理由。

被告：对一个没有行为能力的婴儿的保护职责到底是什么？这也是本案的核心问题。刚才我方一辩已经说得非常清楚，那就是监护权是否发生了转移，父母的监护权是否因为这个合同，就发生了转移。如果是，它是怎样被转移的？请对方律师详细论述。

原告：小鹏强本身就是一个被救治的对象，家长在陪护的过程中也需要休息，因此，安全责任只能由医院来承担。请问医院是否对小鹏强尽到了妥善管理的附随义务？

被告：他是要休息，为什么安排两个大人去陪床？就是要他们轮着睡，可是他们都睡着了。

原告：按照您的逻辑，一对夫妻在有了一个小孩子之后，直到他18岁之前，这对夫妻是不可能两个人同时睡的，那么，计划生育不就自然实现了吗？我们想，你没有尽到义务。因为医院的宗旨是救死扶伤，可是病人在哪里你都不知道，你如何救死扶伤呢？

被告：本案的诉讼请求是要求精神损失赔偿，对方律师刚才讲得非常清楚，他们认为本案是违约之诉。可是你的诉讼请求是典型的侵权之诉。

原告：要澄清这样一个辩题，我们的辩题是失踪的责任由谁承担。我们的答案就是应该由医院来承担。为什么呢？因为医院住院部如果让不该进病房的人进了病房，让不该出病房的人出了病房，难道这不是医院违反了保障安全的承诺吗？

被告：请问对方律师，出病房的那个婴儿，他是怎么出的病房，是在谁抱着的情况下出了病房？有证据吗？

原告：这一点可以肯定，至少不是父母把他抱走的。我想请问的是，在孩子失踪的时候，医院医护人员睡了没有？是不是都睡了？有没有没睡的？没睡的在干吗？

被告：请对方律师举证。

原告：举证结束，录像已反映，请继续陈述。

被告：录像上刚才我们认真地寻找，却没有寻找到一项说明医院没有进行安全防范措施。如果你说没有门卫，医院门卫在三点钟的时候没有尽到职责，让不该进来的人进来，那请你举证刚才的录像哪一段放了？

原告：如果医护人员在家睡觉那是正常，如果上班的时候睡觉那叫荒唐，如果上班的时候醒着就像睡着了一样，那更是不可原谅。

被告：请对方律师举证，护士在睡觉；也请对方律师举证，护士醒着的时候就好像是在睡觉。

原告：现在的问题就在于，你不知道这个小病人到哪里去了？这恰恰是我们要问你们的，因为你要去救治病人。我还是要强调一个问题，如果你连你的病人在哪里都不知道，你如何救治。

被告：对方律师说得好，不知道幼儿去哪儿了，所以说他未必是不安全的。

原告：这可能吗？这样的假设好像与本案相距太远。医院的宗旨是救死扶伤，可连人都不知道在哪里，你如何救死扶伤？我来做一个假设，如果你在儿童医院的门口贴一张这样的告示：医院只管救死扶伤，不管人在何方，还有哪个家长敢把儿童送到你这个医院里来呢？

被告：医院的责任是救死扶伤，本案中已经说得很清楚，他们已经治好了小鹏强的病。我们还是想请问对方律师，家长是否尽到了监护的职责？家长有没有过错？

原告：对方要明确一个概念：监护和监护方式不一样。我们讲，我是我儿子的监护人，但是你能要求我用一天24个小时不睡觉永远盯着孩子的方式来履行我的监护职责吗？

被告：对方一辩律师已经说了在特定时间、特定方式，如果孩子生病了，24小时在医院，父母就要保证有一个人不睡着，看好他。

原告：这个逻辑不存在。我们谈的特定方式，就来看案例当中你规定门不许上闩，但你尽到了妥善保卫的义务吗？这样的话，门不上闩，你的措施又跟不上去，儿科病房不就成了婴幼儿贩子的自选商场吗？你还要知道，小鹏强是男孩，在偏僻的农村是很抢手的呀。

被告：监护责任是一种无过错责任，父母在没有过错的情况下发生了这样的损失也要负责任，这就叫无过错。刚才对方律师还谈到门卫和护士有没有睡觉的问题。本案是一个涉嫌刑事犯罪的窃婴案，那么进来的如果是病人，是探视人员，他会大大方方地在走廊里走来走去；可是如果他是一个刑事犯罪分子来盗窃婴儿，他会在护士面前走来走去吗?对方的说法显然是没有依据的。

原告:您的说法才没有依据,医院不让病房上闩,却又缺乏妥善的管理措施,这不就是让所谓的犯罪分子乘虚而入、如入无人之境吗?

被告:住院部分为可陪护的和不可陪护的,本案发生在恰恰是可以陪护的病房。我告诉你,为什么不能上闩?那是方便医生随时巡查,及时采取治疗措施。我再告诉你医院为什么要求父母陪护?那就是考虑到小鹏强是一个无民事行为能力人,不能离开监护人的监护,你们对幼儿尽到监护责任了吗?

原告:我们谈一句话,就是父母为什么要到医院来监护?只有一个字,那就是爱。我们希望小鹏强一睁眼就能看到父母的身影,如果这也被你们认为是一种不恰当行为的话,我们无以言对。

被告:那么我请问对方,当孩子上学的时候家长为什么不去,难道他不爱吗?

原告:这个责任由谁来承担,法律规定得非常明确。我请问案例当中一个更简单的事实,请问父母睡觉时,医院是知道还是不知道?

被告:医院有知道这个的义务吗?

原告:医院是否知道,对本案的影响至关重要。我再问一遍,父母睡觉医院知道不知道?很简单。

被告:医院没有权利也没有义务来确保病人的安全。

原告:看来对方无法回答这个问题,医院对父母有没有睡觉不清楚,对孩子有没有丢失不清楚,对医院中发生的所有事情都不清楚,您能说您应尽义务的事情是谨慎的吗?

被告:我来回答您的问题。如果医院里面能够确保病人的安全,免受一切外来的侵害,那么那些被追杀的人还需要去报警吗?那些被黑社会困扰的人还会找保镖吗?他们只要办一个住院手续,岂不万事大吉了?

原告:我们认为住院部和门诊部就是不一样,住院部的医生就应该有保姆的细心、保镖的责任心,还应该有天使的爱心啊!

被告:问题就在这儿了,父母是贴身的监护,贴身的监护都看不住孩子,怎么让护士、怎么让医生看住他们呢?

原告:对方的逻辑是只要父母在,就排斥医院的管理合同。我请问了:父母去陪床难道是花钱请护士休息而自己代护士去值班吗?

被告:刚才对方律师谈到,医生和护士还应该是保镖,那么,我要问对方律师:我们的医生和护士只学习医疗事故、医疗处理办法恐怕是不够的,是不是还要学习一点少林功夫呢?

原告:那么,我就不明白了,为什么要在医院设一个保卫部呢?我想监护人员在场,不能免除医院的义务。比如说小孩子在游泳时发生危险,这个时候难道救生员能问:这谁的孩子?有父母在场他就不下去救,因为监护人就在旁边?

被告:你这个例子有一个问题,救生员他有救护的义务。可是医生他没有监护的义务，本案中监护权并没有转移给医院，监护权还在监护人的手底下，即他父母的手底下。

原告：澄清一个问题，本案谈的不是一个监护义务，而是你医疗合同的附随义务。也就是说你在给病人治病的同时，你要保证病人是安全的，要照顾好病人的饮食起居，这是住院部和门诊部的区别。

被告：我再一次提醒对方律师，本案是侵权之诉，你们所提出的诉讼请求已经非常明确，要求精神损失赔偿25万元，不要再谈合同了。

原告：我们今天打的是违约之诉，你用侵权来抗辩，又是不成立的。对方医院的逻辑不过是告诉我们，只要父母睡觉就存在过错。我给大家举个例子，如果我睡觉的时候我的钱包被人偷了，难道因为我睡觉有过错就不去报案？还对这小偷说你偷得对，是我错了。

被告：但是你能够找你的物业管理公司来索赔吗？

原告：当然，如果物业管理公司有这方面的职责它就应该赔。我想，今天我们看到的情况可以用一句话来形容：有人说，病家是上帝，而白衣天使今天却把上帝的儿子弄丢了，只留上帝在宫中孤寂，你愿意看到这样的情景吗？

被告：不是白衣天使把他弄丢了，是在白衣天使工作的范围内做父母的把他弄丢了。医院里确实有保卫，医院里的保卫实质是什么呀？是治安防范，而不是杜绝犯罪。

原告：请问治安保卫和杜绝犯罪之间的区别是什么？难道不都有一个防范和照顾保护安全的责任吗？

被告：问题是对方律师今天迟迟不能举证出来，医院没有尽到安全防范责任。

原告：这就是你的附随义务，我们一辩已经澄清。而您的逻辑是只要有监护义务，合同义务就可以排除。请问，如果家里请一个保姆来看孩子，孩子摔倒了，保姆难道能对父母说，自己的孩子你不抱谁抱嘛？这样的保姆你敢请吗？

被告：对方律师刚才谈逻辑，那您今天的逻辑是什么呢？您首先确定了一个诉讼请求是侵权之诉，可是您总应在违约范围内来谈侵权之诉的过错。两种责任发生竞合的时候，你只能选择其一，您究竟选违约还是选侵权？

原告：对方逻辑的错误在于：对方总是看到小鹏强是别人的孩子，却永远看不到他是你们医院的病人。

被告：医院所要负侵权责任的这四个构成要件，也就是侵权行为过错的因果关系。

总结发言

原告：为了进一步说明我方的观点和理由，我们首先将我们的逻辑方向展示如下：医患之间的关系，是一种特殊的合同关系。由于被告没有履行好在这个合同关系中的保护和管理的义务，因此被告应该承担相应的法律责任。下面我来分析一下被告律师观点的三个错误：第一个错误，被告否认其有保障病人安全这样一个法定义务，这就错了。常识告诉我们，一个二级甲等医院，你怎么可以连儿科住院病房中患者的去向都不知道呢？第二个错误，被告律师断然否认小鹏强的丢失与被告应承担的合同随附义务有关。这在逻辑上非常奇怪，古人云："皮之不存，毛将焉附。"医院的宗旨是救死扶伤，但是如果连住院病人身在何方都不知道，又如何去实现这个宗旨？又如何去治病救人？谁还敢让你治病呢？写这么一张告示：上面写着只管打针吃药，不管孩子被盗。请问，天底下有哪家医院敢将这张告示张贴在儿科病房的门口？被告，你敢吗？第三个错误，被告一直强调父母有监护义务，并以此作为推卸自己责任的借口。我们讲父母固然有监护义务，但是我们不能同意脱离具体的场合和特定的情况，去抽象地讨论这样一个问题。请注意：在本案中被告一方面承诺保障安全，另一方面却又没有任何有效的措施和手段，至今连孩子什么时候通过什么方式离开病房都不知道。请问，这是县里最好的二级甲等医院应该发生的事吗？再请问被告，根据卫生部的医院工作制度制定的安全保卫措施，医院制定了又不去执行，这不是对广大病人及其家属的欺骗和误导又是什么呢？我们今天提起诉讼，不仅仅是在向被告讨一个公道，也不仅仅是告诉大家我们的悲伤，我们真正希望看到的是天底下所有医院都能履行自己的义务。

被告：本案的核心问题是究竟谁应当履行监护的职责。《民法通则》第16条告诉我们：未成年人的父母是未成年人的监护人。《民法通则》第18条告诉我们：监护人未履行监护责任，或者侵害了被监护人的合法权益，应当承担责任。本案中陈鹏强的父母是其法定的监护人，他们具有法定的监护职责。很遗憾的是他们在陪床的时候，都睡着了。他们没有履行监护的职责，他们应当承担孩子失踪的责任。今天对方律师要医院承担责任，他们最重要的理由是医院作出了保障人身安全的规定，这个规定实际上是个承诺，根据这个承诺，医院具有监护的职责。但是我们知道，这个安全规定仅仅是一个内部的规章制度，而绝非一个医院对患者的承诺。换句话来说医院给小鹏强治好了病，就已经履行完了医疗服务合同。他们就人身安全问题，并没有形成协议，因为医院没有约定的监护职责。医院没有法定的监护职责，又没有约定的监护职责，医院对失踪自然就不负责任。在陈军夫妇巨大的痛苦面前，我们说这个结论，显得有些不合情理。法律的监护责任似乎也有些冷酷，但是我请大家冷静地想一想，如果同情可以抵消掉监护责任，今天是一对马虎的父母丢掉了陈鹏强，明天可能就是一对不负责任的父母丢掉了李鹏强。我想请大家再理智地想一想，如果同情可以抵消掉监护责任，可以随意地推到医院的头上，试想，还有哪一家医院敢收婴儿？还有哪一个公园敢向儿童开放？还有哪一个麦当劳连锁店敢欢迎小朋友？任何一个行业责任的过分加重，都可能构成对整个行业的摧毁。责任是分配的体系，法律是分配的机制。责任的落实必须得到法律有效的保障，幸福才可能走进我们每一个人的身边。我们盼望陈鹏强的父母能够从悲痛中振作起来，我们也盼望天底下所有的家庭，都能获得幸福。我们更盼望的是，这种幸福能够得到我们法律有效的、全面的保障。这是我们律师真挚的心愿，也是我们律师不可推卸的使命。

专家点评

中国政法大学江平教授：应该说民事责任有的时候不是百分之百绝对的都是原告的责任，或者都是被告的责任。民事责任里面有一种叫做混合责任。我认为这个案子是比较典型的混合责任。但是，混合责任也不意味着各打五十大板。我个人意见认为，医院的责任更重一点。从这个案子本身内容来看，它涉及三个重要的问题：第一个，原告方主张这是一个违约，这是个合同纠纷；而被告方认为这是个侵权纠纷。我们现在的《合同法》里面明确规定：如果可以按照违约，又可以按照侵权，那么谁有选择权？选择权在原告。对，如果原告认为既可以按照侵权来告，又可以按照医疗合同纠纷来告，那么他现在到法庭里面提出按照医疗合同来告，完全合理，他有权。这是第一个问题。第二个问题，现在看起来问题争论比较大的，就是监护权。未成年孩子的监护权当然应该属于父母了。但是医院有没有监护权？这个问题在此争论很大。如果我把一岁的孩子放到医院，医院也应当有监护责任。如果父母不陪，是陪床人的责任。陪床人员是承担病人的生活料理责任还是也有保护安全的责任？我看主要是前者，当然医院有这个责任。所以在这个案子里面，笼统说只要父母在身旁，父母这个监护权或者监护的义务，就不能够百分之百地排除。但如果说医院就没有任何监护的责任，这个恐怕也很不合适。终究是一个未成年的孩子在你的医院看病，医院对于幼儿应该有一个很好的监护的义务。这是第二个争论的问题。第三个争论问题，陪床的时候是不是一切安全的责任都由陪床的人来承担？到医院治疗，不仅有一个健康生命的安全，还有一个孩子的人身安全——不能被丢失。这个责任谁来承担？从这一点上来说，医院仍然有不可推卸的责任。

所以辩论本身就是一个很重要的问题，并不是由辩论来说明谁对谁错。辩题应该是一个载体，通过辩题这个载体来反映辩论双方最能够体现出来的辩才、分析的能力、逻辑思维的能力、应变的能力、幽默感、风度。如果我们仅从谁对谁错来判，这是不公平的，因为那是他抽签的结果。我们应该通过这个辩题来看，谁能够发挥得更好。从辩题这点可能不利，但他辩得比谁都好，这完全可能。所以不能够从辩题来看对和错，只能说好和坏。

（最终上海律师代表队获胜，并荣获本次大赛特等金奖，北京律师代表队获本次大赛特等银奖。）

1. 请仔细阅读"首届全国律师电视辩论大赛团体总决赛"上海律师代表队 VS 北京律师代表队对"幼儿丢失案"的精彩辩论。

2. 请总结两队各用了何种辩论策略，指出律师法庭辩论与辩论赛的区别和联系（可以从辩论的主体、辩论的目的、辩论的形式、辩论的功能、辩论的内容、辩论的规则秩序、辩论技巧等方面展开论述）。

3. 请思考：如果你是本案原告或被告的代理律师，在开庭审理过程中将如何展开辩论？

第七章 开庭审理完整过程训练

项目训练目的

通过对一审普通程序开庭审理过程的具体讲解，解读庭审提纲各个阶段的重要内容，使学生初步了解整个法庭审判程序的流程，学习在开庭准备、法庭调查、法庭辩论、法庭调解、法庭评议宣判阶段中审判长控制整个庭审的工作内容及行为规范，并侧重从法官行为规范的角度，训练学生掌握如何理清庭审思路，正确驾驭庭审。

通过选取具有典型性的真实案例，全过程模拟开庭审理，由学生扮演审判长、审判员、书记员、原告（原告法定代表人或负责人）、被告（被告法定代表人或负责人）、委托代理人、证人等角色进行演练，使学生前期阶段性训练掌握的基本技能得到大幅提高。庭后先由参加旁听的其他组成员学生点评，共同讨论提高，再由教师进行点评总结。通过教师对模拟法庭的点评总结和学生撰写心得体会，帮助学生对所学知识加深理解，把零散的感性材料上升为理性的分析和思考，升华认识。

开庭审理，是人民法院于确定的日期在当事人和其他诉讼参与人的参加下，依照法定的程序和形式，在法庭上对民事案件进行实体审理的诉讼活动。开庭审理是整个民事诉讼的核心环节，也是普通程序中最主要的诉讼阶段，民事诉讼的基本原则与基本制度都要在开庭审理中得到贯彻和体现。同时，开庭审理也是人民法院行使审判权和当事人行使诉讼权利最集中、最重要的阶段。开庭审理的主要任务是，通过法庭调查和辩论，审查核实证据，查明案件事实，并在此基础上正确适用法律，确认当事人之间的权利义务关系，制裁民事违法行为，保护当事人的合法权益。

开庭审理必须严格按照法定程序来进行。这些程序性的规定，主要分散在《中华人民共和国民事诉讼法》及其相关的司法解释中。其中，《最高人民法院第一审经济纠纷案件适用普通程序开庭审理的若干规定》（法发〔1993〕34号）对此规定得最为详尽，内容涉及开庭前的工作、宣布开庭、法庭调查、法庭辩论、法庭辩论后的调解、合议庭评议、宣判、闭庭八个方面。后来，《最高人民法院关于民事经济审判方式改革问题的若干规定》（法释〔1998〕14号）在"关于改进庭审方式问题"中对法庭调查和法庭辩论的程序又作出了一些更为具体的规定。另外，开庭审理过程中法官的一些行为规范在最高人民法院《法官行为规范》（法发〔2010〕54号）也有所体现。最高人民法院在2015年1月30日颁布的《最高人民法院关于适用〈中华人民共和国民事诉讼法〉的解释》（法释〔2015〕5号）对法庭调查和法庭辩论的方式等问题又做出了一些更加详细、合理的规定。

法条链接

《中华人民共和国民事诉讼法》

第三节 开庭审理

第一百三十四条 人民法院审理民事案件，除涉及国家秘密、个人隐私或者法律另有规定的以外，应当公开进行。

离婚案件，涉及商业秘密的案件，当事人申请不公开审理的，可以不公开审理。

第一百三十五条 人民法院审理民事案件，根据需要进行巡回审理，就地办案。

第一百三十六条 人民法院审理民事案件，应当在开庭3日前通知当事人和其他诉讼参与人。公开审理的，应当公告当事人姓名、案由和开庭的时间、地点。

第一百三十七条 开庭审理前，书记员应当查明当事人和其他诉讼参与人是否到庭，宣布法庭纪律。

开庭审理时，由审判长核对当事人，宣布案由，宣布审判人员、书记员名单，告知当事人有关的诉讼权利义务，询问当事人是否提出回避申请。

第一百三十八条 法庭调查按照下列顺序进行：

（一）当事人陈述；

（二）告知证人的权利义务，证人作证，宣读未到庭的证人证言；

（三）出示书证、物证、视听资料和电子数据；

（四）宣读鉴定意见；

（五）宣读勘验笔录。

第一百三十九条 当事人在法庭上可以提出新的证据。

当事人经法庭许可，可以向证人、鉴定人、勘验人发问。

当事人要求重新进行调查、鉴定或者勘验的，是否准许，由人民法院决定。

第一百四十条 原告增加诉讼请求，被告提出反诉，第三人提出与本案有关的诉讼请求，可以合并审理。

第一百四十一条 法庭辩论按照下列顺序进行：

（一）原告及其诉讼代理人发言；

（二）被告及其诉讼代理人答辩；

（三）第三人及其诉讼代理人发言或者答辩；

（四）互相辩论。

法庭辩论终结，由审判长按照原告、被告、第三人的先后顺序征询各方最后意见。

第一百四十二条 法庭辩论终结，应当依法作出判决。判决前能够调解的，还可以进行调解，调解不成的，应当及时判决。

第一百四十三条 原告经传票传唤，无正当理由拒不到庭的，或者未经法庭许可中途退庭的，可以按撤诉处理；被告反诉的，可以缺席判决。

第一百四十四条　被告经传票传唤，无正当理由拒不到庭的，或者未经法庭许可中途退庭的，可以缺席判决。

第一百四十五条　宣判前，原告申请撤诉的，是否准许，由人民法院裁定。

人民法院裁定不准许撤诉的，原告经传票传唤，无正当理由拒不到庭的，可以缺席判决。

第一百四十六条　有下列情形之一的，可以延期开庭审理：

（一）必须到庭的当事人和其他诉讼参与人有正当理由没有到庭的；

（二）当事人临时提出回避申请的；

（三）需要通知新的证人到庭，调取新的证据，重新鉴定、勘验，或者需要补充调查的；

（四）其他应当延期的情形。

第一百四十七条　书记员应当将法庭审理的全部活动记入笔录，由审判人员和书记员签名。

法庭笔录应当当庭宣读，也可以告知当事人和其他诉讼参与人当庭或者在5日内阅读。当事人和其他诉讼参与人认为对自己的陈述记录有遗漏或者差错的，有权申请补正。如果不予补正，应当将申请记录在案。

法庭笔录由当事人和其他诉讼参与人签名或者盖章。拒绝签名盖章的，记明情况附卷。

第一百四十八条　人民法院对公开审理或者不公开审理的案件，一律公开宣告判决。

当庭宣判的，应当在10日内发送判决书；定期宣判的，宣判后立即发给判决书。

宣告判决时，必须告知当事人上诉权利、上诉期限和上诉的法院。

宣告离婚判决，必须告知当事人在判决发生法律效力前不得另行结婚。

第一百四十九条　人民法院适用普通程序审理的案件，应当在立案之日起6个月内审结。有特殊情况需要延长的，由本院院长批准，可以延长6个月；还需要延长的，报请上级人民法院批准。

《最高人民法院第一审经济纠纷案件适用普通程序开庭审理的若干规定》

一、开庭前的工作

1. 人民法院对决定受理的案件，应当在受理案件通知书和应诉通知书中，向当事人告知有关的诉讼权利义务，或者口头予以告知。如果已经确定开庭日期的，应当一并告知当事人及其诉讼代理人开庭的时间、地点。合议庭组成后，应当在3日内将合议庭组成人员告知当事人。告知后，因情事变化，必须调整合议庭组成人员的，应当于调整后3日内告知当事人。在开庭前3日内决定调整合议庭组成人员的，原定的开庭日期应予顺延。

2. 合议庭成员应当认真审核双方提供的诉讼材料，了解案情，审查证据，掌握争议的焦点和需要庭审调查、辩论的主要问题。

3. 必须共同进行诉讼的当事人没有参加诉讼的，应当通知其参加诉讼。

4. 对专门性问题合议庭认为需要鉴定、审计的，应及时交由法定鉴定部门或者指定有关部门鉴定，委托审计机关审计。

5. 开庭前，合议庭可以召集双方当事人及其诉讼代理人交换、核对证据，核算账目。对双方当事人无异议的事实、证据应当记录在卷，并由双方当事人签字确认。在开庭审理时如双方当事人不再提出异议，便可予以认定。

在双方当事人自愿的条件下，合议庭可以在开庭审理前让双方当事人及其诉讼代理人自行协商解决。当事人和解，原告申请撤诉，或者双方当事人要求发给调解书的，经审查认为不违反法律规定，不损害第三人利益的，可以裁定准予撤诉，或者按照双方当事人达成的和解协议制作调解书发给当事人。

6. 合议庭审查案卷材料后，认为法律关系明确、事实清楚，经征得当事人双方同意，可以在开庭审理前径行调解。调解达成协议的，制作调解书发给当事人。双方当事人对案件事实无争议，只是在责任承担上达不成协议的，开庭审理可以在双方当事人对事实予以确认的基础上，直接进行法庭辩论。

7. 开庭审理前达不成协议的，合议庭应即研究确定开庭审理的日期和庭审提纲，并明确合议庭成员在庭审中的分工。

8. 开庭日期确定后，书记员应当在开庭3日前将传票送达当事人，将开庭通知书送达当事人的诉讼代理人、证人、鉴定人、勘验人、翻译人员。当事人或其他诉讼参与人在外地的，应留有必要的在途时间。公开审理的，应当公告当事人姓名、案由和开庭的时间、地点。

9. 开庭审理前，书记员应当查明当事人和其他诉讼参与人是否到庭。当事人或其他诉讼参与人没有到庭的，应将情况及时报告审判长，并由合议庭确定是否需要延期开庭审理或者中止诉讼。决定延期开庭审理的，应当及时通知当事人和其他诉讼参与人；决定中止诉讼的，应当制作裁定书，发给当事人。原告经传票传唤，无正当理由拒不到庭的，可以按撤诉处理；被告经传票传唤，无正当理由拒不到庭的，可以缺席判决。

二、宣布开庭

10. 书记员宣布当事人及其诉讼代理人入庭。

11. 书记员宣布法庭纪律。

12. 书记员宣布全体起立，请审判长、审判员、陪审员入庭。

13. 书记员向审判长报告当事人及其诉讼代理人的出庭情况。审判长核对当事人及其诉讼代理人的身份，并询问各方当事人对于对方出庭人员有无异议。

14. 当事人的身份经审判长核对无误，且当事人对对方出庭人员没有异议，审判长宣布各方当事人及其诉讼代理符合法律规定，可以参加本案诉讼。

15. 审判长宣布案由及开始庭审，不公开审理的应当说明理由。

16. 被告经人民法院传票传唤，无正当理由拒不到庭的，审判长可以宣布缺席审理，并说明传票送达合法和缺席审理的依据。无独立请求权的第三人经人民法院传票传唤，无正当理由拒不到庭的，不影响案件的审理。

17. 审判长宣布合议庭组成人员、书记员名单。

18. 审判长告知当事人有关的诉讼权利义务，询问各方当事人是否申请回避。当事人提出申请回避的，合议庭应当宣布休庭。院长担任审判长时的回避，由审判委员会决定；审判人员的回避，由院长决定；其他人员的回避，由审判长决定。当事人申请回避的理由不能成立的，由审判长在重新开庭时宣布予以驳回，记入笔录；当事人申请回避的理由成立，决定回避的，由审判长宣布延期审理。

当事人对驳回回避申请的决定不服，申请复议的，不影响案件的开庭。人民法院对复议申请，应当在3日内作出复议决定并通知复议申请人，也可以在开庭时当庭作出复议决定并告知复议申请人。

三、法庭调查

19. 审判长宣布进行法庭调查后，应当告知当事人法庭调查的重点是双方争议的事实。当事人对自己提出的主张，有责任提供证据，反驳对方主张的，也应提供证据或说明理由。

20. 原告简要陈述起诉的请求和理由，或者宣读起诉书。

21. 被告针对原告起诉中的请求和理由作出承认或者否定的答辩，对双方确认的事实，应当记入笔录，法庭无须再作调查。

22. 第三人陈述或答辩。有独立请求权的第三人陈述诉讼请求及理由。无独立请求权的第三人针对原、被告的陈述提出承认或否认的答辩意见。

23. 案件有多个诉讼请求或多个独立存在的事实的，可按每个诉讼请求、每段事实争议的问题由当事人依次陈述、核对证据。

24. 双方当事人就争议的事实所提供的书证、物证、视听资料，应经对方辨认，互相质证。

涉及国家机密、商业秘密的证据，当事人提交法庭的，法庭不能公开出示，但可以适当提示。

25. 凡是知道案件情况的单位和个人，都有义务出庭作证。证人出庭作证，法庭应查明证人身份，告知证人作证的义务以及作伪证应负的法律责任。证人作证后，应征询双方当事人对证人证言的意见。经法庭许可，当事人及其诉讼代理人可以向证人发问。

证人确有困难不能出庭的，其所提交的书面证言应当当庭宣读。当事人自己调查取得的证人证言，由当事人宣读后提交法庭，对方当事人可以质询；人民法院调查取得的证人证言，由书记员宣读，双方当事人可以质询。

26. 勘验人、鉴定人宣读勘验笔录、鉴定结论后，由双方当事人发表意见。经法庭许可，当事人及其诉讼代理人可以向勘验人、鉴定人发问。

27. 双方当事人争议的事实查清后，审判长应当询问双方当事人有无新的证据提出，原告的诉讼请求或被告的反诉请求有无变更。当事人重复陈述的，审判长应当及时提醒或制止。

28. 案件的事实清楚后，审判长宣布法庭调查结束。

29. 当事人要求提供新的证据或者合议庭认为事实尚未查清，确需人民法院补充调查、收集证据或通知新的证人到庭、重新鉴定、勘验，因而需要延期审理的，可以宣布延期审理。需要当事人补充证据的，应告知其在限定期间内提供。

四、法庭辩论

30. 审判长宣布法庭辩论开始，当事人及其诉讼代理人就本案争议的问题进行辩论。辩论应当实事求是，以理服人。必要时，审判长可以根据案情限定当事人及其诉讼代理人每次发表意见的时间。

31. 原告及其诉讼代理人发言。

32. 被告及其诉讼代理人答辩。

33. 第三人及其诉讼代理人发言或答辩。

34. 第一轮辩论结束，审判长应当询问当事人是否还有补充意见。当事人要求继续发言的，应当允许，但要提醒不可重复。

35. 当事人没有补充意见的，审判长宣布法庭辩论终结。

36. 法庭辩论终结，审判长按照原告、被告、第三人的顺序征询各方最后意见。

五、法庭辩论后的调解

37. 经过法庭调查和辩论，如果事实清楚的，审判长按照原告、被告和有独立请求权第三人的顺序询问当事人是否愿意调解。无独立请求权的第三人需要承担义务的，在询问原告、被告之后，还应询问其是否愿意调解。

当事人愿意调解的，可以当庭进行，也可以休庭后进行。

38. 调解时，可以先由各方当事人提出调解方案。当事人意见不一致的，合议庭要讲清法律规定，分清责任，促使双方当事人达成协议。必要时，合议庭可以根据双方当事人的请求提出调解方案，供双方当事人考虑；也可以先分别征询各方当事人意见，而后进行调解。

39. 经过调解，双方当事人达成协议的，应当在调解协议上签字盖章。人民法院应当根据双方当事人达成的调解协议制作调解书送达当事人。双方当事人达成协议后当即履行完毕，不要求发给调解书的，应当记入笔录，在双方当事人、合议庭成员、书记员签名或盖章后，即具有法律效力。

40. 双方当事人当庭达成调解协议的，合议庭应当宣布调解结果，告知当事人调解书经双方当事人签收后，即具有法律效力。

六、合议庭评议

41. 经过开庭审理后调解不成的，合议庭应当休庭进行评议，就案件的性质、认定的事实、适用的法律、是非责任和处理结果作出结论。

42. 评议中如发现案件事实尚未查清，需要当事人补充证据或者由人民法院自行调查收集证据的，可以决定延期审理，由审判长在继续开庭时宣布延期审理的理由和时间，以及当事人提供补充证据的期限。

43. 合议庭评议案件，实行少数服从多数的原则。评议中的不同意见，书记员必须如实记入笔录，由合议庭成员在笔录上签名。

七、宣判

44. 合议庭评议后，由审判长宣布继续开庭并宣读裁判。宣判时，当事人及其他诉讼参与人、旁听人员应当起立。宣判的内容包括：认定的事实、适用的法律、判决的结果和理由、诉讼费的负担、当事人的上诉权利、上诉期限和上诉法院。

45. 不能当庭宣判的，审判长应当宣布另定日期宣判。

46. 由书记员宣读庭审笔录，也可以告知当事人和其他诉讼参与人当庭或者在5日内阅读。

庭审笔录经宣读或阅读，当事人和其他诉讼参与人认为记录无误的，应当在笔录上签名或盖章；拒绝签名、盖章的，记明情况附卷；认为对自己的陈述记录有遗漏或者差错，申请补正的，允许在笔录后面或另页补正。

庭审笔录由合议庭成员和书记员签名。

八、闭庭

47. 审判长宣布闭庭。

48. 书记员宣布全体起立，合议庭成员等退庭。

49. 合议庭成员退庭后，书记员宣布当事人和旁听人员退庭。

《最高人民法院关于民事经济审判方式改革问题的若干规定》

关于改进庭审方式问题

八、法庭调查按下列顺序进行：

1. 由原告口头陈述事实或者宣读起诉状，讲明具体诉讼请求和理由。

2. 由被告口头陈述事实或者宣读答辩状，对原告诉讼请求提出异议或者反诉的，讲明具体请求和理由。

3. 第三人陈述或者答辩，有独立请求权的第三人陈述诉讼请求和理由；无独立请求权的第三人针对原、被告的陈述提出承认或者否认的答辩意见。

4. 原告或者被告对第三人的陈述进行答辩。

5. 审判长或者独任审判员归纳本案争议焦点或者法庭调查重点，并征求当事人的意见。

6. 原告出示证据，被告进行质证；被告出示证据，原告进行质证。

7. 原、被告对第三人出示的证据进行质证；第三人对原告或者被告出示的证据进行质证。

8. 审判人员出示人民法院调查收集的证据，原告、被告和第三人进行质证。

经审判长许可，当事人可以向证人发问，当事人可以互相发问。

审判人员可以询问当事人。

九、案件有两个以上独立存在的事实或者诉讼请求的，可以要求当事人逐项陈述事实和理由，逐个出示证据并分别进行调查和质证。对当事人无争议的事实，无需举证、质证。

十、当事人向法庭提出的证据，应当由当事人或者其诉讼代理人宣读。当事人及其诉讼代理人因客观原因不能宣读的证据，可以由审判人员代为宣读。

人民法院依职权调查收集的证据由审判人员宣读。

十一、案件的同一事实，除举证责任倒置外，由提出主张的一方当事人首先举证，然后由另一方当事人举证。另一方当事人不能提出足以推翻前一事实的证据的，对这一事实可以认定；提出足以推翻前一事实的证据的，再转由提出主张的当事人继续举证。

十二、经过庭审质证的证据，能够当即认定的，应当当即认定；当即不能认定的，可以休庭合议后再予以认定；合议之后认为需要继续举证或者进行鉴定、勘验等工作的，可以在下次开庭质证后认定。未经庭审质证的证据，不能作为定案的根据。

十三、一方当事人要求补充证据或者申请重新鉴定、勘验，人民法院认为有必要的可以准许。补充的证据或者重新进行鉴定、勘验的结论，必须再次开庭质证。

十四、法庭决定再次开庭的，审判长或者独任审判员对本次开庭情况应当进行小结，指出庭审已经确认的证据，并指明下次开庭调查的重点。

十五、第二次开庭审理时，只就未经调查的事项进行调查和审理，对已经调查、质证并已认定的证据不再重复审理。

十六、法庭调查结束前，审判长或者独任审判员应当就法庭调查认定的事实和当事人争议的问题进行归纳总结。

十七、审判人员应当引导当事人围绕争议焦点进行辩论。当事人及其诉讼代理人的发言与本案无关或者重复未被法庭认定的事实，审判人员应当予以制止。

十八、法庭辩论由各方当事人依次发言。一轮辩论结束后当事人要求继续辩论的，可以进行下一轮辩论。下一轮辩论不得重复第一轮辩论的内容。

十九、法庭辩论时，审判人员不得对案件性质、是非责任发表意见，不得与当事人辩论。法庭辩论终结，审判长或者独任审判员征得各方当事人同意后，可以依法进行调解，调解不成的，应当及时判决。

二十、适用简易程序审理的案件，当事人同时到庭的，可以径行开庭进行调解。调解前告知当事人诉讼权利义务和主持调解的审判人员，在询问当事人是否申请审判人员回避后，当事人不申请回避的，可以直接进行调解。调解不成的或者达成协议后当事人反悔又未提出新的事实和证据，可以不再重新开庭，直接作出判决。

《法官行为规范》

三、庭审

第二十六条 基本要求

（一）规范庭审言行，树立良好形象；

（二）增强庭审驾驭能力，确保审判质量；

（三）严格遵循庭审程序，平等保护当事人诉讼权利；

（四）维护庭审秩序，保障审判活动顺利进行。

第二十七条 开庭前的准备

（一）在法定期限内及时通知诉讼各方开庭时间和地点；

（二）公开审理的，应当在法定期限内及时公告；

（三）当事人申请不公开审理的，应当及时审查，符合法定条件的，应当准许；不符合法定条件的，应当公开审理并解释理由；

（四）需要进行庭前证据交换的，应当及时提醒，并主动告知举证时限；

（五）当事人申请法院调取证据的，如确属当事人无法收集的证据，应当及时调查收集，不得拖延；证据调取不到的，应当主动告知原因；如属于当事人可以自行收集的证据，应当告知其自行收集；

（六）自觉遵守关于回避的法律规定和相关制度，对当事人提出的申请回避请求不予同意的，应当向当事人说明理由；

（七）审理当事人情绪激烈、矛盾容易激化的案件，应当在庭前做好工作预案，防止发生恶性事件。

第二十八条 原定开庭时间需要更改

（一）不得无故更改开庭时间；

（二）因特殊情况确需延期的，应当立即通知当事人及其他诉讼参加人；

（三）无法通知的，应当安排人员在原定庭审时间和地点向当事人及其他诉讼参加人解释。

第二十九条 出庭时注意事项

（一）准时出庭，不迟到，不早退，不缺席；

（二）在进入法庭前必须更换好法官服或者法袍，并保持整洁和庄重，严禁着便装出庭；合议庭成员出庭的着装应当保持统一；

（三）设立法官通道的，应当走法官通道；

（四）一般在当事人、代理人、辩护人、公诉人等入庭后进入法庭，但前述人员迟到、拒不到庭的除外；

（五）不得与诉讼各方随意打招呼，不得与一方有特别亲密的言行；

（六）严禁酒后出庭。

第三十条 庭审中的言行

（一）坐姿端正，杜绝各种不雅动作；

（二）集中精力，专注庭审，不做与庭审活动无关的事；

（三）不得在审判席上吸烟、闲聊或者打瞌睡，不得接打电话，不得随意离开审判席；

（四）平等对待与庭审活动有关的人员，不与诉讼中的任何一方有亲近的表示；

（五）礼貌示意当事人及其他诉讼参加人发言；

（六）不得用带有倾向性的语言进行提问，不得与当事人及其他诉讼参加人争吵；

（七）严格按照规定使用法槌，敲击法槌的轻重应当以旁听区能够听见为宜。

第三十一条　对诉讼各方陈述、辩论时间的分配与控制

（一）根据案情和审理需要，公平、合理地分配诉讼各方在庭审中的陈述及辩论时间；

（二）不得随意打断当事人、代理人、辩护人等的陈述；

（三）当事人、代理人、辩护人发表意见重复或与案件无关的，要适当提醒制止，不得以生硬言辞进行指责。

第三十二条　当事人使用方言或者少数民族语言

（一）诉讼一方只能讲方言的，应当准许；他方表示不通晓的，可以由懂方言的人用普通话进行复述，复述应当准确无误；

（二）使用少数民族语言陈述，他方表示不通晓的，应当为其配备翻译。

第三十三条　当事人情绪激动，在法庭上喊冤或者鸣不平

（一）重申当事人必须遵守法庭纪律，法庭将会依法给其陈述时间；

（二）当事人不听劝阻的，应当及时制止；

（三）制止无效的，依照有关规定作出适当处置。

第三十四条　诉讼各方发生争执或者进行人身攻击

（一）及时制止，并对各方进行批评教育，不得偏袒一方；

（二）告诫各方必须围绕案件依序陈述；

（三）对不听劝阻的，依照有关规定作出适当处置。

第三十五条　当事人在庭审笔录上签字

（一）应当告知当事人庭审笔录的法律效力，将庭审笔录交其阅读；无阅读能力的，应当向其宣读，确认无误后再签字、捺印；

（二）当事人指出记录有遗漏或者差错的，经核实后要当场补正并要求当事人在补正处签字、捺印；无遗漏或者差错不应当补正的，应当将其申请记录在案；

（三）未经当事人阅读核对，不得要求其签字、捺印；

（四）当事人放弃阅读核对的，应当要求其签字、捺印；当事人不阅读又不签字、捺印的，应当将情况记录在案。

第三十六条　宣判时注意事项

（一）宣告判决，一律公开进行；

（二）宣判时，合议庭成员或者独任法官应当起立，宣读裁判文书声音要洪亮、清晰、准确无误；

（三）当庭宣判的，应当宣告裁判事项，简要说明裁判理由并告知裁判文书送达的法定期限；

（四）定期宣判的，应当在宣判后立即送达裁判文书；

（五）宣判后，对诉讼各方不能赞赏或者指责，对诉讼各方提出的质疑，应当耐心做好解释工作。

《最高人民法院关于适用〈中华人民共和国民事诉讼法〉的解释》

第二百二十六条 人民法院应当根据当事人的诉讼请求、答辩意见以及证据交换的情况，归纳争议焦点，并就归纳的争议焦点征求当事人的意见。

第二百二十七条 人民法院适用普通程序审理案件，应当在开庭3日前用传票传唤当事人。对诉讼代理人、证人、鉴定人、勘验人、翻译人员应当用通知书通知其到庭。当事人或者其他诉讼参与人在外地的，应当留有必要的在途时间。

第二百二十八条 法庭审理应当围绕当事人争议的事实、证据和法律适用等焦点问题进行。

第二百二十九条 当事人在庭审中对其在审理前的准备阶段认可的事实和证据提出不同意见的，人民法院应当责令其说明理由。必要时，可以责令其提供相应证据。人民法院应当结合当事人的诉讼能力、证据和案件的具体情况进行审查。理由成立的，可以列入争议焦点进行审理。

第二百三十条 人民法院根据案件具体情况并征得当事人同意，可以将法庭调查和法庭辩论合并进行。

第二百三十一条 当事人在法庭上提出新的证据的，人民法院应当依照民事诉讼法第65条第2款规定和本解释相关规定处理。

第二百三十二条 在案件受理后，法庭辩论结束前，原告增加诉讼请求，被告提出反诉，第三人提出与本案有关的诉讼请求，可以合并审理的，人民法院应当合并审理。

第二百三十三条 反诉的当事人应当限于本诉的当事人的范围。

反诉与本诉的诉讼请求基于相同法律关系、诉讼请求之间具有因果关系，或者反诉与本诉的诉讼请求基于相同事实的，人民法院应当合并审理。

反诉应由其他人民法院专属管辖，或者与本诉的诉讼标的及诉讼请求所依据的事实、理由无关联的，裁定不予受理，告知另行起诉。

第二百三十四条 无民事行为能力人的离婚诉讼，当事人的法定代理人应当到庭；法定代理人不能到庭的，人民法院应当在查清事实的基础上，依法作出判决。

开庭审理除了以上提到的《中华人民共和国民事诉讼法》及相关司法解释的规定以外，司法实践中，最高人民法院和地方各级人民法院也在不断地探索、创新，逐渐形成了相对固定的开庭审理程序。鉴于开庭审理阶段也是模拟法庭课程教学的中心环节，本章将主要通过对一审普通程序开庭审理过程的具体讲解，解读庭审提纲各个阶段的重要内容，使学生初步了解整个法庭审判程序的流程，学习在开庭准备、法庭调查、法庭辩论、法庭调解、法庭评议宣判阶段中审判长控制整个庭审的工作内容及行为规范。同时侧重从法官行为规范的角度，训练学生如何理清庭审思路，正确驾驭庭审。按照选修情况将全班学生分组，每组成员为10人左右，训练学生严格按照程序法和实体法的相关规定对诉讼活动的全过程进行分组模拟。

每组模拟时，其他组成员旁听，庭审完毕后分别由学生点评、撰写心得体会。

通过教师对模拟法庭的点评总结和学生点评及撰写心得体会，促使训练学生对所学知识加深理解，把零散的感性材料上升为理性的分析和思考，升华认识。

庭后由学生提交本次开庭的实训报告及全部法律文书存档，法律文书包括：起诉状、答辩状、双方证据目录及证据材料、代理词、庭审提纲及判决书。

本章的内容，将从民事诉讼第一审普通程序庭审操作规范及法官如何驾驭庭审两个方面进行专门的讲解和训练。

第一节 民事诉讼第一审普通程序庭审操作规范

一、民事诉讼第一审普通程序庭审操作规范解读

（一）开庭准备和开庭宣布

1. 庭前准备工作。书记员应先期到达法庭，做好以下开庭前准备工作：

（1）宣布：请诉讼参加人入庭就座。检查诉讼参加人出庭情况。如有一方诉讼参加人未到庭的，应立即报告审判长处理。

（2）宣布：请诉讼参加人出示身份证件。核对诉讼参加人的身份。如确认有证人、鉴定人、勘验人、检查人、具有专门知识的人员（简称"专家"）出庭的，还应核对其身份后请其退席，等候传唤。

（3）核实《当事人诉讼权利义务告知书》、《诉讼风险提示书》、《举证通知书》、《告知审判庭组成人员通知书》和开庭《传票》、《通知书》以及诉状等诉讼材料的收悉情况。

（4）公开开庭的，应当检查参加旁听的人员是否适合，是否有现场采访的记者。

如发现有未成年人（经批准的除外）、精神病人和醉酒的人以及其他不宜旁听的人旁听开庭的，应当请其退出法庭。

如发现有记者到庭采访，应当确认其是否办理审批手续。如未经批准，不得录

音、录像或者摄影；但应当允许记者作为旁听人员参加旁听和记录。

2. 宣布法庭规则和法庭纪律。书记员宣布：现在宣布法庭规则和法庭纪律。法庭规则和法庭纪律的具体内容以《法庭规则》的有关规定为准。另外可以特别提示：全体人员应当关闭手机和传呼机的铃响。

3. 法官入庭和报告庭审前准备情况。书记员宣布：全体起立！然后引领审判长、审判员（人民陪审员）入庭。

待法官坐定后，书记员宣布：请坐下。

如果法官是书记员在做准备工作或宣布法庭纪律时进入法庭的，书记员应中止手头工作，在主持法官入庭仪式后，再恢复手头的工作。

准备工作就绪后，向审判长报告庭审前准备工作情况：

（1）出庭的诉讼参加人有：……

（2）出庭的其他诉讼参与人有：……

（3）经批准到庭旁听采访的新闻单位及记者有：……

最后，书记员报告：法庭准备工作就绪，请审判长主持开庭。

4. 核对确认诉讼参加人的身份。在书记员已核对诉讼参加人身份的基础上，审判长简单核对即可。

征询各方当事人：对对方出庭人员的身份是否有异议。经各方当事人确认无异后，即宣布：经法庭当庭核对确认，出庭的诉讼参加人符合法律规定，准予参加本案的庭审活动。

5. 宣布开庭。审判长先敲击法槌，然后庄严宣布：现在开庭！

6. 宣告审理法院、案名、案由、审理程序和方式。审判长在宣布"现在开庭"后，即要宣告审理法院、案名、案由、审理程序和方式等内容，一般可以综合表述为："××人民法院依照《中华人民共和国民事诉讼法》第十二章第一审普通程序的有关规定，今天公开审理（或不公开审理）原告×××与被告×××，第三人×××（案由）一案。"

如有追加当事人、延长审限、召开预审庭等情形的，应一并予以说明。本案系再审案件、合并审理案件的，还应当说明。如不公开开庭审理的，也应当说明理由。

7. 介绍审判人员。审判长宣告：本院受理本案后，依法组成合议庭。合议庭组成人员和书记员的名单已告知各方当事人。然后具体介绍合议庭组成人员和书记员，并说明其基本职务情况。

8. 告知诉讼权利义务，并征询申请回避意见。开庭前已经将《当事人的权利义务告知书》送达各方当事人，审判长逐一询问各方当事人：是否知悉自己在诉讼中的权利和义务？

在当事人确认知悉诉讼权利义务后，审判长逐一询问各方当事人：是否申请合议庭成员和书记员回避？

一旦当事人提出回避申请，应当要求其说明理由。如果当事人提出法定的回避理由，法庭不必审查该理由是否成立即宣布休庭。当事人确认不提出回避申请的，庭审活动得以继续进行。

9. 宣告庭审的阶段。审判长宣布：庭审活动分为法庭调查、法庭辩论、当事人最后陈述、法庭调解，调解不成的，法庭将休庭评议后进行宣判。

审判长还应强调：各方当事人应当正确行使诉讼权利，切实履行诉讼义务，遵守法庭规则，服从法庭指挥，确保庭审活动的顺利进行。

庭审活动一般由审判长主持。根据庭审的需要，审判长也可以委托其他合议庭成员主持部分庭审活动。但应向诉讼参加人说明。[1]

10. 诉讼指导。在庭审过程中，当事人可以要求法庭对诉讼权利义务、诉讼风险和举证责任的具体内容予以释明。法庭也可以对诉讼能力比较低的当事人给予适当诉讼指导，以确保审判的公正和公平。

（二）法庭调查

1. 宣布法庭调查。审判长宣布：现在进行法庭调查。

法庭可对法庭调查顺序予以说明：法庭调查一般按当事人陈述、归纳小结、当事人当庭举证、当庭质证、法庭认证的顺序进行。

2. 当事人陈述。审判长宣布：首先由当事人陈述。

审判长宣布：请原告宣读起诉状或者简要陈述诉讼请求及所依据的事实和理由。即指示原告陈述。

审判长宣布：请被告宣读答辩状或者简要陈述诉讼主张及所依据的事实和理由。即指示被告陈述。

审判长宣布：请第三人宣读答辩状（起诉状）或者简要陈述诉讼主张（诉讼请求）及所依据的事实和理由。即指示第三人陈述。

当事人陈述的内容如果超出诉状范围的，法庭可提示当事人另作补充陈述。

实践中，法庭认为组织当事人宣读诉状确无实际必要的，可以省略"宣读诉状"这一节。

在当事人宣读诉状的基础上，法庭可根据案件的需要组织当事人补充陈述。审判长宣布：现在，由当事人作补充陈述。即指示原告、被告、第三人依次作补充陈述。

法庭应引导当事人针对对方当事人的陈述，补充陈述相应的事实和理由。陈述的内容应避免重复。

在当事人主动陈述的基础上，法庭可根据案件的需要有针对性地向当事人发问，以理清案情、明确无争议的事实和讼争焦点。审判长宣布：法庭现就案件的事实问题，向当事人发问。

---

[1] 本节以下主持庭审者将统一称为"审判长"，但如果审判长委托其他合议庭成员主持部分庭审活动的，应向诉讼参加人说明情况，庭审笔录中"审判长"的称谓也应随之改为该合议庭成员。特此说明。

对法庭的发问，当事人应如实进行答问陈述；同时，针对当事人的答问陈述，法庭应当征询对方当事人的质证意见。

3. 归纳小结。审判长宣布：根据当事人陈述，结合案件的其他诉讼材料，法庭归纳小结以下几个方面的内容：

（1）本案的诉讼请求是：……

（2）当事人没有争议事实有：……

在确认之前，审判长可以征询各方当事人的意见。

各方当事人陈述一致或者都认可的事实，除涉及身份关系，或者涉及国家、第三人的权益，或者与其他证据有冲突的外，经合议庭评议确认后可以直接予以认定，并当庭宣布：以上事实，各方当事人陈述一致或均予认可，足以认定。并宣告：以上经法庭认定的事实，无须当事人举证、质证。

实践中，如果当事人对案件事实没有或者基本没有争议，且根据当事人陈述即可直接认定全案事实的，经合议庭评议确认后，即可宣布法庭调查结束。如果当事人对全部事实都有争议，就不存在没有争议的事实，审判长就此部分内容不必进行归纳。

（3）本案诉讼争议的焦点有：……

在确认之前，审判长可以征询各方当事人的意见，在各方当事人均确认无异后予以确认。

（4）法庭进一步调查的范围如下：……

法庭确定调查的范围时无须征询当事人的意见。法庭调查的范围不以当事人诉讼争议的内容为限；但二者不一致的，法庭应予以释明。

法庭调查的范围主要是案件事实问题。有关法律适用问题则属于法庭辩论的范围，但对法律依据的有无以及法律条文的具体内容等发生的争议，法庭认为需要调查的，也可以作为法庭调查的范围。

法庭调查的范围确定后，法庭还宣布：当事人当庭举证、质证应当围绕法庭确定的范围进行。

4. 当庭举证。法庭调查范围内的事项应当逐一、有序地展开调查。

在逐一确定法庭调查的具体事项后，审判长宣布：现在，本庭就……事实进行调查，请当事人当庭举证。然后指示当事人当庭出示证据和进行说明。说明的内容包括证据的名称、种类、来源、内容以及证明对象等。法庭调取的证据由法庭或者申请调取该证据的当事人出示和说明。

法庭应当引导举证当事人根据具体调查事项，有针对性地提供证据材料。具体包括：

（1）书证和物证，应出示原件、原物；不能出示原件原物的，可以出示复印件、复制品、照片或者抄录件等。

（2）视听资料，应出示原始载体并当庭播放；不能出示原始载体或者当庭播放有困难的，可以以其他方式播放或者提供抄录件等。

（3）证人、鉴定人、勘验人、检查人因故未出庭作证的，应当说明理由，并出示证人书面证言、鉴定意见、勘验笔录、检查笔录的原件。如证人、鉴定人、勘验人、检查人以及专家出庭作证的，另按出庭作证的程序举证、质证。

5. 当庭质证。一方当事人举证完毕，审判长宣布：请……（另一方当事人）质证。

当庭质证一般以"一举一质"或"类举类质"的方式进行。

法庭应当引导当事人围绕证据的真实性、关联性、合法性，针对证据证明力有无以及证明力大小，进行辨认与辩驳。质证时，法庭应当引导质证当事人首先作出是否认可的意思表示。如不认可，应提出具体的理由，并组织当事人展开质辩。法庭不得把质辩作为法庭辩论的内容，制止当事人在质证中进行质辩。

质辩至少进行一个轮回。即在质证当事人提出反驳的基础上，审判长宣布：请……（举证当事人）辩解。举证当事人辩解后，宣布：请……（质证当事人）辩驳。法庭认为有必要，可以组织当事人进行多轮次的质辩。

在质证中，质证当事人提出相应的反证的，法庭应当当庭组织举证和质证。

6. 证人、鉴定人、勘验人、检查人以及专家出庭作证。有证人出庭作证的，当事人应当在规定的期限内提出传唤申请，由法庭通知证人出庭作证。通知书应告知证人作证的权利和义务以及作伪证应当承担的法律责任。当事人在开庭时直接带证人到庭后申请法庭传唤出庭的，法庭按逾期举证处理。

在当庭举证的过程中，举证当事人申请传唤证人出庭作证的，应向法庭提出。经法庭审查准许后，审判长即宣布：传……到庭。

证人出庭就座后，审判长宣布：请证人报告本人的基本情况，并说明与本案当事人的关系。在确认其知道作证的权利和义务以及作伪证应当承担的法律责任后，请证人当庭保证或者在保证书上签名。

证人出庭作证陈述的一般顺序：①根据法庭提示的调查事项，证人就其了解的事实作连贯性陈述；②举证当事人发问，法庭指示证人答问；③质证当事人发问，法庭指示证人答问。法庭根据需要也可以发问（一般在当事人发问后再行发问）。当事人或者证人对发问有异议的，可以向法庭提出。异议是否成立，由合议庭评议确定。

证人回答发问结束后，审判长宣布：请证人退庭。可提示证人退庭后，在休息室休息，休庭后还要审阅笔录和签名。如果需要再次出庭的再行传唤。

证人退庭后，针对证人证言，法庭组织当事人进行举证说明和当庭质证。审判长先宣布：请……（举证当事人）说明。举证当事人说明后，审判长宣布：请……（质证当事人）质证。法庭可以组织质辩。

鉴定人、勘验人、检查人、专家出庭作证的具体程序，参照证人出庭作证的程序执行（除出具保证外）。

7. 当庭认证。证据经当庭举证、质证后，合议庭当庭或者休庭进行评议，对证据进行审查核实并作出认证结论。能够当庭宣布认证结论的应当当庭宣布；不能当庭宣布的，在下次开庭时或者宣判时宣布。不能当庭认证的，应当向当事人作出说明。

认证结论的表述主要有以下两种方式：

（1）确认证据足予采信的，认证结论为：经合议庭评议确认，……（证据名称）内容真实，形式合法，可以作为认定……（案件事实）的根据。

（2）确认证据不予采信的，认证结论为：经合议庭评议确认，……（证据名称）因……（不予采信的理由），故不能作为本案认定事实的根据（不予采信）。

证据不予采信的理由包括：①证据缺乏真实性或合法性或关联性，以致没有证明效力，故不能作为本案认定事实的根据；②该证据虽然有证明效力，但与其他证据相冲突，经比较证明力大小而不予采信，故不能作为本案认定事实的根据。

完整的认证结论包括两部分内容：一是确认证据的有效性；二是有效证据可以证明的案件事实。如果法庭不能当庭作出完整的认证结论，可以作出部分认证结论：①确认证据的真实性、合法性、关联性及其证明效力，至于该证据可以作为认定案件哪一具体事实的根据，可另行评议确认。②或者仅确认证据的真实性或合法性或关联性；至于该证据是否有证明效力，可另行评议确认。法庭当庭不能作出完整的认证结论的，应予以说明，避免当事人产生歧义。

8. 发问和答问。法庭根据案件审理的需要，可以给当事人相互发问的机会。

法官宣布：当事人有问题需要向对方当事人发问的，经法庭许可，可以发问。经逐一征询各方当事人，如果当事人申请发问的，请发问。法庭审查确认后，指示被问当事人答问。

法庭根据案件审理的需要，也可以向当事人发问。

当事人对发问有异议的，可以向法庭提出。异议是否成立，由合议庭评议确定。

9. 其他事项的调查。法庭调查范围内的调查事项调查完毕后，可以征询当事人：是否还有其他事实需要调查或者有其他证据需要出示。

当事人申请调查其他事实，经法庭评议许可后，组织当事人当庭举证、质证。如果法庭经评议认为无调查必要的，可以驳回当事人的申请。

当事人申请出示其他证据的，应当说明理由和证明的对象。如系逾期提供的证据，法庭不组织质证；但对方当事人同意质证的除外。如系"新的证据"，法庭应当给对方当事人质证准备和收集反驳证据的时间，但对方当事人同意当庭质证的除外。如属于无须举证、质证范围内的证据，可以驳回当事人举证的申请。

10. 宣布法庭调查结束。经确认各方当事人没有新的证据提供和其他事实需要调查后，审判长宣布：法庭调查结束。

（三）法庭辩论

1. 宣布法庭辩论。审判长宣布：现在进行法庭辩论。

审判长可以确定法庭辩论的范围：当事人应当围绕各自的诉讼请求或者诉讼主张，就法律的具体适用问题展开辩论。

当事人对证据和事实的认定产生的争议属于法庭调查的内容，一般不应作为法庭辩论的范围。

审判长可以强调法庭辩论规则：在法庭辩论中，辩论发言应当经法庭许可；注意用语文明，不得使用讽刺、侮辱的语言；语速要适中，以便法庭记录；发言的内容应当避免重复。在法庭辩论的过程中，如有违反规则的言行，法庭应予制止。

审判长说明法庭辩论阶段：法庭辩论分为对等辩论和互相辩论。

2. 对等辩论（也称第一轮辩论）。审判长宣布：首先由当事人进行对等辩论。随即指示原告、被告、第三人依次进行辩论发言。

辩论发言一般不宜重复诉状的内容。

一轮辩论结束，法庭可根据实际情况决定是否进行下一轮辩论；如进行下一轮辩论，应强调发言的内容不宜重复。法庭根据需要可限定每一轮次各方当事人辩论发言的时间。

3. 互相辩论。审判长宣布：现在进行互相辩论（法庭可根据实际情况决定是否进行）。

审判长应当告知：当事人要求辩论发言的，可以向法庭举手示意。经法庭许可，方能发言。

在互相辩论中，当事人未经许可而进行自由、无序的辩论发言或者辩论发言的内容重复的，法庭应予以制止。

4. 法庭调查阶段的回转。在辩论中发现有关案件事实需要进行调查，或者需要对有关证据进行审查的，应当宣布：中止法庭辩论，恢复法庭调查。

法庭调查结束后，宣布：恢复法庭辩论。庭审活动恢复到中止时的阶段。

5. 宣布法庭辩论结束。在确认各方当事人辩论意见陈述完毕后，审判长即可宣布：法庭辩论结束。

（四）当事人最后陈述

审判长宣布：现在，由当事人陈述最后意见。随即指示原告、被告、第三人依次作最后陈述。

合议庭成员应当认真、耐心听取当事人陈述，一般不宜打断当事人的发言。但其陈述过于冗长时，法庭应当予以引导；当事人陈述的内容重复多次的，或者陈述的内容与案件没有直接关联的，法庭应以适当的方式予以制止。

（五）法庭调解

1. 宣布法庭调解。审判长宣布：现在进行法庭调解。

法庭要把握时机，根据案件审理的实际情况，在法庭调查和法庭辩论中适时组织调解。在法庭辩论之后，当事人或者法定代理人出庭参加诉讼，或者委托的代理人有特别授权的，法庭应当组织调解。如果当事人或者法定代理人未出庭参加诉讼，而且委托的代理人也没有特别授权的，法庭不能当庭组织调解。庭后有调解必要和可能的，应当于休庭后组织调解。

2. 询问当事人调解的意愿。审判长征询各方当事人：是否愿意调解。各方当事人均表示愿意调解的，法庭即可组织调解；有一方当事人不同意调解的，审判长宣布：终结调解。随即宣布休庭。

由于刚经过法庭调查和法庭辩论，当事人情绪对立可能比较严重。法庭应注意调整庭审气氛，讲究工作方法，在做好思想工作的基础上，适时征询当事人调解意愿和开展调解工作。即使不能当庭调解，但确有再行调解的必要和可能的，应当在休庭后进一步做调解工作。

3. 组织调解。经确认各方当事人均有调解意愿的，审判长宣布：现由法庭组织调解。

法庭调解的一般程序：

（1）先由原告方提出调解方案，征询被告的意见。

（2）如被告同意原告的调解方案的，法庭予以审查确认；被告拒绝的，则由被告提出新的调解方案，并征询原告的意见。

（3）原告同意被告提出的新的调解方案的，法庭予以审查确认；原告拒绝的，法庭可以再进行调解或者终止调解程序。

（4）当事人各方提出的调解方案均被对方拒绝的，法庭可以提出调解方案，并征询当事人的意见。

对当事人达成的调解协议，法庭经审查确认调解协议内容的合法性和当事人意思表示的真实性后，制作调解书。调解书经双方当事人签收后，即具有法律效力。根据《民事诉讼法》的规定不需要制作调解书的案件，当事人各方同意在调解协议上签名或者盖章后生效，经人民法院审查确认后，应当记入笔录或者将协议附卷，并由当事人、审判人员、书记员签名或者盖章后即具有法律效力。当事人请求制作调解书的，人民法院应当制作调解书送交当事人。当事人拒收调解书的，不影响调解协议的效力。

调解成功后，审判长宣布：闭庭。

4. 终结调解。调解不成，审判长宣布：法庭调解结束。

经合议庭评议认为没有进一步调解必要或可能的，应当休庭评议，及时作出判决。

（六）休庭、评议和宣判

1. 宣布休庭。审判长先宣布：现在休庭，然后敲击法槌。

宣布休庭后应告知当事人复庭的时间；如果决定不当庭宣判的，应当告知宣判的时间或者交待：宣判时间另行通知。

2. 法官退庭和评议。决定当庭宣判的，应于休庭后立即进行评议；择期宣判的，应在庭审结束后5个工作日内进行评议。

合议庭评议案件时，先由承办法官对认定案件事实，证据是否确实、充分以及适用法律等发表意见，审判长最后发表意见；审判长作为承办法官的，由审判长最后发表意见。对案件的裁判结果进行评议时，由审判长最后发表意见。审判长应当根据评议情况总结合议庭评议的结论性意见。合议庭成员应当认真负责，充分陈述意见，独立行使表决权，不得拒绝陈述意见或者仅作同意与否的简单表态。同意他人意见的，也应当提出事实根据和法律依据，进行分析论证。

评议后，合议庭应当依照规定的权限，及时对已经评议形成一致或者多数意见的案件直接作出判决或者裁定。

3. 法官入庭和宣布继续开庭。庭审准备就绪，书记员宣布：全体起立——请审判长、审判员（人民陪审员）入庭。

待法官坐定后，书记员再宣布：请坐下。

审判长敲击法槌后，即宣布：现在继续开庭。

4. 宣布评议结果。原定当庭宣判的，但经合议庭评议后未能作出裁判或评议决定不当庭宣判的，审判长应予说明，然后宣布休庭。

经合议庭评议，能够当庭宣判的，审判长应宣告：经过合议庭评议，评议结论已经作出。现予宣布……

宣判的内容包括：①认证结论（先前已宣布的认证结论除外）；②裁判理由；③裁判结果以及诉讼费的负担。关于当事人的基本情况、案由、当事人陈述等部分内容，在当庭宣判时无须宣读。

在审判长宣告裁判结果（主文）前，由书记员宣布：全体人员起立。合议庭成员和书记员，以及诉讼参加人、旁听人员均应起立。

宣读完毕，审判长敲击法槌；然后书记员宣布：请坐下。

5. 征询意见。宣判后，审判长依次询问当事人：对本判决（裁定）有何意见？

当事人陈述意见后，审判长不必与当事人纠缠，指示书记员：请将当事人的意见记录在案。

6. 交待诉权和说明文书的送达方式。当庭宣判的，审判长宣布：如不服本判决（裁定），可在判决（裁定）书送达之日起……日内，向本院递交上诉状，并按对方当事人的人数提出副本，上诉于……法院。

书面文本的说明：除判决（裁定）结果外，本判决（裁定）的其他具体内容以书面文本为准。

文书送达的说明。经询问确认当事人或者其诉讼代理人、代收人同意在指定的期间内到人民法院接受送达的，审判长宣告：请当事人于……（时间）到……（地点）领取判决书（裁定书）。无正当理由逾期不来领取的，视为送达。当事人要求邮寄送达的，审判长宣告：法庭将根据当事人确认的地址邮寄送达。邮件回执上注明的收到或者退回之日即为送达之日。

7. 宣布闭庭。审判长宣布：庭审结束。现在宣布——闭庭！然后敲击法槌。

书记员宣布：全体起立！

待合议庭成员退庭后，宣布：散庭。诉讼参加人和旁听人员方可退庭。

8. 审阅笔录的说明。散庭后,书记员向诉讼参与人交待阅读法庭笔录的时间和地点。能够当庭阅读庭审笔录的,请诉讼参与人阅读并签名。

诉讼参加人认为笔录有误,可以要求书记员更改;书记员不同意更改的,诉讼参与人予以注明或者提交书面说明附卷。

(七) 其他注意事项

1. 关于法庭规则和法庭纪律。目前各法院宣读的法庭纪律的内容仍然不规范、不统一。需要对法庭纪律的文本进行统一规范。根据《中华人民共和国法庭规则》的规定,确定如下内容:

法庭规则:诉讼参与人应当维护法庭秩序,不得喧哗、吵闹;发言、陈述和辩论,须经法庭许可。

法庭纪律:旁听人员必须遵守下列纪律:①不得录音、录像和摄影;②不得随意走动和进入审判区;③不得发言、提问;④不得鼓掌、喧哗、哄闹;⑤不得开放传呼机、移动电话机等通信设备的铃响和接听电话;⑥不得实施其他妨害审判活动的行为。

新闻记者旁听应遵守法庭纪律。未经法庭许可,不得在庭审过程中录音、录像和摄影。

对于违反法庭规则的人,法庭可以口头警告、训诫,也可以没收录音、录像和摄影器材,责令退出法庭或者经院长批准予以罚款、拘留。对哄闹、冲击法庭,侮辱、诽谤、威胁、殴打审判人员等严重扰乱法庭秩序的人,依法追究刑事责任;情节较轻的,予以罚款、拘留。

其中"⑤"是对《法庭规则》第5项规定的"其他妨害审判活动的行为"的补充。但法庭纪律不能与法庭使用管理的规章制度混淆。

2. 关于开庭宣布。开庭宣布的内容应注意以下三点:

(1) 为体现法庭的威仪,宣布的内容应当简洁明了,不宜与案名、审判程序等内容混合在一起一并宣布。可以直接宣布:"现在开庭!"

(2) 宣布开庭的时机可以在以下三个时间里选择确定:①法官入庭后即宣布开庭。②核对和确认诉讼参加人可以参加诉讼活动后,宣布开庭。③开庭前准备工作就绪,宣布"法庭调查"前宣布开庭。

(3) 本庭是代表人民法院开庭,不是代表×××法庭开庭,因此,审判长在宣布"现在开庭"后,在宣告审理法院、案名、案由、审理程序和方式等内容时,应表述为:"××××人民法院依照《中华人民共和国民事诉讼法》第十二章第一审普通程序的有关规定,今天公开审理(或不公开审理)原告×××与被告×××,第三人×××(案由)一案",而不宜表述"××××人民法庭依照《中华人民共和国民事诉讼法》第十二章第一审普通程序的有关规定,今天公开审理(或不公开审理)原告×××与被告×××,第三人×××(案由)一案"。

3. 关于法庭调查应当注意的几个环节。法庭调查是庭审的重心。法庭调查的质量很大程度上决定了庭审的质量。从实践上看，搞好法庭调查需要抓好以下环节：

（1）准确确定法庭调查的范围。在确定法庭调查的范围时，要正确处理法庭调查的范围和当事人争议焦点的关系；要正确处理法庭调查和法庭辩论的分工。

（2）法庭调查范围内的具体事项应当逐一展开。切忌在没有确定具体调查对象的情况下就组织当事人举证、质证。

（3）法庭调查应当有序进行。如果涉及前置的程序性问题，应先行调查处理。其他实体性问题的审查原则上按时间的顺序或者法律关系的基本要素有序安排，逐一进行。

4. 关于程序性问题的先行处理。法庭调查事项涉及诉讼主体的适格、案件的管辖和主管等必须先行处理的程序性问题，法庭应当经调查、辩论后，先行作出处理。程序性问题处理完毕，如果有必要进行实体审理再进行实体审理。如果裁定驳回起诉或者裁定移送管辖的，案件则不必进入实体审判。

5. 关于对当事人陈述的举证、质证和认证。广义的"当事人陈述"包括诉讼请求或者主张以及所依据的事实和理由。其中当事人就案件事实所作的叙述，属于证据，即狭义的"当事人陈述"。

作为证据，当事人陈述的举证方式与书证、物证等证据不同。在组织当事人陈述过程中，当事人宣读诉状、补充陈述和答问陈述，既是举证的过程，也是质证（包括质辩）的过程。

当事人陈述也涉及举证期限问题。被告或者第三人逾期提交答辩状，或者当事人在举证期限届满后当庭口头答辩陈述的内容，以及补充陈述和答问陈述内容，实际上属于逾期举证。对方当事人可以质证，也可以拒绝质证；拒绝质证的，该陈述不能直接予以认定。但法庭应保障当事人陈述的权利。

在举证、质证的基础上，根据《证据规则》第8条第1、2、3款的规定确认当事人没有争议的事实。对于当事人没有争议的事实一般无需再行举证和质证，法庭即可直接予以认定；但涉及身份关系（第8条第4款），或者涉及国家利益、社会公共利益、他人合法权益事实，法庭认为当事人应当举证的（第13条），或者当事人在诉讼过程中承认的事实，但事后反悔并有相反证据足以推翻的（第74条），以及与其他证据有冲突的（第73条）当事人陈述，法庭不能直接予以认定。

6. 关于举证责任的确定。确定举证责任的分担属于法律问题。实际上，在庭审实践中往往无须先行确定举证责任，即可直接要求当事人出示相关的证据材料（因为举证期限已过，而且证据往往已开示）。但是，如果当事人以其不承担举证责任为由拒绝出示证据的，可以视为其放弃举证。至于该当事人是否应当承担举证责任及相应的法律后果，由法庭结合相关规定作出认定。

7. 关于证据的审查和认定。法庭应当在当事人举证、质证的基础上，审查分析证据的关联性、客观性、真实性和合法性，就证据是否有证明效力以及可以证明的具体事实作出认定结论。

作为证明案件事实的材料，证据一般具有时间、地点、人物、事件等基本要素。合议庭在审查证据材料时，应注意对这些基本要素的审查，以确认其是否具有证据的证明效力以及证明力的大小。

书证是一般诉讼案件中最主要的证据类型。法庭应当要求当事人提供原件；仅提供复印件的，应当根据《证据规定》的规定进行审查，以确定是否采信。

8. 关于法庭调查和法庭辩论的分工。法庭调查和法庭辩论应当有分工。从理论上讲，法庭调查的对象是事实，即通过举证、质证和认证，在审查证据的基础上认定案件事实。法庭辩论一般是在法庭调查的基础上，甚至是在事实清楚的基础上，就法律的适用展开辩论，以确认是非曲直、行为性质、责任划分等。

法庭调查阶段一般不宜就法律适用等问题组织当事人辩论；但对法律依据的有无以及法律条文的具体内容等发生的争议，法庭认为需要调查的，也可以作为法庭调查的范围。

法庭辩论阶段一般不组织当事人就证据和事实的认定发表意见，关于证据和事实的质证辩论应当在法庭调查中进行；但法庭已经认定的事实和证据可以作为法庭辩论的依据。要正确处理法庭调查和法庭辩论的关系，避免"轻调查、重辩论"的倾向：法庭调查轻描淡写、干干巴巴，法庭辩论浓墨重彩、洋洋洒洒。这完全是本末倒置的。因为案件事实是否清楚才是整个案件处理的基础。正如法谚所说："当事人给法官事实，法官给当事人法律。"

9. 关于当事人最后陈述。根据民事诉讼法的规定，当事人最后陈述在法庭辩论终结后进行。这与刑事诉讼的被告人最后陈述不同。

民事诉讼当事人最后陈述的内容，主要是归纳本方诉讼意见，以及就案件的具体处理，向法庭提出最后请求。最后陈述的内容简明扼要，言简意赅。但需要强调的是，由于整个庭审活动都在法庭主导下进行，当事人陈述发言以及其他诉讼活动均受到法庭的约束，当事人没有充分、自由的发言机会。因此，在当事人作最后陈述时，法庭有必要给予当事人一次自由的发言机会。一方面，可以切实保障当事人的诉讼权利，保障当事人充分表达思想的权利；另一方面，也可以满足当事人的心理需求，给当事人提供一个"充分说话"的地方，这在一定程度上可能有利于提高审判的法律效果和社会效果。因此，一般情况下，当事人在作最后陈述时，法庭不宜打断或制止当事人发言；当事人陈述过于冗长，或陈述的内容多次重复的，法庭方可适时给予提醒和劝阻。

10. 关于规范诉讼参加人审阅庭审笔录。诉讼参加人认为笔录有误，可以要求书记员更改。但是否同意修改，应当由书记员决定。书记员不同意更改的，也要保障诉讼参与人的权利，即在案件中予以注明。

二、一审普通程序庭审提纲（模拟法庭剧本）举例

开庭准备

（主要供书记员使用，之后的庭审书记员主要负责记录。）

（开庭前，书记员应查明当事人及其他诉讼参与人的到庭情况，已到庭的，收回传票及出庭通知书附卷。并审核当事人及其他诉讼参与人的身份证，法定代表人身份证明书、授权委托书、律师执业证、律师事务所出庭函等证明。未到庭的，应将情况及时报告审判长，并由合议庭研究确定是否延期开庭审理或者中止诉讼。审判长决定开庭后，书记员即入庭。）

书记员：原告×××诉被告×××_____纠纷一案，即将开庭审理。请肃静！现在请当事人和其诉讼代理人入庭（证人应在庭外候传）。

（原告、原告代理人及被告、被告代理人入庭。）

书记员：原告是否到庭？

原告：到庭。

书记员：被告是否到庭？

被告：到庭。

书记员：原告代理人是否到庭？

原告代理人：到庭。

书记员：被告代理人是否到庭？

被告代理人：到庭。

现在宣布法庭纪律。

根据《中华人民共和国法庭规则》第9条的规定，旁听人员应遵守下列法庭纪律：①未经允许，不得录音、录像和摄影。②不得随意走动和进审判区。③不得发言，提问。④不得鼓掌、喧哗、哄闹和实施其他妨害审判活动的行为。旁听人员对法庭的审判活动如有意见，可以在闭庭后，口头或书面向本院提出。⑤关闭随身携带的寻呼机和手机等通信工具。⑥诉讼参加人和旁听人员应当遵守法庭纪律，对违反法庭纪律的人，将视情况予以口头警告、训诫、没收录音、录像和摄影器材、责令退出法庭或者予以罚款、拘留。

书记员：法庭纪律宣读完毕。全体起立，请审判长、审判员入庭就座。

（审判长、审判员在入庭就座的同时，脱帽置于座位的左前方，帽徽朝前。）

书记员：请坐下。

书记员：报告审判长，原告×××、委托代理人×××、被告×××，委托代理人×××已到庭参加诉讼，其身份情况已于庭前核查完毕。法庭准备工作就绪，请审判长开庭。（书记员坐下）

（审判长进，让众人坐下，敲法槌，宣布开庭。）

一、开庭审理

审判长：根据《中华人民共和国民事诉讼法》第137条的规定，现在核对当事人及其诉讼代理人的身份。

问：原告×××，你的出生日期、民族、职业、地址（如是法人或者其他组织，应核对其名称、住所地和法定代表人或主要负责人的姓名、职务以及是否到庭）？

答：……

问：原告委托代理人（或法定代理人）×××，职业、住址，与原告是何种关系，代理权限（要明确具体代理事项和权限。逐项问答）？

（如是律师，只问工作单位，代理权限。）

答：……

（核对被告、第三人内容和顺序同上。）

审判长询问当事人：

原告，你方对对方出庭人员的身份和资格有无异议？

被告，你方对对方出庭人员的身份和资格有无异议？

当事人均表示无异议后，审判长宣布：经核对，双方（或各方）当事人及其诉讼代理人的身份和资格均符合《中华人民共和国民事诉讼法》的规定，可以参加本案的诉讼。有关证件已在庭前审查无误，不再宣读。

现在开庭！

××××人民法院依照《中华人民共和国民事诉讼法》第十二章第一审普通程序的有关规定，今天公开审理（或不公开审理）原告×××与被告×××，第三人×××（案由）一案（不公开审理的应说明理由）。

审判长：本案由庭长（审判员、代理审判员）×××担任审判长，与副庭长（审判员、代理审判员）×××、人民陪审员×××组成合议庭，书记员×××担任庭审记录。

本院在送达给当事人的受理案件通知书和应诉通知书中，已经载明了当事人在庭审中的诉讼权利和义务（或本院在庭前已将诉讼权利和义务口头告知当事人）。

问：原告×××，你对你的诉讼权利、义务是否清楚？

答：……

（在当事人确认知悉诉讼权利义务后，可不再告知。如当事人回答不清楚，应向当事人告知：根据《中华人民共和国民事诉讼法》第44条、第49条、第50条、第51条的规定，当事人享有以下诉讼权利：①申请回避的权利。当事人如认为合议庭组成人员、书记员、鉴定人、勘验人、翻译人与本案有利害关系，或者与本案当事人及其诉讼代理人有其他关系，可能影响本案的公正审理，有权申请其回避，但申请回避应当说明理由。②提供证据的权利。当事人有权提供证据证明自己陈述的事实和主张。③经法庭许可，当事人可以向证人、鉴定人、勘验人提问，可以依法申请重新调查取证、组织勘验和鉴定。④进行法庭辩论和请求法庭主持调解的权利。当事人有权对对方的主张提出自己的看法，阐述自己的观点，论述自己的主张，以及对应该如何认定案件事实和适用法律展开辩论。在案件开始审理后直至宣判前，当事人都可以根据自愿、合法的原则，请求法庭主持调解。⑤原告有放弃、变更、增加诉讼请求的权利，被告有反驳和反诉的权利。⑥陈述最后意见的权利。法庭辩论结束后，当事人有权向法庭陈述自己对案件应该如何处理的最后意见。

当事人必须自觉履行以下诉讼义务：①依法正确行使诉讼权利。②遵守法庭纪律和诉讼秩序，听从审判长指挥。③对自己提出的诉讼主张有责任提供证据。④如实陈述案件事实，不得歪曲事实，不得提供虚假证据，更不得伪造证据。否则，应当依法承担法律责任。⑤自觉履行发生法律效力的判决书、调解书、裁定书。)

问：你对合议庭组成人员，书记员是否提出回避申请？

答：……

(被告、第三人同上。)

(在庭审观摩或大型开庭中，为法制宣传需要应告知当事人在庭审中的诉讼权利和义务并询问其是否听明白了，是否提出回避申请。)

二、法庭调查

审判长：现在开始法庭调查。

先由原告陈述诉讼请求，事实和理由。

原告：……

审判长：由被告针对原告的诉讼请求、事实和理由进行答辩。

被告：……

(被告在开庭前已提出反诉的，在被告宣读答辩状后再宣读反诉状，随后由原告对被告反诉进行答辩或宣读答辩状。)

审判长：由第三人针对原告(被告)诉讼请求、事实和理由进行陈述(或答辩)。

第三人：……

(审判长对当事人起诉、答辩的内容进行归纳。)

审判长：经原告陈述诉讼请求、事实和理由，被告答辩及第三人陈述，双方(或各方)无争议的事实是：……

问：原告×××，你对以上归纳有无异议？

答：……

(被告、第三人同上。)

审判长：双方(或各方)当事人均无异议，对以上事实，本庭予以确认，不再调查。

双方(或各方)当事人有争议的事实是(归纳为1、2、3……条)。

审判长问：原告×××，你对以上归纳有无异议？

答：……

(被告、第三人同上。)

审判长：现在本庭就当事人有争议的事实进行调查。

问：原告×××，你就双方争议的事实(按顺序逐条调查)陈述你认为的事实，并出示证据，亦可以向被告发问。

原告：举证。说明证据序号、证据名称以及要证明的事实。

审判长：被告质证。

被告：对证据的真实性、合法性和关联性发表质证意见。

原告举证完毕后，被告举证。

审判长：下面由被告举证。

被告：说明证据序号、证据名称以及要证明的事实。

审判长：原告质证。

原告：对证据的真实性、合法性和关联性发表质证意见。

（证据应在法庭上出示，当事人举证的，由其出示或宣读，经质证后提交法庭；法院依职权收集的证据，由审判人员出示宣读，双方当事人可以互相发问、质问，审判人员应尽量少发问，但在当事人陈述、互相发问、质证后，可作必要的补充询问。当事人及其代理人互相发问的，应当要求正面回答问题。若对方在起诉状或答辩状中已说清或该问题与本案无关的，对方也可在征得审判长同意后，拒绝回答。）

（证人出庭的）

审判长：传证人×××出庭。

审判长：证人×××，本院依法审理原告×××与被告×××（案由）一案，根据原告（被告、第三人）×××的请求（如法庭传唤的，不说此句），通知你出庭作证。

问：证人×××，你的出生日期、民族、职业、住址，与原告（被告、第三人）×××是何种关系？（逐项问答）

答：……

审判长：依照《中华人民共和国民事诉讼法》第72条的规定，凡是知道案件情况的单位和个人，都有义务出庭作证，并且不得拒绝作证和提供虚假证据，否则要负法律责任。同时，证人的合法权利受国家法律的保护。证人×××，你听清楚了吗？

答：……

审判长：现在由请求证人出庭作证的原告（被告、第三人）×××向证人发问［如法庭传唤的，现在由原告（被告、第三人）×××向证人发问］。

问：……

证人答：……

（依次由当事人发问。）

审判长：原告×××你对证人×××的证言有无异议？哪些异议？（逐项问答）

答：……

（被告、第三人同上。）

（对提出异议的）

问：有何证据？

答：……

（法庭认为证人对关键问题没有讲清的，可以向证人发问。）

审判长：证人×××退庭。

（证据经当事人质证后，能够当庭确认的）

审判长：对双方（或各方）当事人提供的证据效力及该事实，待合议庭评议后（或需双方当事人进一步举证，法庭依职权取证后）再予以确认。

（同上依次调查争议事实2、3……）

（被告开庭前已提出反诉的，在本诉事实调查完毕之后进行反诉事实的调查。）

（法庭调查结束时）

审判长：原告×××，你还有新的证据提出吗？你的诉讼请求有无变更？（逐项问答）

答：……

问：被告×××，你还有新的证据提出吗？你的答辩意见有无变更？（逐项问答）

答：……

审判长：法庭调查结束。

三、法庭辩论

审判长：现在开始法庭辩论。

法庭辩论的目的是分清是非责任，也就是谁对谁不对，应承担什么责任。当事人在辩论中应注意：①辩论发言要由事而理，即根据事实和法律规定阐明自己的观点和主张，驳斥对方的观点和主张，不要脱离事实和法律规定，就事论事。②发言要围绕案件主要问题，不要离题。③辩明的问题不要重复，不要相互进行人身攻击。

下面，先由原告及其诉讼代理人发表辩论意见。

原告及诉讼代理人：……

审判长：被告及其诉讼代理人发表辩论意见。

被告及诉讼代理人：……

审判长：第三人及其诉讼代理人发表辩论意见。

第三人及诉讼代理人：……

（辩论进行2~3轮后）

审判长：各方当事人的辩论意见，本庭已充分注意，也已记录在案。原告及其诉讼代理人有无新的辩论意见？

原告及其诉讼代理人：……

（如有新的辩论意见，应当允许继续发言。法庭辩论中，审判人员对当事人的发言原则上不打断、不制止、不评论。对有"离题"、"越轨"或有攻击对方言词的，应给予制止或提出警告。）

（被告、第三人及诉讼代理人同上。）

[（当事人在辩论中提出新的与案件有关的事实、证据时）
审判长：停止辩论，恢复法庭调查。
（法庭重新调查结束）
审判长：继续法庭辩论。
（当事人辩论发言无新的观点和意见，或不再继续发言的）]
审判长：法庭辩论终结。
审判长：原告×××，陈述你的最后意见。
原告：（一句话表达完毕）坚持诉讼请求。
审判长：被告×××，陈述你的最后意见。
被告：（一句话表达完毕）请求人民法院驳回原告的诉讼请求。
审判长：第三人×××，陈述你的最后意见。
第三人：……
审判长：现在休庭……分钟，合议庭进行评议。
（休庭合议后）
审判长：现在继续开庭。
（审判长就庭审认定的案件事实和是非责任进行归纳总结。同时，依据法律和有关规定，进行充分的说理，阐明合议庭对本案的原则意见。事实全部查清的，可进行全部总结；部分查清的，可进行部分总结。同时，指出下次庭审的重点。）

四、法庭调解
（经过法庭调查和辩论，案件事实清楚的）
审判长：根据《中华人民共和国民事诉讼法》第9条、第142条的规定，判决前能够调解的，还可以进行调解。调解是我国人民司法制度中的一项优良传统，通过调解，可以化解矛盾，促进团结；减轻诉累，便于执行。因此，希望双方（各方）当事人通过调解互谅互让，达成协议，了结诉讼。
审判长：原告×××，你听明白了吗？
原告：听明白了。
审判长：是否同意调解？
原告：同意调解（或不同意调解）。
（依次征求被告、第三人意见，离婚案件无须征求当事人的意见，可以直接进行调解。）
（当事人坚持不同意调解的）
审判长：因原告（被告、第三人）×××，不同意调解，本庭不再调解。
（当事人同意调解的，可视情况进行当庭或休庭调解。）
审判长：原告×××，你说一下调解意见。
原告：……
（依次再由被告、第三人提出调解意见。）

（双方当事人调解意见差距大时）

审判长：本庭提出一个调解方案，供你们参考。（略）

审判长：原告×××，你对这个调解方案有无意见？

原告：……

（依次征询被告、第三人意见。）

审判长：经本庭主持调解，原、被告及第三人自愿达成协议如下：（宣布当事人达成协议的内容。）

（一般案件）

审判长：上述协议，符合有关法律规定，本院予以确认。调解书一经双方（或各方）当事人签收后，即具有法律效力。

（当庭调解和好的离婚案件、维持收养关系的案件、能够即时履行的案件，以及其他无执行内容的案件，未制作调解书的）

审判长：以上协议内容，已记入庭审笔录，经双方（或各方）当事人、审判人员、书记员签名或盖章后，即具有法律效力。

审判长：现在闭庭。

（当庭调解不成的）

审判长：经本庭调解，原、被告未达成协议，调解终结。

五、宣判

（当庭宣判的）

审判长：经合议庭评议，现在对原告×××与被告×××（案由）一案进行宣判。

书记员：全体起立。

（审判长、审判员站立宣判。已对案件进行归纳总结的，只宣布判决理由、适用法律、判决结果、诉讼费的负担以及当事人的诉讼权利、上诉期限和上诉法院。未进行归纳总结的，宣布认定事实、判决理由、适用法律、判决结果、诉讼费负担以及当事人上诉权利、上诉期限和上诉法院。）

审判长：宣判完毕。

书记员：全体坐下。

审判长：判决书于闭庭后 10 日内送达当事人。

（如为离婚案件）

审判长：原告×××，被告×××，本判决生效前，你们不得另行结婚。

审判长：原告×××，听明白了吗？

原告：……

审判长：被告×××，听明白了吗？

被告：……

审判长：闭庭后，由当事人核对庭审笔录，现在闭庭。

书记员：旁听人员退庭。

（由书记员安排当事人及其他诉讼参与人当庭或在 5 日内阅读庭审笔录。当事人和其他诉讼参与人认为记录无误的，应当在笔录上签名或盖章。拒绝签名或盖章的，应记明情况附卷，申请补正的，应予允许。）

（定期宣判的）

审判长：合议庭评议，现在对原告×××与被告×××（案由）一案，定期宣判，宣判的时间、地点另行通知。

现在宣布休庭。

（其他同上）

第二节 法官驾驭庭审的实务技能训练

庭审，就是开庭审理案件，是人民法院在当事人及其诉讼代理人的参加下，依照法定的形式和程序，在法庭上对案件进行实体审理的诉讼活动过程。庭审也是法官审理案件最基本的工作方式，更是展示法官综合业务素质和庭审艺术方式的场所。规范庭审活动，做好庭审工作，提高庭审质量和效率，维护公平和正义，是构建和谐社会和司法为民的必然要求。第五、六两章的内容中已分别就法官主持法庭调查和法庭辩论阶段的实务技能进行了详尽的论述。因此，本章侧重于从法官驾驭整个庭审的实务技能方面展开论述。

庭审驾驭能力是每个法官依法行使审判职能所应具备的基本功之一。根据《现代汉语词典》释义，驾驭，也作驾御，本意是指控制、驱使，使服从自己的意志而行动。庭审驾驭能力是法官凭借健全的人格、公平的精神、扎实的法律知识来熟练运用程序规则，主持整个庭审过程，指挥和控制诉讼参与人依法行使诉讼权利和履行诉讼义务，以查明案件事实、分清责任、作出裁判的能力。庭审驾驭能力包含预测、筹划和安排能力，庭审控制和引导能力，协调应变能力，语言表达能力，综合分析判断、辩证和认证能力几个方面，是法官职业道德、业务素质、理论修养、思维能力和表达能力等综合能力在法庭上的集中体现和综合运用。培养和提高法官庭审驾驭能力需要法官在理论修养、业务能力、知识水平、道德情操、职业素质等诸多方面不断积累和提高，需要长期专业化、职业化的培养和审判实践的磨练。[1]

一、法官庭审驾驭能力的特征[2]

（一）法官的庭审驾驭能力具有综合性

具体表现为法官掌握和运用法律知识和相关知识，通过综合运用逻辑思维能力、

---

[1] 黄秀菊："民事庭审驾驭能力的培养与提高"，载《人民司法》2008 年第 1 期。
[2] 参见沈志先主编：《驾驭庭审》，法律出版社 2014 年版，第 20 页。

分析判析能力、语言表达能力等能力来审理案件。所谓"庭上三分钟,庭下三年功",讲的就是庭上审案的时间虽短,但是它集中综合地反映出法官在庭下多年来掌握各种知识、运用各种能力的结果。在庭审过程中,法官应准确归纳案件争议焦点,科学确定庭审辩论范围,引导各方当事人围绕案件焦点展开辩论,制止不必要的发言提问,合理安排庭审程序,以及妥善处理庭审中出现的各种突发情况。

(二) 法官的庭审驾驭能力具有即时性

在庭审的有限时间里,诉讼参与人在庭上的各种即兴表现,要求法官及时作出判断,这种判断具有时间上的紧迫性和不可逆转性的特点。法官在法庭上所讲的每一句话,都关系到案件事实的认定、是非责任的确定,这些话是一锤定音且不容随意更改的。老百姓往往把法官在法庭上讲的话视为法律,法官在法庭上的一言一行是其庭审驾驭能力的综合性和及时性的反映,因此,法官必须慎言慎行,加强平时的锻炼与修养。

(三) 法官的庭审驾驭能力具有职业性

法官的庭审驾驭能力是很重要的,人们常常把法官职业与医生职业相比较,两者在某些方面有相通之处。医生的临床诊断能力是极其重要的,医术水平高的医生,能够准确地诊断出疾病所在,并对症下药,达到药到病除的功效;反之,不能准确诊断病情,有时会误诊,延误病情,小病变大病,大病治不了。同样,庭审驾驭能力强的法官,当庭就能查明案情,准确判断,通过准确适用法律、阐释宣传法律,使当事人服判息诉。因此,法官在审理案件中注意提高庭审驾驭能力,有利于公正析案,化解矛盾,为民排忧解纷,取得良好的法律效果和社会效果。

二、提高法官庭审驾驭能力的途径

(一) 加强预测、筹划和安排能力

预测、筹划和安排能力,是指法官应当具备的设计和组织庭审的综合能力。预测和筹划,是预测庭审过程中可能发生的问题,设计解决的方案,安排具体落实设计的庭审计划。要求法官在庭审前就要熟悉案件,认定无争议的事实和双方当事人认可的证据,准确归纳出案件争议焦点,通过阅读证据材料,对证据的主要内容进行去粗取精的归纳和证明作用的归类,理清各类证据与待证事实之间的对应关系,从而为下一步复原有证据证明的案件事实做好准备。对于矛盾比较激烈、当事人难以控制其情绪的案件,审判人员应当在开庭前进行事先预防,制定应急预案。事先采取联系当事人近亲属、代理人、单位和社区、落实值班法警、安排医生等候、嘱咐家属陪同等措施。[1]

(二) 加强庭审控制和引导能力

庭审控制和引导能力,是指法官按照公正与效率的要求,营造庭审的氛围,有序推进庭审的能力。一方面要把握庭审进程不偏离轨道,不让当事人开"无轨电

---

[1] 李后龙:《人民法院庭审和文书制作规范与技巧》,人民法院出版社2013年版,第35页。

车",干扰法庭对事实的查明;另一方面,要善于引导当事人有效地行使诉讼权利,避免白费口舌,浪费诉讼资源。这就要求庭审法官首先应确定法庭辩论的范围,审定辩论的内容,限定辩论的时间。其次是适时地决定辩论的开始和结束,使辩论紧扣争议焦点内容具体充实,过程完整明晰,运作规范有序,时间紧凑合理,使辩论具有针对性、充分性和完整性。对当事人辩论中出现的重复、跑题或不文明、攻击对方、违法的内容,对证据再行发表意见,援引经庭审质证没有效力的证据的行为,都应给予制止。

(三)加强协调和应变能力

协调和应变能力,是指法官在庭审进程中,要善于把握双方当事人的思路,在对立中寻找统一点,协调双方的矛盾,在庭审过程中进行调解工作。对于突发的事件,尤其是意外情况,法官应从容镇静,予以适当处理。法官良好的应变能力包括:①敏锐的洞察力。当事人的任何突发行为都是一定矛盾激化的结果,在实施前必定有所显现,法官应当对这些蛛丝马迹具有较强的观察能力,洞察当事人的内心,并有所准备。②冷静的思维。冷静是应变的前提,没有冷静思维,就不可能有理智的对策。③理智的对策。法官的任务是运用法律解决纠纷,这决定了法官在诉讼的任何时候都必须根据案情的进展,理清思维,把握好诉讼的焦点所在。④果敢的决断力。这是建立在法官理性思维基础上的,要求法官不仅仅能够根据突发情况提出解决对策,并且在双方矛盾不可调和的时候,要及时果断采取措施,防止案件审理的失控。[1]

在庭审中,当事人之间发生争执或互相进行人身攻击时,审判人员应当避免以下三种做法:①听之任之,对当事人的不当言行不作处理;②只批评制止一方而放任另一方;③直接介入当事人之间的争执。审判人员应当及时制止当事人之间的争执,告诫当事人必须围绕案件的事实和争议焦点进行陈述,不得进行人身攻击。当事人不听劝阻的,应当按照有关法律规定,对其采取训诫等制裁措施。[2]

(四)加强语言表达能力

语言表达能力,是指法官在庭审过程中要坚持运用法言法语而尽量避免方言土语。法言法语能将繁复庞杂的社会问题转化为明确、规范的法律问题,有助于认定哪些事实是法律上有意义的事实以及正确适用相关法律。这就要求法官学会用法律术语进行思考,能够将各种社会问题用法律语言表达出来,并且按照法律上的逻辑和价值对案件作出判断。

(五)加强综合分析、辩证、认证和裁判能力

综合分析辩证、认证和裁判能力是法官最重要的能力,是审判能力的具体表现。庭审的最终目的就是确认法律关系的性质和内容,对当事人之间的争议作出裁判。

---

[1] 黄秀菊:"民事庭审驾驭能力的培养与提高",载《人民司法》2008年第1期。
[2] 李后龙:《人民法院庭审和文书制作规范与技巧》,人民法院出版社2013年版,第35页。

因此，庭审驾驭能力的其他方面都最终服务于裁判的作出。这就要求法官平时注意分析能力的培养，提高自身的判断能力，同时坚持对法律知识的学习，把案件事实与法律规定有机结合起来，进而作出公正的裁判。

（六）要做好庭审前的准备工作

庭审是否能够规范、有序、安全顺利地进行，与庭前的准备工作是否充分有着极其重要的关系。法官在庭审前应该让当事人充分行使各自的法定权利。协调和指导当事人正确行使诉讼上的处分权，正确行使法律赋予法官的审判权，正确选用适合本案的诉讼程序，对双方当事人所提交的证据，要进行归纳、总结，要把案件中双方当事人争议的焦点整理出来，列出一个提纲，确定法庭调查的重点，以及相关法律法规的解释与适用等，从而使法官能够对即将开庭审理案件的基本情况有一个总体上的认识与把握，做到心中有数。主审法官或审判长签发公告，公布合议庭组成人员及开庭时间，地点。书记员在开庭前要检查诉讼参加人出庭的情况并核对其身份，核实诉讼材料的收悉情况，核实当事人是否熟知诉讼权利义务，询问各方当事人是否有证人到庭作证，鉴定或勘验人员是否出庭，宣布法庭纪律。

三、法官驾驭庭审的要点及技巧

（一）理清庭审思路，正确驾驭庭审

法庭审理的目的在于查清事实的真相，为庭后的调解或者公正的判决打下坚实的基础。具体主要分为以下步骤：

1. 法庭调查。围绕原告诉讼请求问题进行，严格遵循《民事诉讼法》规定的"不告不理"原则，引导当事人开展法庭调查及辩论；而与本案无关或者关系不大的案情则没有必要调查，避免"眉毛、胡子一把抓"的现象出现，浪费司法资源。在确定争议焦点前要充分听取当事人的意见。既不遗漏当事人的诉讼请求，或者错误概括争议焦点，又要避免不加归纳，全文照抄，过于繁琐。此外，随着案件审理情况的变化，当事人之间的争点也可能会随之发生变化，法官应当根据案件审理情况的变化，及时调整争点。[1]

2. 举证、质证、认证。举证和质证是庭审中一个重要的必不可少的环节。只要是当事人递交的或者是本院调取的证据都必须经过举证和质证阶段，而证据在庭审中的认证并不是必须进行的环节，除非是案情简单，事实清楚，证据不存在矛盾的案件，才可以当庭认证；而对于案情复杂和证据较多的案件，则应在庭前交换证据，然后在庭审中对有异议的证据逐一质证，法庭辩论结束后，在无新的事实和证据出现的情况下，由承办法官或者合议庭成员综合全部证据，综合认定，证据认定理由应在判决书中有详细的阐明。

3. 法庭辩论。一是要围绕当事人所争议的焦点问题进行，逐步深入。二是要建立在当事人诉讼地位完全平等的基础上。三是法官注意引导当事人围绕争议焦点来

---

[1] 李后龙：《人民法院庭审和文书制作规范与技巧》，人民法院出版社2013年版，第39页。

辩论,当当事人的辩论意见"风马牛不相及"的时候,应注意及时引导;对争论的某些重要内容未发表意见的,要适时提醒。

(二) 注意居中裁判,提高庭审技巧

所谓居中裁判,是指法官在裁判上的中立,是法官角色的应有之义,"法官应避免在其活动中出现偏倚或看起来像偏倚的情况,以支持司法机关作为一个整体的独立性"。[1]法官如果不能保持立场上的中立,就会使得这样一种职权失去其神圣的光环,而成为以权谋私、制造不公的渊薮。在审判过程中,法官必须保持自己中立的立场,才能体现法官的公正形象,维护法律的神圣权威,其判决才能得到当事人的信服和接受。法律审判中回避制度的创造以及关于法官的职业道德要求的规定等,都是法官在审判中身份独立的典型体现。[2]因此,法官在整个庭审过程中,都应当向当事人释放居中裁判的信号。

1. 用倾听的艺术传递中立。倾听是法官的一项重要的诉讼行为。法官的倾听艺术建立在法律强制力的威慑之下,这是与普通倾听的区别,程序抛弃野蛮的私力救助,由法官在倾听中监控和制约当事人行使诉讼权利的行为。法庭是个具有法律力量的司法场所,在国家力量下,按照一定的方式、顺序、步骤以和平方式来解决冲突。因此,法官的倾听是理性而有顺序的,不是随意的。同时,倾听艺术彻底地体现程序的中立价值。司法独立的核心是独立审判,正如休厄特法官所说:"不仅要主持正义,而且要人们明确无误地、毫不怀疑地看到是在主持正义,这一点不仅是重要的,而且是极为重要的。"法官的缄默与倾听,意味着游离于当事人之外,超越当事人之外,意味着当事人之间的对立和合作。法官无论在神态、思维方式和语言上,甚至举手投足之间都要体现出中立的色彩,而不是表现出一种先入为主的偏袒和倾向。[3]

因此,法官应该少说,多听,多思。一个多嘴的法官不会是一个好法官,更背离了法官"居中裁判"的角色定位。法官的魅力不在于他的口才而在于他的思考和判断。法官的尊严、威严和能力,更多地出自他的沉默。培根曾说:"听证时的耐心和庄重是司法工作的基本功,一名多嘴的法官不啻是一副聒噪的铙钹。"多问不如多听,以平静的心态去听,带着问题去听,在积极的思考过程中去听,使当事人和旁听人员感受到法官的专注、稳重和亲和。法官通过听讼能查明事实,同时也能使当事人的情绪和主张受到尊重,为服判息诉打下基础。法官在听讼时不要老是低头看案卷,应抬起头来观察原、被告双方的言行举止及反应,捕捉一些细微的信息形成法官的内心确信,从而判断真伪,查明事实。法律的生命不是逻辑而是经验。我国早在西周时期,就创立了五听制度,即通过辞听、色听、气听、耳听、目听五种察

---

[1] 张憨、蒋惠岭:《法院独立审判问题研究》,人民法院出版社1998年版,第387页。
[2] 李深:"论审判过程中法官的角色定位",载《辽宁行政学院学报》2007年第9期。
[3] 徐艳丽:"从倾听艺术谈庭审驾驭能力",载《山东审判》2006年第2期。

言观色的方法来确定当事人的陈述真假。虽然这种方式近于主观，但至今仍具有借鉴意义。法官听讼时态度应诚恳、平和，表情要严肃，不能心不在焉，也不能情绪激烈。原告陈述时要将目光注视原告，好像要看透原告似的，偶尔目光转移到被告身上，有意无意地观察被告的反应。被告答辩时也要将目光注视被告并观察原告的反应。法官对当事人不能有好恶情绪或抱有同情心，更不能显露出来。不能让当事人从法官的表情和肢体动作中觉察出变化，以免引起不必要的误解。[1]

　　法官在开庭倾听时，处在"静"的状态之中，法官的仪表服饰、法庭的外观布置甚至色彩的搭配都会直接或者间接地影响当事人的视觉与情绪。法官开庭时应该穿着庄重整齐的制服，备置法槌，坐姿端正，这是庭审开始直至结束之间，一个法官从外观上给予当事人的第一感性认识。严肃庄重的外观从心理上约束当事人的言行，权威的神态消除了当事人产生的任何合理怀疑。法官的被动和中立以及高高在上的孤独与冷静体现出一个法官的稳重、踏实、思考、集中的形象，而不是举止轻浮、坐姿散漫、精神恍惚，法官的成熟和稳重体现了驾驭庭审的深度和力度。法官应以平等的态度对待任何人，不管面对权势和地位多高的当事人，都能产生出一种特殊的感召力；法官的表情不能同时鲜明地表现出憎恶或者喜爱的神态，更不能恶语中伤当事人，也不能对有钱有势的当事人表现出趋炎附势的姿态；法官的心灵深处要怀有恻隐之心、是非之心，要有一股厚重的亲和力从眼睛和神态里散发出来，要像父母对待子女的倾诉，像朋友倾听挚友的诉说，要给当事人一种信任和可靠的感觉，又不让当事人感到有偏袒一方的任何迹象。[2]

　　2. 用规范的语言来保持中立。法官要在庭审中保持中立，还体现在语言的规范方面。例如，对于不同知识层次的当事人，要用不同的语言，对于文化素质较高的当事人，要用标准的普通话和法言法语，对于文化素质相对较低的本地人，应使用当地方言并且把深奥的法律条文转化为通俗易懂的语言。

　　具体而言，法官在法庭上的语言分为程序性语言和实体性语言。程序性语言是指法官执行程序法、履行程序职责时实施的语言行为，如宣布开庭，告知诉讼权利义务，宣布法庭调查、辩论，等等，程序性语言虽然看上去比较简单，但却是司法程序公正的外在表现。

　　（1）把握程序性语言，法官首先要说到位。到位就是不能偷工减料，马马虎虎，比如对于一个涉及很多人的案件，法官在询问意见的时候必须一个一个地问，这样才能充分尊重各方当事人，并维护法律的威严。

　　（2）程序性语言要说得明白、得体、准确易懂，涉及法言法语的要及时阐明，针对不同的环境要选择不同的说法。

　　（3）不要对证人或鉴定人的证言证词当庭作评论，或把证人和鉴定人说话的含

---

[1] 黄秀菊："民事庭审驾驭能力的培养与提高"，载《人民司法》2008年第1期。
[2] 徐艳丽："从倾听艺术谈庭审驾驭能力"，载《山东审判》2006年第2期。

义明示。在交叉询问中,法官要时刻保持自己中立裁判的地位,让发问人自己去揣测、判断证人的证词语力、含意等。

(4)不要频繁打断。频繁地打断当事人的发言,会给其一种"你不用解释"、"你的案子已定"的感觉,会影响其诉辩的效果。如果非打断不可,也要讲究技巧,尽量在话尾打断。

实体性语言是法官参与实体调查时实施的言语行为,这些语言是为实体性正义服务的,比如有关案件本身问题的问话或事实调查性问话。

(1)有技巧地运用实体性语言,首先应保持自己中立的态度来询问。

(2)要多用开放性问话。开放性问话的信息量大,而支配力小,便于法官在最大限度内查清案件事实。

(3)要合乎逻辑地问。询问一定要符合事物认识的一般规律,比如时间顺序、因果顺序等,循序渐进地进行。法官的目的是查清事实,不能采用"突击式"、"跳跃式"等怪招,否则就背离了法官的角色定位。

(4)不要随便作出主观推定,法官在审判过程中一定要慎用"事实"一词。

(5)不要在当事人一说出为自己开脱的话时就和他较劲。

(6)不要在一次问话中问多个意思独立的问题,否则会使问话没有明确的目的性,失去应有的作用。

(7)不要在问话中提示答案,不要将评论性或者结论性的话语夹杂到问话中来。法官在整个庭审过程中说话的口气应该是坚定的、平和的、不容置疑的,语言不能躲躲闪闪、似是而非,不能说废话。法官是法律的喉舌,是会说话的法律,是公正的化身,所以法官对自己的话语要慎之又慎。[1]

3. 用庭审的方法来体现中立。法官在庭审中应因案而异采用不同的庭审方式。如双方当事人文化层次较高或者有律师出庭的案件,应当采用诉辩式的庭审方式;双方文化水平较低又没有委托律师出庭的案件,可以由法官直接就案件事实进行发问,查清关键问题,以免争吵不休,影响庭审效率和秩序。例如,在一起离婚纠纷一案,因为原告的智力较低(仅相当于10岁小孩的智力),法庭调查的时候只能用最简明易懂的语言向原告询问案件情况,以便查清案件的事实。

(三)注意庭审中的语言运用技巧

语言是一门学问。法官的语言更是一门艺术!如果法官的语言,特别是口头语言恰到好处,就可使当事人对法院产生亲近感,从而相信法官,相信法律。[2]运用语言是否得当,不仅关系到当事人对法官的信任程度,也关系到法院的整体形象和司法的公信力。因此,在整个庭审过程中,提高法官的语言运用技巧尤为重要。

1. 提升语言的亲和力。能使当事人产生亲近感的语言,便是具有亲和力的语言。

---

[1] 黄秀菊:"民事庭审驾驭能力的培养与提高",载《人民司法》2008年第1期。

[2] 蒋桥生:"法官语言的亲和力",载《人民法院报》2012年9月28日,第6版。

有亲和力的法官语言，可以使法官与当事人之间产生一种趋向合作的意识和共同起作用的力量，可以拉近法官与当事人之间的距离，营造温馨和谐的司法氛围，有利于化解矛盾，促进社会和谐。亲和力源于人对人的认同和尊重，法官的语言如何才能具有亲和力呢？

（1）"人人平等"地说。法官在说之前，首先应该充分尊重当事人说话的权利。只有将当事人置于平等的地位，才可能缩小法官与当事人之间的距离，使当事人从内心深处觉得"法官是自家人"，从而产生一种亲近感。尽量让当事人把话说完，便是对当事人的一种尊重，如一位当事人曾赞扬宋鱼水法官说："你是第一个完完整整地听完我讲话的人，你对我的尊重让我信任你，我尊重法庭的意见。"可见，尊重产生信任，信任产生亲近，亲近使人接受。从"拉家常"开始说。"您多大年纪了"、"今年收成怎么样"、"在哪打工啊"、"工作辛苦不"……对当事人的身体、工作、生活、生产等基本状况的问候，就是从当事人自身的话题切入，进入当事人的主题领域，就能缓解当事人对诉讼的抵触情绪，消除当事人的紧张感，搭建沟通交流的桥梁。

（2）"将心比心"地说。人都是有情感的，法官和当事人也不例外，人的情感可以通过语言表达出来。如果法官语言所表达的情感与当事人的情感趋于一致，那么就有利于建立法官语言的亲和力。因此，法官与当事人交流，首先应该充分了解当事人的情感，对当事人的情感表示理解和同情，如当事人陈述其损害、遭遇、不满、理由等时，法官说一句"是的"、"我知道"、"我了解"、"我理解"等类似的语言，完全可以使当事人感觉到法官对自己的状况表示认同。同时，法官也要利用当事人的情感，动之以情，晓之以理，让当事人由衷地说"是的"、"我同意"、"我没意见"等语言，使当事人处于认同法官的状态。只有"将心比心"、"以心换心"地与当事人交流，才能够真正获取当事人情感上的投合。

（3）"像当事人一样"地说。根据感受外界倾向性方式的不同，人可以分为视觉型、听觉型、触觉型三种不同的人。视觉型的人经常说"我可以看出"、"看起来"、"让我瞧瞧"等语言，说话速度较快，语调较高；听觉型的人经常使用"我听到"、"听起来"、"听好"等语言，说话较慢，音调平和；触觉型的人常常说"我觉得"、"我面临"、"我体会"等语言，说话速度也较慢，音调低沉，有时不看对方。法官在与当事人交流时，可以观察当事人是属于什么类型的，然后根据当事人的类型，选择好沟通方式并调整好语调、语速，让自己在文字、声音、肢体语言上都能和当事人达成共同的沟通模式。[1]

2. 言辞规范、善听慎言。法官在庭审中的言语应当做到沉稳有序、言而有据、思维清晰、表述准确、逻辑严密。特别应注意：庭审中要尽量使用法言法语，不要使用方言、俚语、修辞及过于繁琐、含糊不清的语句，力求一语中的，切中要害。对于文化程度相对较低的当事人，应适当将法律语言简单化、通俗化，因人施语，

---

〔1〕 蒋桥生："法官语言的亲和力"，载《人民法院报》2012年9月28日，第6版。

以求有利于当事人理解并遵守法庭秩序。

庭审中，法官的职责是组织好庭审，让当事人充分阐述各自的观点，因此，法官的言语不宜过多，而要认真倾听当事人陈述，鼓励双方当事人相互发问，并从中仔细探明事实真相。在当事人、证人、鉴定人陈述不清时，可适当发问，但要注意不要对一方当事人集中进行过多发问，而使该方当事人产生不公正的感觉。另外，在主动发问时避免使用带有倾向性或结论性的语言。例如：

在王某诉张某人身损害赔偿案中，王某称被张某殴打致伤，张某否认曾殴打王某，法官问现场有无证人时，应该表述为"王某，你称张某打你，当时有无其他人在场看见？"而不能表述为"王某，张某打你时是否没有人在场看见？"后一表述存在两处不当：一是言语中已确认了张某打王某的事实；二是提示了现场没有人。[1]

3. 语速平稳、语调适中、声音洪亮、吐字清晰。这样可以体现法官沉稳从容之度，从而使当事人对法官产生信任感，服从法官对庭审进程的指挥。

4. 善于控制情绪。法官在庭审中的言词应当做到不露声色，言谈中不轻易表露自己的情绪变化，即使遇到突发情况，也要尽量控制情绪，避免惊慌失措，同时积极思考应对之策，用平缓的语气处理问题，保证庭审的顺利进行。

5. 及时掌控庭审氛围。法官要通过自己中立的言词，平等对待各方当事人的话语权，制造公平、公开的庭审氛围，让各方当事人平等地发言、提问，如非必要，不要打断当事人及代理人的陈述，但要注意及时制止他们与案情无关的煽情发言，以避免其他当事人或旁听人员因受鼓动而情绪失控，导致庭审无法正常进行。

6. 适当通过发问缓和当事人情绪。在某些矛盾激化或群体性案件中，当事人或利益相关的旁听者的情绪往往会非常激动，在开庭前就主观认为法院会出于种种原因不支持他们的请求。因此，在庭审中与法庭态度极端对立，甚至吵闹、鼓噪，严重妨碍庭审秩序。此时，法官除事发时及时制止外，还可随机应变，先行通过自己的言语来平息当事人对立的情绪，以保证庭审的顺利进行。例如：

某物业公司因戴某拒付物业管理费而诉诸法院，原审法院判决予以支持。戴某不服提起上诉，称物业公司是房产商未征得业主同意擅自聘请的，物业管理服务不佳，且物业公司开始进行物业管理时的几个月并未取得营业执照和物业管理资质证书。该案虽是个案，但由于该小区数百业主均以此为由拒付物业管理费，故判决的结果涉及该小区数百业主的切身利益，为数众多的业主要求旁听，且情绪激动。为此，审判长在庭审中主动问物业公司在未取得营业执照和资质证书的情况下，如何能进行物业管理？该问题表面上意义不大，因为物业公司当时事实上已组织人员进行了物业管理，且戴某也认可。但戴某和旁听的其他业主听到这一发问后都频频点头，认为法官问到了点子上，原来的抵触情绪立刻缓和了，从而使庭审得以顺利进行。[2]

---

[1] 参见杨俊："民事案件中法官的语言运用技巧"，载《人民法院报》2005年9月21日，第B01版。

[2] 参见杨俊："民事案件中法官的语言运用技巧"，载《人民法院报》2005年9月21日，第B01版。

第三节 实践技能训练

一、模拟法庭开庭审理全过程训练前期准备

1. 模拟法庭案例的选用：选择明确、简单、典型、有一定争议性和可辩性的案例；诉讼角色齐全、诉讼参与人较多，使更多的同学们能够在模拟法庭中扮演不同的角色，调动学生参与的积极性。本节选用的是本教材附录中的"机械设备租赁合同纠纷"案例。

2. 教师根据学生所在班级情况酌情分组，选派组长，互留联系方式；将每10位同学分为一组，每组同学又分为模拟审判组（合议庭3人、书记员1人）、原告及其委托代理人组（3人）、被告及其委托代理人组（3人），证人、法警角色可自行配备。

3. 分组完毕分配好角色以后，要求学生分组讨论，各自熟悉案情和做具体的分工，要求每个同学都有实在的角色，即都是"主角"，不能只做摆设。

4. 在准备开庭模拟审判过程中，要求学生严格按照真实审判的程序来做，例如要求学生课下按照法定期间送达文书。

5. 要求在开庭审理过程中，参加出庭的同学各尽其职，做充分的准备，从服装到精神面貌，从法律文书到法庭辩论，都要给人身临其境的感觉，当作一次真实的开庭去准备；未参加出庭的其他组成员，认真旁听庭审，在庭审结束后，由旁听学生先做点评，共同讨论提高。

6. 组织学生对案例进行讨论，使学生了解案件事实并明确争议焦点。分组指导，帮助学生解决具体操作中遇到的问题，对学生在准备过程中提出的各种问题视情况或给予明确的答复，或提供解疑的思路，或提供必要的资料帮助。针对学生实体法掌握不多的现实情况，指导内容既包括程序方面的，也包括实体方面的，尤其是在法律适用方面，引导学生去寻找对己方有利的法条。

二、模拟法庭开庭审理全过程训练具体要求

1. 在课程学习的第10周前后，向同学们说明模拟审判活动的安排，公布模拟民事审判活动需要同学们直接参加的具体人数与角色分配。

2. 以选修课学生所在班级情况为参考，确定当事人小组、诉讼代理人小组、审判组织小组、法警小组、证人小组的具体人员。

3. 要求模拟法庭各小组同学按照《民事诉讼法》规定的程序，课下进行模拟审判活动的内容如下：

（1）起诉与受理阶段的工作。

第一，原告组拟写《民事起诉状》；

第二，法院组完成立案手续；

第三，被告组拟写《民事答辩状》。

（2）审理前的准备阶段的工作。

第一，完成双方当事人的证据材料交换；

第二，当事人补充收集证据或法院组依法调取证据；

第三，依照《民事诉讼法》的规定完成送达诉讼文书手续、确定开庭时间与方式。

4. 公布点评评价标准。

（1）程序是否合法，操作是否规范；

（2）法律运用是否准确，说理是否透彻；

（3）语言表达是否流畅、精彩；

（4）临场应变能力如何；

（5）法律文书的写作能力。

5. 按照《教学日历》预定的周次，在模拟法庭教室进行模拟法庭审判教学活动；通过全过程模拟开庭审理，由学生扮演审判长、审判员、书记员、原告（原告法定代表人或负责人）、被告（被告法定代表人或负责人）、委托代理人、证人等角色进行演练，使学生对前述两个阶段掌握的基本技能得到大幅提高，庭后先由参加旁听的其他组成员学生点评，共同讨论提高。再由教师点评总结。通过教师对模拟法庭的点评总结和学生撰写心得体会，帮助学生对所学知识加深理解，把零散的感性材料上升为理性的分析和思考，升华认识。

6. 教师点评并作为随堂考核，结合平时训练情况评定成绩。由每组组长或学生代表讲解本组的准备过程，准备情况与开庭情况的主要不同之处；每个学生要写出自己参与实践所做的具体工作（含法律文书写作）的报告，并对其他同学所涉法庭角色和法律文书作出评价。

庭后由学生提交本次开庭的实训报告及全部法律文书和存档，法律文书包括：起诉状、答辩状、双方证据目录及证据材料、代理词、庭审提纲和判决。

三、模拟法庭开庭审理全过程训练实录

本节以本教材附录中的"机械设备租赁合同纠纷"案例为基础，通过对学生模拟开庭审理全过程进行评判，发现其中存在的各种问题并进行纠错，以提高学生在实际开庭中的水平。

模拟法庭开庭审理全过程训练参与人员表

本模拟法庭共有11人参加，其角色分配如下：

审判长：张资豪

审判员：邓雷

人民陪审员：翟振兴

书记员：崔玉莹

原告滨海顺通公路工程有限公司法定代表人：刘云涛，该公司董事长

原告滨海顺通公路工程有限公司委托代理人：孙华泽，东阳致远律师事务所律师

原告滨海顺通公路工程有限公司委托代理人：宋潇，东阳致远律师事务所律师

被告长安昌盛公路工程有限公司法定代表人：何兵，该公司董事长

被告长安昌盛公路工程有限公司委托代理人：刘洋，山东好汉律师事务所律师

被告长安昌盛公路工程有限公司委托代理人：岳星宇，山东好汉律师事务所律师

证人：王胜利，长安翰邦路桥劳务服务有限公司经理

模拟法庭开庭审理全过程训练审判道具

法官袍：3套

律师袍：4套

法　槌：1个

学生模拟法庭开庭审理全过程实录

滨海顺通公路工程有限公司诉长安昌盛公路工程有限公司租赁合同纠纷案

一、庭审预备

书记员：当事人及其诉讼代理人入庭。原告法定代理人及诉讼代理人是否到庭？

原告：到庭。

书记员：被告法定代理人及诉讼代理人是否到庭？

被告：到庭。

书记员：现在宣读法庭纪律：根据《中华人民共和国人民法院法庭规则》的规定，旁听人员必须遵守下列纪律：①不准录音、录像和摄影。②不准随意走动和进入审判区。③不准发言、提问。④不准鼓掌、喧哗、哄闹和实施其他妨害审判活动的行为。⑤关闭无线通信工具。对于违反法庭纪律的人，审判长给予口头警告、训诫；没收录音、录像和摄影器材，责令退出法庭或者经院长批准予以罚款、拘留。对严重扰乱法庭秩序的人，依法追究刑事责任。

请全体起立，请审判长、审判员、人民陪审员入庭。

报告审判长，双方当事人及委托代理人经合法传唤现均已到庭。

全体坐下。

审判长：（敲法槌）现在开庭。根据《中华人民共和国民事诉讼法》第48条、第58条、第59条的规定，现在核对当事人及其诉讼代理人的身份。原告的名称、住所地和法定代表人？

原告：滨海顺通公路工程有限公司，住所地：东阳省滨海市高新区开元大街2233号，法定代表人：刘云涛，董事长。

审判长：原告委托代理人的姓名、工作单位以及代理权限？

原代（泽）：原告第一委托代理人，孙华泽，东阳致远律师事务所律师，代理权限是特别授权代理，代为承认、放弃、变更诉讼请求，进行和解，提起反诉或者上诉。

原代（潇）：原告第二委托代理人，宋潇，东阳致远律师事务所律师，代理权限是特别授权代理，代为承认、放弃、变更诉讼请求，进行和解，提起反诉或者上诉。

审判长：被告的名称、住所地和法定代表人？

被告：长安昌盛公路工程有限公司，住所地：东阳省加州市长安县城开元路18号，法定代表人：何兵，董事长。

审判长：被告委托代理人的姓名、工作单位以及代理权限？

被代（洋）：被告第一委托代理人，刘洋，山东好汉律师事务所律师，代理权限是一般代理。

被代（岳）：被告第二委托代理人，岳星宇，山东好汉律师事务所律师，代理权限是一般代理。

审判长：经核对，双方当事人及其诉讼代理人符合法律规定，可以参加本案的诉讼。有关证件已审查无误，不再宣读。

加州市长安县人民法院依照《中华人民共和国民事诉讼法》第10条的规定，今天公开审理原告滨海顺通公路工程有限公司诉被告长安昌盛公路工程有限公司机械设备租赁合同纠纷一案。

根据《民事诉讼法》的规定，当事人在法庭上享有申请回避的权利，有举证、质证，进行和解，进行辩论和最后陈述的权利。原告有权放弃诉讼请求。同时根据《最高人民法院对民事诉讼证据的若干规定》，当事人在庭审当中变更或者增加诉讼请求应当在举证期限届满之前提出，反诉也是这样。同时当事人对提出请求或者反驳应当提供证据。上述权利和义务在本院传送给当事人的受理案件通知书和应诉通知书中，已经书面告知了当事人。原告是否清楚？

原告：原告清楚。

审判长：被告是否清楚？

被告：被告清楚。

审判长：本案由庭长张资豪担任审判长，与审判员邓雷、人民陪审员翟振兴共同组成合议庭，书记员崔玉莹担任庭审记录。

有关本案的合议庭组成人员已经在庭前书面通知了当事人，当事人对合议庭的组成人员，以及今天出庭担任庭审记录的书记员是否申请回避，原告？

原告：原告不申请回避。

审判长：被告？

被告：被告不申请回避。

二、法庭调查

审判长：现在进行法庭调查。（人民陪审员放幻灯2）先由原告陈述起诉的诉讼请求、事实和理由。

原告：诉讼请求：①判令被告赔偿因其违约行为给原告造成的损失，包括：交通事故给摊铺机造成的损失690 987元，运输费10 600元，鉴定费5500元，律师代理费33 000元，共计740 087元；②判令被告承担因本案发生的诉讼费用。

事实与理由：2011年8月9日原告与被告签订《机械设备租赁合同》（以下简称"合同"）一份，合同约定，被告因工程需要向原告租赁沥青摊铺机一台，使用日期自2011年8月12日起至工程结束，并由原告为被告配备2名操作手。2011年9月21日21时20分，在被告施工地点，李强驾驶的东NJ2L11号轿车与原告租赁给被告的摊铺机相撞发生事故，致被告方路面施工人员王林庆和轿车司机李强死亡，沥青摊铺机严重损坏，经长安县价格认证中心交通事故损失鉴定，摊铺机损失价值为690 987元。被告没有尽到对租赁物的妥善保管义务，未在施工现场设置明显的禁止通行的交通标志及提供充足的照明设备等，且事后没有做到及时联系维修厂家弥补因己之过错造成的摊铺机损失，反而由原告来负责这些非日常的维修事宜，进一步违反了租赁合同中的约定。根据2011年10月9日加州市公安局交警支队长安大队出具的《道路交通事故认定书》，认定轿车司机李强承担事故的全部责任，原告方机械设备操作手不承担任何责任，然而，被告以自己在交通事故中不负侵权责任为由拒绝承担其对原告的违约责任，原告多次索赔，未果，严重损害了原告的合法权益。但摊铺机的毁损确系被告违反合同约定，在合同租赁期内未对租赁物尽妥善保管义务所致，为此，原告不得已特向贵院起诉，请求贵院判如所诉，依法维护原告的合法权益。

此致

加州市长安县人民法院

具状人：滨海顺通公路工程有限公司
2011年11月18日

审判长：由被告针对原告的诉讼请求、事实和理由进行答辩。

被告：答辩人：长安昌盛公路工程有限公司。

住所地：东阳省加州市长安县城开元路18号。

法定代表人：何兵，董事长。

答辩人就答辩人与原告机械设备租赁合同纠纷一案，现提出如下答辩意见：

第一，被告在租赁期内已尽到保管义务，未违反合同约定，原告以此为由提起的诉讼请求应予以驳回。原告强调被告未尽妥善保管义务，被告坚决反对。被告不否认妥善保管租赁物是承租人的主要义务之一，并且妥善保管租赁物本身也有利于承租人在租赁期间对租赁物的充分使用。但是，原告所言"妥善保管"空洞无物，由被告为原告略释一二。它主要包括以下四项内容，被告均已做到：

1. 承租方应按照约定的方式或者租赁物的性质所要求的方法保管租赁物。如租赁他人的汽车不应随意停放在路边，应审慎停放在停车场；租赁他人的机械设备不应将其置于阴暗潮湿的环境，以防机器生锈。被告明显做到了这一点。

2. 承租方应按照租赁物的使用状况进行正常的维护，采用适当的方法进行管理。如汽车应经常加机油进行保养才能保证正常使用，其中对于为维护租赁物的使用收益能力所支付的费用（如为机器设备加润滑油等）应由承租方承担，对于为维持租赁物使用收益状态所支出的费用（如机械设备更换零部件等）应由出租方承担。被告租赁原告的摊铺机以供工程需要使用，每日定期清洁，进行日常维护保养，使得机器在被告的保养下愈加灵活，一定程度上减免了原告自己保养机器的费用。

3. 承租方在租赁物出现质量问题影响承租方正常使用时负通知和协助义务，应采取积极措施防止损坏的蔓延或损失的扩大。承租方如果违反该义务，没有对租赁物妥善保管，造成租赁物毁损、灭失的，应当承担损害赔偿责任。本案中，租赁物因第三人原因毁损、出现质量问题影响承租人正常使用后，被告及时通知了原告和警方，并协助原告，采取了积极措施防止损坏蔓延。

4. 其他义务，如承租方不经出租方同意不得私自将租赁物转租他人，承租方交付租金义务；承租方在租赁关系终止时向出租方归还符合原状的租赁物等义务。被告明显均已做到。以上答辩意见充分说明被告已尽承租方的妥善保管义务，未违反合同约定，更不应承担损害赔偿责任，原告据此提出的诉讼理由和请求缺乏合理依据，请求法院依法予以驳回。

第二，被告不对本场交通事故的发生负责，故也不应对因之造成的损害承担责任，亦不应对由此产生的租赁物的毁损承担全部赔偿责任，原告提出的由被告承担全部损害赔偿责任的诉讼请求无合法来源。根据加州市公安局交警支队长安大队2011年10月9日开具的《道路交通事故认定书》中关于"当事人导致交通事故的过错及责任"作出明确认定，"李强未按操作规范安全驾驶，文明驾驶机动车且未按规定右侧通行的行为是造成事故的全部原因"，"确定李强承担事故的全部责任，刘昭、王林庆、祝义不承担事故的责任"，可见被告对预见本场事故的发生不具有期待可能性，该事故为意外事件，不在被告的"善良管理人"注意义务范围之内。根据合同第10条第1款，"乙方承担在租赁期内发生的乙方责任内的租赁机械的毁损和灭失的风险"，由此可以推断，对不在被告责任范围内的损毁风险不应承担责任，加之上文中已经证明被告方已尽妥善保管义务，因此原告提出的赔偿请求无合法来源。

第三，原告本身存在过错，应自行承担损失后果。原告未与被告商榷而主动承担了本不应由其承担的租赁物毁损后的维修义务，本质上是对合同中约定内容的违反，故由此对原告造成的损失应由原告自己承担。根据合同第8条第1款的约定，"甲方负责日常维修、保养，使设备保持良好状态，并承担由此产生的费用。乙方应协助甲方进行此项工作,并提供必要的帮助",甲方未经被告许可自行负责非其责任范围内的维修事宜对自己财产所造成的损失,应当由其自己承担。

综上所述,被告已尽妥善保管义务,不对事故的发生负责,且原告自身亦有过错,被告不存在违反合同约定的情形,原告的诉讼理由和请求缺乏事实基础和法律及合同依据,故请求人民法院查明事实,依法予以驳回,以维护答辩人的合法权益。

此致
加州市长安县人民法院

具状人:长安昌盛公路工程有限公司
2011 年 11 月 27 日

审判长:合议庭听取了诉辩双方的意见,双方无争议的事实是:①原、被告签订的合同合法、有效,双方在合同中对各自享有的权利和应承担的义务做出了明确约定;②摊铺机在交通事故中发生严重毁损,并由原告将摊铺机送往维修厂家维修,现摊铺机已修好可投入使用。原告,你对以上归纳有无异议?

原告:无异议。

审判长:被告,你对以上归纳有无异议?

被告:无异议。

审判长:鉴于双方当事人对合议庭总结的无争议事实均无异议,对以上事实,本庭予以确认,不再调查。

双方当事人争议焦点在于:①被告是否尽到保管义务;②被告是否应当承担责任;③律师代理费应否包含在损害赔偿范围内。

审判长:原告,你对以上归纳有无异议?

原告:无异议。

审判长:被告,你对以上归纳有无异议?

被告:无异议。

审判长:现在本庭就当事人有争议的事实进行调查。

原告,你就双方争议的事实依次进行举证。(人民陪审员放幻灯 3、4)

原告:我方提出的证据一共分为五组。首先出示第一组证据,证明被告未尽妥善保管义务:

1.(其中第一份证据)2011 年 10 月 9 日由加州市公安局交警支队长安大队提供的《道路交通事故认定书》一份(第二栏第 13 行后半段,"现场道路……无交通标志标线")。

2.2011 年 9 月 21 日 21 时由加州市公安局交警支队长安大队勘查事故现场后提供的《道路交通事故现场勘查笔录》一份(①第 1 页标题一下第 4、7 行,分别为"无道路隔离设施"、"无夜间路面照明";②最后一页标题十下 2、3,分别为"原始现场"、"现场询问")。

3. 2011 年 11 月的《县 2011 城建重点工程暨胜利大道通车仪式》照片一张（11月才通车,9 月即发生交通事故,未全路封闭）。

4. 根据《道路交通事故现场勘查笔录》中标题五下的内容找到的一名证人提供的证人证言一份（其一,为视听资料形式,解释未能出庭原因,根据《民事诉讼法》第 73 条第 2 项的规定,[证人不出庭作证的情形] 经人民法院通知,证人应当出庭作证。有下列情形的,经人民法院许可,可以通过书面证言、视听传输技术或者视听资料等方式作证:①因健康原因不能出庭的;②因路途遥远、交通不便不能出庭的;③因自然灾害等不可抗力不能出庭的;④其他有正当理由不能出庭的。其二,至于刘昭,尚处于昏迷状态中）。审判长,原告申请将这份证人证言当庭播放。

审判长:可以。（方便起见,无需法警,人民陪审员播放幻灯 5 即可）

原告的第一组证据还有其他证据未出示吗?

原告:有。

5. 根据《道路交通事故现场勘查笔录》中标题九下的内容联系警方,由加州市公安局交警支队长安大队提供的现场照片 4 张（人民陪审员放幻灯 6）,由照片可见现场基本无道路交通标志及照明设施。

6. 现场模拟图两份（描述图 1、图 2）。（幻灯片回到 3、4）以上 6 份证据共同的证明目的是:①被告施工时施工现场基本未配备相应隔离设施,未尽妥善保管义务;②被告承揽的工程是新修路,原本更应做好现场安全保障措施,反而令一名外来司机在通车仪式开始前（即道路未通车时）随意闯入,可见被告保管力度之弱;③被告对施工围挡、施工作业控制区照明、施工警告灯、锥形交通标、导向标、路栏等均未配备完全,有的甚至完全没有设置。

完毕。

审判长:请法警将原告方的最后一份证据传给被告看一下。（法警传递给被告,再传递给审判席,最后还给原告方）被告对原告出示的第一组证据的真实性、合法性及关联性有无异议?

被告:有。被告对原告方这组证据中的前两份证据的关联性、合法性及真实性均有异议。首先,根据《道路交通安全法实施条例》第 93 条的规定,"公安机关交通管理部门对经过勘验、检查现场的交通事故应当在勘查现场之日起 10 日内制作交通事故认定书"。我们都知道交通事故发生于 2011 年 9 月 21 日,而由加州市公安局交警支队长安大队提供的《道路交通事故认定书》是于 2011 年 10 月 9 日作出的,其间经过了 19 日之多,远远超过了 10 日的规定,明显不符合交通事故认定书制作日期的要求。导致这一结果的原因有两种:一是警方并非是在事故发生当天勘查的现场,这种情况下这份认定书及勘查笔录认定的现场即非案发的第一现场,无法说明案发当时施工现场的情况,因此被告对这两份证据的关联性提出异议;二是警方勘查人员办事不力、玩忽职守，致使认定书及勘查笔录迟延作出，这种情况也可能导致这种结果，我们由此对这两份证据的合法性提出异议。其次，这两份证据的内容与我方稍后提供的证人证言的内容大有出入，因此被告对这两份证据的真实性也提出异议。完毕。

审判长：原告针对被告的质疑有发表意见吗？

原告：有。这两份证据的关联性、合法性及关联性均不存在任何问题。首先，被告方断章取义，只截取了《道路交通安全法实施条例》第93条的前半段。《道路交通安全法实施条例》第93条后半段为："对需要进行检验、鉴定的，应当在检验、鉴定结果确定之日起5日内制作交通事故认定书。"而在勘查笔录的最后一页第三栏标题八中提到警方对痕迹物证的提取情况为"是"，即现场提取了"需要进行检验、鉴定"的证据，因此适用《道路交通安全法实施条例》第93条的后半段，即可以适当延长时间，在检验、鉴定结果确定后的5日内制作交通事故认定书。因此，这份证据的关联性与合法性均不存在问题。其次，根据《最高人民法院关于民事诉讼证据的若干规定》（以下简称"《证据规定》"）第77条第2项的规定，"人民法院就数个证据对同一事实的证明力，可以依照下列原则认定：①国家机关、社会团体依职权制作的公文书证的证明力一般大于其他书证；②物证、档案、鉴定结论、勘验笔录或者经过公证、登记的书证，其证明力一般大于其他书证、视听资料和证人证言"。因此，证人证言的证明力小于公安机关交通管理部门提供的认定书和勘查笔录，即前者不足以推翻后者，根据《民事诉讼法》第69条的规定，"经过法定程序公证证明的法律事实和文书，人民法院应当作为认定事实的根据，但有相反证据足以推翻公证证明的除外"。因此，应当认定原告方提出的证据，其真实性不存疑。完毕。

审判长：被告对这两份证据还存在质疑吗？

被告：没有。

审判长：原告继续举证。

原告：下面原告提出的是第二组证据，证明被告应承担全部赔偿责任：证据内容是2011年8月9日原被告双方签订的《机械设备租赁合同》一份（［正］①第7页第8条第1款，"乙方应尽义务"；②第8条第5款；③第10条第2款第1项；④第11条第3款）。这份证据的证明目的是：①被告违反合同约定，应承担违约责任，赔偿原告因其违约行为受到的损失；②被告不应以"第三人原因"作为免责事由拒绝赔偿原告的损失。完毕。

审判长：被告对这组证据的真实性、合法性、关联性有异议吗？

被告：对这组证据本身的内容无异议，但由于这份合同是原被告双方共同签订的，所以它同时也是我方的证据，但我方对这组证据的理解角度与原告方不同，我方将会在稍后的举证中阐述我方对这份证据的理解。

审判长：可以。原告针对争议事实继续举证。

原告：下面提出我方的第三组证据，证明原告不应承担任何责任：

1. 2011年10月9日由加州市公安局交警支队长安大队提供的《道路交通事故认定书》一份（第三栏倒数第2行，第五栏倒数第6行，为"李强负事故全部责任"、原告操作手不承担责任）；

2. 2011年11月10日由滨海宏大货物运输有限公司和市地产税务局山城分局清官分局提供的《公路、内河货物运输业统一发票》一份；

3. 2011年11月11日由长安县价格认证中心提供的《东阳省非税收入收款收据》一份；

4. 2011年10月11日由维根特（中国）机械有限公司提供的《报价单》一份；

5. 2011年11月3日原告与维根特（中国）机械有限公司签订的《维修服务合同》一份。

这组证据的证明目的是：①原告对本次交通事故的发生无任何责任。②由证据2～证据5可以看出，原告在积极履行合同，并于被告不积极履行维修义务时为避免损失进一步扩大、保证被告工程顺利进行，积极对摊铺机进行维修，并先行支付了所有运输费、鉴定费、维修费等，故不仅不应承担责任，而且依法享有事后向被告追偿的权利。完毕。

审判长：被告对该组证据的真实性、合法性、关联性有无异议？

被告：对这组证据本身的内容无异议，但我方对这组证据证明的问题依据其他证据有不同结论得出，我方将会在稍后的举证中作出阐述。

审判长：可以。原告继续举证。

原告：我方提出的第四组证据与被告应承担的赔偿范围有关：

1. 2011年11月11日由长安县价格认证中心提供的《东阳省涉案物品价格鉴定（认证）结论书》一份，证明摊铺机损失价值为690 987元；

2. 2011年11月11日由长安县价格认证中心提供的《交通事故摊铺机损失价值鉴定明细表》一份，进一步证明摊铺机损失价值为690 987元；

3. 2011年11月11日由长安县价格认证中心提供的《东阳省非税收入收款收据》一份，证明原告支出鉴定费用5500元；

4. 2011年11月10日由滨海宏大货物运输有限公司和市地产税务局山城分局清官分局提供的《公路、内河货物运输业统一发票》一份，证明原告支出运输费用10 600元；

5. 2011年11月3日原告与维根特（中国）机械有限公司签订的《维修服务合同》一份；

6. 2011年10月11日由维根特（中国）机械有限公司提供的《报价单》一份，证明原告支出维修摊铺机必须费用690 985.55元；

7. 2011年11月15日由东阳致远律师事务所提供的《东阳省地方税务局通用机打发票》一份，证明原告支出律师代理费33 000元；

8. 2011年8月9日由原被告双方签订的《机械设备租赁合同》一份（第8页第11条第3款）。

总结一下，这组证据所要证明的内容是：被告的违约行为给原告造成的损失包括交通事故给摊铺机造成的损失690 987元，运输费10 600元，鉴定费5500元，律师代理费33 000元，共计740 087元。完毕。

审判长：被告对原告提供的这组证据有无质证意见？

被告：有。被告对原告提出的这组证据中的第二份证据和第七份、第八份证据有质疑。先来说第二份证据。请尊敬的合议庭和原告仔细地看一下这份由长安县价格认证中心提供的《交通事故摊铺机损失价值鉴定明细表》，不难发现这份明细表中第30栏的衬套数量处为空。在经过所谓公证的证据中居然出现这样大的纰漏，令人难以置信。因此，被告对这份证据的合法性、真实性提出合理质疑。完毕。

审判长：原告方有质证意见吗？

原告：有。我想请问被告，您知道什么是"衬套"吗？

审判长：被告？

被告：就是附在机器两臂外保护机器的套膜。完毕。

审判长：原告？

原告：既是"两臂"，怎会只修一只衬套呢？这该是行规吧。完毕。

审判长：被告？

被告：若只损坏一只呢？

审判长：原告？

原告：那么请被告看2011年10月11日由维根特（中国）机械有限公司提供的《报价单》，其上表明"衬套"数量为2个。

而且需要提醒被告的是，这份证据的鉴定主体经加州市公安局交警支队长安大队委托，经过公证，主体适格，这将在我方接下来的举证中详细说明，因此不应以些许不影响主要鉴定事实部分的微小失误来否认整份证据的证据资格及证明力。完毕。

审判长：被告对这份证据还有其他质证意见吗？

被告：没有。但我方对这组证据的第七份、第八份证据仍存在质疑及不同理解。我方将于举证时予以阐释。

审判长：可以。原告还有其他证据需要出示吗？

原告：有的。接下来我们举出的是我方最后一组证据——第五组证据，有关鉴定机构及鉴定人员的鉴定资格的合法性：①2007年1月1日由中华人民共和国发改委提供的《价格鉴证机构资质证》一份；②2007年1月1日由东阳省价格认证中心提供的《价格鉴证资格证》两份。这组证据的证明目的：一是鉴定机构主体合法；二是鉴定人员主体适格；三是东阳省价格认证中心、长安县价格认证中心均为受长安交警大队委托参与涉案物品的价格鉴定，进一步证明了鉴证机构主体的合法、适格。完毕。

审判长：被告对这组证据的真实性、合法性、关联性有异议吗？

被告：无异议。

审判长：原告还有其他证据需要补充吗？

原告：没有。

审判长：下面由被告针对双方有争议的事实进行举证，说明你方观点。（人民陪审员放幻灯7）

被告：我方一共需出示四组证据。鉴于原告举证时，对于由加州市公安局交警支队长安大队提供的《道路交通事故认定书》和《道路交通事故现场勘查笔录》的真实性、合法性、关联性已得到证实，因此被告认为，这也可以作为被告方的证据出示，阐释一下被告对这两份证据的理解。被告出示的第一组证据是证明被告已尽保管义务：①2011年10月9日由加州市公安局交警支队长安大队提供的《道路交通事故认定书》一份（第二栏第13行沥青、天气晴）；②2011年9月21日21时由加州市公安局交警支队长安大队勘查事故现场后提供的《道路交通事故现场勘查笔录》（第1页第1行"天气晴"，标题一下第3、5、6、9行，分别为"道路交通标志：有"，"沥青"，"干燥"，"西半幅为施工路段"；第2页标题四1、"乙车E"栏，为"照明灯开关位置，开"）；③王胜利证人证言一份。被告申请证人出庭。（人民陪审员放幻灯8）

审判长：传证人王胜利出庭。

（法警将证人带入法庭）

审判长：证人，请将入庭通知书交给法庭。（证人交给法警，法警交给书记员，书记员呈给审判长。）证人，讲一下你的姓名、出生年月日、民族、职位、家庭住址，以及与被告长安昌盛公路工程有限公司是何种关系，请逐项回答。

证人：王胜利，1966年3月11日生，汉族，长安翰邦路桥劳务服务有限公司经理，住址是加州市长安县城开元路11号，我公司与被告公司签订了劳务合同，为其提供劳务服务和帮助。

审判长：证人王胜利，滨海顺通公路工程有限公司诉长安昌盛公路工程有限公司机械设备租赁合同纠纷一案，被告申请你作为证人出庭。有关证人的权利和义务已在本庭送达你的出庭通知书上载明，同时本院也对你的身份证件进行了检验。有关证人的权利和义务你是否清楚？

证人：清楚。

审判长：请证人在如实作证的保证书上签字，你今天所做的证词将被记录在案。（证人将保证书交给法警，法警交给书记员，书记员呈给审判长。）下面先由被告对证人进行询问。

被告：证人，你当时在场吗？

证人：在。

被告：当时施工现场有什么设施？

证人：有安全锥、禁止通行的标志牌、隔离锥，还有就是长安昌盛公路工程有限责任公司提供的1台照明设施。

被告：当时所修的胜利大道是什么性质的？是道路维修吗？

证人：是新修路，不是道路维修。

被告：完毕。

审判长：原告有问题要问证人吗？

原告：有。证人，当晚您公司有几人在施工现场帮忙？

证人：3个吧。

原告：确定吗？

证人：确定。

原告：这几位工人分别是谁？

证人：王林庆、祝义，还有一个忘记了。

原告：不幸去世的工人和受伤的工人叫什么名字？

证人：去世的工人是我公司的王林庆，受伤的不清楚，忘记了。

原告：您所说的安全锥相隔间距为多远，照明设施距施工地多远？

证人：安全锥相距间隔大概为一二百米，照明设施也在100米以内。

原告：询问完毕。

审判长：证人王胜利退庭。（由法警带出庭）（幻灯片回到7）

被告，对于出示的这组证据，你还有需要补充的吗？同时请说明你的证明目的。

被告：被告的第一组证据已经出示完毕。我方提出这组证据的证明目的是：①被告已按约定的方式及机械的性质所要求的方式保管租赁物，未将之置于潮湿环境中等；②根据证人证言，被告已按机械使用状况对租赁物进行正常维护、适当管理，设置了安全锥、道路交通标志、照明设施等，尽到了妥善保管义务。完毕。

审判长：原告对被告提出的这组证据的真实性、合法性、关联性有无异议？

原告：有。原告对这组证据的真实性、关联性有异议。

第一，对于被告出示的第一份、第二份证据，原告认为，这只能说明被告只尽了基础性、部分性的非常不充分的保管义务，对于被告所要证明的事实无任何证明作用，因此对这两份证据的关联性提出异议。

第二，对于被告提出的第三组证据，即王胜利的证人证言的真实性和关联性均有异议。

1. 对于其真实性：其一，证人说他在场，但经原告方核实，当时其在场的工人绝不止三个。首先，为我方作证的刘超，证人就没有提出；其次，作为在场人员，发生了这么重大的交通事故，居然连受伤的工人刘昭（而且还是自己的工人）都忘记了，实在令人难以置信。其二，证人刚刚说过，其与被告公司签有劳务合同，与之有利害关系，根据《证据规定》第69条第2项的规定，下列证据不能单独作为认定案件事实的依据：①未成年人所作的与其年龄和智力状况不相当的证言；②与一方当事人或者其代理人有利害关系的证人出具的证言;③存有疑点的视听资料;④无法与原件、原物核对的复印件、复制品;⑤无正当理由未出庭作证的证人证言。其所作的有利于己方的证言证明力太低。其三,根据《证据规定》第77条第2项的规定,人民法院就数个证据对同一事实的证明力,可以依照下列原则认定:①国家机关、社会团体依职权制作的公文书证的证明力一般大于其他书证;②物证、档案、鉴定结论、勘验笔录或者经过公证、登记的书证,其证明力一般大于其他书证、视听资料和证人证言。我方提供的《交通事故认定书》及《现场勘验笔录》的证明力明显大于被告方提供的证人证言。

2. 对证据的关联性有异议。我们退一步讲,暂且假设证人提供的证言是真实的,那么我方就存在以下疑问:一是安全锥若是相隔一二百米才设置一个,还有何隔离意义可言?二是就算依证人所言现场是有照明设备的,但照明设备只有一台,光亮完全不足,而且容易使交通标志牌处于背光状态,根本起不到警示作用。这对于被告要证明的事实有什么证明作用呢?

3. 仍是对于关联性:首先,证人强调,该路段为新修路。但新修路不代表被告方无保管义务和现场安全保障义务,更不能因此将责任全部推到司机李强的身上。其次,新修路应全面封闭,但李强何以毫不费力地顺利进入?这从反面说明被告未尽妥善保管义务。最后,再退一步讲,假设现场可以不全路封闭,但在第一组证据的图示中也已讲过,路段中央应设有隔离设施,但为何连隔离设施也没有?就是基于这样的原因,才间接地导致了摊铺机的毁损灭失。原告认为,对于被告未尽妥善保管义务,原告已予以充分举证证明或反驳,这个问题的结果应当已经很明朗,被告方不需再纠结此类问题。完毕。

审判员:鉴于原告方的质证意见层次繁杂,请原告方将对第三组证据的质证要点再简要概括一下。

原告:好的。我方认为,王胜利的证人证言的真实性和关联性均存在合理怀疑。一是在真实性上:首先,其回答与事实有很大出入,不合常理。其次,证人与被告有利害关系其所作的有利于己方的证言证明力太低。最后,我方提供的《交通事故认定书》及《现场勘验笔录》的证明力明显大于被告方提供的证人证言。二是在关联性上:假设证人证言真实,首先,安全锥相距太远,起不到隔离作用;其次,1台照明设备根本不够。三是仍是对于关联性:首先,新修路不代表被告方无保管义务和现场安全保障义务。其次,新修路应全面封闭,但李强却可顺利进入,可从反面说明被告未尽妥善保管义务。最后,路段中央也没有隔离设施。因此原告认为,被告未尽妥善保管义务。

审判长:被告对于原告的质证有无反驳意见?

被告:没有。我方坚持认为被告已尽妥善保管义务。

审判长:下面由被告继续举证。

被告:被告提出的第二组证据是有关被告不应承担全部赔偿责任的材料:

①2011年10月9日由加州市公安局交警支队长安大队提供的《道路交通事故认定书》一份（第二栏倒数第2行、第三栏全部，把具体内容读出）。②2011年8月9日由原被告双方签订的《机械设备租赁合同》一份（第7页第10条第1款"……乙方责任内……"）。因此，根据《合同法》第231条的规定：因不可归责于承租人的事由，致使租赁物部分或者全部毁损、灭失的，承租人可以要求减少租金或者不支付租金；因租赁物部分或者全部毁损、灭失，致使不能实现合同目的的，承租人可以解除合同。③王胜利证人证言一份（即"新修路而非道路维修"），因为已在第一组证据中提出，故在此对此详细内容不再重述，但仍可以证明本组的待证事实。④2011年11月的《县2011城建重点工程暨胜利大道通车仪式》照片一张。

这组证据的证明目的是：①李强对交通事故的发生负全部责任，被告对事故的发生不承担责任；②被告只承担在"乙方责任内"的损害赔偿，对于不在被告责任范围内的风险及违约责任不应由被告来承担，故被告不应承担全部赔偿责任；③被告为新修路，通车仪式前不应通车，轿车司机李强强行闯入，应由其承担全部责任，被告不应承担全部赔偿责任。完毕。

审判长：对于这组证据，原告对其真实性、合法性及关联性有异议吗？

原告：有。首先，原告对这组证据中第一份证据的关联性有异议。①在《道路交通事故认定书》中未交待被告的责任，并非说明被告确无责任。恰恰相反，正因被告未尽妥善保管义务和未做好施工场地安全保障措施才导致李强能顺利进入施工场地，进而"顺利"地导致了该场交通事故的发生！所以说，认定书中为被告无"直接责任"，但是实际上被告是有"间接责任"的。故被告对事故的发生仍有责任。换句话说，即使事故发生的当晚，李强没有违规行驶，也没有发生这场交通事故，但由于被告没有设置明显的夜间警示标志和照明设备，我们也很难保证在以后的施工中不发生事故，导致摊铺机的毁损。②退一步讲，假设被告在这场交通事故中确不承担责任，但李强引发交通事故属侵权民事法律关系，由李强承担侵权责任，对应的是原告方的操作手无过错、不应承担侵权责任；而原告是基于双方签订的合同提起诉讼，目的是让被告承担违约责任。所以，被告混淆了两种不同的民事法律关系。不能以自己在交通事故中不承担责任为由，拒绝承担被告对我方的违约赔偿责任。其次，原告对第二份证据与被告有不同的理解。很明显，被告对合同第7页第10条第1款中"乙方责任内"很感兴趣，我方也来谈谈我们对这部分条款的意见。①我方认为这条的含义是——只有不可抗力才是免责事由，因第三人造成的违约不能免责。此为因案外第三人造成的被告违约，因此仍在乙方责任范围内。②对于"看管"及"保管义务"的解释：我方认为，应根据《合同法解释》第125条第1款——当事人对合同条款的理解有争议的，应当按照合同所使用的词句、合同的有关条款、合同的目的、交易习惯以及诚实信用原则，确定该条款的真实意思。合同目的为保证摊铺机的完好无损、正常使用，即应适用《合同》约定中第8条第5款的看管义务。故被告仍有责任。③更进一步讲，针对《合同法》第231条——根本不应使用关于风险负担的法条规定作为辩驳依据。因为本案根本不涉及风险负担问题。只有当既不可归责于承租人、又不可归责于出租人的事由，致租赁物部分或全部毁损灭失时，才会产生租赁合同的风险负担问题。而本案中，正由于被告未尽妥善保管义务致使摊铺机毁损，故而其本身有过错，本就应承担违约责任。应当适用《合同法》第222条的规定：承租人应当妥善保管租赁物，因保管不善造成租赁物毁损、灭失的，应当承担损害赔偿责任。最后，对于被告出示的第三份、第四份证据，原告认为，在原告举证时已经对于这几份证据的真实性、关联性辩驳得很明确了，因此不应作为证据使用。完毕。

审判长：被告还有其他意见要发表吗？

被告：没有。我方坚持已尽妥善保管义务，且证据合法有效，其证据资格已作论证，在此不作赘述。

审判长：下面由被告继续举证。

被告：被告举出的第四组证据是有关原告有过错的材料：2011年8月9日由原被告双方签订的《机械设备租赁合同》一份（第7页第8条第1款）。这份证据的证明目的是：原告在未经过被告允许的情况下自行对租赁物进行维修，其行为本身违反了合同的相关约定，即原告自身有过错，应由其自行负担由此产生的损失，而不应在事后找被告追偿。完毕。

审判长：原告对此有质证意见吗？

原告：原告认为，原告的维修行为正是原告积极履行合同义务的表现，并非是一种违约行为。完毕。

审判长：被告还有其他证据需要出示吗？

被告：有的。首先对于上一组证据，我方继续坚持己方观点。我方提出的最后一组证据是有关律师代理费的承担，证据内容是2011年8月9日由原被告双方签订的《机械设备租赁合同》一份（第12条）。它的证明目的是：原被告在合同中并未约定诉讼中违约方要支付诉讼相对方（受损方）的律师代理费，更未约定律师代理费由败诉方承担。所以不应由被告来承担原告的这部分损失。完毕。

审判长：原告对此有不同意见吗？

原告：有的。原告认为合同中是有关于律师代理费承担的约定的。根据合同第11条第3款，被告应赔偿原告的一切损失。对这里的"一切损失"的理解，应当遵循《合同法解释》第125条第1款"当事人对合同条款的理解有争议的，应当按照合同所使用的词句、合同的有关条款、合同的目的、交易习惯以及诚实信用原则，确定该条款的真实意思"的规定正由于被告未尽妥善保管义务致使摊铺机毁损，进而引发这一系列诉累，造成原告额外支出律师代理费，因此律代费亦为由于被告违约给原告造成的损失，因此理应由被告承担。完毕。

审判长：被告有补充意见吗？

被告：有。我国对律师代理费的承担是有明确规定的，一般是由聘请律师的当事人自己负担，但是也有一些特殊的规定，约定了律师代理费由诉讼相对方承担。这些特殊情形是：①撤销权诉讼中债权人的律师代理费——《最高人民法院合同法解释》第26条："债权人行使撤销权所支付的律师代理费、差旅费等必要费用，由债务人负担；第三人有过错的，应当适当分担。"②著作权诉讼中权利人的律师代理费——《最高人民法院著作权案件适用法律的解释》第26条第2款："人民法院根据当事人的诉讼请求和具体案情，可以将符合国家有关部门规定的律师费用计算在赔偿范围内。"③人身损害赔偿中的律师代理费具体包括对人身损害侵权的受侵权方及交通肇事中受害方的人身损害赔偿的律师代理费。④双方当事人可以对合同权利义务进行约定，因此其他合同中，当事人也完全可以约定"因一方违约，守约方支出的律师费由违约方承担"。但是需注意的是，律师费的金额需在合理范围内，不能过分高于一般市场价，另外律师费的发票应当在诉讼前开出，也就是说原告明确已经支出的律师费才能够得到法院支持。很明显，原告不属于这几种情形中的任何一种，因此，不应向被告索赔律师代理费。（现在实务中只有律代费的收据也不行，必须已支付才可以，比如银行转账记录等。）完毕。

审判员：请法警将被告关于律师代理费的承担部分的依据递交给审判席。（法警传递证据，审判席看过，由法警还给被告。）

审判长：原告还有其他质证意见吗？

原告：有。①我国无明文法律明确规定律师代理费应由何方承担，只是在几个条文中规定几类案件的律师代理费的承担问题。所谓"法不禁止即自由"，有约定从约定，我们应当按照刚才提到的合同第11条第3款来处理，由被告赔偿原告的一切损失。②退一步讲，就算有法律明确规定仅四类案件的律师代理费不由己方承担，但法条规定的是由"诉讼相对方"来承担。在我国，对律师代理费的承担理论界有两种观点：一种是"委托承担说"，一种是"败诉承担说"。因此，承认"诉讼相对方来承担"，并不排除"败诉承担"的可能。③根据《合同法》第113条的规定，当事人一方不履行合同义务或者履行合同义务不符合约定时，给对方造成损失的，损失赔偿额应当相当于因违约造成的损失。因此，被告应赔偿原告一切损失，包括律师代理费。完毕。

审判长：被告还有要补充的吗？

被告：没有。但我方坚持刚才的观点。

审判长：被告还有新的证据提出吗？

被告：没有。

审判长：原告还有新的质证意见要提出吗？

原告：没有。

审判长：你的诉讼请求有无变更？

原告：没有。

审判长：被告还有新的质证意见需要发表吗？

被告：没有。

审判长：法庭调查结束。

三、法庭辩论

审判长：经双方当事人举证和质证，能够确认的事实是：①被告尽了部分保管义务。②被告在交通事故中不承担责任。③被告愿意承担部分赔偿责任。④鉴定机构及鉴定人员主体合法适格。原告对合议庭总结的能够确认的事实有异议吗？

原告：无异议。

审判长：被告对合议庭总结的能够确认的事实有异议吗？

被告：无异议。

审判长：鉴于双方当事人对合议庭总结的能够确认的事实均无异议，对以上事实，本庭予以确认，不再调查。双方当事人争议焦点，仍在于以下几点：①被告是否尽到妥善的保管义务。②被告是否应承担全部的赔偿责任，尤其是对律师代理费的部分如何认定。③风险责任的承担问题及相关法律的适用。④原告是否承担责任。（人民陪审员放幻灯9）

现在进行法庭辩论。法庭辩论的目的是分清是非责任，也就是谁对谁错，应承担什么责任的问题。当事人在辩论中应注意：①辩论发言要由事而理，即根据事实和法律规定阐明自己的观点和主张，驳斥对方的观点和主张，不要脱离事实和法律规定，就事论事。②发言要围绕案件主要问题，不要离题。③辩明的问题不要重复，不要相互人身攻击。原被告双方应针对争议焦点发表各自意见。先由原告及其诉讼代理人发表辩论意见。基于时间关系，请大家注意简明扼要。

原告：对于保管义务，我方已经论述充分，我方并非说被告未尽保管义务，而是未尽妥善保管义务。被告一直强调自己尽了保管义务，请问您认为妥善的保管义务应设置哪些设施？

被告：我认为已尽妥善保管义务即应如我方所为，设置道路交通标志、安全锥及相应的照明设备。

原告：被告明显底气不足，让我为被告阐释一下尽妥善保管义务的具体标准。根据《城市道路施工作业交通组织规范》，具体要求为——设置交通标志及其他设施。其中，交通标志包括——施工标志、限速标志、解除限速标志等，其他设施包括——施工围挡，照明设施，施工警告灯，导向标，路栏，锥形交通路标等。很明显，被告并未设置完全。再如《公路法》第33条规定，公路建设项目和公路修复项目竣工后，应当按照国家有关规定进行验收；未经验收或者验收不合格的，不得交付使用。《城市道路管理条例》第42条规定，违反本条例第27条规定，或者有下列行为之一的，由市政工程行政主管部门或者其他有关部门责令限期改正，可以处以2万元以下的罚款；造成损失的，应当依法承担赔偿责任，其中第2项规定：未在城市道路施工现场设置明显标志和安全防围设施的；《公路工程施工安全技术规范》第9.4.1条规定，夜间施工时，现场必须有符合操作要求的照明设备。施工住地要设置路灯。以及第10.0.7条规定，半幅通车路段，在车辆驶出入前方应设置指示方向和减速慢行的标志。同时在施工作业区的两端设置明显的路栏。晚间要在路栏上加设施工标志灯。半幅施工区与行车道之间设置红白相间的隔离栅。还有《道路交通安全法》第32条第2款规定，施工作业单位应当在经批准的路段和时间内施工作业，并在距离施工作业地点来车方向安全距离处设置明显的安全警示标志，采取防护措施。（可于质证证人时宣读，在此应节约时间）被告对这些注意义务都没有做到。

被告：原告此言未免过于生搬硬套。要知道这些交通组织行业内部规范设立的目的即为保证施工现场的安全，仅对施工人员有指导意义，并没有法律的强制执行力。那么只要能够达到这个要求，具体可由施工方自行决定。难道在人迹罕至的狭窄的山间陡崖之侧，也要求施工方设置占地空间大的各类齐全的交通标志和其他设施吗？这显然不合情理、强人所难。

原告：可是被告施工现场并非峭壁陡崖！被告强调已设置了道路交通标志，可即便有部分"交通标志"，也不一定这些必要的交通标志都有；即便交通标志都有了，没有夜间照明设施，看不见，也起不到任何作用。

被告：我方已强调过，现场是设有照明设施的。

原告：我方也已论证过，即便有，1台也是远远不够的。不管是从亮度上，还是行业规范上。这个问题已经很清楚了，只是被告一直纠缠于细枝末节，实际上无需争论下去。我方坚持认为应由被告承担全部的赔偿责任，原告不应承担责任，而且律师代理费的部分也应由被告来承担。

被告：原告的这种结论是极其荒谬的。我方已经说过，被告方在交通事故中不承担责任，这场事故完全因李强违章驾驶引起，摊铺机的损失亦系李强造成。

原告：被告一直纠结于自己不应承担赔偿责任，但我方已经充分论述过这个问题，是被告混淆了两个法律关系，李强引发交通事故属侵权民事法律关系，由李强承担侵权责任，对应的是原告方的操作手无过错、不应承担侵权责任；而原告是基于双方签订的合同提起诉讼，目的是让被告承担违约责任。而且，正因为被告本身没有尽到妥善保管义务和做好现场安全保障，才致使事故顺利发生、摊铺机顺利损毁，被告有着不可推卸的责任。根据《合同法》第235条的规定，租赁期间届满，承租人应当返还租赁物。返还的租赁物应当符合按照约定或者租赁物的性质使用后的状态。被告不能返还原物，已然违约，因此应当适用《合同法》第121条的规定，当事人一方因第三人的原因造成违约的，应当向对方承担违约责任。然而，被告方依然执迷不悟，那么我们再用三段论的理论为被告解释一下这个问题。被告认为自己在交通事故中不承担责任，此为小前提；被告由此认为自己也不应承担违约责任，此为结论。然而被告巧妙地省略了大前提，补充起来就是：在交通事故中不承担责任者亦不应承担违约赔偿责任。很明显，这种逻辑违反了三段论的基本规则，即不能由两个否定前提推出结论；况且这个大前提的内容本身就是错误的。因此，被告得出的结论也是错误的。也就是说，被告应当承担违约赔偿责任。

被告：原告此言差矣，这是玩了一场小小的太极，我方根本没有以三段论得出这个结论，因为这本身就是一个三段论的无效式。相反，原告一直以此为基础要求我方承担全部的赔偿责任，于情不合，于理不符。因为这根本不在我方责任范围内，应适用《合同法》第231条的规定，因不可归责于承租人的事由，致使租赁物部分或者全部毁损、灭失的，承租人可以要求减少租金或者不支付租金；因租赁物部分或者全部毁损、灭失，致使不能实现合同目的的，承租人可以解除合同。我方不应承担这部分的风险责任及赔偿责任。

原告：请被告方注意，我方再次重申，第三人李强引发的这场交通事故可以认定为意外事件，而意外事件不能作为免责事由。而且本案根本不涉及风险负担问题。只有当既不可归责于承租人、又不可归责于出租人的事由，致租赁物部分或全部毁损灭失时，才会产生租赁合同的风险负担问题。而本案中，正由于被告未尽妥善保管义务致使摊铺机毁损，故而其本身有过错，本就应承担违约责任。因此不应适用《合同法》第231条的规定，而应适用《合同法》第222条的规定承租人应当妥善保管租赁物，因保管不善造成租赁物毁损、灭失的，应当承担损害赔偿责任。

被告：我方坚持认为不论依据法条还是合同约定，赔偿责任都不在我方责任范围内，原告所言难以服众。而且对于律师代理费部分，我方已明确强调过，我国有明文规定，原告不属于四种特殊情形的任何一种，不应要求诉讼相对方承担律师代理费用。我方虽不认可自己应承担违约责任，但鉴于客观情况，已经做出让步，可以向原告予以部分赔偿，请原告方不要得寸进尺。

原告：我方也强调过，有约定从约定，合同中要求由被告承担因其违约行为给原告造成的一切损失，原告因被告的违约行为发生损失，因向被告索赔不成引发诉累，因此赔偿范围当然包括律师代理费。

被告：原告一直要围绕合同说话，那我们就看合同。合同中约定的并不明确，并未直接指明律师代理费应由被告承担。

原告：所以我方说应参照《合同法解释》第125条的规定，根据合同的制定目的来确定"一切损失"的具体范围。签订合同的目的即在于防止摊铺机的毁损灭失，保证摊铺机的正常使用，保证原告方的一切合法权益，那么赔偿范围自然应当包括原告方律师代理费在内的一切损失。何况脱离合同，《合同法》第113条也规定了，当事人一方不履行合同义务或者履行合同义务不符合约定时，给对方造成损失的，损失赔偿额应当相当于因违约造成的损失。因此，被告赔偿原告的"一切损失"，包括律师代理费。

被告：我方依然坚持己方观点，一切应严格按照法律规定，且特殊规定的效力优于一般规定。我方已认可承担部分赔偿责任，但也坚决认为，原告应自行负担一部分损失。

原告：被告此言更加缺乏事实来源与法律依据。原告主动的维修行为是积极履行合同义务的表现，怎么就成了违约行为呢？恰恰相反，这正说明被告没有履行应尽的义务。

被告：但至少原告应与被告协商后进行。

原告：等到与贵方协商完毕，只怕摊铺机早已过维修的最佳期限了！维修期间，被告不仅不积极履行合同义务，而且未提供给原告方任何帮助，整个维修过程由原告方一力承担。被告没有及时采取手段防止损失进一步扩大，几乎导致摊铺机的彻底灭失，因此，被告不应适用"减损规则"减轻赔偿责任。根据《合同法》第119条第1款的规定，当事人一方违约后，对方应当采取适当措施防止损失的扩大；没有采取适当措施致使损失扩大的，不得就扩大的损失要求赔偿。由此，被告应承担全部的赔偿责任。

审判长：各方当事人的辩论意见，本庭已充分了解，也已记录在案。原告及其诉讼代理人有无新的辩论意见？

原告：有。退一步讲，我国《合同法》中规定的违约责任及合同中约定的违约责任均为无过错责任，即便被告确无过错，亦应承担因其违约行为产生的损失赔偿责任。《合同法》第107条规定，"当事人一方不履行合同义务或者履行合同义务不符合约定的，应当承担继续履行、采取补救措施或者赔偿损失等违约责任"。合同第8条第5款已明确约定："机械设备由乙方负责看管，发生损坏或丢失物品乙方需按原价赔偿。"由此可见，原被告双方在合同中约定的违约责任是无过错责任，因此，不管被告对摊铺机的毁损是否负有过错，只要摊铺机确有损坏事实，被告就没有尽到保管义务，违反了合同的约定，应承担违约责任。

审判长：被告及其诉讼代理人有无补充？

被告：有。其实双方分歧最大的还是我方有无尽善保管义务。在这里，我最后总结一下我方观点，被告方坚持已尽妥善保管义务。理由如下：①被告将租赁物置于适当地点，按照约定的方式或租赁物的性质保管租赁物。原告一直坚称在施工场地被告对租赁物未尽妥善保管义务，试问原告，新修道路的施工过程中难道还要为摊铺机等设备修建厂房储存保管吗？按照施工惯例，此类重型机械在工程未完工之前都是停放在路边，以便提高施工效率，若一味将机器束之高阁，如何保证物尽其用、用值其时？这不仅会导致资源浪费，还会耽搁施工速度和效率。②被告对租赁物已采用适当方法进行管理，按照租赁物的使用状况进行正常的维护。试问原告，被告作为使用方，怎会不尽日常维护义务？被告承租的目的便在于加快工程的完工。处于这种意图，被告怎会不尽心尽力维持机器的高效运作，避免承担机器损坏耽误工期导致的误工费，以节约工程成本呢？故基于这种紧迫心理，自我及外在的监督和督促意识，被告也必然会充分履行保管义务。③通知和协助义务。被告方在事故发生后及时通知各方（包括原告），并立即着手解决后续问题。只因肇事者李强死亡且其无权利义务继受人，未投保交通事故强制保险，故耽搁了些许维修时日，然原告未与被告协商自行前去修理摊铺机，才造成了原告维修机器的现状。这是原告违反合同约定的行为，被告本身并无过错，已履行了通知和协助义务。再者，退一步讲，即便被告确实保管不善，其损害结果亦与被告的保管行为无因果关系。根据加州市公安局交警支队长安大队提供的《道路交通事故认定书》，已认定事故的发生为李强违章驾驶所致，被告方不承担任何责任。换句话说，被告保管不善并非引发交通事故的原因，被告的行为不足以致使摊铺机损毁。所以根据《合同法》第231条的规定，不应由被告方来承担损害赔偿责任。

审判长：法庭辩论终结。原告，请陈述你的最后意见。

原告：我方坚持诉讼请求，请求法院判决被告赔偿原告全部损失740 087元。

审判长：被告陈述你的最后意见。

被告：我方坚持我们的代理意见，只赔偿原告的部分损失。

四、法庭调解及宣判

审判长：根据《中华人民共和国民事诉讼法》第9条、第142条的规定，判决前能够调解的，可以进行调解。现在征求当事人意见，原告是否同意调解？

原告：鉴于双方分歧很大，我们不同意调解。

审判长：因原告不同意调解，本庭终结调解。现在休庭10分钟，合议庭进行评议，看看合议的结果能否进行宣判。10分钟后继续开庭。现在休庭。(敲法槌)

书记员：全体起立。请审判长、审判员、人民陪审员退庭。

书记员：全体起立。请审判长、审判员、人民陪审员入庭。

审判长：请坐。(敲法槌)现在继续开庭。

合议庭评议认为，①摊铺机的损毁确系被告未尽妥善保管义务所致。根据加州市公安局交警支队长安大队提供的《道路交通事故认定书》、《道路交通事故现场勘查笔录》以及原告方的证人证言，在租赁期内，施工现场无道路隔离设施，无夜间路面照明设备，无明显道路交通标志，未尽到新修路的安全保障义务。根据我国《公路法》第33条的规定，"公路建设项目和公路修复项目竣工后，应当按照国家有关规定进行验收；未经验收或者验收不合格的，不得交付使用。建成的公路，应当按照国务院交通主管部门的规定设置明显的标志、标线"。《城市道路管理条例》第42条第2项规定，"违反本条例第27条规定，或者有下列行为之一的，由市政工程行政主管部门或者其他有关部门责令限期改正，可以处以2万元以下的罚款；造成损失的，应当依法承担赔偿责任：未在城市道路施工现场设置明显标志和安全防围设施的"。以及《公路工程施工安全技术规程》第9.4.1条规定，"夜间施工时，现场必须有符合操作要求的照明设备。施工住地要设置路灯"。第10.0.7条规定，"半幅通车路段，在车辆驶出（入）前方应设置指示方向和减速慢行的标志。同时在施工作业区的两端设置明显的路栏。晚间要在路栏上加设施工标志灯。半幅施工区与行车道之间设置红白相间的隔离栅"。故被告未尽到对租赁物的妥善保管义务。②被告应承担一定赔偿责任，不得以第三人原因为由拒绝赔偿。虽然被告在交通事故中不承担侵权责任，但不代表被告本身无责任，正因被告未尽妥善保管义务，故应承担由交通事故导致的摊铺机毁损的违约责任。根据《合同法》第113条的规定，"当事人一方不履行合同义务或者履行合同义务不符合约定时，给对方造成损失的，损失赔偿额应当相当于因违约造成的损失"。第121条规定,"当事人一方因第三人的原因造成违约的,应当向对方承担违约责任。当事人一方和第三人之间的纠纷,依照法律规定或者按照约定解决"。第222条规定,"承租人应当妥善保管租赁物,因保管不善造成租赁物毁损、灭失的,应当承担损害赔偿责任"。只有不可抗力方可成为免责事由,故被告方不得将第三人原因作为免责事由,但可成为减责事由。根据《合同法》第231条的规定,"因不可归责于承租人的事由,致使租赁物部分或者全部毁损、灭失的,承租人可以要求减少租金或者不支付租金;因租赁物部分或者全部毁损、灭失,致使不能实现合同目的的,承租人可以解除合同",被告方可因此减轻赔偿责任。

但我国对律师代理费的承担有明确规定,除以下四种情况约定了律师代理费由诉讼相对方承担外,一般由聘请律师的当事人自己负担:①撤销权诉讼中债权人的律师代理费(《最高人民法院合同法解释》第26条);②著作权诉讼中权利人的律师代理费(《最高人民法院著作权案件适用法律的解释》第26条第2款);③人身损害赔偿中的律师代理费具体包括对人身损害侵权的受侵权方及交通肇事中受害方的人身损害赔偿的律师代理费;④双方当事人可以对合同权利义务进行约定,但是要求律师费的金额需在合理范围内且律师费的发票应当在诉讼前开出,即原告明确已经支出的律师费才能够得到法院支持。因此原告要求被告承担律师代理费的赔偿请求侵犯了被告的合法权益,于法于理不符,本院不予支持。

综上所述,原告滨海顺通公路工程有限公司诉讼请求中要求被告承担律师代理费的主张不成立,原告要求被告长安昌盛公路工程有限公司赔偿其他损失的主张本院予以支持。据此,依照《中华人民共和国民法通则》第3、4、5、6条的规定,《合同法》第107条的规定,本庭现在进行宣判。

书记员:全体起立。

审判长:判令被告长安昌盛公路工程有限公司在本判决生效之日起10日内赔偿原告滨海顺通公路工程有限公司摊铺机的损失价值690 987元、运输费10 600元、鉴定费5500元,共计707 087元。驳回原告其他诉讼请求。案件受理费50元由被告长安昌盛公路工程有限公司负担,于本判决生效之日起7日内交纳。

本判决书将于宣判之日起10日内送达。如不服本判决,可在判决书送达之日起15日内提起上诉,并按对方当事人的人数提出副本,上诉于东阳省加州市中级人民法院。审判长:张资豪;审判员:邓雷;人民陪审员:翟振兴;书记员:崔玉莹;2011年12月10日。宣判完毕。(敲法槌)

书记员:全体坐下。

审判长:闭庭后,由当事人核对庭审笔录。滨海顺通公路工程有限公司诉长安昌盛公路工程有限公司机械设备租赁合同纠纷一案,现在闭庭。(敲法槌)

书记员:全体起立。请审判长、审判员、人民陪审员退庭。

(结束)

四、教师对学生模拟法庭开庭审理情况的点评总结

（一）优点

1. 程序合法，操作规范；法律适用准确，说理比较透彻。
2. 语言表达比较流畅、精彩，具有一定的临场应变能力。
3. 法律文书的写作非常规范。

（二）缺点

1. 在原告宣读起诉状时不必按书面起诉状的内容全部照读，可以从诉讼请求开始，到事实与理由陈述完毕即可，后面的"此致某某人民法院、具状人、具状时间"等内容是书面内容，可省略，体现开庭审理中的直接言词原则。

2. 在被告宣读答辩状时也不必陈述答辩人的基本情况，可以直接切入主题，从"现提出如下答辩意见"开始，后面的"此致某某人民法院、具状人、具状时间"等内容是书面内容，可省略，体现开庭审理中的直接言词原则。

3. 法庭在就当事人有争议的事实进行调查前，应当先归纳总结本案的争议焦点，这时的归纳总结基本上是根据原告起诉的诉讼请求、事实与理由和被告的答辩内容列出的。在原告起诉、被告答辩的内容中没有涉及的问题，不可能由法官在此时总结归纳为争议焦点。如本案中"律师代理费应否包含在损害赔偿范围内"这一问题，被告在答辩阶段并未提出，而是随着后面调查被告应当承担的赔偿范围时才提出来的。如果审判方在此将之确定为争议焦点就不合情理。

另外，审判方在归纳总结争议焦点时，既不能遗漏当事人的诉讼请求，或者错误概括争议焦点，又要避免不加归纳，全文照抄，过于繁琐。在本案中，除了第一个争议焦点"被告是否尽到保管义务"外，审判方可以归纳总结出另外一个争议焦点"被告是否应当承担赔偿责任以及赔偿的范围"。随着案件审理情况的变化，当事人之间出现新的争议焦点后，法官应当根据案件审理情况的变化，及时总结、调整争议焦点。

4. 在举证、质证时，法警在证据的传递过程中，将举证方的证据先传递给质证方，接着传递给审判方，最后还给举证方。然后，质证方才发表质证意见，这样有"走过场"之嫌疑。一般情况下，如果质证方要求看举证方的证据原件，应当是质证方边看边发表质证意见，或者看完后接着发表质证意见。在质证方发表完质证意见后，如果审判方认为有必要察看一下该证据原件，可由法警将该证据原件传递给审判方。审判方察看完毕，再由法警还给举证方。

5. 证人王胜利在回答发问结束后，退庭前应由审判长宣布：请证人退庭。而且审判长应当提示证人退庭后，在休息室休息，休庭后还要审阅笔录和签名。

6. 原告方举证时对证据的分组及出示顺序处理得不够妥当。如最后一组证据——第五组证据中的两份证据，即2007年1月1日由中华人民共和国发改委提供的《价格鉴证机构资质证》一份和2007年1月1日由东阳省价格认证中心提供的《价格鉴证资格证》两份，单独用来证明有关鉴定机构及鉴定人员的鉴定资格的合法

性，有些滞后。又因为是辅助证据，所以不必单独成组，可在第四组证据中与摊铺机损失价值为 690 987 元及鉴定费用 5500 元放在一起举出。

7. 在质证时，双方都存在提出"我方将会在稍后的举证中阐述我们对这份证据的理解"的情况，这样不利于法庭及时调查清楚案件事实。质证方永远都应该抓住任何能够阐述自己观点的机会，针对举证方的任何证据提出自己的质证意见。如果涉及需要自己提供证据进行反驳，即使未到自己的举证时间，也可以向审判方征求意见，请求将该证据一并提出，加以反驳。

8. 双方不同程度地存在语速过快、情绪激动的情形。而且双方委托代理人在发言时都频繁使用"我方"称谓，辩论赛色彩较浓，应客观冷静地使用"原告"、"被告"称谓。

附录一　机械设备租赁合同纠纷案例

滨海顺通公路工程有限公司诉长安昌盛公路工程有限公司租赁合同纠纷

原告：滨海顺通公路工程有限公司，住所地：东阳省滨海市高新区开元大街2233号，法定代表人刘云涛，董事长。

被告：长安昌盛公路工程有限公司，住所地：东阳省加州市长安县城开元路18号，法定代表人何兵，董事长。

案情简介：2011年8月9日，滨海顺通公路工程有限公司与长安昌盛公路工程有限公司签订《机械设备租赁合同》一份，合同约定，长安昌盛公路工程有限公司因工程需要向滨海顺通公路工程有限公司租赁沥青摊铺机一台，使用日期自2011年8月12日开始至工程结束，租金每日4000元，滨海顺通公路工程有限公司为长安昌盛公路工程有限公司配备2名操作手。

2011年9月21日21时20分，在长安昌盛公路工程有限公司施工地点，李强驾驶的轿车与滨海顺通公路工程有限公司租赁给长安昌盛公路工程有限公司的摊铺机相撞发生交通事故，至路面施工人员林庆和轿车司机李强死亡，李强驾驶的轿车报废，并导致沥青摊铺机严重损坏。2011年10月9日，加州市公安局交警支队长安大队作出道路交通事故认定书，认定轿车司机李强承担事故全部责任（注：李强无遗产，亦无权利义务承受人）。事故发生后，摊铺机被运往山北省维特根（中国）机械有限公司维修，经长安县价格认证中心交通事故损失鉴定，摊铺机损失的价值为690 987元。

2011年11月18日，滨海顺通公路工程有限公司以长安昌盛公路工程有限公司违反租赁合同，对租赁物未尽妥善保管义务致租赁物严重损坏为由诉至长安县人民法院。

滨海顺通公路工程有限公司诉长安昌盛公路工程有限公司租赁合同纠纷证据材料目录

原告提供：
1. 机械设备租赁合同书一份；
2. 摊铺机的购买发票一份（共四张）；
3. 道路交通事故认定书一份；
4. 公路、内河货物运输业统一发票一份；
5. 涉案物品价格鉴定（认证）结论书一份；
6. 价格鉴证机构资质证一份；
7. 价格鉴证资格证两份；
8. 鉴定费收据一份；
9. 律师代理费发票一份；
10. 维修服务合同一份；
11. 报价单一份；
12. 道路交通事故现场勘查笔录一份。

被告提供：
1. 证人证言一份；
2. 道路通车仪式照片一份。

合同编号：

机械设备租赁合同书

甲方：滨海顺通公路工程有限公司设备租赁公司

乙方：长安昌盛公路工程有限责任公司

2011 年 8 月 9 日

机械租赁合同

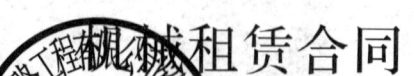

出租方：滨海顺盛公路工程有限公司设备租赁公司（以下简称甲方）

承租方：长安昌盛公路工程有限责任公司（以下简称乙方）

兹因乙方工程需要，向甲方租用机械施工。根据《中华人民共和国合同法》的有关规定，按照平等互利的原则，明确甲方、乙方的权利义务，经双方协商一致，特签订本合同。

第一条：租赁机械详情及租赁价格

机械名称	摊铺机	
规格型号	福格勒	
机械编号	001070413	
机械数量	壹台	
使用地点	长安	
使用日期	2011年8月12日至工程结束	
租赁单价	4000元/天	
备　注		

第二条：甲方为乙方配备贰名操作手，乙方负责食宿。

第三条：租赁机械的所有权

1. 在租赁期间，合同附件所列租赁机械的所有权属于甲方。乙方对租赁机械只有使用权，没有所有权。

2. 在租赁期间，乙方如对租赁机械进行改造或者增设他物，必须征得甲方的书面同意。

3. 在租赁期间，乙方不得将租赁机械转租或出借给他人使用。

第四条：租金的计算和支付

自合同签订之日起，不管天气如何、任务与否，台班费均按日历天数计算。租金支付：设备进场叁日内预付一个月租赁费，工程结束一个月内付清所有租赁费。支付方式：支票。

第五条：保证金

经甲乙双方协商，甲方收取乙方保证金零元，作为履行本合同的保证。乙方缴纳保证金及第一期租金后办理提货手续。租赁期间不得以保证金抵作租金。租赁期满，扣除应付租赁机械的缺损赔偿金后，保证金余额退还乙方。

第六条：燃料供应：租赁机械所需的燃油由乙方负责供应并承担费用。

第七条：租赁机械的交货和验收

租赁机械在交货地点由甲方向乙方（或其代理人）交货。因不可抗拒力而造成租赁机械延迟交货时，甲方不承担责任。（不可抗力包括：①自然灾害，如台风、洪水、冰雹；②政府行为，如征收、征用；③社会异常事件，如罢工、骚乱。）

1. 乙方应在交货地点检查验收租赁机械，同时将签收盖章后的租赁机械的验收收据交给甲方。

2. 如果甲方设备已到乙方规定地点，乙方未按前款规定的时间办理验收，甲方则视为租赁机械已在完整的状态下由乙方验收完毕，并视为乙方已经将租赁机械的验收收据交给甲方。

3. 如果乙方在验收时发现租赁机械的型号、规格、数量和技术性能等有不符、不良或瑕疵等属于甲方的责任时，乙方应在交货当天，最迟不超过交货日期3天内，立即将上述情况书面通知甲方，由甲方负责处理，否则视为租赁机械符合本合同及附件的约定要求。

第八条：租赁机械的使用、维修、保养和安全

1. 租赁机械在租赁期内由乙方使用。甲方负责日常维修、保养，使设备保持良好状态，并承担由此产生的费用。乙方应协助甲方进行此项工作，并提供必要的帮助。如出租设备为铣刨机，乙方负责刀具更换。

2. 若设备在使用过程中出现故障，甲方应保证积极维修，若超过一天，则不计当天的租金。

3. 租赁机械在安装、保管、正常使用等过程中，致使第三者遭受损失时，由乙方对此承担全部责任（如因驾驶人员违章违纪操作造成事故，由甲方负责）。

4. 季节性原因造成的误工，由乙方负责。特殊情况双方协商解决。

5. 机械设备由乙方负责看管，发生损坏或丢失物品时，乙方需按原价赔偿。

6. 甲方操作人员有权拒绝乙方违章指挥，否则如发生损失由乙方承担。

第九条：租赁机械的运输及费用

租赁机械由甲方到乙方的进场起吊及运输费用由__乙__方承担；由乙方到甲方的退场起吊及运输费用由__甲__方承担。

第十条：租赁机械的毁损和灭失

1. 乙方承担在租赁期内发生的乙方责任内的租赁机械的毁损（正常损耗不在此内）和灭失的风险，由不可抗力造成的损失双方协商解决。

2. 在租赁机械发生毁损或灭失时，乙方应立即通知甲方，甲方有权选择下列方式之一，由乙方负责处理并承担其一切费用：①将租赁机械复原或修理至完全能正常使用的状态；②更换与租赁机械同等型号、性能的部件或配件使其能正常使用；③当租赁机械毁损或灭失至无法修理的程度时，乙方应按损失赔偿甲方。

第十一条：违约责任

1. 乙方延迟支付租金时，甲方将按照延付时间计算，每日加收延付金额万分之四的利息。

2. 未经对方书面同意，任何一方不得中途变更或解除本合同；任何一方违反本合同约定，都应向对方偿付本合同总租金额20%的违约金。

3. 乙方如不按期支付租金或违反本合同的任何条款时，甲方有权采取下列措施：

（1）要求乙方及时付清租金和其他费用，并要求乙方赔偿甲方的损失；

（2）终止本合同，收回或要求归还租赁机械，并要求乙方赔偿甲方的一切损失。

第十二条：争议的解决

凡因履行本合同所发生的与本合同有关的一切争议，甲、乙双方应通过协商解决；如果协商不能解决，双方均有权向人民法院提起诉讼。

第十三条：本合同的附件

本合同的附件是本合同不可分割的组成部分，与本合同正文具有同等法律效力。本合同附件包括租赁合同附表和租赁机械收据及甲、乙双方通过协商作出的补充规定。

第十四条：本合同一式肆份，甲、乙双方各持贰份。

本合同自甲、乙双方签字盖章之日起生效。

出租方（甲方）：　　　　　　　　承租方（乙方）：
法定代表人：　　　　　　　　　　法定代表人：
委托代理人：　　　　　　　　　　委托代理人：
地　　址：　　　　　　　　　　　地　　址：
电　　话：　　　　　　　　　　　电　　话：
开户行：　　　　　　　　　　　　开户行：
账　　号：　　　　　　　　　　　账　　号：
税　　号：　　　　　　　　　　　税　　号：
签订地点：
签订时间：

附录一 机械设备租赁合同纠纷案例

No 12345678

1300061650

加密版本：01

名　称：	滨海顺通公路工程有限公司	密码区	<(8>9++7<8+5-9 +<47<<4232-*>0<<+75> 81>1/10+2784*5193445 80<5-9653503>0914>>>2		
纳税人识别号：	469011223458123				
地　址、电　话：	滨海市中区滨安路李家庄桥西 13368237799				
开户行及账号：	建行山城支行 46921660900300000030				
货物或应税劳务名称	规格型号	单位	数量	单价	金额	税率
福格勒牌沥青摊铺机	S2100-2	个	0.25	2 846 153.8462	711 538.46	17%
合　计					¥711 538.46	
价税合计（大写）	⊕捌拾叁万贰仟伍佰元整			（小写）¥832 500.00		
名　称：	维特根（中国）机械有限公司	备注	WLF-V-012-07 07190142		
纳税人识别号：	13101175545656671				
地　址、电　话：	金华开发区创业路 8084466				
开户行及账号：	中行开发区支行 22415008092002				

校验码：10934430201134553708

收款人：　　　　　　　　复核：　　　　　　　　开票人：张燕　　　　　　　　销货单位：（章）

开票日期：2007 年 06 月 11 日

1300061650

No 12345679

			加密版本：01
名　称：滨海顺通公路工程有限公司		密码区	28324>~2304<~>>7/<01/ /8+5-1-/398>*8-625790 -+9173/1*>3502203/535 34*5771*--559-9*68>>10
纳税人识别号：469011223458123			
地址、电话：滨海市市中区滨安路李家庄桥西13368237799			
开户行及账号：建行山城支行4692166090030000030			
货物或应税劳务名称	规格型号	单位	数量	单价	金额	税率
---	---	---	---	---	---	---
福格勒沥青摊铺机	S2100—2	个	0.25	2 846 153.8462	711 538.46	17%
合计					￥711 538.46	￥120 961.54
价税合计（大写）　⊕ 捌拾叁万贰仟伍佰元整			（小写）￥832 500.00			
名　称：维特根（中国）机械有限公司			备注	WLF-V-012-07 07190142		
纳税人识别号：13101175545671						
地址、电话：金华开发区创业路 8084466						
开户行及账号：中行开发区支行2241500809202						

校验码：10934302873331840322

收款人：　　　　　　　　　复核：　　　　　　　　　开票人：张燕　　　　　　　　　销货单位：（章）

开票日期：2007年06月11日

1300061650   No 12345680

						加密版本：01
名 称：滨海顺通公路工程有限公司						1300061650
纳税人识别号：469011223458123						12345680
地 址、电 话：滨海市中区滨安路李家庄桥西1336823 7799						
开户行及账号：建行山城支行 46921660900300000030						

密码区	*1-3350+-7->/12>8<997
	0>1024-104-1357+50<64
	3>8-134254/+75*0+>(-7
	937036>794*92>040>>9*

货物或应税劳务名称	规格型号	单位	数量	单价	金额	税率	税额
福格勒颇沥青摊铺机	S2100-2	个	0.25	2 846 153.8462	711 538.46	17%	120 961.54
合计					¥711 538.46		¥120 961.54

价税合计（大写） ⊕捌拾叁万贰仟伍佰元整   （小写）¥832 500.00

名 称：维特根（中国）机械有限公司	备注	WLF-V-012-07
纳税人识别号：13101175545 6671		07190142
地 址、电话：金华开发区创业路 8084466		
开户行及账号：中行开发区支行 22415008092002		

校验码 10934394342 78998771   开票日期：200■年6月

收款人：   复核：   开票人：张燕

No 12345681

山东增值税普通发票

加密版本: 01
1300061650
12345681

购货单位	名 称: 滨海顺通公路工程有限公司
	纳税人识别号: 469011223458123
	地 址、电 话: 滨海市市中区滨安路李家庄桥西13368237799
	开户行及账号: 建行山城支行 469216609003000030

货物或应税劳务名称	规格型号	单位	数量	单价	金额	税率	税额
福格勒摊铺机	S2100—2	个	0.25	2 846 153.8462	711 538.46	17%	120 961.54
合计					¥711 538.46		¥120 961.54
价税合计（大写）⊗ 捌拾叁万贰仟伍佰元整						（小写）¥832 500.00	

销货单位	名 称: 维特根（中国）机械有限公司
	纳税人识别号: 13101175545667
	地 址、电 话: 金华开发区创业路 8084466
	开户行及账号: 中行开发区支行 22415008092002
备注	WLF—V—012—07
	07190142

密码区:
/*—2304<—>>7/<01/
/8+5-1-1/398>*8-625790
—+9173/1*>3502203/535
34*5771*—559—9*68>>10

校验码: 10934302873331840322
收款人: 复核: 开票人: 张惠
开票日期: 2007年月 11日

加州市公安局交警支队长安大队
道路交通事故认定书
加公交认字 [2011] 第 201109022 号

交通事故时间：2011年09月21日21时20分　　　　　　　天气：晴
交通事故地点：长安县胜利大道长山镇希望中学西路段
当事人、车辆、道路和交通环境等基础情况： 李强，男，31岁，住址：东阳省长安县城区解放路通用机械厂100号，驾驶证号：××××××，系东NJ2L11号轿车驾驶人。 刘昭，男，47岁，住址：滨海市清水区万全镇西夏屿58号，驾驶证号：××××××，系沥青摊铺机操作人员。 王林庆，男，57年，住址：东阳省长安县长山镇池庄村56号，身份证号：××××××，系路面施工工作人员。 祝义，男，36岁，住址：长安县益城街道办事处齐益大街338号第25排2号，身份证号：××××××，系路面施工工作人员。 东NJ2L11号轿车注册所有人：李强，东阳省长安县长山镇茂盛村142号，未投保交通事故强制保险。 沥青摊铺机登记所有人：滨海顺通公路工程有限公司，滨海市高新区天广大街东段红宇大厦。 现场位于长安县胜利大道希望中学西路段，道路系南北走向，沥青路面，现场道路中心西侧为施工区域，此路段无交通标志标线，路面全宽为3400厘米。
道路交通事故发生经过： 2011年9月21日21时20分，李强驾驶东NJ2L11号轿车沿长安县胜利大道由南向北行驶至长山镇希望中学西路段驶入公路中心西侧，先后与在公路上的施工工作人员王林庆、祝义及刘昭操作的沥青摊铺机相撞发生交通事故，致王林庆和李强当场死亡，祝义受伤，轿车与沥青摊铺机损坏。
道路交通事故证据及事故形成原因分析： 证据：①道路交通事故现场图；②道路交通事故现场照片；③道路交通事故现场勘查笔录；④当事人的询问笔录；⑤证人的询问笔录；⑥道路交通事故尸体检验报告。 道路交通事故形成的原因：李强未按操作规范安全驾驶、文明驾驶机动车且未按规定右侧通行的行为是造成事故的全部原因。
当事人导致交通事故的过错及责任或者意外原因： 李强未按操作规范安全驾驶、文明驾驶机动车的行为违反了《中华人民共和国道路交通安全法》第22条第1款的规定："机动车驾驶人应当遵守道路交通安全法律、法规的规定，按照操作规范安全驾驶、文明驾驶。" 李强未按规定右侧通行的行为违反了《中华人民共和国道路交通安全法》第35条的规定："机动车、非机动车实行右侧通行。"

续表

李强未按操作规范安全驾驶、文明驾驶机动车且未按规定右侧通行是事故发生的全部原因，根据《中华人民共和国道路交通安全法实施条例》第 91 条和《道路交通事故处理程序规定》第 46 条第 1 款第 1 项的规定，确定李强承担事故的全部责任，刘昭、王林庆、祝义不承担事故的责任。
特此认定。

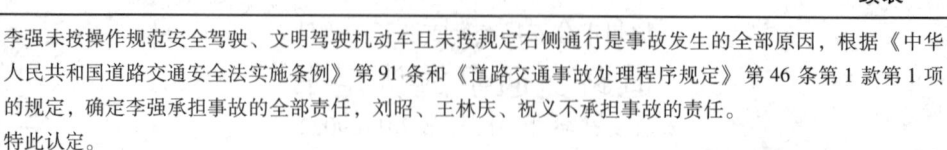

交通警察：

交通事故处理资格章	交通事故处理资格章
高士全 NZ778	李云中 NZ789
2013 年 05 月前有效	2012 年 05 月前有效

二〇一一年十月九日

当事人对交通事故认定有异议的，可自本认定书送达之日起 3 日内，向上一级公安机关交通管理部门提出书面复核申请。复核申请应当载明复核请求及其理由和主要证据。对交通事故损害赔偿的争议，当事人可以请求公安机关交通管理部门调解，也可以直接向人民法院提起民事诉讼。交通事故损害赔偿权利人、义务人一致请求公安机关交通管理部门调解损害赔偿的，应当在收到道路交通事故认定书或者上一级公安机关交通管理部门维持原道路交通事故认定的复核结论之日起 10 日内向公安机关交通管理部门提出书面调解申请。

发票代码：55660111101
发票号码：123456

开票日期：2011-11-10

公路、内河货物运输业统一发票

机打代码	2763567898		
机打号码	00048		
机器编号	7678499483		
收货人及纳税人识别号	滨海顺通公路工程有限公司 68748437394032048978	税 控 码	⟨378—8⟩9+7—⟨6+5—9+⟨47⟨⟨4232—*⟩0—⟨⟨+75⟩ 81⟩1/78+⟩2784*5193445 80⟨5—736464788⟨⟩0914⟩⟩⟩2
发货人及纳税人识别号	滨海顺通公路工程有限公司 68748437394032048978	承运人及纳税人识别号	滨海宏大货物运输有限公司 78347646327889474
运输项目及金额	摊铺机	主管税务机关及代码	滨海市地方税务局山城分局清营分局 13232645854758
运费小计：	10 600.00	其他项目及金额	
		其他费用小计	¥0
合计（大写）：壹万零陆佰元整		（小写）¥10 600.00	
承运人盖章		开票人：徐英	

东阳省涉案物品价格鉴定（认证）结论书

NO 14090599

加长安价鉴字（2011）126号

委 托 方：长安交警大队

价格鉴定项目：摊铺机损失价值鉴定

价格鉴定内容：
根据委托书的要求和现场勘查，我们对摊铺机损失价值进行了鉴定。
按照《东阳省涉案物品价格鉴定条例》、《东阳省价格鉴定操作规范（试行）》，加州市物价局、加州市公安局、加价发〔2002〕166号以及国家有关规定，参考鉴定基准日长安县市场价格行情，鉴定如下：摊铺机损失鉴定价值为人民币：陆拾玖万零玖佰捌拾柒元整（690 987元）。
（详见附表）
以上鉴定价值仅供本案使用。
如对本结论有异议，可于结论书送达之日起5日内，向原鉴定机构提出重新鉴定或委托省级以上（含省级）政府价格主管部门设立的价格鉴定机构复核裁定。

价格鉴定员：
宋长江（价格鉴定员：371065）
李明明（价格鉴定员：371…）

东阳省高级人民法院、省人民检察院、省公安厅、省司法厅、省监察厅、省物价局监制

交通事故摊铺机损失价值鉴定明细表

单位：元　　第一页

序号	品名（型号）	数量	单价	材料金额	备注
1	支撑杆	1		110 637	
2	钢板制螺栓 M8*35	32		116	
3	钢板制螺纹堵头	1		14	
4	钢板制销子	1		4	
5	传动轴	1		7489	
6	传动轴	1		14 278	
7	衬套	1		1225	
8	锥形滚子轴承	2		920	
9	接合衬垫	1		409	
10	钢板制防松垫圈	1		36	
11	钢板制螺母	1		125	
12	钢板制螺栓 M8*16	12		43	
13	传动轴	1		6820	
14	搅龙片	3		3267	
15	钢板制螺栓 M20*100	3		59	
16	钢板制螺母	3		56	
17	保护板	1		5417	
18	支撑杆	1		6898	
19	支撑杆	1		11 767	
20	铁板制销子	1		611	
21	前挡板	1		22 415	
22	提升大臂	1		50 044	
23	传动轴	1		20 282	

续表

序　号	品名（型号）	数量	单价	材料金额	备注
24	液压缸筒	1		2830	
25	铁板制螺纹杆	1		954	
26	铁板制螺母	1		50	
27	钢板制垫圈	1		125	
28	衬套	2		3372	
29	运平板框架1.25米	1		126 440	
30	衬套			668	
31	隔热板	2		254	
32	运平板框架1.5米	2		253 186	
33	隔热板	2		518	
34	隔热板	4		93	
35	隔热板	2		493	
38	支撑	1		2973	
39	钢板制螺纹杆	2		894	
合计人民币：					

交通事故摊铺机损失价值鉴定明细表

单位：元　第二页

序 号	品名（型号）	数量	单价	材料金额	备注
1	钢板制螺母	2		72	
2	钢板制销子	2		1607	
3	支撑杆	1		3714	
4	保护板	1		6352	
5					
6					
7					
8					
9					
10					
11					
12					
13					
14					
15					
16					
17					
18					
19					
20					
21					
22					
23					

续表

序 号	品名（型号）	数量	单价	材料金额	备注
24					
25					
26					
27					
28					
29					
30					
31					
32					
33					
34					
35					
38					
39	工时费：24 000 元			材料费：666 987 元	
合计人民币：陆拾玖万零玖佰捌拾柒元整（690 987 元）					

附录一 机械设备租赁合同纠纷案例　277

价格鉴证机构资质证

证书号：东371425

机 构 名 称：长安县价格认证中心
机 构 类 型：事业单位
法定代表人：魏黎明
机 构 地 址：齐益大街113号
资 质 范 围：在所属行政区内，具有刑事、民事、经济、行政以及仲裁案件涉及的各种扣押、追缴、没收及纠纷财物（包括土地、房地产、资源性资产、工程造损、理赔物、抵押物、应税物、无主物、走私物、事故定损、事故定价、股票、证券及无形资产等各类涉案标的）的价格鉴证；价格行为合法性和价格水平合理性认证、价格纠纷调解的资质。

发证机关：中华人民共和国国家发展计划委员会
2001年1月1日

持有本证的人员具有对刑事、民事、经济、行政案件中各种扣押、追缴、没收及纠纷财物（包括土地、房地产、资源性资产、理赔物、抵押物、应税物、无主物、事故定损、工程造价、股票、证券及其他各种有形、无形资产）价格进行鉴定、认证、评估的资格。（中华人民共和国国家发展和改革委员会 价格鉴证证件专用章）	姓　　名　<u>李明明</u> 性　　别　<u>男</u> 出生年月　<u>1978年10月</u> 身份证号码　<u>×××</u> 工作单位　<u>长安县价格认证中心</u> 工作岗位　<u>　　　　</u> 发证日期　<u>2006年6月3日</u> 有效期至　<u>2009年6月3日</u> 证书编号　<u>371187</u>
考核记录 经考核，资格有效期至2012年8月1日。 （东田省价格认证中心公章） 2009年4月25日	考核记录

持有本证的人员具有对刑事、民事、经济、行政案件中各种扣押、追缴、没收及纠纷财物（包括土地、房地产、资源性资产、理赔物、抵押物、应税物、无主物、事故定损、工程造价、股票、证券及其他各种有形、无形资产）价格进行鉴定、认证、评估的资格。 （中华人民共和国国家发展和改革委员会 价格鉴证证件专用章）	姓　　名　宋长江 性　　别　男 出生年月　1970 年 8 月 身份证号码　××× 工作单位　长安县价格认证中心 工作岗位　副主任 发证日期　2004 年 08 月 23 日 有效期至　2007 年 08 月 23 日 证书编号　371065
考核记录 经考核，资格有效期至 2010 年 8 月 1 日。 （东阳省价格认证中心章） 2007 年 4 月 25 日	考核记录 经考核，资格有效期至 2013 年 8 月 1 日。 （东阳省价格认证中心章） 2010 年 4 月 25 日

东阳省非税收入收款收据 4

No: 215790421

填制日期: 2011 年 11 月 11 日

执收单位名称: 物价局

缴款人: 滨海顺通公路工程有限公司

执收单位编号: 130490-8

项目编号	项目名称	单位	数量	收费标准	金额
1302-10479	鉴定费				5500.00

合计金额人民币（大写）：伍仟伍佰元整　　（小写）：5500.00

此联执收单位盖章有效。

附录一 机械设备租赁合同纠纷案例

东阳省地税务局通用机打发票
（滨海市）

发票代码：237011100154
发票号码：00904172
机打票号：5400904172

适用于其他社会服务业

付款单位（个人）：滨海顺通公路工程有限公司
收款单位：东阳致远律师事务所
税务登记号：00000370102F514046X

经营项目	单位	数量	单价	金额
律师代理费	无			¥33 000.00
（以下空白）				

金额合计（大写）：叁万叁仟元整   合计：¥33 000.00

备注：

开票日期：2014年2月15日   收款单位：盖章有效   收款员：付

机器编号：531510081165
税控码：4190796244424375318

机打发票 手开无效（印章：远致律师事务所 发票专用 4956888）

维修服务合同
Repair Service Contract

合同编号/Contrat No.：NWR2011RH011　　签订日期/Date：2011/11/03

签订地点/Place：山北金华/Jinhua, Shanbei

本《维修服务合同》（下称"本合同"）由以下双方签订：

This Repair Service Contract（hereinafter the "Contract"）is made by and between the following parties：

（1）甲方/Party A：滨海顺通公路工程有限公司

地址/Address：　　　　　　　　　邮编：

电话/Tel：15615617788

传真/Fax：0599 - 7237569

联系人/Attn：李磊　先生

（2）乙方/Party B：维特根（中国）机械有限公司/

Wirtgen (China) Machinery CO., Ltd

地址/Address：山北省金华市经济技术开发区创业路99号

电话/Tel：0346 - 8084466

传真/Fax：0346 - 8084467

联系人/Attn：田普　先生

甲乙双方经过友好协商，达成如下协议。

NOW, THEREFORE, with friendly consultation, the parties hereby agree as follows：

第1条　设备/Article 1　Equipment

乙方同意为甲方维修以下设备（下称"设备"）

Party B agrees to repair the following equipment（hereinafter the "Equipment"）

设备名称 Equipment	规格型号 Specification/Model	编号 Serial No.	数量 Quantity	备注 Note
VogelePaver 福格勒摊铺机	S2100 - 2	07190141	1	

第2条　服务范围/Article 2　Scope of Service

乙方为以上设备提供如下维修服务：

Party B shall Provide the following repair service for the Equipment：

按附件所指定的维修范围进行。

According to the attachment.

第 3 条　零配件/Article 3　Spare Parts

甲乙双方共同确认，为进行第 2 条所述之维修服务需使用以下零部件，具体备件金额应随最终检修报告增项而变动：

Both Party A and Party B agree that spare parts listed below shall be used for the purpose of the repair service provided in Article 2.

零件名称 Spare Parts	生产商 Producer	规格型号 Specification/Model	数量 Quantity	价格 Cost（RMB）
在大修完成后，乙方将向甲方提供一份所更换零件清单。	维特根		1 批	人民币：陆拾玖万零玖佰捌拾伍圆伍角伍分
The party B will offer a piece of parts list, in which have been changed already, to the part A after finishing repairing job.	Wirtgen		1Set	￥690 985.55

第 4 条　工作时间/ Article 4　Term of Work

乙方应自收到甲方向乙方支付维修预付款后，于<u>2011 年 1 月 30 日</u>前完成第 2 条规定的维修服务。

Party B shall accomplish the repair service provided in Article 2 before Jan. 30th 2012 from The executive date indicated at the beginning of the Contract signed and Party A's paying.

第 5 条　服务费用/ Article 5　Service Fee

5.1　就第 2 条所规定的维修服务，甲方应向乙方支付<u>双方确认后的需更换的零配件价格及服务费</u>作为服务费用，该费用由以下两部分构成：

Party A shall pay repair fee in the amount of which both of us will has confirmed repaired parts value to Party B for the repair service agreed in Article 2, which consist of:

（1）<u>零部件费用</u>。根据第 3 条的规定，零部件费用总额为<u>双方确认后的需更换的零配件价格</u>人民币陆拾陆万陆仟玖佰捌拾伍圆伍角伍分。附件所列仅作为初步报价，如在维修过程中有增加项，则按维修车间实际保修项目计费。

<u>Cost of Spare Parts</u>. According to Article 3, the value of the spare parts is that both of us will has confirmed repaired parts ￥666 985.55. If There have additional parts during repair service, the cost should be addition.

（2）<u>工时费</u>。维修服务的工时费总额为人民币<u>贰万肆仟圆整</u>。

<u>Labor Expense</u>. The labor expense for the repair service is RMB ￥24 000.00 in total.

5.2 甲方须在 2011 年 11 月 15 日前向乙方支付合同总额的款项（即陆拾玖万零玖佰捌拾伍圆伍角伍分），之后，乙方将为甲方开展维修工作。

The part A should pay total contract expense （￥690 985.55）before Nov. 15 2011 as advance payment to the party B first, then the party B will start to repair job for the party A.

5.3 在乙方维修工作完成后，双方确认后可提机离厂。

When the party B finish the repairing job, the part A should pay all of remaining money of repaired parts value which will has been confirmed by both of the Party A and party B to the Part B. then the machine can leave the Wirtgen Jinhua Workshop.

5.4 在甲方根据第 6 条的规定签署完工报告之日起7日内，甲方应向乙方全额支付上述服务费用。每逾期一日，甲方应向乙方支付服务费用总额的0.5%作为利息。违约金不超过合同总额的 10%。如甲方未向乙方全额支付服务费用，乙方对设备享有留置权。

Within 7 days from the date when party A signs a completion report according to Article 6, Party A shall pay the above service fee in full amount. If Party A delays in payment, Party A shall pay interest of 0.5% of the service fee to Party B per day。But the total amount of Penalty shall not exceed 10% money of total service fee. If Party A fails to make full payment of the service fee, Party B shall have the right to lien upon the Equipment.

第 6 条　设备验收/Article 6　Acceptance

6.1 维修服务应执行维特根 标准。乙方应在维修完毕后书面提前3 天通知甲方设备验收的日期。设备验收应由甲乙双方共同进行，验收完毕后乙方应向甲方提交完工报告，完工报告应由双方签字确认，证明设备业已符合上述标准。如甲方无正当理由拒绝签署完工报告，则视为完工报告已经签署。

The repair service shall comply with the technical standard of Wirtgen Gmbn . Upon accomplishment of the repair work, Party B shall notify Party A in wiring of the date for acceptance of the Equipment 3 days in advance. The acceptance shall be carried out by both parties. After the acceptance Party B shall submit a completion report to Party A. Both parties shall sign on the report, confirming that the Equipment has been in accordance with the above standard. If Party A refuses to sign the completion report without justifiable reasons, Party A shall be deemed having signed the completion report.

6.2 完工报告签署之日起 7 日内，甲方应付清服务费用并取回设备。如甲方逾期取回设备，每逾期一日乙方将向甲方收取设备保管费人民币1000 元。

Within 7 days from the signature of the completion report, Party A shall pay in full the service fee and collect the Equipment. If Party A delays in collecting the Equipment, Party B is entitled to a storage fee of RMB 1000 per day.

第 7 条　双方的其他责任/ Article 7　Other Responsibility of the Parties

7.1 甲方应负责设备往返运输。

Party A shall be responsible for the transportation of the Equipment.

7.2 乙方应负责提供零配件清单并向甲方提供必要的技术支持。

Party B shall provide Party A with spare parts list and necessary technical support.

7.3 考虑到甲方的维修费用,乙方同意在维修过程中,甲方提供其库存现有的维特根原装零配件作为此次维修的零部件。任何非维特根原装零部件,乙方将拒绝采用。

In order to saving the repair fee for this time, the Party B shall agree the Party A offer some Wirtgen original parts in his stock as some of repairing parts. Any of none – original Wirtgen parts, the Party B will refuse to use them in the repairing.

第8条 设备的维护/ Article 8 Maintenance

8.1 如设备在完工报告签署之日起,对于维修过的或更换过的部件在3个月或300个工作小时内出现故障,乙方按照维特根标准免费对这部分进行更换和维修。但所有的易损件除外。

If malfunctions occur to the repaired or changed parts within 3 month or 300 working hours from the signature of the completion report, the Party B shall Provide free repair (in accordance with the Wirtgen Standard). But all of Wear & Tear parts are not included in the warranty arrange.

8.2 如果上述故障是由于以下原因造成的,则乙方将不承担第8.1条规定的义务:

Party B shall be exempt from the obligations under Article 8.1 if the malfunctions are caused by the followings reasons:

(a) 甲方对设备的错误装卸、不正当使用或不当操作。

Party A's careless loading, improper use or improper operation of the Equipment.

(b) 未经乙方事先同意的甲方或任何第三方对设备的任何修改、更改。

Any repair or modification to the Equipment by Party A or any third party without Party B's prior consent.

(c) 非由乙方提供的操作系统或非由乙方生产的零配件;或维修期间未更换的配件。

Any operation system not provided by Party B or any spare parts not produced by Party B; or the parts not been replaced during repairing.

(d) 其他不可归因于乙方的原因(例如:保险丝、滤清器、皮带等及其他易损件)。

Any other reasons not attributable to Party B (for example fuses, filters, belts and any other wear& tear parts).

8.3 对于因第8.2条所述之原因造成的设备故障,如甲方要求,乙方可以依其自行决定,向甲方提供技术支持和指导。如甲方需要乙方提供维修服务,双方应另行签订合同。

With respect to the malfunctions caused by the reasons listed in Article 8.2, upon Party A's request, Party B, at its discretion, may provide technical guidance or support to Party A. If Party A wants Party B to provide repair service, the parties shall enter into a separate contract.

第9条 变更/Article 9 Changes

9.1 如果在本合同履行过程中,乙方发现需要进行的维修工作超出了本合同第2条所规定的范围,或需要使用第3条所列明之外的零部件,从而导致本合同项下所规定的服务费用或工作时间增加,则乙方应向甲方发出《变更单》(格式如本合同附件一所列)。甲方应在收到上述书面通知后的5日内在《变更单》上签字,或书面通知乙方拒绝签署变更单。如甲方在5日内未做出任何回复,则视为同意《变更单》上的条件。

During the performance of the contract, if Party B finds that it needs to do repair work beyond the service scope provided in Article 2, or to use spare parts in addition to those listed in Article 3, which will cause the increase of the service fee or extension of the term of work provided in the contract, Party B shall issue a Change Request Letter (hereinafter the "Letter") to party A in the form set forth in Appendix 1 of the contract. within 5 days upon party B. If Party A does not make any response within the 5 days period, the Letter shall be deemed agreed by Party A.

9.2 如果甲方签署《变更单》,则该签署后的变更单应成为本合同的一部分,并对本合同的相关条款做出相应修订。

If Party A signs the Change Request Letter, the signed letter shall constitute a party of the Contract, which will amend the relevant terms of the Contract correspondingly.

9.3 如果甲方拒绝签署变更单,甲方应自拒绝之日起7日内取回设备,乙方有权对已经发生的工时按比例收取第2条规定的工时费作为补偿。

If Party A refuses to sign the Change Request Letter, Party A shall Collect the Equipment within 7 days from its refusal. Party B shall be entitled to compensation of labor expense under Article 2 in proportion to the working days that have occurred.

第10条 违约/Article 10 Liabilities

10.1 如乙方未能在第4条所规定的工作时间内完成维修工作,每延长7日,乙方应支付第2条规定的服务总价款的0.5%作为迟延违约金。但甲方无权就向第三方定购零配件所造成的迟延或其他非因乙方原因造成的迟延要求违约金。迟延违约金总额不得超过服务总价款的5%。

If Party B fails to accomplish the repair work within the term provided in Article 4, Party B shall pay penalty of 0.5% of the service fee under Article 2 for each 7 days delayed. But Party A shall not be entitled to any penalty for the delays caused by order of spare parts form a third party or by any other reasons not attributable to Party B. The total amount of the penalty shall not exceed 10% of the service fee.

10.2 对于因乙方履行本合同的行为而造成的甲方任何附带的、间接的或特殊的损失或损坏（包括但不限于利润损失、使用损失、利息损失），乙方不承担责任。

Part B shall not be liable for Party A's consequential, indirect or special damages or losses (including without limitation to profit loss, loss in use and interest loss) incurred by Party B's performance of the Contract.

第11条 适用法律及争议解决/ Article 11 Governing Law and Arbitration

11.1 本合同应适用中国法律并应根据中国法律解释。

The Contract shall be governed by and interpreted in accordance with the laws of the People's Republic of China.

11.2 凡因本合同引起的或与本合同有关的任何争议，由双方协商解决。如果协商不成，任何一方均可将该争议提交中国国际贸易仲裁委员会，按照申请仲裁时该仲裁委员会有效的仲裁规则进行仲裁。仲裁地点在北京市。仲裁裁决是终局的，对双方均有约束力。

Any dispute arising from or in connection with the Contract shall be resolved through friendly consultation between the parties. If no agreement is reached, either party has the right to submit the dispute to China International Economic and Trade Arbitration Commission (hereinafter the "Commission") for arbitration. The arbitration shall be conducted in accordance with the Commission's arbitration rules in effect at the time of arbitration application. The place of arbitration shall be Beijing. The arbitral award is final and binding upon both parties.

第12条 其他条款/ Article 12 Miscellaneous Provisions

12.1 本合同自双方授权签字人签字和/或盖章起生效。

This Contract shall come into force upon the signature and/or stamp by the authorized representatives of parties.

12.2 本合同项下未尽事宜，由双方协商解决。

This unsettled matters concerning the Contract shall be subject to further negotiation of the parties.

12.3 本合同一式2份，双方各执1份。

This Contract is executed in 2 counterparts. Each party shall have 1 counterpart.

甲方/Party A：滨海顺通公路工程有限公司　　乙方/Party B：维特根（中国）机械有限公司
Binhai Shuntong Highway Engineering Ltd.　　Wirtgen (China) Machinery Co., Ltd

授权签字人/By：<u>李磊</u>　　　　　　　　　　授权签字人/By：<u>田普</u>

WIRTGEN CHINA

维特根（中国）机械有限公司
Writgen (China) Machinery Co, ltd
山北省金华市经济技术开发区创业路 99 号
No. 99 Chuang Ye Road, Jinhua Economical
Technical Development Zone, Shanbei, P. R. C.
电话/Tel：0346 - 8084466 转 6015，6016
传真/Fax：0346 - 8084467 邮编/Zip：065000

报 价 单
QUOTATION

客户/To：	滨海顺通公路工程有限公司	日期/Date：	10/11/2011
收件人/Att：		单号/Ref. No.：	1123001788
传真/Fax：	+531 7237569	电话/Tel：	13370522288
地址/Add：	东阳滨海山泉路 16 号	邮编/Zip：	
制单/Contact：	售后服务中心：李泽民/刘英	页数/Page：	Page 1 of 3

机器型号 Model/系列号 S/N：Spare Parts-Sales

配 件 清 单

序号 Item	零件号 L.D. No.	配件名称 Description	中文名称 Description	数量 Qty	单价 Unit Price	金额 Amount
000010	2034739	BEARING BLOCK	支撑座（摊铺机用）	1.00	110 637.43	110 637.43
000020	9508310912	SCREW	钢铁制螺栓（M8*35）	32.00	3.61	115.52
000030	9515300906	SCREWED SEALING PLUG	钢铁制螺纹堵头	1.00	14.15	14.15
000040	2010900	STRAIGHT PIN	钢铁制销子	1.00	3.61	3.61
000050	2011497	FLANGED SHAFT	传动轴	1.00	7488.72	7488.72
000060	2011496	AXLE	传动轴	1.00	14 278.41	14 278.41
000070	2009555	NUT	衬套（摊铺机用）	1.00	1225.11	1255.11
000080	9520140720	CONICAL ROLLER BEARONG	锥形滚子轴承	2.00	459.96	919.92
000090	4617212510	RING	接合衬垫	1.00	409.25	409.25
000100	9600130202	LOCKING PLATE	钢铁制防松垫圈	1.00	36.09	36.09
000110	9620130203	GROOVE NUT	钢铁制螺母	1.00	125.11	125.11
000120	9508160912	SCREW	钢铁制螺栓（M8*16）	12.00	3.61	43.32
000130	2029508	AUGER SHAFT	传动轴	1.00	6819.69	6819.69
000140	4606302063	AUGER BLADE, LEFT SIDE	搅龙片（摊铺机用）	3.00	1089.00	3267.00

Printed on 10/24/2011   Page 1 of 3

序号 Item	零件号 I.D. No.	配件名称 Description	中文名称 Description	数量 Qty	单价 Unit Price	金额 Amount
000150	9520440931	SCREW	钢铁制螺栓（M20*100）	3.00	19.55	58.65
000160	9500201587	CAP NUT	钢铁制螺母	3.00	18.62	55.86
000170	2029340	LIMITING PLATE	保护板	1.00	5417.32	5417.32
000180	2046240	BRACING HORIZONTAL	支撑杆	1.00	6898.19	6898.19
000190	4618762473	BRACING, HORIZONTAL	支撑杆	1.00	11 766.54	11 766.54
000200	4602252018	BOLT	钢铁制销子	1.00	610.83	610.83
000210	4602436373	LIMITING PLATE: AUGER TUN		1.00	22 415.43	22 415.43
000220	2037551	SCREED ARM		1.00	50 043.75	50 043.75
000230	4622012505	AUGER SHAFT WITH BEARING	传动轴	1.00	20 282.15	20 282.15
000240	4617305614	PIPE	液压缸筒	1.00	2829.59	2829.59
000250	4602022582	BOLT	钢铁制螺纹杆	1.00	954.36	954.36
000260	9522074361	NUT	钢铁制螺母	1.00	46.53	49.53
000270	4618042107	WASHER	钢铁制垫圈（S25）	1.00	125.11	125.11
000280	4610222031	COUPLING SLEEVE	衬套（摊铺机用）	2.00	1685.84	3371.68

序号	代码	名称(英文)	名称(中文)	数量	单价	金额
000290	4617222927	FRAME, LEFT SIDE		1.00	126 439.45	126 439.45
000300	4602202322	BUSHING	衬套	2.00	334.24	668.48
000310	4615032726	INSULATING PLATE	隔热板（摊铺机用）	1.00	126.81	126.81
000320	4615032727	INSULATING PLATE	隔热板（摊铺机用）	1.00	126.81	126.81
000330	4617222943	FRAME, LEFT SIDE		2.00	126 592.82	253 185.64
000340	4615032690	INSULATING PLATE	隔热板（摊铺机用）	2.00	258.76	517.52
000350	4615032687	INSULATING PLATE	隔热板（摊铺机用）	4.00	23.35	93.40
000360	4615032688	INSULATING PLATE	隔热板（摊铺机用）	2.00	246.73	493.46
000370	4610544005	BRACKET	支撑	1.00	2972.91	2972.91
000380	9603300015	JOINT	钢铁制螺纹杆	2.00	446.99	893.98
000390	9520300439	NUT	钢铁制螺母	2.00	36.09	72.18
000400	4602022061	BOLT	钢铁制销子	2.00	803.31	1606.62
000410	4602142178	GUARD RAIL	支撑杆	1.00	3174.13	3174.13
000420	2000312	TAMPER SHIELD	保护板	1.00	6351.84	6351.84

国内交货价 CIF: 666 985.55

工时费: 24 000.00

合计: 690 985.55

Printed on 10/24/2011

条款 Terms & Conditions

1. 我司安排发货以汇款凭证作为依据，请务必将汇款底联传真给我公司，并请在回传传真上写清收货人、电话、地址、邮编、发票抬头等事项。我司一般开具普通零配件销售发票，如需增值税 VAT 发票，请将贵司明细资料和汇款凭证一同回传。

2. 银行资料/Bank Details：

公司名称/Company Name：维特根（中国）机械有限公司

账　　号/Account Number：1300 1705 7090 5050 8234

开户行/Bank Name：中国建设银行金华开发区支行

3. 报价有效期为（Period of validity）：1个月/One Month；

4. 付款条件（Payment terms）：预付100%货款；

5. 交货期（Delivery time）：

6. 运输方式（Ship method）：汽运/By Truck；其他运输方式需加收费用/otherwise, additional charges apply！

7. 本报价为含税价（VAT included）。

签名/Signature：　　　田普　　　　　　客户签名/Customer Signature：

日期/Date：　　　　　　　　　　　　　日期/Date：

道路交通事故现场勘查笔录

事故地点	长安县胜利大道长山镇希望中学西路段	天气	晴
勘查时间	2011年09月21日21时45分至2011年09月21日22时50分			
勘查人员姓名	高士全 李云中 白燕			
单位	加州市公安局交警支队长安大队			

一、道路基本情况
道路走向：南北走向　　　　　　道路行政等级：县道
影响视线或行驶的障碍物：∨无　有：＿＿＿＿＿＿＿＿＿＿＿。
道路交通标志：无　∨有：标志名称及内容：＿＿＿＿＿＿＿＿＿＿。
道路隔离设施：∨无　有：名称：＿＿＿＿＿＿＿＿＿＿。
路面性质：∨沥青　水泥　砂石
路表情况：∨干燥　潮湿　积水　漫水　冰雪　泥泞　其他
照明情况：白天　　　夜间路面照明：∨无　　有
其他需要记录的情况：
现场路段道路西半幅为施工路段。

二、相关部门到达情况
1. 急救、医疗部门：21时45分，长安县中医院急救车一辆，急救人员两名到达现场。
2. 消防部门：

三、初步判断现场人员伤亡
死亡：(2) 人；急救、医疗人员签名确认：张军
受伤：(1) 人。

现场勘查人员签名：高士全　李云中　白　燕	记录人签名：高士全
当事人或者见证人签名：刘昭	

道路交通事故现场勘查笔录（续页）

四、肇事车辆情况

1. 现场有肇事车辆（两）辆。

甲车：A. 车辆型号及牌号（奇瑞牌轿车　东NJ2L11号轿车）；
B. 是否有保险标志（无）；C. 车辆档位（不详）；D. 转向灯开关位置（不详）；
E. 照明灯开关位置（不详）；F. 是否扣留车辆及行驶证（否）。

乙车：A. 车辆型号及牌号（沥青摊铺机　S2100—2）；
B. 是否有保险标志（无）；C. 车辆档位（不详）；D. 转向灯开关位置（关）；
E. 照明灯开关位置（开）；F. 是否扣留车辆及行驶证（否）。

丙车：A. 车辆型号及牌号（　　　）；
B. 是否有保险标志（　）；C. 车辆档位（　　）；D. 转向灯开关位置（　　）；
E. 照明灯开关位置（　　）；F. 是否扣留车辆及行驶证（　　）。

2. 肇事车辆不在现场。

经初步判断：A. 车型（　　）；B. 车号（　　）；C. 颜色为（　　）；D. 驶离路线或方向（　　）；E. 无相关信息（　　）。

其他需要记录的情况：轿车前部分与沥青摊铺机的左侧熨平板相撞，面积为230厘米×140厘米，最深处20厘米，凹痕中心距地面60厘米；轿车前保险杠损坏脱落，轿车前半部分曾几次着火，沥青摊铺机的左侧部分变形。

现场勘查人员签名：高士全　李云中　白　燕	记录人签名：高士全
当事人或者见证人签名：刘　昭	

道路交通事故现场勘查笔录（续页）

五、当事人及见证人情况

1. 肇事轿车驾驶人是否在现场（　　　）。若在现场，其姓名和身份证件名称、号码及联系方式如下：

沥青摊铺机操作人员：刘昭，男，操作证号：T37282119660801473x，电话：13176023344。路面工作受伤人员已经送往长安县人民医院。

是否已扣押机动车驾驶证：

2. 除肇事驾驶人外，现场共查找到（0）名当事人，其姓名和身份证件名称、号码及联系方式如下：

3. 现场共查找到（1）名证人，其姓名和身份证件名称、号码及联系方式如下：
刘　超　手机　13905445678

现场勘查人员签名：高士全　李云中　白燕　　　记录人签名：高士全

当事人或者见证人签名：刘　昭

共肆页　　　　　　　　　　　　　　　　　　　　第叁页

道路交通事故现场勘查笔录（续页）

六、涉及危险物品情况
是否涉及危险物品：　　√否　是：
初步查明危险物品为：爆炸物品　易燃易爆化学物品　毒害性
　　　　　　　　　　放射性　腐蚀性　传染病病原体　其他危险物品
危险物品名称为：

七、抽血或提取尿样情况：现场共带离（0）名涉嫌酒后或服用国家管制的精神药品、麻醉药品嫌疑的当事人进行抽血或提取尿样，分别为：

八、痕迹物证提取情况：提取痕迹物证：　　否　√是
分别为：①对轿车前部分碰撞痕迹进行拍照。②对沥青摊铺机左侧碰撞痕迹进行拍照。③对死者王林庆、李强进行拍照。

九、照相或摄像情况：现场是否拍照：　√是　否；现场是否摄像：　√是　否

十、其他需要记录情况
①民警到达现场后，立即距现场100米处设置了反光锥筒；②现场为原始现场；③对路面工作人员进行了口头询问；④带回证人到交警大队进行询问。

现场勘查人员签名：高士全　李云中　白　燕　　　记录人签名：高士全

当事人或者见证人签名：刘　昭

王胜利关于道路施工情况的证明

  我是长安翰邦路桥劳务服务有限公司经理，身份证号：×××。长安胜利大道的具体施工人是长安昌盛公路工程有限责任公司，我的工人为他们提供劳务，我们的施工任务由长安昌盛公路工程有限责任公司安排。道路施工现场有安全锥，有禁止通行的标志牌，间隔距离不太清楚，大概一二百米，隔离锥放在道路中线向外一点，有长安昌盛公路工程有限责任公司提供的1台照明设施。胜利大道是新修路，不是道路维修。

王胜利

附录二 金融借款合同纠纷案例

中国建设银行股份有限公司滨海胜大支行诉代英金融借款合同纠纷

原　告：中国建设银行股份有限公司滨海胜大支行
住所地：滨海市滨海区八分场
负责人：李　峰　行　长
被告：代英，1972年10月10日出生，汉族，滨海市采油二矿职工，住滨海市滨海区曹州路50号
案情介绍：

原告诉称：2003年9月，原告与被告签订了《个人消费额度借款合同》，合同约定被告向原告借款50 000元。合同签订后，原告依约履行了约定的义务，而被告却未按合同的约定还款付息。至2006年6月30日仍有贷款本金47 380元、利息100 581.13元未归还。为此原告于2006年7月17日诉至滨海市滨海区人民法院。

被告辩称：借款合同系其所签，但在订立借款合同过程中因某种原因不愿再继续签订合同，合同手续没有办理完毕。银行开户凭证、取款凭条非本人所签，开户账户未掌握在其本人手中，本人未使用借款。催还到（逾）期贷款通知书虽然是其本人所签，但只是应银行的要求所为，不知其内容。

关于借款合同的账号，被告主张，签订合同时空白，原告不予认可，但原告后又主张是被告授权，账号可能是操作不够规范，签完合同后补上的。

另外，银行开户凭证、取款凭条上签字非被告本人所签，原告予以认可。

证据目录清单：
1. 原告提交营业执照副本及组织机构代码证各一份；
2. 原告提交负责人身份证明书一份；
3. 原告提交102301号《个人消费额度借款合同》一份；

4. 原告提交借款借据一份；
5. 原告提交个人消费额度贷款支用单一份；
6. 原告提交催还到（逾）期贷款通知书二份；
7. 原告提交开户凭条一份；
8. 原告提交取款凭条二份。

营 业 执 照

（副 本）

注 册 号　370500119021...

名　　称　中国建设银行股份有限公司滨海胜大支行

营业场所　滨海市滨海区八分场

负 责 人　李　峰

经营范围　凭《金融许可证》经营范围经营

须　知

1. 《营业执照》是企业合法经营的凭证。
2. 《营业执照》分为正本和副本，正本和副本具有同等法律效力。
3. 《营业执照》正本应当置于经营场所的醒目位置。
4. 《营业执照》不得伪造、涂改、出租、出借、转让。
5. 登记事项发生变化时，应当向公司登记机关申请变更登记，换领《营业执照》。
6. 每年 3 月 1 日~6 月 30 日，应当参加年度检验。
7. 《营业执照》被吊销后，不得开展经营活动。
8. 办理注销登记，应当交回《营业执照》正本和副本。
9. 《营业执照》遗失或者毁坏的，应当在公司登记机关指定的报刊上声明作废，申请补领。

年 度 检 验 情 况

滨海市工商局 2007 年度 2008.06.25	滨海市工商局 2008 年度 2009.06.17	滨海市工商局 2009 年度 2010.06.01	

中华人民共和国
组织机构代码证
（副本）

代　　码：73926774 - X

机构名称：中国建设银行股份有限公司滨海滨海胜大支行

机构类型：企业非法人

负 责 人：李　峰

地　　址：滨海市滨海区八分场

有 效 期：自 2007 年 6 月 6 日至 2011 年 6 月 6 日

颁发单位：山东省滨海市质量技术监督局

登 记 号：组代管 370500 - 001873 - 1

说 明

1. 中华人民共和国组织机构代码是组织机构在中华人民共和国境内唯一的、始终不变的法定代码标识，《中华人民共和国组织机构代码证》是组织机构法定代码标识的凭证，分正本和副本。

2. 《中华人民共和国组织机构代码证》不得出租、出借、冒用、转让、伪造、变造、非法变卖。

3. 《中华人民共和国组织机构代码证》登记项目发生变化时，应向发证机关申请变更登记。

4. 各组织机构应当按有关规定，接受发证机关的年度检验。

5. 组织机构依法注销、撤销时，应向原发证机关办理注销登记，并交回全部代码证。

中 华 人 民

国家质量监督检验检疫总局

共 和 国

年 检 记 录

2007 年度	2008 年度	2009 年度	
2008.06.25	2009.06.17	2010.06.01	

负责人身份证明书

　　李峰同志在中国建设银行股份有限公司滨海胜大支行担任行长职务，是中国建设银行股份有限公司滨海胜大支行的负责人。

　　特此证明

中国建设银行股份有限公司滨海胜大支行

2011 年 7 月 18 日

附：

一、代表人地址：滨海区胜利镇胜大路

二、电话：8923999

三、营业执照负责人尚未变更

个人消费额度借款合同

合同编号：3706564012003-102301

借款人（甲方）：代英（个人签字）

住址：滨海市滨海区曹州路50号

身份证号码：×××

传真：

电话：

邮政编码：

贷款人（乙方）：中国建设银行股份有限公司滨海胜大支行

住所：八分场

负责人：李峰

传真：

电话：7399545

邮政编码：

借款人（以下简称甲方）：<u>代英</u>

贷款人（以下简称乙方）：<u>中国建设银行股份有限公司滨海胜大支行</u>

甲方向乙方申请消费额度借款，乙方同意提供消费额度借款。根据有关法律法规和规章，甲乙双方经协商一致，订立本合同，以便共同遵守执行。

第一条　定义

本合同所称消费借款额度，系指在本合同约定的额度有效期间内，由乙方向甲方提供的人民币贷款的本金余额的限额，在消费借款额度有效期间内，甲方对消费借款额度可以循环使用。只要甲方未偿还的本合同项下的借款本金余额不超过消费借款额度，甲方可以连续申请借款，不论借款的次数和每次的金额，但甲方所申请的借款金额与甲方未偿还的本合同项下的借款本金余额之和不得超过消费借款额度。

本合同所称的消费额度借款，系指个人按本合同约定使用消费借款额度所发生的借款。

本合同所称的质押额度，系指甲方提供质押担保而获取的个人消费借款额度。

本合同所称的抵押额度，系指甲方提供抵押担保而获取的个人消费借款额度。

本合同所称的保证额度，系指第三方为甲方提供连带责任保证而由甲方获取的个人消费借款额度。

本合同所称的信用额度，系指乙方依据对甲方信用等级的评定而提供给甲方的个人消费借款额度。

第二条 消费借款额度

乙方向甲方提供的个人借款额度为人民币（大写） 伍 万元，其中：质押额度为人民币（大写） ／ 万元；抵押额度为人民币（大写） ／ 万元；保证额度为人民币（大写） ／ 万元；信用额度为人民币（大写） ／ 万元。

第三条 消费借款额度有效期间

个人消费借款额度有效期间自 2003 年 9 月 27 日至 2004 年 9 月 27 日（以下简称额度有效期间）。

在额度有效期终止时，未使用的借款额度自动失效。

单笔借款期限系指自单笔贷款划入双方约定的账户之日起至约定的还款之日止的期间。

第四条 消费借款额度的使用

在消费借款额度有效期间和借款额度内，甲方可以根据需要申请借款，双方办理相应的手续，各笔借款的金额、利率、期限以《中国建设银行股份有限公司个人消费额度贷款支用单》的内容为准。在额度有效期间内发生的单笔借贷业务，其借款期限届满日不得超过额度有效期间届满日。

第五条 利息和费用

一、本合同项下的单笔借款月利率应为以下第（二）项：

（一）《中国建设银行股份有限公司贷款转存凭证》签发当日中国人民银行公布的同期同档次贷款利率。

（二）浮动利率，即4.868‰。

（三）区间插值利率，即 ／ 。

二、单笔贷款期限在1年以内（含1年）的，在贷款期限届满日一次性结息。

单笔贷款期限在1年以上（不含1年）的，按月结息，结息日固定为每月末最后一日；首次付息日为借款发放后的第一个结息日，按照实际天数计算利息；最后一次结息日不能迟于该笔贷款到期日，按照实际天数计算利息，日利率＝月利率/30。

如甲方不能按期付息，则自次日起计收复利。

贷款到期，利随本清。

三、利率的调整按照人民银行的有关规定执行。本合同履行期间如遇人民银行修改有关规定，并适用于本合同项下借款时，乙方无需通知甲方，即可按人民银行修改后的规定执行。

四、乙方在本合同项下有权向甲方收取额度管理费，按借款额度的 ／ ％计收。

第六条 发放借款

一、支用借款额度的申请

甲方支用借款额度时，必须提前向乙方提交《中国建设银行股份有限公司个人消费额度支用单》，乙方收到甲方提交的《中国建设银行股份有限公司个人消费额度支用单》后 5 个工作日内决定是否向甲方发放借款。

二、发放借款的前提条件

除乙方全部或部分放弃外，只有满足下列前提条件，乙方才有义务向甲方发放借款：

（一）本合同附有担保的，符合乙方要求的担保合同已生效并持续保持有效；

（二）没有发生本合同第 12 条所列的任一违约事项；

（三）《中国建设银行股份有限公司个人消费额度支用单》经乙方审核同意。

三、甲方根据本合同而发生的借贷，由乙方划入甲方在建设银行开立的活期存折账号或龙卡账号，账号为：2181420000000024602。

第七条 还款

一、还款原则

本合同项下甲方的任何还款，均按先还息后还本的原则偿还。

二、还款时间与金额

（一）单笔借款中，借款期限在 1 年以内（含 1 年）的，实行到期一次还本付息，利随本清；

（二）单笔借款中，借款期限在 1 年以上的（不含 1 年），采取按月付息，分次任意还本的方式归还贷款。以每个月为一个还款期，当月利息当月清偿，本金可按照借款人意愿在贷款期限内随时偿还，不限次数和每次还款金额。借款人在一个还款期内的任何一天还款，均按照 1 个月计算利息，结息日为每月末最后一日。借款人每月还息额 = 贷款余额 × 月利率。

三、还款方式

（一）还息方式

甲方有权采取以下任何一种方式还息：

1. 甲方到建设银行营业网点或通过建设银行的电话银行、网上银行等自动服务工具主动还息。

2. 甲方在本合同约定的结息日前在约定的还款账户中备足相应款项，乙方有权在结息日从约定的还款账户扣收甲方当期应偿还的利息。双方约定的还款账户为2181420000000024602。

（二）还本方式

甲方应按期到建设银行营业网点或通过建设银行的电话银行、网上银行等自动服务工具主动还本。

四、提前还款

甲方可以提前还款。甲方提前还款时，原定的贷款利率不做调整，甲方应按照原定的贷款利率和实际用款期间计息。

五、展期

甲方在约定的贷款期限内无法还清贷款，可在贷款到期日前 1 个月提出贷款展期申请，经乙方同意后可以办理展期手续。展期后贷款到期日不得超过额度有效期到期日。

如展期期限加上原贷款期限达到新的期限档次，贷款从展期之日起，按新的利率档次计息。

第八条　甲方的权利和义务

一、甲方有权要求乙方对甲方提供的有关个人还款能力和信誉的资料予以保密，但双方另有约定或法律、行政法规另有规定的除外；

二、甲方必须按照乙方的要求提供有关个人身份、还款能力和信誉的资料，并保证所提供的资料、情况的真实性、完整性和有效性；

三、甲方应按双方约定期限归还贷款本息；

四、本合同有效期间内，甲方如要为他人债务提供担保，可能影响其债务清偿能力的，应当提前书面通知乙方并征得乙方同意；

五、在债务清偿前，甲方个人资料及家庭经济情况发生变化，应当在 10 日内通知乙方；

六、甲方应当承担与本合同及本合同项下担保有关的律师服务、保险、评估、登记、保管、鉴定、公证等费用。

第九条　乙方的权利和义务

（一）有权了解有关甲方身份、还款能力和信誉的资料；

（二）对使用信用额度的借款人，乙方有权　/　年调整一次信用额度；

（三）甲方资信情况发生变化时，乙方有权调整直至取消甲方尚未使用的借款额度；

（四）甲方未按期足额偿还其在本合同项下任何应付款项的，甲方同意乙方有权直接从甲方在建设银行系统开立的账户中予以划收；

（五）在保证人的财产状况发生重大变动，可能影响其担保能力的，或抵押物、质押财产价值减少、意外毁损或灭失，足以影响清偿因借款而发生的债务本息的，乙方有权要求甲方另行提供乙方认可的担保。

二、乙方的义务

（一）按照本合同的约定发放贷款，但因甲方原因造成迟延的除外；

（二）对甲方提供的有关个人还款能力和信誉的资料予以保密，但双方另有约定或法律、行政法规另有规定的除外。

第十条　担保发生变化时双方的权利义务

一、保证期间、保证人发生下列情况之一时，乙方有权要求甲方提供新的担保，如甲方未能提供符合乙方要求的新的担保，乙方有权停止向甲方发放贷款，有权提

前收回已发放贷款本息,有权解除合同;

(一)作为法人或其他经济组织的保证人发生承包、租赁、合并和兼并、合资、分立、联营、股份制改造、破产、撤销等行为,或者作为自然人的保证人财产状况恶化,足以影响借款合同项下保证人承担连带保证责任的;

(二)保证人向第三方提供超出其自身负担能力的担保的;

(三)保证人卷入或即将卷入重大的诉讼或仲裁程序及其他法律纠纷,足以影响乙方债权实现的;

(四)保证人丧失或可能丧失担保能力的。

二、抵押权存续期间,发生下列情况之一时,乙方有权要求甲方提供新的担保,如甲方未能提供符合乙方要求的新的担保,乙方有权停止向甲方发放贷款,有权提前收回已发放贷款本息,有权解除合同:

(一)抵押人未按乙方要求办理抵押物财产保全的,或发生保险事故后,未按抵押合同约定处理保险赔偿金的;

(二)因第三方的行为导致抵押物毁损、灭失、价值减少,抵押人未按抵押合同约定处理损害赔偿金的;

(三)未经乙方书面同意,抵押人赠与、转让、出租、重复抵押、改变用途或以其他方式处分抵押物的;

(四)抵押人经乙方同意处分抵押物,但处分抵押物所得价款未按抵押合同约定进行处理的;

(五)抵押物毁损、灭失、价值减少,足以影响本合同项下的借款本息的清偿,抵押人未及时恢复抵押物价值,或未提供乙方认可的其他担保措施的。

三、质权存续期间,出质人经乙方同意处分质押财产,但处分质押财产所得价款未按质押合同约定进行处理的,乙方有权要求甲方提供新的担保,如甲方未能提供符合乙方要求的新的担保,乙方有权停止向甲方发放贷款,有权提前收回已发放贷款本息,有权解除合同。

四、当担保合同未生效、无效、被撤销时,甲方未按乙方要求落实担保措施的,乙方有权停止向甲方发放贷款,提前收回已发放贷款本息,有权解除本合同。

第十一条 预期违约

甲方发生下列情形之一时,视为甲方以自己的行为表明将不履行合同的按期还款义务,乙方有权要求甲方提供乙方要求的新的担保,有权提前收回已发放贷款本息,有权解除借款合同:

(一)在债务清偿前,甲方个人资料及家庭经济情况发生变化,未在10日内通知乙方;

(二)转移个人资产,以逃避债务;

(三)甲方卷入或即将卷入重大的诉讼或仲裁程序及其他法律纠纷,乙方认为可能影响信贷资产安全的;

（四）乙方认为足以影响甲方债务清偿能力的其他情形；

（五）甲方未履行其对建设银行的其他到期债务。

第十二条 违约责任

一、甲方的违约责任

（一）因本合同而发生的债务清偿前，下列行为构成甲方的违约：

1. 甲方未按乙方的要求提供真实、完整、有效的有关个人身份、还款能力和信誉的资料；

2. 甲方未按期归还单笔债务本息；

3. 甲方违反第10条约定义务的。

（二）违约救济措施

出现上述违约情形，乙方有权行使下述一项或几项权利：

1. 限期纠正违约行为；

2. 乙方相应调整或取消借款额度金额、额度有效期间；

3. 对于本合同项下的条款，乙方有权宣布借款立即到期，要求甲方立即归还有关借款本息、费用；

4. 本合同项下的借款逾期后，对甲方未按时还清的债务本金和利息（包括被乙方宣布全部或部分提前到期的债务本金和利息），按人民银行规定的逾期利率和本合同约定的结息方式计收利息和复利；

5. 乙方有权主动从甲方在中国建设银行股份有限公司开立的账户上扣划任何币种款项，偿还贷款本息；

6. 乙方有权行使担保权利；

7. 乙方有权中止甲方继续使用借款额度，并有权要求甲方提前归还已使用的借款；

8. 乙方有权要求甲方重新提供乙方认可的担保（包括抵押、质押及保证等）；

9. 有权解除合同。

二、乙方的违约责任

由于乙方的过错导致甲方无法支用贷款的，乙方应按日息万分之四向甲方支付违约金。

第十三条 合同的变更和终止

本合同生效后，任何一方需修改本合同条款时，应及时通知另一方，并经双方协商一致，达成书面协议。本合同另有约定或双方在本合同之外另有约定的除外。

双方约定终止本合同或因甲方违约导致乙方终止或解除本合同时，本合同之规定仍可适用于本合同项下任何尚未归还的借款。

第十四条 其他约定事项

一、借款用途：<u>购房</u>

所借款项不得用于股票认购、投资及股本权益性交易；借款人未按申请的用途使用贷款，一经发现，即按违约处理。

二、逾期日利率2.1‰；违约金日利率5‰

三、_____／_____

四、_____／_____

第十五条 合同争议解决方式

本合同在履行过程中发生争议，可以通过协商解决，协商不成的，可按以下第（一）种方式解决：

（一）向乙方所在地人民法院起诉。

（二）提交　／　仲裁委员会（仲裁地点为　／　），按照申请仲裁时该会现行有效的仲裁规则进行仲裁。仲裁裁决是终局的，对双方均有约束力。

在协商、仲裁或诉讼期间，本合同不涉及争议部分的条款仍须履行。

第十六条 合同的生效

本合同经甲方签字、乙方负责人或授权代理人签字并加盖公章后生效。

第十七条 合同文本

本合同正本一式　二　份。

在消费借款额度有效期间及消费借款额度金额内，甲乙双方形成债权债务关系的所有法律性文件（包括但不限于个人消费额度贷款支用单，个人（消费）贷款支付凭证等）均是本合同的组成部分。

第十八条 在本合同履行期间，如遇中国人民银行修改有关规定，并适用于本合同时，我行无须另行通知对方，即可按照中国人民银行修改后的有关规定执行。

甲方（签字、手印）：代英　（个人签字）
2003 年 9 月 27 日

乙方（公章）：中国建设银行股份有限公司滨海胜大支行
负责人或授权代理人（签章）：李峰　（个人签字）
2003 年 9 月 29 日

中国建设银行贷款转存凭证（借款借据）

2003 年 09 月 29 日

账别：商业性人民币贷款　　　　　　贷款种类：人民币个人消费贷款

借款人	全称	代英		贷款人	全称	代英
	账号	08001428 7530			账号	×××
	开户行	滨海胜大支行			开户行	3706564401
大写金额	伍万元整					
小写金额	CNY50 000.00					

委托你行将上述贷款金额转存/支付

×××存款户。

借款人（签章）：代英（个人签字）

业务主管：（个人签字） 【印李峰签字】

经办人：（个人签字） 压圈（个人签字）

（信贷部门盖章）【中国建设股份有限公司滨海胜大支行 合同号(国)0656401 2003 人让2301】

2003 年 9 月 29 日

　　　　　年　月　日

合同号 65640009　　复核 65640009　　记账 65640008

会计主管

中国建设银行股份有限公司
个人消费额度贷款支用单

编号：000018

借款人申请情况			
借款人姓名	代英	身份证件号码	×××
个人消费额度借款合同号		3706564012003－102301	
申请贷款金额（大写）		伍万元整	
申请贷款期限	壹年	贷款用途	购房
申请贷款利率	4.868%	借款人签名：代英（个人签字） 2003年9月27日	
客户经理意见		贷款经营部门意见	
经审核，借款人总额度为伍万元，可用额度为伍万元，额度有效期截止到 2004年9月27日，符合贷款支用条件。 签字：庄国（个人签字） 2003年9月29日		同意 签章：李峰（个人签字） 2003年9月29日	

催还到（逾）期贷款通知书

编号：（　　年）第　　号

借款人：代英

根据2003年9月27日第102301号《借款合同》规定，借款人2004年9月27日到期应归还贷款50 000.00元，请接到此通知后，抓紧落实还款来源，偿还贷款本息。

收到本通知后，请即寄还回执。

地址：

邮政编码：

中国建设银行股份有限公司滨海胜大支行
2004年9月30日

回　执

中国建设银行股份有限公司滨海分行胜大支行：

今收到你行2004年9月30日致代英（借款人）第＿＿＿号《催还到（逾）期贷款通书》。

此据。

借款人（签字）代英（个人签字）　　　　担保人（签字或公章）＿＿＿

2004年9月30日

催还到（逾）期贷款通知书

编号：（　　年）第　　号

借款人：代英

根据 2003 年 9 月 27 日第 102301 号《借款合同》规定，借款人 2004 年 9 月 27 日到期应归还贷款 50 000.00 元，请接到此通知后，抓紧落实还款来源，偿还贷款本息。

收到本通知后，请即寄还回执。

地址：

邮政编码：

中国建设银行股份有限公司滨海胜大支行

2005 年 11 月 2 日

回　执

中国建设银行股份有限公司滨海分行胜大支行：

今收到你行 2005 年 11 月 2 日致<u>代英</u>（借款人）第_____号《催还到（逾）期贷款通书》。

此据。

借款人（签字）<u>代英（个人签字）</u>　　　　　担保人（签字或公章）_____

2005 年 11 月 4 日

储蓄开户凭条

2003 年 09 月 29 日

客户填写：

| 姓名 | 代芙（个人签字） | 性别 | 男 | 证件类型 | 身份证 | 证件号码 | ××× |

| 币种 | 人民币 | | | 存入金额（小写） | 1.00 | | |
| 储种选择 | 活期 | | | | | | |

银行记录：

账 号：×××		姓 名：代芙	交 易 码：现金开户
账户余额：1.00		交易金额：1.00	
利息利数：90 006.00		支取方式：密码	储 种：活期储蓄存款
款项代码：存折		册 号：	利 率：0.72%
			流 水 号：196

时间：10：50：31

凭证号码：04000395

操作员：65640008

事后稽核：　　　　　　　　　　　　　　　　　　复核：　　　　　　　　　　　　　　　　　　接收：

储蓄取款凭条

2003 年 09 月 29 日

客户审核	卡号（或账号） ××× 户名：代英 币种 人民币	支取金额 35,000.00 储　种：活期储蓄存款	凭证号码：04000395
银行记录	时　间：11:21:36 账户余额：15 001.00 利息积数：0.00 款项代码：0	交易码： 支取方式：现金取款 密码： 存折册号：	利　率：0.00% 流水号：251

取款人对"客户审核"栏内容确认签名　代英　（个人签字）

事后稽核：　　　　　授权：　　　　　复核：王五　　　　　操作员：6564008

（盖章：中国农业银行股份有限公司滨海胜大支行）

储蓄取款凭条

2003 年 10 月 05 日

客户审核	卡号（或账号）××× 户名：代英
	币种 人民币 支取金额 3,000.00
银行记录	时 间：08：17：33 储 种：活期储蓄存款 凭证号码：000395
	账户余额：12 001.00 交 易 码：通兑 利 率：0.00%
	利息积数：90 006.00 支取方式：密码 流水号：30
	款项代码：0 存折册号：

取款人对"客户审核"栏内容确认签名 代英 （个人签字）

授权： 复核：王五 操作员：65560074

事后稽核：

附录三 常用法律法规

中华人民共和国民事诉讼法（节选）

……

第六章 证据

第六十三条 证据包括：

（一）当事人的陈述；

（二）书证；

（三）物证；

（四）视听资料；

（五）电子数据；

（六）证人证言；

（七）鉴定意见；

（八）勘验笔录。

证据必须查证属实，才能作为认定事实的根据。

第六十四条 当事人对自己提出的主张，有责任提供证据。

当事人及其诉讼代理人因客观原因不能自行收集的证据，或者人民法院认为审理案件需要的证据，人民法院应当调查收集。

人民法院应当按照法定程序，全面地、客观地审查核实证据。

第六十五条 当事人对自己提出的主张应当及时提供证据。

人民法院根据当事人的主张和案件审理情况，确定当事人应当提供的证据及其期限。当事人在该期限内提供证据确有困难的，可以向人民法院申请延长期限，人民法院根据当事人的申请适当延长。当事人逾期提供证据的，人民法院应当责令其说明理由；拒不说明理由或者理由不成立的，人民法院根据不同情形可以不予采纳该证据，或者采纳该证据但予以训诫、罚款。

第六十六条 人民法院收到当事人提交的证据材料，应当出具收据，写明证据名称、页数、份数、原件或者复印件以及收到时间等，并由经办人员签名或者盖章。

第六十七条 人民法院有权向有关单位和个人调查取证，有关单位和个人不得拒绝。

人民法院对有关单位和个人提出的证明文书,应当辨别真伪,审查确定其效力。

第六十八条 证据应当在法庭上出示,并由当事人互相质证。对涉及国家秘密、商业秘密和个人隐私的证据应当保密,需要在法庭出示的,不得在公开开庭时出示。

第六十九条 经过法定程序公证证明的法律事实和文书,人民法院应当作为认定事实的根据,但有相反证据足以推翻公证证明的除外。

第七十条 书证应当提交原件。物证应当提交原物。提交原件或者原物确有困难的,可以提交复制品、照片、副本、节录本。

提交外文书证,必须附有中文译本。

第七十一条 人民法院对视听资料,应当辨别真伪,并结合本案的其他证据,审查确定能否作为认定事实的根据。

第七十二条 凡是知道案件情况的单位和个人,都有义务出庭作证。有关单位的负责人应当支持证人作证。

不能正确表达意思的人,不能作证。

第七十三条 经人民法院通知,证人应当出庭作证。有下列情形之一的,经人民法院许可,可以通过书面证言、视听传输技术或者视听资料等方式作证:

(一)因健康原因不能出庭的;

(二)因路途遥远,交通不便不能出庭的;

(三)因自然灾害等不可抗力不能出庭的;

(四)其他有正当理由不能出庭的。

第七十四条 证人因履行出庭作证义务而支出的交通、住宿、就餐等必要费用以及误工损失,由败诉一方当事人负担。当事人申请证人作证的,由该当事人先行垫付;当事人没有申请,人民法院通知证人作证的,由人民法院先行垫付。

第七十五条 人民法院对当事人的陈述,应当结合本案的其他证据,审查确定能否作为认定事实的根据。

当事人拒绝陈述的,不影响人民法院根据证据认定案件事实。

第七十六条 当事人可以就查明事实的专门性问题向人民法院申请鉴定。当事人申请鉴定的,由双方当事人协商确定具备资格的鉴定人;协商不成的,由人民法院指定。

当事人未申请鉴定,人民法院对专门性问题认为需要鉴定的,应当委托具备资格的鉴定人进行鉴定。

第七十七条 鉴定人有权了解进行鉴定所需要的案件材料,必要时可以询问当事人、证人。

鉴定人应当提出书面鉴定意见,在鉴定书上签名或者盖章。

第七十八条 当事人对鉴定意见有异议或者人民法院认为鉴定人有必要出庭的,鉴定人应当出庭作证。经人民法院通知,鉴定人拒不出庭作证的,鉴定意见不得作为认定事实的根据;支付鉴定费用的当事人可以要求返还鉴定费用。

第七十九条 当事人可以申请人民法院通知有专门知识的人出庭,就鉴定人作出的鉴定意见或者专业问题提出意见。

第八十条 勘验物证或者现场,勘验人必须出示人民法院的证件,并邀请当地基层组织或者当事人所在单位派人参加。当事人或者当事人的成年家属应当到场,拒不到场的,不影响勘验的进行。

有关单位和个人根据人民法院的通知,有义务保护现场,协助勘验工作。

勘验人应当将勘验情况和结果制作笔录,由勘验人、当事人和被邀参加人签名或者盖章。

第八十一条 在证据可能灭失或者以后难以取得的情况下,当事人可以在诉讼过程中向人民法院申请保全证据,人民法院也可以主动采取保全措施。

因情况紧急,在证据可能灭失或者以后难以取得的情况下,利害关系人可以在提起诉讼或者申请仲裁前向证据所在地、被申请人住所地或者对案件有管辖权的人民法院申请保全证据。

证据保全的其他程序,参照适用本法第九章保全的有关规定。

……

第十二章 第一审普通程序

第一节 起诉和受理

第一百一十九条 起诉必须符合下列条件:

(一) 原告是与本案有直接利害关系的公民、法人和其他组织;

(二) 有明确的被告;

(三) 有具体的诉讼请求和事实、理由;

(四) 属于人民法院受理民事诉讼的范围和受诉人民法院管辖。

第一百二十条 起诉应当向人民法院递交起诉状,并按照被告人数提出副本。

书写起诉状确有困难的,可以口头起诉,由人民法院记入笔录,并告知对方当事人。

第一百二十一条 起诉状应当记明下列事项:

(一) 原告的姓名、性别、年龄、民族、职业、工作单位、住所、联系方式,法人或者其他组织的名称、住所和法定代表人或者主要负责人的姓名、职务、联系方式;

(二) 被告的姓名、性别、工作单位、住所等信息,法人或者其他组织的名称、住所等信息;

(三) 诉讼请求和所根据的事实与理由;

(四) 证据和证据来源,证人姓名和住所。

第一百二十二条 当事人起诉到人民法院的民事纠纷,适宜调解的,先行调解,但当事人拒绝调解的除外。

第一百二十三条 人民法院应当保障当事人依照法律规定享有的起诉权利。对符合本法第119条的起诉，必须受理。符合起诉条件的，应当在7日内立案，并通知当事人；不符合起诉条件的，应当在7日内作出裁定书，不予受理；原告对裁定不服的，可以提起上诉。

第一百二十四条 人民法院对下列起诉，分别情形，予以处理：

（一）依照行政诉讼法的规定，属于行政诉讼受案范围的，告知原告提起行政诉讼；

（二）依照法律规定，双方当事人达成书面仲裁协议申请仲裁、不得向人民法院起诉的，告知原告向仲裁机构申请仲裁；

（三）依照法律规定，应当由其他机关处理的争议，告知原告向有关机关申请解决；

（四）对不属于本院管辖的案件，告知原告向有管辖权的人民法院起诉；

（五）对判决、裁定、调解书已经发生法律效力的案件，当事人又起诉的，告知原告申请再审，但人民法院准许撤诉的裁定除外；

（六）依照法律规定，在一定期限内不得起诉的案件，在不得起诉的期限内起诉的，不予受理；

（七）判决不准离婚和调解和好的离婚案件，判决、调解维持收养关系的案件，没有新情况、新理由，原告在6个月内又起诉的，不予受理。

第二节 审理前的准备

第一百二十五条 人民法院应当在立案之日起5日内将起诉状副本发送被告，被告应当在收到之日起15日内提出答辩状。答辩状应当记明被告的姓名、性别、年龄、民族、职业、工作单位、住所、联系方式；法人或者其他组织的名称、住所和法定代表人或者主要负责人的姓名、职务、联系方式。人民法院应当在收到答辩状之日起5日内将答辩状副本发送原告。

被告不提出答辩状的，不影响人民法院审理。

第一百二十六条 人民法院对决定受理的案件，应当在受理案件通知书和应诉通知书中向当事人告知有关的诉讼权利义务，或者口头告知。

第一百二十七条 人民法院受理案件后，当事人对管辖权有异议的，应当在提交答辩状期间提出。人民法院对当事人提出的异议，应当审查。异议成立的，裁定将案件移送有管辖权的人民法院；异议不成立的，裁定驳回。

当事人未提出管辖异议，并应诉答辩的，视为受诉人民法院有管辖权，但违反级别管辖和专属管辖规定的除外。

第一百二十八条 合议庭组成人员确定后，应当在3日内告知当事人。

第一百二十九条 审判人员必须认真审核诉讼材料，调查收集必要的证据。

第一百三十条 人民法院派出人员进行调查时，应当向被调查人出示证件。

调查笔录经被调查人校阅后，由被调查人、调查人签名或者盖章。

第一百三十一条　人民法院在必要时可以委托外地人民法院调查。

委托调查，必须提出明确的项目和要求。受委托人民法院可以主动补充调查。

受委托人民法院收到委托书后，应当在30日内完成调查。因故不能完成的，应当在上述期限内函告委托人民法院。

第一百三十二条　必须共同进行诉讼的当事人没有参加诉讼的，人民法院应当通知其参加诉讼。

第一百三十三条　人民法院对受理的案件，分别情形，予以处理：

（一）当事人没有争议，符合督促程序规定条件的，可以转入督促程序；

（二）开庭前可以调解的，采取调解方式及时解决纠纷；

（三）根据案件情况，确定适用简易程序或者普通程序；

（四）需要开庭审理的，通过要求当事人交换证据等方式，明确争议焦点。

第三节　开庭审理

第一百三十四条　人民法院审理民事案件，除涉及国家秘密、个人隐私或者法律另有规定的以外，应当公开进行。

离婚案件，涉及商业秘密的案件，当事人申请不公开审理的，可以不公开审理。

第一百三十五条　人民法院审理民事案件，根据需要进行巡回审理，就地办案。

第一百三十六条　人民法院审理民事案件，应当在开庭3日前通知当事人和其他诉讼参与人。公开审理的，应当公告当事人姓名、案由和开庭的时间、地点。

第一百三十七条　开庭审理前，书记员应当查明当事人和其他诉讼参与人是否到庭，宣布法庭纪律。

开庭审理时，由审判长核对当事人，宣布案由，宣布审判人员、书记员名单，告知当事人有关的诉讼权利义务，询问当事人是否提出回避申请。

第一百三十八条　法庭调查按照下列顺序进行：

（一）当事人陈述；

（二）告知证人的权利义务，证人作证，宣读未到庭的证人证言；

（三）出示书证、物证、视听资料和电子数据；

（四）宣读鉴定意见；

（五）宣读勘验笔录。

第一百三十九条　当事人在法庭上可以提出新的证据。

当事人经法庭许可，可以向证人、鉴定人、勘验人发问。

当事人要求重新进行调查、鉴定或者勘验的，是否准许，由人民法院决定。

第一百四十条　原告增加诉讼请求，被告提出反诉，第三人提出与本案有关的诉讼请求，可以合并审理。

第一百四十一条 法庭辩论按照下列顺序进行：

（一）原告及其诉讼代理人发言；

（二）被告及其诉讼代理人答辩；

（三）第三人及其诉讼代理人发言或者答辩；

（四）互相辩论。

法庭辩论终结，由审判长按照原告、被告、第三人的先后顺序征询各方最后意见。

第一百四十二条 法庭辩论终结，应当依法作出判决。判决前能够调解的，还可以进行调解，调解不成的，应当及时判决。

第一百四十三条 原告经传票传唤，无正当理由拒不到庭的，或者未经法庭许可中途退庭的，可以按撤诉处理；被告反诉的，可以缺席判决。

第一百四十四条 被告经传票传唤，无正当理由拒不到庭的，或者未经法庭许可中途退庭的，可以缺席判决。

第一百四十五条 宣判前，原告申请撤诉的，是否准许，由人民法院裁定。

人民法院裁定不准许撤诉的，原告经传票传唤，无正当理由拒不到庭的，可以缺席判决。

第一百四十六条 有下列情形之一的，可以延期开庭审理：

（一）必须到庭的当事人和其他诉讼参与人有正当理由没有到庭的；

（二）当事人临时提出回避申请的；

（三）需要通知新的证人到庭，调取新的证据，重新鉴定、勘验，或者需要补充调查的；

（四）其他应当延期的情形。

第一百四十七条 书记员应当将法庭审理的全部活动记入笔录，由审判人员和书记员签名。

法庭笔录应当当庭宣读，也可以告知当事人和其他诉讼参与人当庭或者在5日内阅读。当事人和其他诉讼参与人认为对自己的陈述记录有遗漏或者差错的，有权申请补正。如果不予补正，应当将申请记录在案。

法庭笔录由当事人和其他诉讼参与人签名或者盖章。拒绝签名盖章的，记明情况附卷。

第一百四十八条 人民法院对公开审理或者不公开审理的案件，一律公开宣告判决。

当庭宣判的，应当在10日内发送判决书；定期宣判的，宣判后立即发给判决书。

宣告判决时，必须告知当事人上诉权利、上诉期限和上诉的法院。

宣告离婚判决，必须告知当事人在判决发生法律效力前不得另行结婚。

第一百四十九条 人民法院适用普通程序审理的案件，应当在立案之日起6个月内审结。有特殊情况需要延长的，由本院院长批准，可以延长6个月；还需要延长的，报请上级人民法院批准。

第四节　诉讼中止和终结

第一百五十条　有下列情形之一的，中止诉讼：

（一）一方当事人死亡，需要等待继承人表明是否参加诉讼的；

（二）一方当事人丧失诉讼行为能力，尚未确定法定代理人的；

（三）作为一方当事人的法人或者其他组织终止，尚未确定权利义务承受人的；

（四）一方当事人因不可抗拒的事由，不能参加诉讼的；

（五）本案必须以另一案的审理结果为依据，而另一案尚未审结的；

（六）其他应当中止诉讼的情形。

中止诉讼的原因消除后，恢复诉讼。

第一百五十一条　有下列情形之一的，终结诉讼：

（一）原告死亡，没有继承人，或者继承人放弃诉讼权利的；

（二）被告死亡，没有遗产，也没有应当承担义务的人的；

（三）离婚案件一方当事人死亡的；

（四）追索赡养费、扶养费、抚育费以及解除收养关系案件的一方当事人死亡的。

第五节　判决和裁定

第一百五十二条　判决书应当写明判决结果和作出该判决的理由。判决书内容包括：

（一）案由、诉讼请求、争议的事实和理由；

（二）判决认定的事实和理由、适用的法律和理由；

（三）判决结果和诉讼费用的负担；

（四）上诉期间和上诉的法院。

判决书由审判人员、书记员署名，加盖人民法院印章。

第一百五十三条　人民法院审理案件，其中一部分事实已经清楚，可以就该部分先行判决。

第一百五十四条　裁定适用于下列范围：

（一）不予受理；

（二）对管辖权有异议的；

（三）驳回起诉；

（四）保全和先予执行；

（五）准许或者不准许撤诉；

（六）中止或者终结诉讼；

（七）补正判决书中的笔误；

（八）中止或者终结执行；
（九）撤销或者不予执行仲裁裁决；
（十）不予执行公证机关赋予强制执行效力的债权文书；
（十一）其他需要裁定解决的事项。
对前款第1项至第3项裁定，可以上诉。
裁定书应当写明裁定结果和作出该裁定的理由。裁定书由审判人员、书记员署名，加盖人民法院印章。口头裁定的，记入笔录。
第一百五十五条　最高人民法院的判决、裁定，以及依法不准上诉或者超过上诉期没有上诉的判决、裁定，是发生法律效力的判决、裁定。
第一百五十六条　公众可以查阅发生法律效力的判决书、裁定书，但涉及国家秘密、商业秘密和个人隐私的内容除外。

最高人民法院关于适用《中华人民共和国民事诉讼法》的解释（节选）

……
四、证据
第九十条　当事人对自己提出的诉讼请求所依据的事实或者反驳对方诉讼请求所依据的事实，应当提供证据加以证明，但法律另有规定的除外。
在作出判决前，当事人未能提供证据或者证据不足以证明其事实主张的，由负有举证证明责任的当事人承担不利的后果。
第九十一条　人民法院应当依照下列原则确定举证证明责任的承担，但法律另有规定的除外：
（一）主张法律关系存在的当事人，应当对产生该法律关系的基本事实承担举证证明责任；
（二）主张法律关系变更、消灭或者权利受到妨害的当事人，应当对该法律关系变更、消灭或者权利受到妨害的基本事实承担举证证明责任。
第九十二条　一方当事人在法庭审理中，或者在起诉状、答辩状、代理词等书面材料中，对于己不利的事实明确表示承认的，另一方当事人无需举证证明。
对于涉及身份关系、国家利益、社会公共利益等应当由人民法院依职权调查的事实，不适用前款自认的规定。
自认的事实与查明的事实不符的，人民法院不予确认。
第九十三条　下列事实，当事人无须举证证明：
（一）自然规律以及定理、定律；
（二）众所周知的事实；
（三）根据法律规定推定的事实；

（四）根据已知的事实和日常生活经验法则推定出的另一事实；
（五）已为人民法院发生法律效力的裁判所确认的事实；
（六）已为仲裁机构生效裁决所确认的事实；
（七）已为有效公证文书所证明的事实。

前款第 2 项至第 4 项规定的事实，当事人有相反证据足以反驳的除外；第 5 项至第 7 项规定的事实，当事人有相反证据足以推翻的除外。

第九十四条 民事诉讼法第 64 条第 2 款规定的当事人及其诉讼代理人因客观原因不能自行收集的证据包括：
（一）证据由国家有关部门保存，当事人及其诉讼代理人无权查阅调取的；
（二）涉及国家秘密、商业秘密或者个人隐私的；
（三）当事人及其诉讼代理人因客观原因不能自行收集的其他证据。

当事人及其诉讼代理人因客观原因不能自行收集的证据，可以在举证期限届满前书面申请人民法院调查收集。

第九十五条 当事人申请调查收集的证据，与待证事实无关联、对证明待证事实无意义或者其他无调查收集必要的，人民法院不予准许。

第九十六条 民事诉讼法第 64 条第 2 款规定的人民法院认为审理案件需要的证据包括：
（一）涉及可能损害国家利益、社会公共利益的；
（二）涉及身份关系的；
（三）涉及民事诉讼法第 55 条规定诉讼的；
（四）当事人有恶意串通损害他人合法权益可能的；
（五）涉及依职权追加当事人、中止诉讼、终结诉讼、回避等程序性事项的。

除前款规定外，人民法院调查收集证据，应当依照当事人的申请进行。

第九十七条 人民法院调查收集证据，应当由两人以上共同进行。调查材料要由调查人、被调查人、记录人签名、捺印或者盖章。

第九十八条 当事人根据民事诉讼法第 81 条第 1 款规定申请证据保全的，可以在举证期限届满前书面提出。

证据保全可能对他人造成损失的，人民法院应当责令申请人提供相应的担保。

第九十九条 人民法院应当在审理前的准备阶段确定当事人的举证期限。举证期限可以由当事人协商，并经人民法院准许。

人民法院确定举证期限，第一审普通程序案件不得少于 15 日，当事人提供新的证据的第二审案件不得少于 10 日。

举证期限届满后，当事人对已经提供的证据，申请提供反驳证据或者对证据来源、形式等方面的瑕疵进行补正的，人民法院可以酌情再次确定举证期限，该期限不受前款规定的限制。

第一百条 当事人申请延长举证期限的，应当在举证期限届满前向人民法院提出书面申请。

申请理由成立的，人民法院应当准许，适当延长举证期限，并通知其他当事人。延长的举证期限适用于其他当事人。

申请理由不成立的，人民法院不予准许，并通知申请人。

第一百零一条 当事人逾期提供证据的，人民法院应当责令其说明理由，必要时可以要求其提供相应的证据。

当事人因客观原因逾期提供证据，或者对方当事人对逾期提供证据未提出异议的，视为未逾期。

第一百零二条 当事人因故意或者重大过失逾期提供的证据，人民法院不予采纳。但该证据与案件基本事实有关的，人民法院应当采纳，并依照民事诉讼法第65条、第115条第1款的规定予以训诫、罚款。

当事人非因故意或者重大过失逾期提供的证据，人民法院应当采纳，并对当事人予以训诫。

当事人一方要求另一方赔偿因逾期提供证据致使其增加的交通、住宿、就餐、误工、证人出庭作证等必要费用的，人民法院可予支持。

第一百零三条 证据应当在法庭上出示，由当事人互相质证。未经当事人质证的证据，不得作为认定案件事实的根据。

当事人在审理前的准备阶段认可的证据，经审判人员在庭审中说明后，视为质证过的证据。

涉及国家秘密、商业秘密、个人隐私或者法律规定应当保密的证据，不得公开质证。

第一百零四条 人民法院应当组织当事人围绕证据的真实性、合法性以及与待证事实的关联性进行质证，并针对证据有无证明力和证明力大小进行说明和辩论。

能够反映案件真实情况、与待证事实相关联、来源和形式符合法律规定的证据，应当作为认定案件事实的根据。

第一百零五条 人民法院应当按照法定程序，全面、客观地审核证据，依照法律规定，运用逻辑推理和日常生活经验法则，对证据有无证明力和证明力大小进行判断，并公开判断的理由和结果。

第一百零六条 对以严重侵害他人合法权益、违反法律禁止性规定或者严重违背公序良俗的方法形成或者获取的证据，不得作为认定案件事实的根据。

第一百零七条 在诉讼中，当事人为达成调解协议或者和解协议作出妥协而认可的事实，不得在后续的诉讼中作为对其不利的根据，但法律另有规定或者当事人均同意的除外。

第一百零八条 对负有举证证明责任的当事人提供的证据，人民法院经审查并结合相关事实，确信待证事实的存在具有高度可能性的，应当认定该事实存在。

对一方当事人为反驳负有举证证明责任的当事人所主张事实而提供的证据，人民法院经审查并结合相关事实，认为待证事实真伪不明的，应当认定该事实不存在。

法律对于待证事实所应达到的证明标准另有规定的，从其规定。

第一百零九条 当事人对欺诈、胁迫、恶意串通事实的证明，以及对口头遗嘱或者赠与事实的证明，人民法院确信该待证事实存在的可能性能够排除合理怀疑的，应当认定该事实存在。

第一百一十条 人民法院认为有必要的，可以要求当事人本人到庭，就案件有关事实接受询问。在询问当事人之前，可以要求其签署保证书。

保证书应当载明据实陈述、如有虚假陈述愿意接受处罚等内容。当事人应当在保证书上签名或者捺印。

负有举证证明责任的当事人拒绝到庭、拒绝接受询问或者拒绝签署保证书，待证事实又欠缺其他证据证明的，人民法院对其主张的事实不予认定。

第一百一十一条 民事诉讼法第70条规定的提交书证原件确有困难，包括下列情形：

（一）书证原件遗失、灭失或者毁损的；

（二）原件在对方当事人控制之下，经合法通知提交而拒不提交的；

（三）原件在他人控制之下，而其有权不提交的；

（四）原件因篇幅或者体积过大而不便提交的；

（五）承担举证证明责任的当事人通过申请人民法院调查收集或者其他方式无法获得书证原件的。

前款规定情形，人民法院应当结合其他证据和案件具体情况，审查判断书证复制品等能否作为认定案件事实的根据。

第一百一十二条 书证在对方当事人控制之下的，承担举证证明责任的当事人可以在举证期限届满前书面申请人民法院责令对方当事人提交。

申请理由成立的，人民法院应当责令对方当事人提交，因提交书证所产生的费用，由申请人负担。对方当事人无正当理由拒不提交的，人民法院可以认定申请人所主张的书证内容为真实。

第一百一十三条 持有书证的当事人以妨碍对方当事人使用为目的，毁灭有关书证或者实施其他致使书证不能使用行为的，人民法院可以依照民事诉讼法第111条规定，对其处以罚款、拘留。

第一百一十四条 国家机关或者其他依法具有社会管理职能的组织，在其职权范围内制作的文书所记载的事项推定为真实，但有相反证据足以推翻的除外。必要时，人民法院可以要求制作文书的机关或者组织对文书的真实性予以说明。

第一百一十五条 单位向人民法院提出的证明材料，应当由单位负责人及制作证明材料的人员签名或者盖章，并加盖单位印章。人民法院就单位出具的证明材料，可以向单位及制作证明材料的人员进行调查核实。必要时，可以要求制作证明材料的人员出庭作证。

单位及制作证明材料的人员拒绝人民法院调查核实，或者制作证明材料的人员无正当理由拒绝出庭作证的，该证明材料不得作为认定案件事实的根据。

第一百一十六条 视听资料包括录音资料和影像资料。

电子数据是指通过电子邮件、电子数据交换、网上聊天记录、博客、微博客、手机短信、电子签名、域名等形成或者存储在电子介质中的信息。

存储在电子介质中的录音资料和影像资料，适用电子数据的规定。

第一百一十七条 当事人申请证人出庭作证的，应当在举证期限届满前提出。

符合本解释第96条第1款规定情形的，人民法院可以依职权通知证人出庭作证。

未经人民法院通知，证人不得出庭作证，但双方当事人同意并经人民法院准许的除外。

第一百一十八条 民事诉讼法第74条规定的证人因履行出庭作证义务而支出的交通、住宿、就餐等必要费用，按照机关事业单位工作人员差旅费用和补贴标准计算；误工损失按照国家上年度职工日平均工资标准计算。

人民法院准许证人出庭作证申请的，应当通知申请人预缴证人出庭作证费用。

第一百一十九条 人民法院在证人出庭作证前应当告知其如实作证的义务以及作伪证的法律后果，并责令其签署保证书，但无民事行为能力人和限制民事行为能力人除外。

证人签署保证书适用本解释关于当事人签署保证书的规定。

第一百二十条 证人拒绝签署保证书的，不得作证，并自行承担相关费用。

第一百二十一条 当事人申请鉴定，可以在举证期限届满前提出。申请鉴定的事项与待证事实无关联，或者对证明待证事实无意义的，人民法院不予准许。

人民法院准许当事人鉴定申请的，应当组织双方当事人协商确定具备相应资格的鉴定人。当事人协商不成的，由人民法院指定。

符合依职权调查收集证据条件的，人民法院应当依职权委托鉴定，在询问当事人的意见后，指定具备相应资格的鉴定人。

第一百二十二条 当事人可以依照民事诉讼法第79条的规定，在举证期限届满前申请1至2名具有专门知识的人出庭，代表当事人对鉴定意见进行质证，或者对案件事实所涉及的专业问题提出意见。

具有专门知识的人在法庭上就专业问题提出的意见，视为当事人的陈述。

人民法院准许当事人申请的，相关费用由提出申请的当事人负担。

第一百二十三条 人民法院可以对出庭的具有专门知识的人进行询问。经法庭准许，当事人可以对出庭的具有专门知识的人进行询问，当事人各自申请的具有专门知识的人可以就案件中的有关问题进行对质。

具有专门知识的人不得参与专业问题之外的法庭审理活动。

第一百二十四条 人民法院认为有必要的，可以根据当事人的申请或者依职权对物证或者现场进行勘验。勘验时应当保护他人的隐私和尊严。

人民法院可以要求鉴定人参与勘验。必要时，可以要求鉴定人在勘验中进行鉴定。

……

十、第一审普通程序

第二百零八条 人民法院接到当事人提交的民事起诉状时，对符合民事诉讼法第 119 条的规定，且不属于第 124 条规定情形的，应当登记立案；对当场不能判定是否符合起诉条件的，应当接收起诉材料，并出具注明收到日期的书面凭证。

需要补充必要相关材料的，人民法院应当及时告知当事人。在补齐相关材料后，应当在 7 日内决定是否立案。

立案后发现不符合起诉条件或者属于民事诉讼法第 124 条规定情形的，裁定驳回起诉。

第二百零九条 原告提供被告的姓名或者名称、住所等信息具体明确，足以使被告与他人相区别的，可以认定为有明确的被告。

起诉状列写被告信息不足以认定明确的被告的，人民法院可以告知原告补正。原告补正后仍不能确定明确的被告的，人民法院裁定不予受理。

第二百一十条 原告在起诉状中有谩骂和人身攻击之辞的，人民法院应当告知其修改后提起诉讼。

第二百一十一条 对本院没有管辖权的案件，告知原告向有管辖权的人民法院起诉；原告坚持起诉的，裁定不予受理；立案后发现本院没有管辖权的，应当将案件移送有管辖权的人民法院。

第二百一十二条 裁定不予受理、驳回起诉的案件，原告再次起诉，符合起诉条件且不属于民事诉讼法第 124 条规定情形的，人民法院应予受理。

第二百一十三条 原告应当预交而未预交案件受理费，人民法院应当通知其预交，通知后仍不预交或者申请减、缓、免未获批准而仍不预交的，裁定按撤诉处理。

第二百一十四条 原告撤诉或者人民法院按撤诉处理后，原告以同一诉讼请求再次起诉的，人民法院应予受理。

原告撤诉或者按撤诉处理的离婚案件，没有新情况、新理由，6 个月内又起诉的，比照民事诉讼法第 124 条第 7 项的规定不予受理。

第二百一十五条 依照民事诉讼法第 124 条第 2 项的规定，当事人在书面合同中订有仲裁条款，或者在发生纠纷后达成书面仲裁协议，一方向人民法院起诉的，人民法院应当告知原告向仲裁机构申请仲裁，其坚持起诉的，裁定不予受理，但仲裁条款或者仲裁协议不成立、无效、失效、内容不明确无法执行的除外。

第二百一十六条 在人民法院首次开庭前，被告以有书面仲裁协议为由对受理民事案件提出异议的，人民法院应当进行审查。

经审查符合下列情形之一的，人民法院应当裁定驳回起诉：

（一）仲裁机构或者人民法院已经确认仲裁协议有效的；

（二）当事人没有在仲裁庭首次开庭前对仲裁协议的效力提出异议的；

（三）仲裁协议符合仲裁法第16条规定且不具有仲裁法第17条规定情形的。

第二百一十七条 夫妻一方下落不明，另一方诉至人民法院，只要求离婚，不申请宣告下落不明人失踪或者死亡的案件，人民法院应当受理，对下落不明人公告送达诉讼文书。

第二百一十八条 赡养费、扶养费、抚育费案件，裁判发生法律效力后，因新情况、新理由，一方当事人再行起诉要求增加或者减少费用的，人民法院应作为新案受理。

第二百一十九条 当事人超过诉讼时效期间起诉的，人民法院应予受理。受理后对方当事人提出诉讼时效抗辩，人民法院经审理认为抗辩事由成立的，判决驳回原告的诉讼请求。

第二百二十条 民事诉讼法第68条、第134条、第156条规定的商业秘密，是指生产工艺、配方、贸易联系、购销渠道等当事人不愿公开的技术秘密、商业情报及信息。

第二百二十一条 基于同一事实发生的纠纷，当事人分别向同一人民法院起诉的，人民法院可以合并审理。

第二百二十二条 原告在起诉状中直接列写第三人的，视为其申请人民法院追加该第三人参加诉讼。是否通知第三人参加诉讼，由人民法院审查决定。

第二百二十三条 当事人在提交答辩状期间提出管辖异议，又针对起诉状的内容进行答辩的，人民法院应当依照民事诉讼法第127条第1款的规定，对管辖异议进行审查。

当事人未提出管辖异议，就案件实体内容进行答辩、陈述或者反诉的，可以认定为民事诉讼法第127条第2款规定的应诉答辩。

第二百二十四条 依照民事诉讼法第133条第4项规定，人民法院可以在答辩期届满后，通过组织证据交换、召集庭前会议等方式，作好审理前的准备。

第二百二十五条 根据案件具体情况，庭前会议可以包括下列内容：

（一）明确原告的诉讼请求和被告的答辩意见；

（二）审查处理当事人增加、变更诉讼请求的申请和提出的反诉，以及第三人提出的与本案有关的诉讼请求；

（三）根据当事人的申请决定调查收集证据，委托鉴定，要求当事人提供证据，进行勘验，进行证据保全；

（四）组织交换证据；

（五）归纳争议焦点；

（六）进行调解。

第二百二十六条 人民法院应当根据当事人的诉讼请求、答辩意见以及证据交换的情况，归纳争议焦点，并就归纳的争议焦点征求当事人的意见。

第二百二十七条　人民法院适用普通程序审理案件，应当在开庭 3 日前用传票传唤当事人。对诉讼代理人、证人、鉴定人、勘验人、翻译人员应当用通知书通知其到庭。当事人或者其他诉讼参与人在外地的，应当留有必要的在途时间。

第二百二十八条　法庭审理应当围绕当事人争议的事实、证据和法律适用等焦点问题进行。

第二百二十九条　当事人在庭审中对其在审理前的准备阶段认可的事实和证据提出不同意见的，人民法院应当责令其说明理由。必要时，可以责令其提供相应证据。人民法院应当结合当事人的诉讼能力、证据和案件的具体情况进行审查。理由成立的，可以列入争议焦点进行审理。

第二百三十条　人民法院根据案件具体情况并征得当事人同意，可以将法庭调查和法庭辩论合并进行。

第二百三十一条　当事人在法庭上提出新的证据的，人民法院应当依照民事诉讼法第 65 条第 2 款规定和本解释相关规定处理。

第二百三十二条　在案件受理后，法庭辩论结束前，原告增加诉讼请求，被告提出反诉，第三人提出与本案有关的诉讼请求，可以合并审理的，人民法院应当合并审理。

第二百三十三条　反诉的当事人应当限于本诉的当事人的范围。

反诉与本诉的诉讼请求基于相同法律关系、诉讼请求之间具有因果关系，或者反诉与本诉的诉讼请求基于相同事实的，人民法院应当合并审理。

反诉应由其他人民法院专属管辖，或者与本诉的诉讼标的及诉讼请求所依据的事实、理由无关联的，裁定不予受理，告知另行起诉。

第二百三十四条　无民事行为能力人的离婚诉讼，当事人的法定代理人应当到庭；法定代理人不能到庭的，人民法院应当在查清事实的基础上，依法作出判决。

第二百三十五条　无民事行为能力的当事人的法定代理人，经传票传唤无正当理由拒不到庭，属于原告方的，比照民事诉讼法第 143 条的规定，按撤诉处理；属于被告方的，比照民事诉讼法第 144 条的规定，缺席判决。必要时，人民法院可以拘传其到庭。

第二百三十六条　有独立请求权的第三人经人民法院传票传唤，无正当理由拒不到庭的，或者未经法庭许可中途退庭的，比照民事诉讼法第 143 条的规定，按撤诉处理。

第二百三十七条　有独立请求权的第三人参加诉讼后，原告申请撤诉，人民法院在准许原告撤诉后，有独立请求权的第三人作为另案原告，原案原告、被告作为另案被告，诉讼继续进行。

第二百三十八条　当事人申请撤诉或者依法可以按撤诉处理的案件，如果当事人有违反法律的行为需要依法处理的，人民法院可以不准许撤诉或者不按撤诉处理。

法庭辩论终结后原告申请撤诉，被告不同意的，人民法院可以不予准许。

第二百三十九条 人民法院准许本诉原告撤诉的，应当对反诉继续审理；被告申请撤回反诉的，人民法院应予准许。

第二百四十条 无独立请求权的第三人经人民法院传票传唤，无正当理由拒不到庭，或者未经法庭许可中途退庭的，不影响案件的审理。

第二百四十一条 被告经传票传唤无正当理由拒不到庭，或者未经法庭许可中途退庭的，人民法院应当按期开庭或者继续开庭审理，对到庭的当事人诉讼请求、双方的诉辩理由以及已经提交的证据及其他诉讼材料进行审理后，可以依法缺席判决。

第二百四十二条 一审宣判后，原审人民法院发现判决有错误，当事人在上诉期内提出上诉的，原审人民法院可以提出原判决有错误的意见，报送第二审人民法院，由第二审人民法院按照第二审程序进行审理；当事人不上诉的，按照审判监督程序处理。

第二百四十三条 民事诉讼法第149条规定的审限，是指从立案之日起至裁判宣告、调解书送达之日止的期间，但公告期间、鉴定期间、双方当事人和解期间、审理当事人提出的管辖异议以及处理人民法院之间的管辖争议期间不应计算在内。

第二百四十四条 可以上诉的判决书、裁定书不能同时送达双方当事人的，上诉期从各自收到判决书、裁定书之日计算。

第二百四十五条 民事诉讼法第154条第1款第7项规定的笔误是指法律文书误写、误算，诉讼费用漏写、误算和其他笔误。

第二百四十六条 裁定中止诉讼的原因消除，恢复诉讼程序时，不必撤销原裁定，从人民法院通知或者准许当事人双方继续进行诉讼时起，中止诉讼的裁定即失去效力。

第二百四十七条 当事人就已经提起诉讼的事项在诉讼过程中或者裁判生效后再次起诉，同时符合下列条件的，构成重复起诉：

（一）后诉与前诉的当事人相同；

（二）后诉与前诉的诉讼标的相同；

（三）后诉与前诉的诉讼请求相同，或者后诉的诉讼请求实质上否定前诉裁判结果。

当事人重复起诉的，裁定不予受理；已经受理的，裁定驳回起诉，但法律、司法解释另有规定的除外。

第二百四十八条 裁判发生法律效力后，发生新的事实，当事人再次提起诉讼的，人民法院应当依法受理。

第二百四十九条 在诉讼中，争议的民事权利义务转移的，不影响当事人的诉讼主体资格和诉讼地位。人民法院作出的发生法律效力的判决、裁定对受让人具有拘束力。

受让人申请以无独立请求权的第三人身份参加诉讼的，人民法院可予准许。受让人申请替代当事人承担诉讼的，人民法院可以根据案件的具体情况决定是否准许；不予准许的，可以追加其为无独立请求权的第三人。

第二百五十条 依照本解释第 249 条规定，人民法院准许受让人替代当事人承担诉讼的，裁定变更当事人。

变更当事人后，诉讼程序以受让人为当事人继续进行，原当事人应当退出诉讼。原当事人已经完成的诉讼行为对受让人具有拘束力。

第二百五十一条 二审裁定撤销一审判决发回重审的案件，当事人申请变更、增加诉讼请求或者提出反诉，第三人提出与本案有关的诉讼请求的，依照民事诉讼法第 140 条规定处理。

第二百五十二条 再审裁定撤销原判决、裁定发回重审的案件，当事人申请变更、增加诉讼请求或者提出反诉，符合下列情形之一的，人民法院应当准许：

（一）原审未合法传唤缺席判决，影响当事人行使诉讼权利的；

（二）追加新的诉讼当事人的；

（三）诉讼标的物灭失或者发生变化致使原诉讼请求无法实现的；

（四）当事人申请变更、增加的诉讼请求或者提出的反诉，无法通过另诉解决的。

第二百五十三条 当庭宣判的案件，除当事人当庭要求邮寄发送裁判文书的外，人民法院应当告知当事人或者诉讼代理人领取裁判文书的时间和地点以及逾期不领取的法律后果。上述情况，应当记入笔录。

第二百五十四条 公民、法人或者其他组织申请查阅发生法律效力的判决书、裁定书的，应当向作出该生效裁判的人民法院提出。申请应当以书面形式提出，并提供具体的案号或者当事人姓名、名称。

第二百五十五条 对于查阅判决书、裁定书的申请，人民法院根据下列情形分别处理：

（一）判决书、裁定书已经通过信息网络向社会公开的，应当引导申请人自行查阅；

（二）判决书、裁定书未通过信息网络向社会公开，且申请符合要求的，应当及时提供便捷的查阅服务；

（三）判决书、裁定书尚未发生法律效力，或者已失去法律效力的，不提供查阅并告知申请人；

（四）发生法律效力的判决书、裁定书不是本院作出的，应当告知申请人向作出生效裁判的人民法院申请查阅；

（五）申请查阅的内容涉及国家秘密、商业秘密、个人隐私的，不予准许并告知申请人。

最高人民法院关于民事诉讼证据的若干规定

法释〔2001〕33号

为保证人民法院正确认定案件事实，公正、及时审理民事案件，保障和便利当事人依法行使诉讼权利，根据《中华人民共和国民事诉讼法》（以下简称《民事诉讼法》）等有关法律的规定，结合民事审判经验和实际情况，制定本规定。

一、当事人举证

第一条 原告向人民法院起诉或者被告提出反诉，应当附有符合起诉条件的相应的证据材料。

第二条 当事人对自己提出的诉讼请求所依据的事实或者反驳对方诉讼请求所依据的事实有责任提供证据加以证明。

没有证据或者证据不足以证明当事人的事实主张的，由负有举证责任的当事人承担不利后果。

第三条 人民法院应当向当事人说明举证的要求及法律后果，促使当事人在合理期限内积极、全面、正确、诚实地完成举证。

当事人因客观原因不能自行收集的证据，可申请人民法院调查收集。

第四条 下列侵权诉讼，按照以下规定承担举证责任：

（一）因新产品制造方法发明专利引起的专利侵权诉讼，由制造同样产品的单位或者个人对其产品制造方法不同于专利方法承担举证责任；

（二）高度危险作业致人损害的侵权诉讼，由加害人就受害人故意造成损害的事实承担举证责任；

（三）因环境污染引起的损害赔偿诉讼，由加害人就法律规定的免责事由及其行为与损害结果之间不存在因果关系承担举证责任；

（四）建筑物或者其他设施以及建筑物上的搁置物、悬挂物发生倒塌、脱落、坠落致人损害的侵权诉讼，由所有人或者管理人对其无过错承担举证责任；

（五）饲养动物致人损害的侵权诉讼，由动物饲养人或者管理人就受害人有过错或者第三人有过错承担举证责任；

（六）因缺陷产品致人损害的侵权诉讼，由产品的生产者就法律规定的免责事由承担举证责任；

（七）因共同危险行为致人损害的侵权诉讼，由实施危险行为的人就其行为与损害结果之间不存在因果关系承担举证责任；

（八）因医疗行为引起的侵权诉讼，由医疗机构就医疗行为与损害结果之间不存在因果关系及不存在医疗过错承担举证责任。

有关法律对侵权诉讼的举证责任有特殊规定的，从其规定。

第五条 在合同纠纷案件中，主张合同关系成立并生效的一方当事人对合同订立和生效的事实承担举证责任；主张合同关系变更、解除、终止、撤销的一方当事人对引起合同关系变动的事实承担举证责任。

对合同是否履行发生争议的，由负有履行义务的当事人承担举证责任。

对代理权发生争议的，由主张有代理权一方当事人承担举证责任。

第六条 在劳动争议纠纷案件中，因用人单位作出开除、除名、辞退、解除劳动合同、减少劳动报酬、计算劳动者工作年限等决定而发生劳动争议的，由用人单位负举证责任。

第七条 在法律没有具体规定，依本规定及其他司法解释无法确定举证责任承担时，人民法院可以根据公平原则和诚实信用原则，综合当事人举证能力等因素确定举证责任的承担。

第八条 诉讼过程中，一方当事人对另一方当事人陈述的案件事实明确表示承认的，另一方当事人无需举证。但涉及身份关系的案件除外。

对一方当事人陈述的事实，另一方当事人既未表示承认也未否认，经审判人员充分说明并询问后，其仍不明确表示肯定或者否定的，视为对该项事实的承认。

当事人委托代理人参加诉讼的，代理人的承认视为当事人的承认。但未经特别授权的代理人对事实的承认直接导致承认对方诉讼请求的除外；当事人在场但对其代理人的承认不作否认表示的，视为当事人的承认。

当事人在法庭辩论终结前撤回承认并经对方当事人同意，或者有充分证据证明其承认行为是在受胁迫或者重大误解情况下作出且与事实不符的，不能免除对方当事人的举证责任。

第九条 下列事实，当事人无需举证证明：
（一）众所周知的事实；
（二）自然规律及定理；
（三）根据法律规定或者已知事实和日常生活经验法则，能推定出的另一事实；
（四）已为人民法院发生法律效力的裁判所确认的事实；
（五）已为仲裁机构的生效裁决所确认的事实；
（六）已为有效公证文书所证明的事实。
前款第1、3、4、5、6项，当事人有相反证据足以推翻的除外。

第十条 当事人向人民法院提供证据，应当提供原件或者原物。如需自己保存证据原件、原物或者提供原件、原物确有困难的，可以提供经人民法院核对无异的复制件或者复制品。

第十一条 当事人向人民法院提供的证据系在中华人民共和国领域外形成的，该证据应当经所在国公证机关予以证明，并经中华人民共和国驻该国使领馆予以认证，或者履行中华人民共和国与该所在国订立的有关条约中规定的证明手续。

当事人向人民法院提供的证据是在香港、澳门、台湾地区形成的，应当履行相关的证明手续。

第十二条 当事人向人民法院提供外文书证或者外文说明资料,应当附有中文译本。

第十三条 对双方当事人无争议但涉及国家利益、社会公共利益或者他人合法权益的事实,人民法院可以责令当事人提供有关证据。

第十四条 当事人应当对其提交的证据材料逐一分类编号,对证据材料的来源、证明对象和内容作简要说明,签名盖章,注明提交日期,并依照对方当事人人数提出副本。

人民法院收到当事人提交的证据材料,应当出具收据,注明证据的名称、份数和页数以及收到的时间,由经办人员签名或者盖章。

二、人民法院调查收集证据

第十五条 《民事诉讼法》第64条规定的"人民法院认为审理案件需要的证据",是指以下情形:

(一)涉及可能有损国家利益、社会公共利益或者他人合法权益的事实;

(二)涉及依职权追加当事人、中止诉讼、终结诉讼、回避等与实体争议无关的程序事项。

第十六条 除本规定第15条规定的情形外,人民法院调查收集证据,应当依当事人的申请进行。

第十七条 符合下列条件之一的,当事人及其诉讼代理人可以申请人民法院调查收集证据:

(一)申请调查收集的证据属于国家有关部门保存并须人民法院依职权调取的档案材料;

(二)涉及国家秘密、商业秘密、个人隐私的材料;

(三)当事人及其诉讼代理人确因客观原因不能自行收集的其他材料。

第十八条 当事人及其诉讼代理人申请人民法院调查收集证据,应当提交书面申请。申请书应当载明被调查人的姓名或者单位名称、住所地等基本情况、所要调查收集的证据的内容、需要由人民法院调查收集证据的原因及其要证明的事实。

第十九条 当事人及其诉讼代理人申请人民法院调查收集证据,不得迟于举证期限届满前7日。

人民法院对当事人及其诉讼代理人的申请不予准许的,应当向当事人或其诉讼代理人送达通知书。当事人及其诉讼代理人可以在收到通知书的次日起3日内向受理申请的人民法院书面申请复议一次。人民法院应当在收到复议申请之日起5日内作出答复。

第二十条 调查人员调查收集的书证,可以是原件,也可以是经核对无误的副本或者复制件。是副本或者复制件的,应当在调查笔录中说明来源和取证情况。

第二十一条 调查人员调查收集的物证应当是原物。被调查人提供原物确有困难的，可以提供复制品或者照片。提供复制品或者照片的，应当在调查笔录中说明取证情况。

第二十二条 调查人员调查收集计算机数据或者录音、录像等视听资料的，应当要求被调查人提供有关资料的原始载体。提供原始载体确有困难的，可以提供复制件。提供复制件的，调查人员应当在调查笔录中说明其来源和制作经过。

第二十三条 当事人依据《民事诉讼法》第74条的规定向人民法院申请保全证据，不得迟于举证期限届满前7日。

当事人申请保全证据的，人民法院可以要求其提供相应的担保。

法律、司法解释规定诉前保全证据的，依照其规定办理。

第二十四条 人民法院进行证据保全，可以根据具体情况，采取查封、扣押、拍照、录音、录像、复制、鉴定、勘验、制作笔录等方法。

人民法院进行证据保全，可以要求当事人或者诉讼代理人到场。

第二十五条 当事人申请鉴定，应当在举证期限内提出。符合本规定第27条规定的情形，当事人申请重新鉴定的除外。

对需要鉴定的事项负有举证责任的当事人，在人民法院指定的期限内无正当理由不提出鉴定申请或者不预交鉴定费用或者拒不提供相关材料，致使对案件争议的事实无法通过鉴定结论予以认定的，应当对该事实承担举证不能的法律后果。

第二十六条 当事人申请鉴定经人民法院同意后，由双方当事人协商确定有鉴定资格的鉴定机构、鉴定人员，协商不成的，由人民法院指定。

第二十七条 当事人对人民法院委托的鉴定部门作出的鉴定结论有异议申请重新鉴定，提出证据证明存在下列情形之一的，人民法院应予准许：

（一）鉴定机构或者鉴定人员不具备相关的鉴定资格的；

（二）鉴定程序严重违法的；

（三）鉴定结论明显依据不足的；

（四）经过质证认定不能作为证据使用的其他情形。

对有缺陷的鉴定结论，可以通过补充鉴定、重新质证或者补充质证等方法解决的，不予重新鉴定。

第二十八条 一方当事人自行委托有关部门作出的鉴定结论，另一方当事人有证据足以反驳并申请重新鉴定的，人民法院应予准许。

第二十九条 审判人员对鉴定人出具的鉴定书，应当审查是否具有下列内容：

（一）委托人姓名或者名称、委托鉴定的内容；

（二）委托鉴定的材料；

（三）鉴定的依据及使用的科学技术手段；

（四）对鉴定过程的说明；

（五）明确的鉴定结论；

（六）对鉴定人鉴定资格的说明；

（七）鉴定人员及鉴定机构签名盖章。

第三十条 人民法院勘验物证或者现场，应当制作笔录，记录勘验的时间、地点、勘验人、在场人、勘验的经过、结果，由勘验人、在场人签名或者盖章。对于绘制的现场图应当注明绘制的时间、方位、测绘人姓名、身份等内容。

第三十一条 摘录有关单位制作的与案件事实相关的文件、材料，应当注明出处，并加盖制作单位或者保管单位的印章，摘录人和其他调查人员应当在摘录件上签名或者盖章。

摘录文件、材料应当保持内容相应的完整性，不得断章取义。

三、举证时限与证据交换

第三十二条 被告应当在答辩期届满前提出书面答辩，阐明其对原告诉讼请求及所依据的事实和理由的意见。

第三十三条 人民法院应当在送达案件受理通知书和应诉通知书的同时向当事人送达举证通知书。举证通知书应当载明举证责任的分配原则与要求、可以向人民法院申请调查取证的情形、人民法院根据案件情况指定的举证期限以及逾期提供证据的法律后果。

举证期限可以由当事人协商一致，并经人民法院认可。

由人民法院指定举证期限的，指定的期限不得少于30日，自当事人收到案件受理通知书和应诉通知书的次日起计算。

第三十四条 当事人应当在举证期限内向人民法院提交证据材料，当事人在举证期限内不提交的，视为放弃举证权利。

对于当事人逾期提交的证据材料，人民法院审理时不组织质证。但对方当事人同意质证的除外。

当事人增加、变更诉讼请求或者提起反诉的，应当在举证期限届满前提出。

第三十五条 诉讼过程中，当事人主张的法律关系的性质或者民事行为的效力与人民法院根据案件事实作出的认定不一致的，不受本规定第34条规定的限制，人民法院应当告知当事人可以变更诉讼请求。

当事人变更诉讼请求的，人民法院应当重新指定举证期限。

第三十六条 当事人在举证期限内提交证据材料确有困难的，应当在举证期限内向人民法院申请延期举证，经人民法院准许，可以适当延长举证期限。当事人在延长的举证期限内提交证据材料仍有困难的，可以再次提出延期申请，是否准许由人民法院决定。

第三十七条 经当事人申请，人民法院可以组织当事人在开庭审理前交换证据。

人民法院对于证据较多或者复杂疑难的案件，应当组织当事人在答辩期届满后、开庭审理前交换证据。

第三十八条 交换证据的时间可以由当事人协商一致并经人民法院认可，也可以由人民法院指定。

人民法院组织当事人交换证据的,交换证据之日举证期限届满。当事人申请延期举证经人民法院准许的,证据交换日相应顺延。

第三十九条 证据交换应当在审判人员的主持下进行。

在证据交换的过程中,审判人员对当事人无异议的事实、证据应当记录在卷;对有异议的证据,按照需要证明的事实分类记录在卷,并记载异议的理由。通过证据交换,确定双方当事人争议的主要问题。

第四十条 当事人收到对方交换的证据后提出反驳并提出新证据的,人民法院应当通知当事人在指定的时间进行交换。

证据交换一般不超过两次。但重大、疑难和案情特别复杂的案件,人民法院认为确有必要再次进行证据交换的除外。

第四十一条 《民事诉讼法》第125条第1款规定的"新的证据",是指以下情形:

(一)一审程序中的新的证据包括:当事人在一审举证期限届满后新发现的证据;当事人确因客观原因无法在举证期限内提供,经人民法院准许,在延长的期限内仍无法提供的证据。

(二)二审程序中的新的证据包括:一审庭审结束后新发现的证据;当事人在一审举证期限届满前申请人民法院调查取证未获准许,二审法院经审查认为应当准许并依当事人申请调取的证据。

第四十二条 当事人在一审程序中提供新的证据的,应当在一审开庭前或者开庭审理时提出。

当事人在二审程序中提供新的证据的,应当在二审开庭前或者开庭审理时提出;二审不需要开庭审理的,应当在人民法院指定的期限内提出。

第四十三条 当事人举证期限届满后提供的证据不是新的证据的,人民法院不予采纳。

当事人经人民法院准许延期举证,但因客观原因未能在准许的期限内提供,且不审理该证据可能导致裁判明显不公的,其提供的证据可视为新的证据。

第四十四条 《民事诉讼法》第179条第1款第1项规定的"新的证据",是指原审庭审结束后新发现的证据。

当事人在再审程序中提供新的证据的,应当在申请再审时提出。

第四十五条 一方当事人提出新的证据的,人民法院应当通知对方当事人在合理期限内提出意见或者举证。

第四十六条 由于当事人的原因未能在指定期限内举证,致使案件在二审或者再审期间因提出新的证据被人民法院发回重审或者改判的,原审裁判不属于错误裁判案件。一方当事人请求提出新的证据的另一方当事人负担由此增加的差旅、误工、证人出庭作证、诉讼等合理费用以及由此扩大的直接损失,人民法院应予支持。

四、质证

第四十七条 证据应当在法庭上出示，由当事人质证。未经质证的证据，不能作为认定案件事实的依据。

当事人在证据交换过程中认可并记录在卷的证据，经审判人员在庭审中说明后，可以作为认定案件事实的依据。

第四十八条 涉及国家秘密、商业秘密和个人隐私或者法律规定的其他应当保密的证据，不得在开庭时公开质证。

第四十九条 对书证、物证、视听资料进行质证时，当事人有权要求出示证据的原件或者原物。但有下列情况之一的除外：

（一）出示原件或者原物确有困难并经人民法院准许出示复制件或者复制品的；

（二）原件或者原物已不存在，但有证据证明复制件、复制品与原件或原物一致的。

第五十条 质证时，当事人应当围绕证据的真实性、关联性、合法性，针对证据证明力有无以及证明力大小，进行质疑、说明与辩驳。

第五十一条 质证按下列顺序进行：

（一）原告出示证据，被告、第三人与原告进行质证；

（二）被告出示证据，原告、第三人与被告进行质证；

（三）第三人出示证据，原告、被告与第三人进行质证。

人民法院依照当事人申请调查收集的证据，作为提出申请的一方当事人提供的证据。

人民法院依照职权调查收集的证据应当在庭审时出示，听取当事人意见，并可就调查收集该证据的情况予以说明。

第五十二条 案件有两个以上独立的诉讼请求的，当事人可以逐个出示证据进行质证。

第五十三条 不能正确表达意志的人，不能作为证人。

待证事实与其年龄、智力状况或者精神健康状况相适应的无民事行为能力人和限制民事行为能力人，可以作为证人。

第五十四条 当事人申请证人出庭作证，应当在举证期限届满10日前提出，并经人民法院许可。

人民法院对当事人的申请予以准许的，应当在开庭审理前通知证人出庭作证，并告知其应当如实作证及作伪证的法律后果。

证人因出庭作证而支出的合理费用，由提供证人的一方当事人先行支付，由败诉一方当事人承担。

第五十五条 证人应当出庭作证，接受当事人的质询。

证人在人民法院组织双方当事人交换证据时出席陈述证言的，可视为出庭作证。

第五十六条 《民事诉讼法》第70条规定的"证人确有困难不能出庭",是指有下列情形:

(一)年迈体弱或者行动不便无法出庭的;

(二)特殊岗位确实无法离开的;

(三)路途特别遥远,交通不便难以出庭的;

(四)因自然灾害等不可抗力的原因无法出庭的;

(五)其他无法出庭的特殊情况。

前款情形,经人民法院许可,证人可以提交书面证言或者视听资料或者通过双向视听传输技术手段作证。

第五十七条 出庭作证的证人应当客观陈述其亲身感知的事实。证人为聋哑人的,可以其他表达方式作证。

证人作证时,不得使用猜测、推断或者评论性的语言。

第五十八条 审判人员和当事人可以对证人进行询问。证人不得旁听法庭审理;询问证人时,其他证人不得在场。人民法院认为有必要的,可以让证人进行对质。

第五十九条 鉴定人应当出庭接受当事人质询。

鉴定人确因特殊原因无法出庭的,经人民法院准许,可以书面答复当事人的质询。

第六十条 经法庭许可,当事人可以向证人、鉴定人、勘验人发问。

询问证人、鉴定人、勘验人不得使用威胁、侮辱及不适当引导证人的言语和方式。

第六十一条 当事人可以向人民法院申请由1~2名具有专门知识的人员出庭就案件的专门性问题进行说明。人民法院准许其申请的,有关费用由提出申请的当事人负担。

审判人员和当事人可以对出庭的具有专门知识的人员进行询问。

经人民法院准许,可以由当事人各自申请的具有专门知识的人员就案件中的问题进行对质。

具有专门知识的人员可以对鉴定人进行询问。

第六十二条 法庭应当将当事人的质证情况记入笔录,并由当事人核对后签名或者盖章。

五、证据的审核认定

第六十三条 人民法院应当以证据能够证明的案件事实为依据依法作出裁判。

第六十四条 审判人员应当依照法定程序,全面、客观地审核证据,依据法律的规定,遵循法官职业道德,运用逻辑推理和日常生活经验,对证据有无证明力和证明力大小独立进行判断,并公开判断的理由和结果。

第六十五条 审判人员对单一证据可以从下列方面进行审核认定:

(一)证据是否原件、原物,复印件、复制品与原件、原物是否相符;

（二）证据与本案事实是否相关；
（三）证据的形式、来源是否符合法律规定；
（四）证据的内容是否真实；
（五）证人或者提供证据的人，与当事人有无利害关系。

第六十六条 审判人员对案件的全部证据，应当从各证据与案件事实的关联程度、各证据之间的联系等方面进行综合审查判断。

第六十七条 在诉讼中，当事人为达成调解协议或者和解的目的作出妥协所涉及的对案件事实的认可，不得在其后的诉讼中作为对其不利的证据。

第六十八条 以侵害他人合法权益或者违反法律禁止性规定的方法取得的证据，不能作为认定案件事实的依据。

第六十九条 下列证据不能单独作为认定案件事实的依据：
（一）未成年人所作的与其年龄和智力状况不相当的证言；
（二）与一方当事人或者其代理人有利害关系的证人出具的证言；
（三）存有疑点的视听资料；
（四）无法与原件、原物核对的复印件、复制品；
（五）无正当理由未出庭作证的证人证言。

第七十条 一方当事人提出的下列证据，对方当事人提出异议但没有足以反驳的相反证据的，人民法院应当确认其证明力：
（一）书证原件或者与书证原件核对无误的复印件、照片、副本、节录本；
（二）物证原物或者与物证原物核对无误的复制件、照片、录像资料等；
（三）有其他证据佐证并以合法手段取得的、无疑点的视听资料或者与视听资料核对无误的复制件；
（四）一方当事人申请人民法院依照法定程序制作的对物证或者现场的勘验笔录。

第七十一条 人民法院委托鉴定部门作出的鉴定结论，当事人没有足以反驳的相反证据和理由的，可以认定其证明力。

第七十二条 一方当事人提出的证据，另一方当事人认可或者提出的相反证据不足以反驳的，人民法院可以确认其证明力。

一方当事人提出的证据，另一方当事人有异议并提出反驳证据，对方当事人对反驳证据认可的，可以确认反驳证据的证明力。

第七十三条 双方当事人对同一事实分别举出相反的证据，但都没有足够的依据否定对方证据的，人民法院应当结合案件情况，判断一方提供证据的证明力是否明显大于另一方提供证据的证明力，并对证明力较大的证据予以确认。

因证据的证明力无法判断导致争议事实难以认定的，人民法院应当依据举证责任分配的规则作出裁判。

第七十四条 诉讼过程中，当事人在起诉状、答辩状、陈述及其委托代理人的代理词中承认的对己方不利的事实和认可的证据，人民法院应当予以确认，但当事人反悔并有相反证据足以推翻的除外。

第七十五条 有证据证明一方当事人持有证据无正当理由拒不提供，如果对方当事人主张该证据的内容不利于证据持有人，可以推定该主张成立。

第七十六条 当事人对自己的主张，只有本人陈述而不能提出其他相关证据的，其主张不予支持。但对方当事人认可的除外。

第七十七条 人民法院就数个证据对同一事实的证明力，可以依照下列原则认定：

（一）国家机关、社会团体依职权制作的公文书证的证明力一般大于其他书证；

（二）物证、档案、鉴定结论、勘验笔录或者经过公证、登记的书证，其证明力一般大于其他书证、视听资料和证人证言；

（三）原始证据的证明力一般大于传来证据；

（四）直接证据的证明力一般大于间接证据；

（五）证人提供的对与其有亲属或者其他密切关系的当事人有利的证言，其证明力一般小于其他证人证言。

第七十八条 人民法院认定证人证言，可以通过对证人的智力状况、品德、知识、经验、法律意识和专业技能等的综合分析作出判断。

第七十九条 人民法院应当在裁判文书中阐明证据是否采纳的理由。

对当事人无争议的证据，是否采纳的理由可以不在裁判文书中表述。

六、其他

第八十条 对证人、鉴定人、勘验人的合法权益依法予以保护。

当事人或者其他诉讼参与人伪造、毁灭证据，提供假证据，阻止证人作证，指使、贿买、胁迫他人作伪证，或者对证人、鉴定人、勘验人打击报复的，依照《民事诉讼法》第102条的规定处理。

第八十一条 人民法院适用简易程序审理案件，不受本解释中第32条、第33条第3款和第79条规定的限制。

第八十二条 本院过去的司法解释，与本规定不一致的，以本规定为准。

第八十三条 本规定自2002年4月1日起施行。2002年4月1日尚未审结的一审、二审和再审民事案件不适用本规定。

本规定施行前已经审理终结的民事案件，当事人以违反本规定为由申请再审的，人民法院不予支持。

本规定施行后受理的再审民事案件，人民法院依据《民事诉讼法》第186条的规定进行审理的，适用本规定。

最高人民法院关于民事经济审判方式改革问题的若干规定

法释〔1998〕14号

为了正确适用《中华人民共和国民事诉讼法》（以下简称民事诉讼法），建立与社会主义市场经济体制相适应的民事经济审判机制，保证依法、正确、及时地审理案件，在总结各地实践经验的基础上，对民事、经济审判方式改革中的有关问题作出如下规定。

关于当事人举证和法院调查收集证据问题

一、人民法院可以制定各类案件举证须知，明确举证内容及其范围和要求。

二、人民法院在送达受理案件通知书和应诉通知书时，应当告知当事人围绕自己的主张提供证据。

三、下列证据由人民法院调查收集：

1. 当事人及其诉讼代理人因客观原因不能自行收集并已提出调取证据的申请和该证据线索的；

2. 应当由人民法院勘验或者委托鉴定的；

3. 当事人双方提出的影响查明案件主要事实的证据材料相互矛盾，经过庭审质证无法认定其效力的；

4. 人民法院认为需要自行调查收集的其他证据。

上述证据经人民法院调查，未能收集到的，仍由负有举证责任的当事人承担举证不能的后果。

四、审判人员收到当事人或者其诉讼代理人递交的证据材料应当出具收据。

关于做好庭前必要准备及时开庭审理问题

五、开庭前应当做好下列准备工作：

1. 在法定期限内，分别向当事人送达受理案件通知书、应诉通知书和起诉状、答辩状副本；

2. 通知必须共同进行诉讼的当事人参加诉讼；

3. 告知当事人有关的诉讼权利和义务、合议庭组成人员；

4. 审查有关的诉讼材料，了解双方当事人争议的焦点和应当适用的有关法律以及有关专业知识；

5. 调查收集应当由人民法院调查收集的证据；

6. 需要由人民法院勘验或者委托鉴定的，进行勘验或者委托有关部门鉴定；

7. 案情比较复杂、证据材料较多的案件，可以组织当事人交换证据；

8. 其他必要的准备工作。

六、合议庭成员和独任审判员开庭前不得单独接触一方当事人及其诉讼代理人。

七、按普通程序审理的案件，开庭审理应当在答辩期届满并做好必要的准备工作后进行。当事人明确表示不提交答辩状，或者在答辩期届满前已经答辩，或者同意在答辩期间开庭的，也可以在答辩期限届满前开庭审理。

关于改进庭审方式问题

八、法庭调查按下列顺序进行：

1. 由原告口头陈述事实或者宣读起诉状，讲明具体诉讼请求和理由。

2. 由被告口头陈述事实或者宣读答辩状，对原告诉讼请求提出异议或者反诉的，讲明具体请求和理由。

3. 第三人陈述或者答辩，有独立请求权的第三人陈述诉讼请求和理由；无独立请求权的第三人针对原、被告的陈述提出承认或者否认的答辩意见。

4. 原告或者被告对第三人的陈述进行答辩。

5. 审判长或者独任审判员归纳本案争议焦点或者法庭调查重点，并征求当事人的意见。

6. 原告出示证据，被告进行质证；被告出示证据，原告进行质证。

7. 原、被告对第三人出示的证据进行质证；第三人对原告或者被告出示的证据进行质证。

8. 审判人员出示人民法院调查收集的证据，原告、被告和第三人进行质证。

经审判长许可，当事人可以向证人发问，当事人可以互相发问。

审判人员可以询问当事人。

九、案件有两个以上独立存在的事实或者诉讼请求的，可以要求当事人逐项陈述事实和理由，逐个出示证据并分别进行调查和质证。

对当事人无争议的事实，无需举证、质证。

十、当事人向法庭提出的证据，应当由当事人或者其诉讼代理人宣读。当事人及其诉讼代理人因客观原因不能宣读的证据，可以由审判人员代为宣读。

人民法院依职权调查收集的证据由审判人员宣读。

十一、案件的同一事实，除举证责任倒置外，由提出主张的一方当事人首先举证，然后由另一方当事人举证。另一方当事人不能提出足以推翻前一事实的证据的，对这一事实可以认定；提出足以推翻前一事实的证据的，再转由提出主张的当事人继续举证。

十二、经过庭审质证的证据，能够当即认定的，应当当即认定；当即不能认定的，可以休庭合议后再予以认定；合议之后认为需要继续举证或者进行鉴定、勘验等工作的，可以在下次开庭质证后认定。未经庭审质证的证据，不能作为定案的根据。

十三、一方当事人要求补充证据或者申请重新鉴定、勘验，人民法院认为有必要的可以准许。补充的证据或者重新进行鉴定、勘验的结论，必须再次开庭质证。

十四、法庭决定再次开庭的，审判长或者是独任审判员对本次开庭情况应当进行小结，指出庭审已经确认的证据，并指明下次开庭调查的重点。

十五、第二次开庭审理时，只就未经调查的事项进行调查和审理，对已经调查、质证并已认定的证据不再重复审理。

十六、法庭调查结束前，审判长或者独任审判员应当就法庭调查认定的事实和当事人争议的问题进行归纳总结。

十七、审判人员应当引导当事人围绕争议焦点进行辩论。当事人及其诉讼代理人的发言与本案无关或者重复未被法庭认定的事实，审判人员应当予以制止。

十八、法庭辩论由各方当事人依次发言。一轮辩论结束后当事人要求继续辩论的，可以进行下一轮辩论。下一轮辩论不得重复第一轮辩论的内容。

十九、法庭辩论时，审判人员不得对案件性质、是非责任发表意见，不得与当事人辩论。

法庭辩论终结，审判长或者独任审判员征得各方当事人同意后，可以依法进行调解，调解不成的，应当及时判决。

二十、适用简易程序审理的案件，当事人同时到庭的，可以径行开庭进行调解。调解前告知当事人诉讼权利义务和主持调解的审判人员，在询问当事人是否申请审判人员回避后，当事人不申请回避的，可以直接进行调解。调解不成的或者达成协议后当事人反悔又未提出新的事实和证据，可以不再重新开庭，直接作出判决。

关于对证据的审核和认定问题

二十一、当事人对自己的主张，只有本人陈述而不能提出其他相关证据的，除对方当事人认可外，其主张不予支持。

二十二、一方当事人提出的证据，对方当事人认可或者不予反驳的，可以确认其证明力。

二十三、一方当事人提出的证据，对方当事人举不出相应证据反驳的，可以综合全案情况对该证据予以认定。

二十四、双方当事人对同一事实分别举出相反的证据，但都没有足够理由否定对方证据的，应当分别对当事人提出的证据进行审查，并结合其他证据综合认定。

二十五、当事人在庭审质证时对证据表示认可，庭审后又反悔，但提不出相应证据的，不能推翻已认定的证据。

二十六、对单一证据，应当注意从以下几个方面进行审查。

1. 证据取得的方式；
2. 证据形成的原因；
3. 证据的形式；
4. 证据提供者的情况及其与本案的关系；
5. 书证是否系原件，物证是否系原物；复印件或者复制品是否与原件、原物的内容、形式及其他特征相符合。

二十七、判断数个证据的效力应当注意以下几种情况:

1. 物证、历史档案、鉴定结论、勘验笔录或者经过公证、登记的书证,其证明力一般高于其他书证、视听资料和证人证言。

2. 证人提供的对与其有亲属关系或者其他密切关系的一方当事人有利的证言,其证明力低于其他证人证言。

3. 原始证据的证明力大于传来证据。

4. 对证人的智力状况、品德、知识、经验、法律意识和专业技能等进行综合分析。

二十八、下列证据,不能单独作为认定案件事实的依据:

1. 未成年人所作的与其年龄和智力状况不相当的证言;

2. 与一方当事人有亲属关系的证人出具的对该当事人有利的证言;

3. 没有其他证据印证并有疑点的视听资料;

4. 无法与原件、原物核对的复印件、复制品。

二十九、当事人提供的证人在人民法院通知的开庭日期,没有正当理由拒不出庭的,由提供该证人的当事人承担举证不能的责任。

三十、有证据证明持有证据的一方当事人无正当理由拒不提供,如果对方当事人主张该证据的内容不利于证据持有人,可以推定该主张成立。

关于加强合议庭和独任审判员职责问题

三十一、合议庭组成人员必须共同参加对案件的审理,对案件的事实、证据、性质、责任、适用法律以及处理结果等共同负责。

三十二、经过开庭审理当庭达成调解协议的,由审判长或者独任审判员签发调解书。

三十三、事实清楚、法律关系明确、是非责任分明、合议庭意见一致的裁判,可以由审判长或者独任审判员签发法律文书。但应当由院长签发的除外。

三十四、合议庭、独任审判员审理决定的案件或者经院长提交审判委员会决定的案件,发现认定事实或者适用法律有重大错误并造成严重后果的,按照有关规定由有关人员承担相应责任。

关于第二审程序中的有关问题

三十五、第二审案件的审理应当围绕当事人上诉请求的范围进行,当事人没有提出请求的,不予审查。但判决违反法律禁止性规定、侵害社会公共利益或者他人利益的除外。

三十六、被上诉人在答辩中要求变更或者补充第一审判决内容的,第二审人民法院可以不予审查。

三十七、第二审人民法院在审理上诉案件时,需要对原证据重新审查或者当事人提出新证据的,应当开庭审理。对事实清楚、适用法律正确和事实清楚,只是定性错误或者适用法律错误的案件,可以在询问当事人后径行裁判。

三十八、第二审人民法院根据当事人提出的新证据对案件改判或者发回重审的,应当在判决书或者裁定书中写明对新证据的确认,不应当认为是第一审裁判错误。

三十九、在第二审中,一方当事人提出新证据致使案件被发回重审的,对方当事人有权要求其补偿误工费、差旅费等费用。

最高人民法院关于诉讼代理人查阅民事案件材料的规定

《最高人民法院关于诉讼代理人查阅民事案件材料的规定》已于2002年11月4日由最高人民法院审判委员会第1254次会议通过。现予公布,自2002年12月7日起施行。

为保障代理民事诉讼的律师和其他诉讼代理人依法行使查阅所代理案件有关材料的权利,保证诉讼活动的顺利进行,根据《中华人民共和国民事诉讼法》第61条的规定,现对诉讼代理人查阅代理案件有关材料的范围和办法作如下规定:

第一条 代理民事诉讼的律师和其他诉讼代理人有权查阅所代理案件的有关材料。但是,诉讼代理人查阅案件材料不得影响案件的审理。诉讼代理人为了申请再审的需要,可以查阅已经审理终结的所代理案件有关材料。

第二条 人民法院应当为诉讼代理人阅卷提供便利条件,安排阅卷场所。必要时,该案件的书记员或者法院其他工作人员应当在场。

第三条 诉讼代理人在诉讼过程中需要查阅案件有关材料的,应当提前与该案件的书记员或者审判人员联系;查阅已经审理终结的案件有关材料的,应当与人民法院有关部门工作人员联系。

第四条 诉讼代理人查阅案件有关材料应当出示律师证或者身份证等有效证件。查阅案件有关材料应当填写查阅案件有关材料阅卷单。

第五条 诉讼代理人在诉讼中查阅案件材料限于案件审判卷和执行卷的正卷,包括起诉书、答辩书、庭审笔录及各种证据材料等。案件审理终结后,可以查阅案件审判卷的正卷。

第六条 诉讼代理人查阅案件有关材料后,应当及时将查阅的全部案件材料交回书记员或者其他负责保管案卷的工作人员。书记员或者法院其他工作人员对诉讼代理人交回的案件材料应当当面清查,认为无误后在阅卷单上签注。阅卷单应当附卷。诉讼代理人不得将查阅的案件材料携出法院指定的阅卷场所。

第七条 诉讼代理人查阅案件材料可以摘抄或者复印。涉及国家秘密的案件材料，依照国家有关规定办理。复印案件材料应当经案卷保管人员的同意。复印已经审理终结的案件有关材料，诉讼代理人可以要求案卷管理部门在复印材料上盖章确认。复印案件材料可以收取必要的费用。

第八条 查阅案件材料中涉及国家秘密、商业秘密和个人隐私的，诉讼代理人应当保密。

第九条 诉讼代理人查阅案件材料时不得涂改、损毁、抽取案件材料。人民法院对修改、损毁、抽取案卷材料的诉讼代理人，可以参照民事诉讼法第102条第1款第1项的规定处理。

第十条 民事案件的当事人查阅案件有关材料的，参照本规定执行。

第十一条 本规定自公布之日起施行。

中华人民共和国人民法院法庭规则

（1993年11月26日最高人民法院审判委员会第617次会议通过）

第一条 为维护法庭秩序，保障审判活动的正常进行，根据《中华人民共和国人民法院组织法》和其他有关法律的规定，制定本规则。

第二条 人民法院开庭审理案件时，合议庭的审判长或者独任审判的审判员主持法庭的审判活动，指挥司法警察维持法庭秩序。

第三条 法庭正面应当悬挂国徽。

第四条 出庭的审判人员、书记员、公诉人或者抗诉人、司法警察应当按照规定着装；出庭的辩护人、诉讼代理人、证人、鉴定人、勘验人、翻译人员和其他诉讼参与人应当衣着整洁。

第五条 审判人员进入法庭和审判长或者独任审判员宣告法院判决时，全体人员应当起立。

第六条 审判人员应当严格按照法律规定的诉讼程序进行审判活动，保障诉讼参与人的诉讼权利。

第七条 诉讼参与人应当遵守法庭规则，维护法庭秩序，不得喧哗、吵闹；发言、陈述和辩论，须经审判长或者独任审判员许可。

第八条 公开审理的案件，公民可以旁听；根据法庭场所和参加旁听人数等情况，需要时，持人民法院发出的旁听证进入法庭。

下列人员不得旁听：

（一）未成年人（经法院批准的除外）；

（二）精神病人和醉酒的人；

（三）其他不宜旁听的人。

第九条 旁听人员必须遵守下列纪律：
（一）不得录音、录像和摄影；
（二）不得随意走动和进入审判区；
（三）不得发言、提问；
（四）不得鼓掌、喧哗、哄闹和实施其他妨害审判活动的行为。
第十条 新闻记者旁听应遵守本规则。未经审判长或者独任审判员许可，不得在庭审过程中录音、录像和摄影。
第十一条 对于违反法庭规则的人，审判长或者独任审判员可以口头警告、训诫，也可以没收录音、录像和摄影器材，责令退出法庭或者经院长批准予以罚款、拘留。
第十二条 对哄闹、冲击法庭，侮辱、诽谤、威胁、殴打审判人员等严重扰乱法庭秩序的人，依法追究刑事责任；情节较轻的，予以罚款、拘留。
第十三条 对违反法庭规则的人采取强制措施，由司法警察执行。
第十四条 外国人或者外国记者旁听，应当遵守本规则。
第十五条 本规则自1994年1月1日起施行，《中华人民共和国人民法院法庭规则（试行）》同时废止。

法官行为规范（节选）

（最高人民法院2005年11月4日发布试行，
2010年12月6日修订后发布正式施行）

……

三、庭审

第二十六条 基本要求
（一）规范庭审言行，树立良好形象；
（二）增强庭审驾驭能力，确保审判质量；
（三）严格遵循庭审程序，平等保护当事人诉讼权利；
（四）维护庭审秩序，保障审判活动顺利进行。
第二十七条 开庭前的准备
（一）在法定期限内及时通知诉讼各方开庭时间和地点；
（二）公开审理的，应当在法定期限内及时公告；
（三）当事人申请不公开审理的，应当及时审查，符合法定条件的，应当准许；不符合法定条件的，应当公开审理并解释理由；
（四）需要进行庭前证据交换的，应当及时提醒，并主动告知举证时限；
（五）当事人申请法院调取证据的，如确属当事人无法收集的证据，应当及时调查收集，不得拖延；证据调取不到的，应当主动告知原因；如属于当事人可以自行收集的证据，应当告知其自行收集；

（六）自觉遵守关于回避的法律规定和相关制度，对当事人提出的申请回避请求不予同意的，应当向当事人说明理由；

（七）审理当事人情绪激烈、矛盾容易激化的案件，应当在庭前做好工作预案，防止发生恶性事件。

第二十八条 原定开庭时间需要更改

（一）不得无故更改开庭时间；

（二）因特殊情况确需延期的，应当立即通知当事人及其他诉讼参加人；

（三）无法通知的，应当安排人员在原定庭审时间和地点向当事人及其他诉讼参加人解释。

第二十九条 出庭时注意事项

（一）准时出庭，不迟到，不早退，不缺席；

（二）在进入法庭前必须更换好法官服或者法袍，并保持整洁和庄重，严禁着便装出庭；合议庭成员出庭的着装应当保持统一；

（三）设立法官通道的，应当走法官通道；

（四）一般在当事人、代理人、辩护人、公诉人等入庭后进入法庭，但前述人员迟到、拒不到庭的除外；

（五）不得与诉讼各方随意打招呼，不得与一方有特别亲密的言行；

（六）严禁酒后出庭。

第三十条 庭审中的言行

（一）坐姿端正，杜绝各种不雅动作；

（二）集中精力，专注庭审，不做与庭审活动无关的事；

（三）不得在审判席上吸烟、闲聊或者打瞌睡，不得接打电话，不得随意离开审判席；

（四）平等对待与庭审活动有关的人员，不与诉讼中的任何一方有亲近的表示；

（五）礼貌示意当事人及其他诉讼参加人发言；

（六）不得用带有倾向性的语言进行提问，不得与当事人及其他诉讼参加人争吵；

（七）严格按照规定使用法槌，敲击法槌的轻重应当以旁听区能够听见为宜。

第三十一条 对诉讼各方陈述、辩论时间的分配与控制

（一）根据案情和审理需要，公平、合理地分配诉讼各方在庭审中的陈述及辩论时间；

（二）不得随意打断当事人、代理人、辩护人等的陈述；

（三）当事人、代理人、辩护人发表意见重复或与案件无关的，要适当提醒制止，不得以生硬言辞进行指责。

第三十二条 当事人使用方言或者少数民族语言
（一）诉讼一方只能讲方言的，应当准许；他方表示不通晓的，可以由懂方言的人用普通话进行复述，复述应当准确无误；
（二）使用少数民族语言陈述，他方表示不通晓的，应当为其配备翻译。
第三十三条 当事人情绪激动，在法庭上喊冤或者鸣不平
（一）重申当事人必须遵守法庭纪律，法庭将会依法给其陈述时间；
（二）当事人不听劝阻的，应当及时制止；
（三）制止无效的，依照有关规定作出适当处置。
第三十四条 诉讼各方发生争执或者进行人身攻击
（一）及时制止，并对各方进行批评教育，不得偏袒一方；
（二）告诫各方必须围绕案件依序陈述；
（三）对不听劝阻的，依照有关规定作出适当处置。
第三十五条 当事人在庭审笔录上签字
（一）应当告知当事人庭审笔录的法律效力，将庭审笔录交其阅读；无阅读能力的，应当向其宣读，确认无误后再签字、捺印；
（二）当事人指出记录有遗漏或者差错的，经核实后要当场补正并要求当事人在补正处签字、捺印；无遗漏或者差错不应当补正的，应当将其申请记录在案；
（三）未经当事人阅读核对，不得要求其签字、捺印；
（四）当事人放弃阅读核对的，应当要求其签字、捺印；当事人不阅读又不签字、捺印的，应当将情况记录在案。
第三十六条 宣判时注意事项
（一）宣告判决，一律公开进行；
（二）宣判时，合议庭成员或者独任法官应当起立，宣读裁判文书声音要洪亮、清晰、准确无误；
（三）当庭宣判的，应当宣告裁判事项，简要说明裁判理由并告知裁判文书送达的法定期限；
（四）定期宣判的，应当在宣判后立即送达裁判文书；
（五）宣判后，对诉讼各方不能赞赏或者指责，对诉讼各方提出的质疑，应当耐心做好解释工作。
第三十七条 案件不能在审限内结案
（一）需要延长审限的，按照规定履行审批手续；
（二）应当在审限届满或者转换程序前的合理时间内，及时将不能审结的原因告知当事人及其他诉讼参加人。
第三十八条 人民检察院提起抗诉
（一）依法立案并按照有关规定进行审理；
（二）应当为检察人员和辩护人、诉讼代理人查阅案卷、复印卷宗材料等提供必

要的条件和方便。

四、诉讼调解

第三十九条 基本要求

（一）树立调解理念，增强调解意识，坚持"调解优先、调判结合"，充分发挥调解在解决纠纷中的作用；

（二）切实遵循合法、自愿原则，防止不当调解、片面追求调解率；

（三）讲究方式方法，提高调解能力，努力实现案结事了。

第四十条 在调解过程中与当事人接触

（一）应当征询各方当事人的调解意愿；

（二）根据案件的具体情况，可以分别与各方当事人做调解工作；

（三）在与一方当事人接触时，应当保持公平，避免他方当事人对法官的中立性产生合理怀疑。

第四十一条 只有当事人的代理人参加调解

（一）认真审查代理人是否有特别授权，有特别授权的，可以由其直接参加调解；

（二）未经特别授权的，可以参与调解，达成调解协议的，应当由当事人签字或者盖章，也可以由当事人补办特别授权追认手续，必要时，可以要求当事人亲自参加调解。

第四十二条 一方当事人表示不愿意调解

（一）有调解可能的，应当采用多种方式，积极引导调解；

（二）当事人坚持不愿调解的，不得强迫调解。

第四十三条 调解协议损害他人利益

（一）告知参与调解的当事人应当对涉及他人权利、义务的约定进行修正；

（二）发现调解协议有损他人利益的，不得确认该调解协议内容的效力。

第四十四条 调解过程中当事人要求对责任问题表态

应当根据案件事实、法律规定以及调解的实际需要进行表态，注意方式方法，努力促成当事人达成调解协议。

第四十五条 当事人对调解方案有分歧

（一）继续做好协调工作，尽量缩小当事人之间的分歧，以便当事人重新选择，争取调解结案；

（二）分歧较大且确实难以调解的，应当及时依法裁判。

五、文书制作

第四十六条 基本要求

（一）严格遵守格式和规范，提高裁判文书制作能力，确保裁判文书质量，维护裁判文书的严肃性和权威性；

（二）普通程序案件的裁判文书应当内容全面、说理透彻、逻辑严密、用语规范、文字精炼；

（三）简易程序案件的裁判文书应当简练、准确、规范；

（四）组成合议庭审理的案件的裁判文书要反映多数人的意见。

第四十七条 裁判文书质量责任的承担

（一）案件承办法官或者独任法官对裁判文书质量负主要责任，其他合议庭成员对裁判文书负有次要责任；

（二）对裁判文书负责审核、签发的法官，应当做到严格审查、认真把关。

第四十八条 对审判程序及审判全过程的叙述

（一）准确叙述当事人的名称、案由、立案时间、开庭审理时间、诉讼参加人到庭等情况；

（二）简易程序转为普通程序的，应当写明转换程序的时间和理由；

（三）追加、变更当事人的，应当写明追加、变更的时间、理由等情况；

（四）应当如实叙述审理管辖异议、委托司法鉴定、评估、审计、延期审理等环节的流程等一些重要事项。

第四十九条 对诉讼各方诉状、答辩状的归纳

（一）简要、准确归纳诉讼各方的诉、辩主张；

（二）应当公平、合理分配篇幅。

第五十条 对当事人质证过程和争议焦点的叙述

（一）简述开庭前证据交换和庭审质证阶段各方当事人质证过程；

（二）准确概括各方当事人争议的焦点；

（三）案件事实、法律关系较复杂的，应当在准确归纳争议焦点的基础上分段、分节叙述。

第五十一条 普通程序案件的裁判文书对事实认定部分的叙述

（一）表述客观，逻辑严密，用词准确，避免使用明显的褒贬词汇；

（二）准确分析说明各方当事人提交证据采信与否的理由以及被采信的证据能够证明的事实；

（三）对证明责任、证据的证明力以及证明标准等问题应当进行合理解释。

第五十二条 对普通程序案件定性及审理结果的分析论证

（一）应当进行准确、客观、简练的说理，对答辩意见、辩护意见、代理意见等是否采纳要阐述理由；

（二）审理刑事案件，应当根据法律、司法解释的有关规定并结合案件具体事实做出有罪或者无罪的判决，确定有罪的，对法定、酌定的从重、从轻、减轻、免除处罚情节等进行分析认定；

（三）审理民事案件，应当根据法律、法规、司法解释的有关规定，结合个案具体情况，理清案件法律关系，对当事人之间的权利义务关系、责任承担及责任大小等进行详细的归纳评判；

（四）审理行政案件，应当根据法律、法规、司法解释的有关规定，结合案件事实，就行政机关及其工作人员所作的具体行政行为是否合法，原告的合法权益是否被侵害，与被诉具体行政行为之间是否存在因果关系等进行分析论证。

第五十三条 法律条文的引用

（一）在裁判理由部分应当引用法律条款原文，必须引用到法律的条、款、项；

（二）说理中涉及多个争议问题的，应当一论一引；

（三）在判决主文理由部分最终援引法律依据时，只引用法律条款序号。

第五十四条 裁判文书宣告或者送达后发现文字差错

（一）对一般文字差错或者病句，应当及时向当事人说明情况并收回裁判文书，以校对章补正或者重新制作裁判文书；

（二）对重要文字差错或者病句，能立即收回的，当场及时收回并重新制作；无法立即收回的，应当制作裁定予以补正。

……

人民法院审判制服着装管理办法

法〔2013〕6号

为规范人民法院工作人员着装行为，树立和维护人民法院的良好形象，根据最高人民法院有关规定，结合人民法院实际情况，制定本办法。

第一条 人民法院实行统一着装，是人民法院司法形象和干警精神风貌的综合反映，是维护法治尊严，依法行使审判权的需要。

第二条 人民法院审判制服包括夏服（含短袖、长袖）、春秋服、冬服、防寒服、法袍及制服配饰等。

第三条 人民法院工作人员在依法履行法律职务或在公共场合从事公务活动时应当穿着审判制服，佩戴法徽。非履行法律职务或在公共场合从事公务活动，原则上不得穿着审判制服。

第四条 审判制服应当按照规范配套穿着，审判制服不得与非审判服装混穿，两名以上工作人员共同执行任务时，制服的季节款式要保持一致。

第五条 着装换季日期视各地季节、气候、温度变化情况，由各级人民法院自行酌定，统一要求。

第六条 着短袖夏服时，浅月白色短袖衬衣配夏裤（裙），上衣外穿，佩戴小法徽，不系审判专用制式领带。

第七条 着长袖夏服时，浅月白色长袖衬衣配夏裤（裙），上衣扎系于裤（裙）腰内，佩戴小法徽，系审判专用制式领带。

第八条 着春秋服、冬服时，上身内穿白色长袖衬衣，系审判专用制式领带，衬衣下摆扎系于裤腰内。领带下沿应与皮带扣位置大致相当。

第九条 法袍的穿着按照《人民法院法官法袍穿着规定》执行。

第十条 法徽应按下列要求佩戴：

（一）佩戴法徽仅限于审判制服，不得在其他服装上佩戴。穿着审判制服不得佩戴法徽以外的徽章。

（二）开庭审判必须佩戴法徽，其他因工作需要的场合亦应佩戴法徽。

（三）法徽佩戴位置为：

夏服，法徽佩戴在上衣左胸口袋上沿上方正中，法徽下沿与口袋上沿平齐。

春秋服、冬服，男式制服法徽佩戴于上衣左胸驳头装饰扣眼处；女式制服法徽佩戴于与男式制服相同位置。

防寒服，法徽佩戴在左胸门襟与袖笼之间中央处，高度为第1纽扣与第2纽扣之间1/2处。

法袍在制作时法徽已绣好，不再单独佩戴。

（四）除法袍外，在其他场合执行公务、参加集体活动、会议及大型集会时均应佩戴小法徽。

第十一条 穿着审判制服，应当做到服装整齐洁净，仪表端庄得体，注重礼仪规范，严格遵守以下要求：

（一）不得披衣、敞胸露怀、趿鞋、挽袖、卷裤腿和外露长袖衬衣下摆。

（二）不得系扎围巾，不得染彩发，不得留怪异发型。男性人员不得留长发（发长侧面不过上耳沿，后面不过衣领）、蓄胡须，非特殊原因不得剃光头；女性人员留长发者不得披散发，不得染指甲、化浓妆，不得佩戴耳环、项链等首饰。

（三）不得在外露的腰带上系挂钥匙或者其他饰物。

（四）除工作需要或患有眼疾外，不得戴有色眼镜。

（五）不得穿着审判制服从事与法院工作性质和工作人员品行不符的活动。

第十二条 人民法院工作人员因违纪违法被停职或因涉嫌犯罪被采取强制措施及其他不适宜或不需要着装的情形，不得穿着审判制服、佩戴法徽。

第十三条 着装人员应爱护配发的审判制服及其配饰。因公损坏、损失的，经审查批准，予以补发。

第十四条 人民法院组织人事部门负责管理机关工作人员的着装行为。对违反本规定并造成不良影响的工作人员，视情节依照有关规定给予通报批评或纪律处分。

第十五条 人民法院司法警察着装参照《公安机关人民警察着装管理规定》执行。

第十六条 本办法自公布之日起施行。原《最高人民法院司法行政装备管理局关于法院专用徽章佩戴位置及要求的通知》中有关条款不再执行。

人民法院法官袍穿着规定

（2002年1月24日由最高人民法院审判委员会第1208次会议通过）

为增强法官的职业责任感，进一步树立法官公正审判形象，现就法官袍穿着问题规定如下：

第一条 人民法院的法官配备法官袍。

第二条 法官在下列场合应当穿着法官袍：

（一）审判法庭开庭审判案件；

（二）出席法官任命或者授予法官等级仪式。

第三条 法官在下列场合可以穿着法官袍：

（一）出席重大外事活动；

（二）出席重大法律纪念、庆典活动。

第四条 法官在本规定第2条、第3条之外的其他场合，不得穿着法官袍，其他人员在任何场合不得穿着法官袍。

第五条 暂不具备条件的基层人民法院，开庭审判案件时可以不穿着法官袍，具体办法由各高级人民法院根据当地的具体情况制定。

第六条 法官袍应当妥善保管，保持整洁。

第七条 有关法官袍穿着规定与本规定不一致的，以本规定为准。

人民法院法槌使用规定（试行）

（2001年12月24日由最高人民法院审判委员会第1201次会议通过）

为维护法庭秩序，保障审判活动的正常进行，现就人民法院法槌使用问题规定如下：

第一条 人民法院审判人员在审判法庭开庭审理案件时使用法槌。

适用普通程序审理案件时，由审判长使用法槌；适用简易程序审理案件时，由独任审判员使用法槌。

第二条 有下列情形之一的，应当使用法槌：

（一）宣布开庭、继续开庭；

（二）宣布休庭、闭庭；

（三）宣布判决、裁定。

第三条 有下列情形之一的，可以使用法槌：

（一）诉讼参与人、旁听人员违反《中华人民共和国人民法院法庭规则》，妨害审判活动，扰乱法庭秩序的；

（二）诉讼参与人的陈述与本案无关或者重复陈述的；

（三）审判长或者独任审判员认为有必要使用法槌的其他情形。

第四条 法槌应当放置在审判长或者独任审判员的法台前方。

第五条 审判长、独任审判员使用法槌的程序如下：

（一）宣布开庭、继续开庭时，先敲击法槌，后宣布开庭、继续开庭；

（二）宣布休庭、闭庭时，先宣布休庭、闭庭，后敲击法槌；

（三）宣布判决、裁定时，先宣布判决、裁定，后敲击法槌；

（四）其他情形使用法槌时，应当先敲击法槌，后对庭审进程作出指令。

审判长、独任审判员在使用法槌时，一般敲击一次。

第六条 诉讼参与人、旁听人员在听到槌声后，应当立即停止发言和违反法庭规则的行为；仍继续其行为的，审判长、独任审判员可以分别情形，依照《中华人民共和国人民法院法庭规则》的有关规定予以处理。

第七条 法槌由最高人民法院监制。

第八条 本规定（试行）自 2002 年 6 月 1 日起施行。

律师协会标识使用管理办法

（2001 年 4 月 5 日经全国律协四届十次常务理事会通过，
2002 年 3 月全国律协四届十二次常务理事会修订）

第一条 为了规范使用律师协会标识，统一律师协会和律师职业标志，加强使用律师协会标识的管理，特制定本办法。

第二条 律师协会标识是全国律师行业使用的统一标志。该标识由一大一小两个同心圆、五颗五角星、三组正反相背代表律师的"L"图案组成。象征着由广大律师组成的律师协会，沿着有中国特色律师制度的道路，在党和政府的领导和支持下开拓进取，不断壮大。蓝色、淡黄色为会徽主要色调。

第三条 律师协会会徽

（一）律师协会标识图案加外圈标有"中华全国律师协会"黑体、中英文字样，为中华全国律师协会专用会徽；

（二）各级律师协会会徽必须统一使用律师协会标识图案。律师协会标识图案加外圈标有本律师协会黑体、中英文字样，为本律师协会专用会徽。

第四条 律师协会标识、会徽的使用范围：

（一）各级律师协会、专业委员会和律师事务所；

（二）律师协会会员入会、宣誓等重大仪式以及律师协会、律师事务所组织的有关活动中使用的标牌、旗帜、文件、材料、桌签等；

（三）各级律师协会颁发的奖状、荣誉证章、证书、证件等；

（四）各级律师协会和律师事务所出版的报刊、图书及其他出版物；

（五）各级律师协会和律师事务所、律师工作中使用的信签、信封、名片、礼品和其他有关律师业务的办公用品、服饰以及用于对外的宣传品上，

（六）其他用于律师协会、律师事务所的情况。

除前款规定外使用律师协会标识、会徽的，应经中华全国律师协会批准。

第五条 律师协会会徽的悬挂应置于显著位置。使用律师协会标识应当严格按照比例放大或缩小，不得随意更改图形、文字及颜色。

第六条 律师徽章。律师徽章内圈图案为律师协会标识，外圈标有"中国律师"黑体、中英文字样，为纯铜镀镍材质，直径分40毫米和18毫米两种。40毫米徽章为执业律师出庭佩戴专用标识：18毫米徽章为律师平时佩戴标志。

第七条 执业律师出庭必须佩戴徽章。

第八条 律师徽章由中华全国律师协会统一制作和发放，任何单位和个人不得私自制作。

第九条 律师对徽章要加以妥善保管，防止丢失，不得转送他人佩带；如有丢失，应立即报告当地律师协会和省级律师协会，由所在省、自治区、直辖市律师协会向全国律协提交补发申请。

第十条 律师协会标识、律师协会会微及律师徽章不得用于以下方面：

（一）不得用于任何以营利为目的商标、商业广告；

（二）律师出庭徽章不得用于平时佩带：

（三）不得用于与律师职业无关的任何个人活动：

（四）其他不适于使用的场所。

第十一条 对违反本规定使用律师协会标识、会徽及律师徽章的行为，参照中华全国律师协会《律师协会会员处分规则》，由律师协会予以训诫处分，情节严重者，予以通报批评。

第十二条 各级律师协会对律师协会标识、会徽及其徽章的使用，实行监督管理。

第十三条 本办法自2003年1月1日起施行。

第十四条 本办法由全国律协常务理事会负责解释。

参考书目

1. 陈学权编著：《模拟法庭实验教程》，高等教育出版社2012年版。
2. 刘晓霞主编：《模拟法庭》，科学出版社2013年版。
3. 王伟主编：《模拟法庭演练》，浙江大学出版社2012年版。
4. 樊学勇主编：《模拟法庭审判讲义及案例脚本》，中国人民公安大学出版社2011年版。
5. 廖永安、唐东楚、陈文曲：《模拟审判：原理、剧本与技巧》，北京大学出版社2009年版。
6. 罗文燕、刘建明主编：《模拟法庭：原理与实践》，浙江工商大学出版社2013年版。
7. 刘志苏主编：《模拟法庭：模拟案例与法律文书》，化学工业出版社2014年版。
8. 张明霞主编：《模拟法庭教程》，南京大学出版社2014年版。

声　明　　1. 版权所有，侵权必究。

　　　　　2. 如有缺页、倒装问题，由出版社负责退换。

图书在版编目（CIP）数据

民事诉讼模拟法庭训练 / 高健，黄福玲编著.—北京：中国政法大学出版社，2015.9
ISBN 978-7-5620-6290-5

　Ⅰ.①民… Ⅱ.①高… ②黄… Ⅲ.①民事诉讼－审判－中国－高等学校－教材 Ⅳ.
①D925.118.2

中国版本图书馆CIP数据核字(2015)第213238号

出　版　者	中国政法大学出版社	
地　　　址	北京市海淀区西土城路25号	
邮　　　箱	fadapress@163.com	
网　　　址	http://www.cuplpress.com（网络实名：中国政法大学出版社）	
电　　　话	010-58908435（第一编辑部） 58908334（邮购部）	
承　　　印	固安华明印业有限公司	
开　　　本	720mm×960mm　1/16	
印　　　张	23.5	
字　　　数	487千字	
版　　　次	2015年9月第1版	
印　　　次	2020年1月第2次印刷	
印　　　数	3001～5000册	
定　　　价	58.00元	